高等院校应用型规划教材——经济管理系列

信息经济学(第 2 版)

郭彦丽　陈建斌　主　编

清华大学出版社
北　京

内 容 简 介

本书系统地介绍了信息经济学的基本理论、原理和方法，主要包括信息经济学的基本概念和理论、信息经济的各种基本形式、信息经济学与博弈论、契约理论、信息商品与市场、信息资源的经济分析与配置、信息化与信息产业、企业信息化及其评价、信息系统的经济分析、电子商务的经济分析、信息经济发展新趋势。

本书结构严谨，内容丰富，各章均有紧扣本章内容的实际案例，生动而实用，适合高等学校信息管理与信息系统、电子商务、经济学等管理类和经济类专业教学或教辅所用，对于从事信息管理、信息经济等领域相关工作的人员也具有一定的参考价值。

本书封面贴有清华大学出版社防伪标签，无标签者不得销售。
版权所有，侵权必究。举报：010-62782989，beiqinquan@tup.tsinghua.edu.cn。

图书在版编目(CIP)数据

信息经济学/郭彦丽，陈建斌主编. —2 版. —北京：清华大学出版社，2019（2024.8重印）
（高等院校应用型规划教材——经济管理系列）
ISBN 978-7-302-52108-2

Ⅰ. ①信… Ⅱ. ①郭… ②陈… Ⅲ. ①信息经济学—高等学校—教材 Ⅳ. ①F062.5

中国版本图书馆 CIP 数据核字(2019)第 009977 号

责任编辑：陈冬梅　陈立静
封面设计：王红强
责任校对：王明明
责任印制：宋　林

出版发行：清华大学出版社
网　　址：https://www.tup.com.cn，https://www.wqxuetang.com
地　　址：北京清华大学学研大厦 A 座　　邮　编：100084
社 总 机：010-83470000　　邮　购：010-62786544
投稿与读者服务：010-62776969，c-service@tup.tsinghua.edu.cn
质量反馈：010-62772015，zhiliang@tup.tsinghua.edu.cn

印 装 者：三河市铭诚印务有限公司
经　　销：全国新华书店
开　　本：185mm×260mm　　印　张：21.25　　字　数：517 千字
版　　次：2010 年 7 月第 1 版　2019 年 4 月第 2 版　印　次：2024 年 8 月第 8 次印刷
定　　价：59.00 元

产品编号：071627-01

前　言

信息经济学是一门不断创新、与时俱进的新兴学科，自1959年被作为正式的学科概念提出后，历经近半个世纪的发展，现已成为学术界积极开拓的重要领域。尽管该学科体系仍有不断发展的空间，新问题、新现象层出不穷，但是其对实践的指导意义已不容忽视。随着信息技术和网络的迅猛发展，信息经济问题越来越成为人们经济生活中的重大问题，信息经济学作为一门新兴学科，为人们提供了切实可行的分析方法和理论。

本书在第1版的基础上对第二、三、四、七、八章的内容进行了更新，同时增加了第十一章信息经济发展新趋势。全书共11章。第一章主要介绍信息经济学的发展历史、研究对象和基本内容，以及信息经济学的学科体系；第二章主要讨论信息、不确定性理论、信息经济、网络经济以及经济信息的基本形式等基础知识；第三章以博弈论为主要内容，重点介绍博弈论的基本原理和经典模型，并探讨了其在信息经济学领域的应用；第四章以契约理论为核心，重点探讨委托代理理论、逆向选择及信号传递与甄别等非对称信息问题；第五章重点探讨信息商品与信息市场问题，包括信息商品的概念、特点，信息商品的成本与定价，信息搜寻理论，以及信息市场营销及其发展等；第六章主要解决信息资源的经济分析与配置问题，围绕信息资源有哪些经济特性及经济功能展开，并探讨信息资源如何才能达到优化配置；第七章重点介绍信息化与信息产业问题，包括信息化的基本概念、信息化水平测度、信息产业的结构及运行机制与效率；第八章以企业为研究对象，重点探讨企业信息化的内涵、基本理论、战略规划及企业信息化组织等内容；第九章以信息系统为研究对象，探讨信息系统的经济分析问题，包括成本估算、定价、经济效益评价等；第十章主要讨论电子商务的经济分析问题，包括电子商务及其特征、电子商务的供应链分析及电子商务的成本和盈利分析；第十一章讨论信息经济发展的新趋势——平台经济、分享经济和网红经济。

全书由郭彦丽和陈建斌拟定修订计划和撰写提纲，并担任主编。第一章和第八章由陈建斌编写；第二、三、四、十一章由郭彦丽编写；第五、六章由刘静编写；第七章主要由高引民编写，其中有关信息产业的运行机制及特点由郭彦丽编写；第九、十章由孙洁编写。全书由郭彦丽负责统稿。

本书是北京联合大学"十二五"规划(修订)教材。

在编写本书的过程中，我们得到了多方面的大力支持。本书是编写者长期教学经验积累的成果，同时感谢北京联合大学商务学院的各位领导和同仁的帮助和支持，感谢清华大学出版社的全力支持。本书在编写过程中，参考了许多专家和学者的相关论著，在此深表谢意！

本书可作为高等学校信息管理与信息系统、电子商务、经济学等管理类和经济类专业的教材或教学参考书，对于从事信息管理、信息经济等领域相关工作的广大理论和实践工作者也具有一定的参考价值。

该领域发展迅速，尽管编者已经付出了最大的努力，力图通过本书反映信息经济学领域的前沿成果，但是由于水平有限，难免有疏忽遗漏之处，敬请专家和读者指正。

编　者

目　录

第一章　绪论 1
　第一节　信息经济学的历史和现状 1
　　一、信息与信息经济学 1
　　二、国外信息经济学的发展 5
　　三、我国信息经济学的发展 7
　第二节　信息经济学的研究对象和基本
　　　　　内容 9
　　一、信息经济学的研究对象 9
　　二、信息经济学的研究内容 11
　　三、信息经济学的研究方法 14
　第三节　信息经济学的学科体系 16
　本章小结 17
　思考题 17

第二章　信息与信息经济 18
　第一节　信息与不确定性 18
　　一、信息 18
　　二、不确定性理论 25
　　三、不确定性经济 27
　第二节　经济信息的基本形式 31
　　一、公共信息与私有信息 31
　　二、完全信息与不完全信息 33
　　三、对称信息与非对称信息 35
　第三节　信息经济 37
　　一、信息经济的含义 37
　　二、信息经济的特征 39
　　三、网络经济 40
　案例 44
　本章小结 47
　思考题 47

第三章　信息经济学与博弈论 48
　第一节　博弈论 48

　　一、博弈论的基本概念 49
　　二、完全信息静态博弈 52
　　三、完全信息动态博弈 57
　　四、不完全信息博弈 62
　第二节　博弈论在信息经济学领域的
　　　　　应用 66
　　一、古诺模型 66
　　二、Stackelberg双头垄断模型 67
　　三、不完全信息博弈的应用 68
　第三节　其他经典博弈模型 73
　　一、斗鸡博弈 73
　　二、猎鹿博弈 75
　案例 76
　本章小结 80
　思考题 81

第四章　契约理论 82
　第一节　委托代理与道德风险 83
　　一、委托代理理论 83
　　二、道德风险 90
　　三、激励相容机制 94
　第二节　逆向选择与信号传递 98
　　一、逆向选择 98
　　二、信号传递 102
　　三、信息甄别 105
　案例 106
　本章小结 108
　思考题 109

第五章　信息商品与市场 110
　第一节　信息商品概述 110
　　一、信息商品的含义与特点 110
　　二、信息成为商品的条件 112

第二节 信息搜寻与选择..............114
　　一、信息搜寻与信息选择..............114
　　二、价格离散..............114
　　三、信息搜寻理论..............115
第三节 信息商品的定价..............119
　　一、信息商品价值分析..............119
　　二、信息商品成本分析..............121
　　三、信息商品定价理论..............124
第四节 信息市场..............129
　　一、信息市场概述..............129
　　二、信息市场营销..............129
　　三、我国信息市场的发展..............133
　　四、我国信息市场的发展特点..............135
案例..............135
本章小结..............137
思考题..............138

第六章 信息资源的经济分析与配置..............139

第一节 信息资源概述..............139
　　一、信息资源的含义..............139
　　二、信息资源的特征..............142
　　三、信息资源的类型..............144
　　四、网络信息资源..............145
第二节 信息资源的经济分析..............146
　　一、信息资源的经济特性..............146
　　二、信息资源的经济功能..............149
第三节 资源配置与优化..............153
　　一、信息资源配置的内容..............153
　　二、信息资源配置的机制..............156
　　三、信息资源优化配置..............159
　　四、网络信息资源优化配置..............162
案例..............165
本章小结..............166
思考题..............167

第七章 信息化与信息产业..............168

第一节 信息化概述..............168
　　一、信息化的基本概念..............168
　　二、信息化的特征..............169

　　三、信息化的层次及内容..............171
　　四、信息化与工业化..............171
第二节 信息化水平测度..............173
　　一、信息化水平测度概述..............173
　　二、日本信息化指数测度方法..............176
　　三、中国国家信息化指标测算法..............177
第三节 信息产业概述..............185
　　一、信息产业的含义和特征..............185
　　二、信息产业的分类..............188
　　三、信息产业的产业结构..............188
第四节 信息产业的运行机制与效率..............190
　　一、信息产业的运行机制及特点..............190
　　二、信息产业的运行效率..............194
案例..............197
本章小结..............200
思考题..............201

第八章 企业信息化及其评价..............202

第一节 企业信息化概述..............202
　　一、企业信息化的内涵..............203
　　二、企业信息化的主要问题..............204
第二节 企业信息化基本理论..............206
　　一、企业信息化与企业战略..............206
　　二、企业信息化与企业核心竞争力..............208
　　三、企业信息化与企业管理..............210
　　四、企业信息化与业务流程重组..............212
第三节 企业信息化战略规划..............215
　　一、企业信息化战略..............215
　　二、企业信息化战略规划的方法..............217
　　三、企业信息化战略规划的主要
　　　　内容..............220
第四节 企业IT治理与绩效评价..............222
　　一、企业IT治理..............222
　　二、企业信息化标准与规范..............226
　　三、企业信息化绩效评价..............228
　　四、企业信息化绩效评价方法..............231
案例..............237
本章小结..............243
思考题..............244

第九章 信息系统的经济分析 245

第一节 信息系统的成本估算 245
一、信息系统的成本构成 245
二、信息系统的成本估算指标 247
三、信息系统的成本估算模式 249
四、COCOMO 模式 250

第二节 信息系统的定价分析 252
一、信息系统利润的特点 252
二、信息系统的定价原理 252
三、信息系统的定价模式 253

第三节 信息系统的经济效益评价 255
一、信息系统的效益构成 255
二、信息系统的效益评价方法 257
三、信息系统的费用效益分析 259

案例 260
本章小结 264
思考题 265

第十章 电子商务的经济分析 266

第一节 电子商务及其特征 266
一、电子商务的概念 266
二、电子商务的特征 267
三、电子商务的基本模式 269

第二节 电子商务的供应链分析 272
一、资金流、物流和信息流 272
二、资金流、物流和信息流的关系 273

第三节 电子商务的商业模式 274
一、电子商务的成本分析 274
二、电子商务的盈利模式 277
三、基于网络的新型商业模式 279

案例 281
本章小结 286
思考题 286

第十一章 信息经济发展新趋势 287

第一节 平台经济 287
一、平台经济理论 287
二、平台经济的应用与发展 294

第二节 分享经济 298
一、分享经济理论 299
二、分享经济的应用与发展 310

第三节 网红经济 319
一、网红经济的定义及其模式 319
二、网红经济产生的背景 320
三、网红经济的未来 322

案例 323
本章小结 325
思考题 326

参考文献 327

第一章 绪 论

【本章导读】

有关信息经济学的内涵、外延及范畴等问题,国内曾有很多争论。争论双方最大的分歧在于"不对称信息"是否是判断信息经济学的最主要的标志。本书认为,信息经济学既需要研究不确定、非对称信息经济学,同时也不能忽视信息产业、信息资源、信息系统经济学的研究。

本章也讨论了信息经济学的学科体系、研究方法,供读者学习时参考。

【重点提示】

- 信息概念和信息处理方法已广泛渗透到各个学科领域。
- 国外信息经济学的研究起源于不对称信息经济学,即后来所谓的微观信息经济学。
- 对信息产业、社会经济信息化的研究形成了宏观信息经济学的主要内容。
- 信息经济学的研究内容既包括微观的非对称信息理论,也包括宏观的信息产业、信息资源等内容。
- 信息经济学的研究方法一般有定性研究与定量研究两大类。

【学习目标】

通过本章的学习,了解信息经济学在国内外的历史发展及现状,了解信息经济学的研究内容和研究对象,了解信息经济学的学科体系及其研究方法,建立对信息经济学的整体印象。

【关键概念】

信息与经济　微观信息经济学　宏观信息经济学　研究内容　研究对象　研究方法

第一节　信息经济学的历史和现状

一、信息与信息经济学

(一)信息

信息经济学的兴起,是与"信息"这个概念对人类生活的影响逐渐深远广泛密不可分的。人类对于信息的认识和利用的历史可以追溯到古代。例如,我国周朝时期就利用烽火台传递边关警报,古罗马地中海城市用悬灯来报告迦太基人进攻的消息等。近代人们发明的电报、电话也是为了传递信息。人们每天都在用语言、文字、声音、手势、信件、因特网上的数字信号等来传递信息。人类社会生活的信息化及人们对信息技术日益加深的关注,使我们意识到世界正进入信息时代。我们可以通过信息论的发展进一步理解信息和信息技术的概念。

在20世纪20—30年代,一些科学家如韦伯、卡尔松、波特等人,在电报传送及声音信号传递过程中的带宽、分辨率、误码率等方面做了大量工作,这是推动信息论产生的早期工作。而信息论产生的直接原因还是"二战"期间及战后通信事业的迅猛发展,如雷达、真空电子管等通信技术和自动控制计算技术的发展,促使许多国家进行了大量研究。

20世纪40年代信息论的奠基人香农(C. E. Shannon,美国贝尔电话研究所的数学家)就开始研究信息论,其基本内容就是研究信源、信道、信宿及编码问题。他的主要贡献有以下五个方面。

(1) 从理论上阐明了通信的基本问题,提出通信基本模型。

(2) 提出信息量的数学公式。

(3) 解决了从信息接收端提取信息源发来的消息。

(4) 提高信道信息容量,在有限的信道中最大速率传递最大信息量的基本途径。

(5) 初步解决了如何编码、译码才能使信源的信息被充分表达,信道的容量被充分利用的问题。

1948年,美国数学家维纳(N.Wiener)出版了《控制论》一书。他提出了著名的维纳滤波理论、信号预测理论及噪声和信号的接收理论,为信息论的产生作出了重大贡献。他指出:"信息就是我们在适应外部世界和控制外部世界的过程中,同外部世界进行交换的内容的名称。就我的看法:信息是客观存在的,它反映了事物的状态、特征和内在的性质。"他还独立地提出了测量信息量的数学公式。

维纳认为:"信息显然不同于物质与能量,客观世界可以说充满了各种信息,有自然界的信息(如天气、地震、海洋、环境等),有人类社会的信息(如股票行情、体育、新闻等),更有各种知识信息。"

后来各国科学家不断研究、实验并修正香农的理论,取得了新的进展,把信息的概念和方法论渗透到其他学科领域,涉及内容更广泛,包括物理学、心理学、医学、经济学、计算机、电子学、语言学、统计学等。

自从1965年查德提出模糊数学后,有人在模糊集合论的基础上建立起"熵"和信息的概念,在自然科学和哲学界,研究者把信息作为基本的参量来研究。

20世纪70年代,由于数字计算机的广泛应用,通信系统的技术和能力不断提高,如何有效地利用和处理信息成为人们日益重视的课题,人们越来越认识到信息的重要性,认识到信息可以作为与材料和能源一样的资源而加以利用和共享。信息概念和信息处理方法已渗透到各个学科领域,它迫切要求突破香农的信息论的狭隘范围。香农的信息论一般应用在通信、数字信号处理、随机过程问题上,而现在很多广义上的信息不能用这样一系列具有先验概率的随机变量或随机过程来描述。总之,近三四十年的发展,信息的含义已远远突破了香农信息论的范围。

从广义上讲,信息不单是人类利用的一种资源,动物界也在利用媒体传递信息。例如,大鸟通过叫声告诉雏鸟有了危险应该回巢;蜜蜂通过跳舞告诉同伴哪里有花蜜可以采集等。

信息的具体形式,一般为音频、视频、气味等形式,它们可以被感觉器官所感知、被传感器所接收,人们再将它们用文字、符号、图像、声音等媒体表现出来,从而被人类充分作为资源来使用。

(二)信息与经济

信息与物质、能量被视为世界三大资源,也是始终支配着人类最基本活动的三个不可缺少的要素。在人类社会的不同时期和不同阶段,这三种要素分别具有不同的地位和作用。近几十年来,随着以计算机、通信技术为中心的现代信息技术的出现、发展和广泛应用,人类开始进入有赖于物质、能量和信息的信息社会,信息对人类社会生活和知识体系的影响逐步深远,为人类的经济、社会、思想、学术等各个领域带来了不可估量的影响。

在社会科学体系中,信息概念影响最为深远的莫过于经济学。1996—2001年信息经济学两次获得诺贝尔奖,这引起国内外学者极大的重视。1991年至2000年以信息为基础的经济突飞猛进地发展,理论界对于以信息技术为基础的新经济的热情关注,使得信息与经济的理论研究也进入了一个快速发展时期。根据国内学者马费成教授的总结,信息与经济的关系主要表现在以下几个方面。

第一,信息对经济决策的作用。现代经济是多因素的、多变量的复杂系统,人类的经济行为面临着极大的不确定性,而信息具有消除不确定性的功能。信息在经济决策中的作用就显得越来越明显和重要。

第二,信息是现代经济的重要资源和投入要素。由于现代信息技术的高度发展和广泛应用,信息资源开发利用的深度和广度都得到加强。信息作为一种资源,与传统资源(如劳动力、资本、能源、原材料等)相比有着独特的性质,使得这种资源对现代社会和经济产生了特殊作用。信息化已成为各行各业向现代化迈进的必由之路。

第三,信息和信息服务成为一种独立的商品,形成了独立的产业。随着信息价值的认识,信息商品化已是不争的事实,信息商品进入社会商品生产、分配、流通和消费的领域,规模越来越大,市场占有率越来越高,且上升速率越来越快。信息产业的形成,充分反映了信息和信息活动对当代经济发展的重大影响,致使传统的经济结构改组,从质能经济走向信息经济。

第四,信息部门、信息服务活动需要用经济学的理论方法进行指导和研究,提高管理和服务水平。美国著名信息学家金格(D. W. King)认为,信息活动包含了与经济学研究对象相同的过程、媒介、服务和利用；信息活动也有投入和产出的比较，从而需要研究成本、定价和资源配置；信息过程必须进行控制和管理才能达到目标；信息活动也需要进行成本效益比较才能保证其合理性。这些问题只有从经济学的角度来研究才能解决。

过去，信息本身并不是经济学研究的对象，但由于信息的经济特征和经济价值如此独特而重要，世界各国除了不遗余力地发展先进的信息技术，推动国家信息化、企业信息化，大力发展信息产业外，还开展了一系列的理论研究，针对信息产业和信息经济结构，信息的生产、分配、流通和消费过程的经济机制、经济规律展开了系统的研究，提出了一系列有关信息经济的新理论和新方法。它们不但对信息活动的有效开展具有现实的指导作用，而且成为经济科学、信息科学、情报科学理论与应用的重要组成部分。信息经济学正是在这样的背景和条件下产生的。

(三)信息经济学

信息经济学起源于西方，主要是美国，其标志性事件是1959年美国著名经济学家马尔萨克发表了《评信息经济学》一文，提出了研究经济学特有的信息范畴课题，使用了信息经济学(the Economics of Information)一词。紧接着，在1961年，斯蒂格勒(G. Stigler)发表了题为《信息经济学》的著名论文，使得信息经济学作为新兴的学科进入了科学的殿堂。

信息经济学经过20世纪50—60年代的发展，到70年代基本成熟。在创建初期，研究重点多种多样，有的学者侧重于基础理论研究，有的学者则侧重于应用研究，也正是这两种研究的互相补充和互相促进，才奠定了信息经济学的理论基础。信息经济学的研究从一开始就有两条主线：一是以弗里兹·马克卢普(Fritz Machlup)和马克·尤里·波拉特(Mac Uri Porat)为创始人的宏观信息经济学，宏观信息经济学又称为情报经济学、信息工业经济学，以研究信息产业和信息经济为主，是研究信息这一特殊商品的价值生产、流通和利用及经济效益的一门新兴学科，是在信息技术不断发展的基础上逐步建立起来的，是经济学的重要领域；二是以斯蒂格勒(George J. Stigler)和阿罗(K. J. Arrow)为最早研究者的西方信息经济学、微观信息经济学，微观信息经济学又称为理论信息经济学，是从微观的角度入手，研究信息的成本和价格，并提出用不完全信息理论来修正传统的市场模型中信息完全和确知的假设，微观信息经济学重点考察运用信息提高市场经济效率的种种机制，因为其主要研究在非对称信息情况下，当事人之间如何制定合同、契约及对当事人行为的规范问题，故又称为契约理论或机制设计理论。

进入20世纪70年代以后，信息经济学的发展基本上达到了成熟，其标志是有大量信息经济的论著问世。从1979年开始，国外信息经济学进入大发展阶段，其主要标志有二：一是1979年赫什雷弗(Jack Hirshleifer)和赖利(J. G. Rily)首次将信息经济学划分为微观信息经济学和宏观信息经济学两大部分，这标志着信息经济学学科体系已初步形成；二是1979年首届国际信息经济学学术研讨会的召开，这标志着信息经济学研究引起了各国的重视。

二、国外信息经济学的发展

国外信息经济学的研究起源于不对称信息经济学,即后来所谓的微观信息经济学。至今,仍有学者固执地认为,"不对称信息"作为信息经济学的最主要标志,其主要基础性概念是"信息是不确定性的负度量,或者说信息具有不确定性的功能",并把研究内容界定为"研究关于经济活动中的信息现象及其规律的科学。进一步说,信息经济学是研究信息现象在经济活动过程中具体规律的经济学,它主要研究市场信息如何影响人们的具体经济行为及其结果"。如此定义,实际上把很多宏观信息经济学的研究内容排除出了信息经济学学科体系。关于此方面的讨论,在本章第二节还将进行论述。

从当前信息经济学论文、著作来看,大多数学者接受了宏观信息经济学和微观信息经济学的划分,本书也基本遵从这种划分。以下分别从宏观信息经济学和微观信息经济学两个方面来讨论国外的发展情况。

(一)宏观信息经济学的发展

在宏观信息经济学方面,最早的研究者有美国普林斯顿大学的弗里兹·马克卢普(F. Machlup)教授。他在 1962 年发表了一本专著——《美国的知识生产和分配》,书中提出了知识产业的问题,并对 1958 年美国知识产业的生产进行了统计测定。这本书在 1966 年被译成俄文,1968 年又被译成日文。自 1980 年起,马克卢普又扩展前书,陆续发表了《知识:它的生产、分配和经济意义》8 卷本巨著,其中第 1 卷名为《知识与知识生产》。

在宏观信息经济学发展历史上第二位著名的早期研究者,当推美国斯坦福大学的马克·尤里·波拉特(Mac Uri Porat)博士。他在书中更新了美国知识产业的统计数据。他在马克卢普研究的基础上,在丹尼尔·贝尔(Daniel Bell)的影响下,于 1977 年完成了《信息经济》9 卷本的内部报告。这个报告是在他的博士论文《美国信息经济分析》的基础上扩展后写成的。波拉特第一次把产业分为农业、工业、服务业、信息业,并把信息部门分为第一信息部门和第二信息部门。第一信息部门是由向市场提供信息产品和信息服务的企业所组成的部门,第二信息部门是由政府和非信息企业的内部提供信息服务的活动所组成的部门。波拉特还用投入产出技术按不同于马克卢普的最终需求法的另一种增值法,对 1967 年美国的信息经济的规模与结构作了详尽的统计测算和数量分析。这种方法不仅引起了美国商务部的重视,而且于 1981 年被经济合作与发展组织(OECD)所采纳,用来测算其成员国的信息经济的发展程度。

除了马克卢普和波拉特外,1976 年,日本的增田米二出版了《信息经济学》一书,系统地探讨了信息经济学的对象、内容、范围和基本理论等问题,阐明了信息生产力的特征和信息时代的特征,并提出第四产业的概念,将第四产业划分为信息产业、知识产业、情绪产业和伦理产业四大领域。1973 年,美国的贝尔(D. Bell)出版了《后工业社会的到来——社会预测尝试》一书,首次提出了后工业社会的概念,开展了信息社会化和社会信息化所引起的社会经济变革方面的研究。1980年，库珀(D. Cooper)概括了马克卢普和波拉特的统计数据并进行了计算和分析，得出了信息经济持续增长的结果，并认为信息经济应该包括信息产品和信息服务两个领域，未来的经济增长更多体现在信息产品领域内的增长。1981年，鲁宾和泰勒(E. E. Taylor)完成了《美国信息部门和国民生产总值：投入产出研究》的报告，将美国信息部门划分为知识生产与发明、信息传播与通信、风险管理、咨询与协调、信息处理、信息商品生产、政府内部的信息活动，以及信息生产的支持设备和建设，并应用波拉特范式对1972年美国信息经济的规模进行了初步测算。此后，澳大利亚、匈牙利、韩国、印度、南非等国的信息经济规模测算活动相继展开，取得了较多的应用成果。

自1980年以来，对社会经济信息化的研究也得到了较快的发展。1980年，美国著名社会学家托夫勒(A. Toffler)出版了《第三次浪潮》；1982年，美国经济学家奈斯比特(J. Naisbitt)出版了《大趋势——改变我们生活的十个新趋向》；以及后来的《未来的经济》(霍肯著)、《信息财富——简论后工业经济》(斯托尔尼著)等著作都阐明了信息是人类社会经济发展不可缺少的资源，是生产力，信息社会是继农业社会、工业社会后的又一种社会形态。

(二)微观信息经济学的发展

微观信息经济学起始于20世纪50年代，形成于60年代，发展于70—80年代。在新古典经济学的世界里，假设交易成本为零，信息完备。而在现实经济活动中，这两个假设基本不成立。微观信息经济学正是从对这两个基本假设的否定开始的。

最早从经济学角度研究信息的是美国经济学家斯蒂格利茨和日本的宫泽等。早在1961年，美国经济学家、信息经济学的创立者之一的斯蒂格利茨(J. Stigler)就在《政治经济学》杂志上发表了题为《信息经济学》的论文，其中对信息的价值及其对价格、工资和其他生产要素的影响进行了研究，他认为获取信息要付出成本，不完备信息会导致资源的不合理配置。在1962年和1964年，斯蒂格利茨又分别发表了《劳动市场的信息》和《论寡占》两篇论文，这三篇论文充分体现了他早期的信息经济思想。由于其对信息经济学的创立和发展所作出的杰出贡献，斯蒂格利茨于1982年被授予诺贝尔经济学奖。

美国的维克里教授和英国的米尔利斯教授还在不对称信息的前提下，延伸出了委托—代理理论。他们把掌握信息多的一方称为代理方，另一方称为委托方，通过引入"激励相容"等概念，把不对称信息问题转化为制度安排和机制设计问题。这一理论的提出得到了高度重视，其中的约束—激励机制正被广泛应用。1996年度诺贝尔经济学奖授予了英国剑桥大学的詹姆斯·莫里斯教授和美国哥伦比亚大学的威廉·维克里教授，以表彰他们对西方信息经济学研究作出的贡献。2001年度的诺贝尔经济学奖授予了三位美国经济学家：约瑟夫·斯蒂格利茨、乔治·阿克尔洛夫、迈克尔·史宾斯，就是为了表彰他们从20世纪70年代就开始在"使用不对称信息进行市场分析"方面所作出的重要贡献。瑞典皇家科学院发表的新闻公告说，阿克尔洛夫的贡献在于，他阐明了这样一个事实：卖方能向买方推销低质量商品等现象的存在，是因为市场双方各自掌握的信息不对称。信息失衡甚至可能使劣质的二手车挤掉优质车市场。史宾斯则揭示人们应如何利用所掌握的更多信息来谋取更大的利益。斯蒂格利茨为掌握信息较少的市场方如何进行市场调整提供了相关理论。三位教授的分析理论用途广泛，既适用于对传统的农业市场的分析研究，也适用于对现代金融市场的分析研究。同时，他们的理论还构成了现代信息经济学的核心。

三、我国信息经济学的发展

我国对信息经济学的研究始于20世纪80年代中期，1983年武汉大学将"情报经济学"列入专业教学计划，1985年首先开设了完整的"情报经济学"课程。随后北京大学信息管理系也开设了此课。1986年12月，首届中国信息化学术讨论会在北京召开，信息经济学的有关课题成为会议的主要议题之一。1988年，首次以信息经济学命名的学术研讨会在山东烟台召开。1989年，中国信息经济学会成立。到现在为止，中国信息经济学会已发展壮大，每年都举行规模不小的年会，主题涉及与国家信息经济发展及信息经济学研究相关的重大课题。信息经济学的研究队伍主要有经济学界、情报学界、管理学界、图书馆学界、计算机学界的专家等，但总体来说以情报学领域的专家为主，研究成果主要发表于《情报学报》《情报理论与实践》《图书情报工作》《情报科学》等情报学刊物上。近十年来，国内经济学界也十分关注信息经济或新经济的研究，在《经济学动态》《世界经济与政治》《国际经济评论》《数量经济与技术》等刊物上常常见到相关文章。而关于不对称信息经济学的介绍与应用研究则在诸如《经济研究》《经济评论》等很多经济学核心刊物上发表。

(一)对非对称信息理论的介绍

近年来，我国不少学者对获得诺贝尔经济学奖的信息经济学家的主要理论贡献作出了介绍。如张维迎的《詹姆斯·莫里斯论文精选——非对称信息下的激励机制》，赵先进的《1996年诺贝尔经济学奖获得者维克里、莫里斯对不对称信息经济学理论的贡献》以及李纲、晓巍等对莫里斯和维克里的贡献作出的介绍，这些介绍都说明维克里和莫里斯的理论主要研究如何解决事后的道德风险问题，也称为激励机制理论。

谢康等的《2001年诺贝尔经济学奖获得者阿克洛夫、斯彭斯和斯蒂格利茨论文精选》以及王则柯、梁小明、唐久红等对阿克洛夫、斯彭斯、斯蒂格利茨的贡献和相关的基本理论作出的介绍，说明了阿克洛夫的主要贡献在于开创了非对称信息下逆向选择研究的先河，而斯彭斯和斯蒂格利茨在阿克洛夫研究的基础上，提出了解决逆向选择的信号发送和信号甄别理论。

上述国内学者对信息经济学领域重要人物的主要贡献和基本理论的介绍，极大地促进了信息经济学理论在我国的发展。

(二)对非对称信息理论的应用

我国学者对非对称信息理论的应用,主要集中在应用激励机制理论对金融、医疗、教育等领域出现的一些相关的经济问题进行解释,并提出相应的对策。

在金融领域,部分学者应用非对称信息理论分析如何对金融机构进行资本监管以及如何进行金融监管,利用激励机制理论对风险投资的合理性进行解释,利用非对称信息理论对风险投资的进入和退出问题进行解释并提出相应的改善措施,以及对证券市场的寻租行为和造假现象进行分析等。

在医疗领域,近年来医患关系呈现紧张趋势,一些学者应用非对称信息理论解释医患双方的信任问题,认为通过减少信息不对称、完善激励机制等措施可以使医患关系得以改善,医疗费用的过度上涨已经成为目前中国医疗体制改革的一个热点问题,而医疗市场信息不对称的特殊性导致医患双重道德风险问题,是造成医疗费用过度上涨的重要原因,故应当从规避医患双重道德风险的角度设计医疗费用过度上涨的控制机制等。

此外,非对称理论也广泛用于解释其他领域的相关经济现象,如商业领域中假冒伪劣产品充斥市场问题、广告和虚假广告问题等,政治领域中的腐败与反腐败问题等。可见,非对称信息理论已在我国各行业得到了广泛应用。

(三)对宏观信息经济学的应用研究

我国学者对宏观信息经济学的应用研究,主要领域包括信息技术生产率悖论、信息产业、信息化与工业化,以及信息经济测量等方面。

所谓的"信息技术生产率悖论",是指 IT 投资的实际生产率效应和期望之间不一致的现象。我国学者对"信息技术生产率悖论"的研究主要是对该悖论产生的原因作出解释,并提出解决对策。测度不当、时滞、利润的重新分配和扩散、信息和技术的管理不善、信息技术对其他生产要素的替代、股票市场、分析工具不当等是造成"信息技术生产率悖论"产生的主要原因。

我国学者对信息产业的研究,主要是对我国信息产业的发展现状及存在问题进行探讨,结合国外信息产业的成功模式提出相应对策,以及通过实证方法,对信息产业与国民经济增长之间的关系进行研究。我国现阶段在信息产业的发展存在产业结构不合理,信息技术水平较低,通信业务创新能力不强,公平公正、有效有序的市场竞争环境尚未形成,信息安全管理滞后于信息技术的发展和应用,高层次、复合型人才严重缺乏等问题。发展我国信息产业的思路应是明确战略方针,进行统筹规划,加快信息基础网络建设,积极拓展国内市场空间,加快产业结构调整,突出重点,产业布局合理,提高自主知识产权的开发能力,建立风险投资基金,加大支持力度,实行政策扶持,培养人才,重视发挥市场竞争的作用等。

工业化是农业主导型经济向工业主导型经济的演进过程,信息化是工业主导型经济向信息业主导型经济的演进过程。1996年，我国明确提出"加快国民经济信息化进程"，2000年我国又提出"以信息化带动工业化，发挥后发优势，实现社会生产力跨越式发展"。我国学者对信息化与工业化的研究主要对两者的关系，在信息化与工业化相互作用过程中政府所应起到的作用，以及信息化带动工业化所应采取的对策进行探讨。工业化与信息化的关系主要有：工业化是信息化的物质基础和主要载体，信息化是工业化的提升动力和推动"引擎"，信息技术推动的工业化是新型工业化，信息化给工业化带来的影响主要体现在其影响企业的生产、经营和组织方式；影响产业结构的变化，引起新产业群的兴起；影响区域资源的配置方式。在信息化与工业化相互作用的过程中，政府所应起到的作用有两方面：一是建立一个健全的市场经济环境，二是建立一个良好的制度环境。信息化带动工业化应该采取的对策有：树立政府目标导向；以应用促发展、发挥市场推进作用；鼓励创新，包括技术创新、管理创新、制度创新；加快推进产业升级。

此外，我国对宏观信息经济学的应用研究还涉及信息经济的测度、国际信息贸易等领域。总体来看，近几年我国对宏观信息经济学的应用研究发展十分迅速，取得了丰硕的成果，并对我国国民经济的发展起到了巨大的促进作用。但是，相关的实证研究还进行得较少。

第二节　信息经济学的研究对象和基本内容

一、信息经济学的研究对象

(一)信息经济学研究内容的争论

国外学者主要从五个角度来分析信息经济现象：一是从不完全信息和非对称信息的假设出发分析信息经济现象；二是从统计决策的角度出发，研究如何利用信息实现最优的信息经济，以马尔萨克和肯尼思·阿罗为代表；三是从企业管理和信息管理的角度研究信息经济现象；四是从信息产业的角度分析信息经济现象；五是从信息经济的统计测算角度分析信息经济现象，以马克卢普为代表。而国外信息经济的研究范畴主要包括微观信息经济学领域，即以不对称信息经济学为核心的领域，以及宏观信息经济学领域，其核心领域包括信息经济的测度、信息系统经济学、企业的信息组织理论、信息的产业组织理论、网络经济学、国际信息经济学等八个领域。

有关信息经济学的内涵、外延及范畴等问题，国内曾有很多争论。争论双方最大的分歧在于"不对称信息"是否是判断信息经济学的最主要的标志。批评或争论的焦点可以归纳为两个方面，一是信息经济学的学科范畴问题，研究与信息不对称无关但与信息有关的经济问题，比如信息产业问题、信息系统的经济学问题，是否可以归之于信息经济学范畴，还是应归之于信息理论的范畴？二是信息经济学的研究方法问题。对此，国内主要有三种观点。

第一种观点是把信息经济学理论等同于非对称信息理论。如北京大学张维迎教授认为，信息经济学就是研究在非对称信息情况下，当事人之间如何制定合同(契约)及对当事人行为的规范问题。中山大学王则柯教授认为，经济关系的双方掌握的信息不对称，使得信息优势方有讨便宜的机会。信息经济学就是对付欺诈行为的学问，隐蔽特征导致的逆向选择和隐蔽行动导致的道德风险，是关键的概念。

第二种观点认为非对称信息理论只是信息经济学的一个研究领域，信息经济学的研究对象远远不只非对称信息理论。如中国信息经济学会创始人乌家培教授在 20 世纪 90 年代初期曾指出：信息经济学是研究信息活动中的经济问题与经济活动中的信息问题的综合性经济学科。武汉大学马费成教授认为，信息经济学是把信息和信息活动当作普遍存在的社会经济现象来加以研究的学科。中国人民大学陈禹教授认为，信息经济学是一门研究经济活动中的信息现象及其规律的经济学。

第三种观点与第二种观点一样，认为信息经济学的研究对象不只是非对称信息理论，但非对称信息理论是信息经济学研究的核心。

本书采用第三种观点。这是因为，信息经济学是随着"信息"概念的出现并发挥重要作用而产生的，因此信息经济学的研究对象或基本内容也必然受信息概念的约束。经济学认为信息是不确定性的负度量，或者说信息具有消除不确定性的功能。这种定义侧重于信息内容本身，也是不确定、非对称信息经济学的理论基础。但是，我们应该看到，信息内容的存在总是要依托一定的信息介质和信息技术，而现代信息技术的快速发展使得信息内容与信息技术已经无法分离，信息设备、信息系统、信息网络、信息产业、信息组织与管理、信息资源等概念随之产生和发展。这一切与信息有关的特质、组织形式、经济现象等都无法用传统的经济学来加以解释，必须用独立的信息经济学体系来覆盖信息概念所拓展出来的全新研究内容。虽然非对称信息理论是信息经济学的发源地，但随着信息经济真实现象的发展，其学科内容也应该与时俱进，突破对非对称信息经济研究的坚守，及时发现新的信息经济现象并不断纳入学科研究体系之中。既然我们无法忽略信息系统、信息产业、信息资源等的存在，就应该把它们的经济现象纳入我们的研究范围，不断丰富信息经济学的学科体系。

(二)信息经济学的研究对象

信息经济学是从不同侧面、不同角度对信息经济进行研究的新的综合性的经济学科。信息经济学相对独立的不同领域都有自身特定的研究对象、研究内容和研究方法，这些构成了信息经济学的综合性学科范式，具有明显的综合性和边缘性。从经济学角度分析，信息经济学属于经济学体系中的全新领域，是经济学的分支学科，信息经济学不仅要引入信息要素对传统的经济理论进行补充和修正，同时也要运用现有的经济学理论、原理和方法考察社会信息及信息活动的经济机制和经济规律。从信息科学的角度分析，信息经济学也可以看作是信息科学体系中的一个领域，是信息科学的一个分支学科。信息经济学不仅要从经济的角度去研究信息和信息活动，同时也要从信息的角度来研究经济现象和经济活动,运用信息科学的理论、原理、原则和方法去考察信息与经济的相互作用关系,以揭示社会经济活动中信息的功能。

总结信息经济学历年来的研究成果,可以看出其研究的不同侧重点有以下几种。

(1) 研究完全信息和不完全信息状态下的经济学问题,主要表现有委托—代理理论、逆向选择与道德风险、信息供给与信息市场等问题。

(2) 把信息当作一种要素来考察,探索其在生产、交换和消费过程中反映出来的各种经济关系及客观规律。

(3) 把信息作为一种特殊商品来研究,探讨其各种经济关系,如信息商品的成本、价值、价格,信息系统的经济效益等问题。

(4) 研究信息产业和信息经济的各种经济问题及其发展规律,如信息产业的结构、组织与布局、信息产业的投入产出分析、信息经济的测度和信息资源的开发利用等。

(5) 研究信息对人类经济行为的作用机制和作用规律。

尽管角度不同,但归纳起来无外乎是"与信息、信息活动有关的经济问题"以及"与经济活动有关的信息问题"。具体地说,信息经济学的研究对象包括不完全信息和不对称信息条件下经济活动及经济行为的特征及规律;信息作为生产要素的特征、功能,以及对经济系统的作用条件和作用规律;信息商品的生产、分配、流通、消费全过程的有关社会关系和经济关系;影响信息活动和信息系统经济效益的自然因素和社会因素;信息产业的政策、运行机制和发展规律。

二、信息经济学的研究内容

(一)信息经济学的主要研究内容

从宏微观的角度划分信息经济学的主要研究内容,包括微观信息经济学、宏观信息经济学、微观与宏观信息经济学的结合及它们的应用研究。

1. 微观信息经济学

微观信息经济学是指从非对称信息这一基本事实出发,对于传统经济学在完备信息假设下所提出的论点及命题进行重新思考。非对称信息是指交易双方各自拥有他人所不知道的与交易有关的私有信息。

在"囚徒困境"中,囚犯互相不知道同伴是什么样的选择,因而选择坦白交代;产品市场上著名的"柠檬市场"(次品市场),卖主比买主拥有更多的关于产品的信息;在劳动市场上,存在工资、激励及逆向选择的问题,老板不了解众多下属中谁最具有能力做经理,也不了解上任的经理是否可以把全部精力投入工作,而下属则不了解老板的利润究竟是多少;还有腐败的滋生与惩治、虚假广告与假冒伪劣商品的治理等,都存在着信息不对称的问题。

信息经济学把拥有私有信息的一方称为代理人，不了解这些信息的一方称为委托人。因此，一般不对称信息问题都可归结为"委托—代理"模型。在非对称信息环境中，"委托—代理"关系的成立条件是委托人对代理人的支付不低于后者参与这个契约的机会成本，同时又要实现自身利润最大化。在这种参与约束和激励相容约束的条件下，委托人的最优选择应该是什么？博弈论学者哈萨尼对此做了深入研究，定义了贝叶斯—纳什均衡，以寻求最优的契约或制度安排，使代理人吐露实情。委托人还可通过一些信号，如价格、荣誉、广告等，获取信息。

非对称信息环境是微观信息经济学重要的既定条件之一。微观经济学的完全竞争模型在现实中很难真正存在。对不完全信息状态下市场的研究逐渐发展为微观信息经济学。国内在 20 世纪 90 年代初逐渐开始介绍六七十年代西方微观信息经济学的成就，随着我国经济理论与实践发展的需要，微观信息经济学引起了国内一定的重视。在 1996 年和 2001 年诺贝尔经济学奖先后授予信息经济学的研究者之后，国内对于信息经济学的研究也越来越重视，各类介绍、研究与应用的论文与著作逐渐多了起来。

2. 宏观信息经济学

美国普林斯顿大学的马克卢普和斯坦福大学的波拉特创立的宏观信息经济学，把信息产业视为在农业、工业、服务业外的第四产业，以统计数字及数量分析来说明信息经济的发展，它是信息产业及信息经济发展的必然要求及必然结果。国内以乌家培为代表的信息经济学学者认为宏观信息经济学的主要研究内容为：信息产业的产生与发展，以及其在国民经济中的地位与作用；有关信息市场的问题，如信息商品的价值与价格计算，市场主体行为的考察及市场容量的扩展；信息商品的生产、交换、消费、分配规律以及对信息资源的有效配置问题的研究；国民经济的信息化问题以及如何用信息技术改造传统的工农业，还有以信息技术为主要研究对象的信息系统的研究等。总体来讲，宏观信息经济学既研究信息产业的经济运作，也研究社会宏观经济的信息化问题。

3. 微观信息经济学与宏观信息经济学的结合

目前，在信息经济学的研究进程中，经济学界更多地关注微观信息经济学的发展动态，十分重视对微观信息经济学的介绍及对各种非对称信息条件下经济问题的研究，而对于宏观信息经济学的研究则较少涉及。尽管信息商品与其他商品相比有着不同的特点，信息产业作为一种新型的产业，也有其特殊的经济规律，但它受到信息学学者的重视要远远超过经济学学者。也正因为如此，信息经济学给信息学注入了生机与活力。在信息学界有一些极为活跃的信息经济学研究者，他们不但从事信息商品与信息产业的经济学研究，而且其研究也逐渐涉及微观信息经济学领域，并且试图将两者结合起来，将其纳入一个完整的体系。其主要方法是从非对称信息条件下的契约理论入手，进而研究信息(各种信号)的搜寻，以及信息的成本及交易成本，逐步过渡到宏观信息经济学的领域。

4. 信息经济学的应用研究

尽管微观信息经济学又被称为理论信息经济学，但它的应用研究并不简单地等同于宏观信息经济学。近两年来微观信息经济学的应用研究在当前我国经济改革与转型时期的制度安排及市场规范方面有着不可低估的作用，是信息经济学极具前景的研究领域。

如前所述，微观信息经济学是研究在不确定、不对称信息条件下如何寻求一种契约和制度来规范当事者双方的经济行为，又称为不对称信息经济学或契约理论。在此前提下，任何经济行为的结果都是确定的和唯一的。因此，微观经济学的任务是最优化决策问题，即如何实现资源的最优配置和效率最大化。而且它在自身的发展中形成了许多有效的分析方法，这都使得微观信息经济学相对于传统经济学而言实用性更强，更能广泛和深入地研究和解决实际的经济问题。

综上所述，信息经济学是信息科学的一个分支学科，是一门研究信息的经济现象及其运动变化特征的科学，如果以"信息概念"为核心来总结信息经济学的研究内容，其主要研究内容可以归结为以下七点。

(1) 信息的经济作用。它主要研究信息的经济属性及其在经济发展中的作用；信息产业在国民经济中的地位和功能；信息技术的发展和完善对社会经济的影响；信息与社会生产的规模、结构形式、组织管理的关系；信息经济模式在经济结构中的应用过程和作用等。

(2) 信息的成本和价值。它主要研究信息价值的定性和定量描述；信息的价值和成本的关系；信息价值的表现形式；信息价值的计量标准和计算方法等。

(3) 信息的经济效果。它主要研究信息的使用价值量与劳动消耗量的比例；信息的经济效益的计算和考核；信息工作在社会生产中的最佳投资和投资效果；影响信息经济效果的自然因素和社会因素；提高信息经济效果的途径和方法等。

(4) 信息产业结构。它主要研究信息产业结构及其发展规律和趋势；信息产业与部门经济结构、服务性行业结构、教育机构的关系；信息产业结构对就业结构的影响；国民经济结构变化的信息因素和非信息因素的分析等。

(5) 信息系统。它主要研究如何建立和发展完善的信息系统；信息系统的聚集与分散对信息系统价值的影响；从经济角度考察信息系统评价的标准和方法；信息系统的经济效益和社会效益及其相互关系；信息系统经济的管理；最优化信息系统的选择等。

(6) 信息技术。它主要研究用技术经济原理研究信息技术对提高信息经济效益的作用；比较各种信息技术的应用，提出采取新信息技术的最佳方案；了解信息技术发展的特点和规律等。

(7) 信息经济理论。它主要研究对信息经济学的对象、内容、性质、方法、作用、历史等基本问题。

(二)西方信息经济学的主要研究内容

从本质上说，西方信息经济学是非对称信息博弈论在经济学上的应用，是微观经济学的新发展。博弈论研究的问题是决策各方的行为发生相互影响时各自的决策，以及这些决策所能达到的均衡，而信息经济学研究的问题则是决策各方的行为发生相互影响时存在着非对称信息。在这里，非对称信息指的是某些参与人拥有但另一些参与人不拥有的信息。

信息经济学所讨论的信息即指这种影响双方利益的信息，而不是指各种可能的信息。不对称信息按内容可以分为以下两类。

第一类是双方知识的不对称，是指一方不知道另一方诸如能力、身体健康状况等方面的信息，这是外生的、先定的，不是双方当事人行为所造成的。对于这类信息不对称，信息经济学称之为隐藏知识、隐藏信息。

第二类不对称信息是指在签订合同时双方拥有的信息是对称的，但签订合同后，一方对另一方的行为无法管理、约束，这是内生的，取决于另一方的行为。对于这类信息不对称，信息经济学称之为隐藏行动。比如在签订合同后，雇员是努力工作还是偷懒，雇主不能自由控制。要解决这个问题，就要实行一种激励机制，使雇员采取正确的行动，比如用什么样的工资制度或福利制度，使雇员努力工作。

在具体工作中，会在两种情况下遇到不对称信息的问题。按不对称信息发生的时间，在事前发生的信息不对称会引起逆向选择问题，而事后发生的信息不对称会引起道德风险问题。

逆向选择和道德风险是信息经济学研究的两大基本课题。比如，选择一个企业经理，如果事先董事会不清楚经理的能力，经理自己清楚，会出现逆向选择问题；如果事先双方都知道经理的能力，但签约后不清楚经理的努力程度，则出现道德风险问题(隐藏行动)；或者事先都不知道经理的能力，但签约后经理发现了自己的能力，而董事会不清楚，则也是道德风险问题(隐藏信息)，因为经理离任有可能带走客户。

在非对称信息情况下，逆向选择和道德风险是随时可能发生的，西方信息经济学认为，减免的办法就是建立起激励机制和信号传递机制。

三、信息经济学的研究方法

研究方法是解决理论问题与实践问题的工具，对任何一门学科都是非常重要的。信息经济学目前还未有独立的研究方法，主要是借用传统经济学、管理学领域的普遍适用的一般研究方法来进行学术研究。从大的方面划分，信息经济学的研究方法一般可分为定性研究方法和定量研究方法两大类。

(一)定性研究方法

定性研究方法是根据社会现象或事物所具有的属性和在运动中的矛盾变化，从事物的内在规定性来研究事物的一种方法或角度。它以普遍承认的公理、一套演绎逻辑和大量的历史事实为分析基础，从事物的矛盾性出发，描述、阐释所研究的事物。进行定性研究，要依据一定的理论与经验，直接抓住事物特征的主要方面，将同质性在数量上的差异暂时略去。信息经济学中常用的定性研究方法有归纳和演绎、分析与综合、类比与比较等。

归纳与演绎属于推理，即根据原有的知识推出新的知识的思维形式。归纳是从特殊事实中概括出一般原理的推理形式和思维方法，如我们可以通过典型调查和抽样调查，采用不完全归纳法来分析我国信息市场、信息产业的现状和存在的问题，由少数信息市场的实际运行情况和机制来概括信息市场运行的一般规律。演绎是从一般到特殊，是根据一类事物都有的一般属性、关系、本质来推断该类事物中某个个体的属性，如用演绎的方法由产业发展和产业结构优化的一般规律来推断信息产业发展和结构优化的规律等。

分析是把整体分解为部分，把复杂的事物分解为简单要素加以研究的一种思维方法；综合是把研究对象的各个部分、各个方面和各个因素联系起来，考虑它们的整体行为规律的思维方法。信息经济学研究中，存在着大量的分析与综合的研究方法，如把信息产业、信息系统、信息资源开发过程等复杂的事物分解为多个组成部分，分别加以深入认识，并再次把它们组合在一起，观察它们的协同行为，即分析与综合的两个过程。

类比和比较是一种对比性的研究方法。类比是根据两个或多个对象的相同、相似方面来推断它们在其他方面也相同或相似的研究方法；比较是对两个或多个相似或具有可比性的事物进行对比，从而更全面和深入地认识事物的特征和个性的研究方法。在信息经济学研究中，我们可以将信息商品与物质商品进行类比和比较，把不同国家的信息经济或信息产业进行类比或比较，把企业信息技术能力与一般能力进行类比或比较，把信息系统项目与一般工程项目进行类比或比较等。通过这种类比或比较，可以发现信息活动中存在的一般经济规律，以及信息活动中存在的特殊规律，更全面地掌握信息活动的本质。

定性研究有两个不同的层次：一是没有或缺乏数量分析的纯定性研究，结论往往具有概括性和较浓的思辨色彩；二是建立在定量分析的基础上的、更高层次的定性研究。在实际研究中，定性研究与定量研究常配合使用。在进行定量研究之前，研究者须借助定性研究来确定所要研究的现象的性质；在进行定量研究的过程中，研究者又须借助定性研究来确定现象发生质变的数量界限和引起质变的原因。

(二)定量研究方法

定量研究是指研究者事先建立假设并确定具有因果关系的各种变量，然后使用某些经过检测的工具对这些变量进行测量和分析，从而验证研究者预定的假设。在信息经济学中，信息不对称性理论中的对策分析；计算信息商品的成本、价值和确定信息商品的价格；评价和计算信息系统的成本/效益、功能/费用；信息经济的测度计算；信息产业的投入产出分析；描述和测算信息产业与信息经济的规模与结构；对信息经济的发展进行科学规划和管理等都要大量运用数学方法，进行定量研究。

但是，在信息经济中进行的定量研究也存在着许多缺陷。由于信息系统不同于质能系统，信息也不同于物质和能量，信息和信息活动带有极大的不确定性和模糊性，有时精确的定量研究是难以实现的。因此，除了适度的定量研究外，概率统计、模糊数学、灰色理论、粗糙集理论等处理不确定问题的理论与方法也得到了大量应用。

定性研究与定量研究方法都有明显的优缺点，也有不同的适用条件。较为理想的状态则是两者的结合应用，即运用定性分析得出的结论，可以指导定量分析；定量分析的数量结果，又为验证定性分析和进一步展开定性分析提供了基础。

信息经济学的研究方法，也可以根据它的研究对象特征涉及的相关学科，划分为系统方法、信息方法和反馈方法。因为无论是经济系统还是信息系统本身，几乎都是多因素的、复杂的动态系统，涉及许多随机变量和不确定因素，用传统的方法根本无法解决。控制论、信息论和系统所提供的方法，揭示对象之间的信息联系和系统联系，使对象之间的普遍联系具体化，而且可以用数学语言较为准确地描述这种相互作用、相互转化的关系，并在计算机配合下有效地解决问题。系统方法、信息方法、反馈方法虽然是具有普遍意义和广泛适用性的一般科学研究方法，但对于信息经济学的研究来说却具有非常特殊的作用。原因就在于信息经济学将信息和经济看作不可分割的整体，并把两者结合起来作为自身的研究对象。

系统方法是指把对象放在系统的形式中加以考察的方法，就是从系统的观点出发，着重从整体与部分之间以及整体与外部环境的相互联系、相互作用、相互制约的关系中综合地、精确地考察对象，以达到最佳地处理问题的一种方法，它具有整体性、综合性、最优化的特点。信息方法是指运用信息的观点，把系统看作借助于信息的获取、传递、加工、处理而实现其有目的性运动的一种研究方法，这种方法的显著特点是以信息概念为基础，抛开对象的具体运动状态，把系统有目的地运动抽象为一种信息变换。反馈方法是指运用反馈概念去分析和处理对象的运行过程，不断消除对象运行中对目标的偏离，保证实现既定目标。反馈方法的实质是用系统活动的结果来调整未来的行为。

第三节 信息经济学的学科体系

信息经济学是一个开放的动态体系，与信息科学与信息经济的最新发展密切相关。信息技术仍在突飞猛进地发展，信息经济正经受着各种波动与考验。作为研究信息经济的经济学，信息经济学还远未能形成稳定的成熟的学科范畴与学科体系，新现象新问题层出不穷，新事物新实践不断寻找着理论的源泉，相应的理论归纳和理论推演也在不断呈现。如最近出现的维基经济学，就是信息经济学的最新发展动态。正如经济学的发展历史一样，正是不断出现的新流派与新领域才使得它成为一门生机勃勃的学问。

信息经济学既是一门学科，也正发展成为一个学科群组。信息经济学是研究信息占主导地位的经济问题的经济学，其学科属性是经济学，包括以下一些主要领域。

(1) 不对称信息经济学。它是信息占主导地位的，引进信息因素便改变了原有的经济均衡，它已成为现代主流的理论经济学(微观信息经济学)的主要组成部分。

(2) 信息系统经济学。它以信息管理、信息系统的经济学问题为研究对象，其主导因素也是信息，尽管目前其分析方法主要来自技术经济学的项目评估理论，但由于信息系统的专业性与普及性，将其纳入信息经济学体系是适宜的。信息系统经济学应包括企业信息化的经济分析，比如企业在信息化决策过程中的政策、市场、成本收益分析等问题。

(3) 信息产业研究。其通常包括信息技术产业和信息服务业。欧美国家都把它视为战略性产业。我国作为信息产业发展相对落后的国家，迫切需要系统深入地研究信息产业的政策、法律、产业组织、产业结构，为整个经济发展和增强综合国力服务。所以，将信息产业作为一门专门的领域纳入信息经济学中，具有重要的现实意义。

(4) 信息资源经济学。信息资源不同于物质资源，具有许多独特的性质。信息资源的优化配置，小到对个人与一个企业，大到对一个国家都有重要意义。尽管目前国内外专门的论著比较少，但是随着世界信息资源的指数性增长和战略重要性的确认，这个问题的研究一定会引起政府和学术界更多的注意。

(5) 网络与电子商务的经济学。随着网络的出现，基于互联网的商务创新带来了许多新的经济学问题。与传统经济形态相比，基于互联网的电子商务为交易对象的扩大、交易成本的减少、交易模式的变革提供了极好的平台，也因此出现了网络经济学的研究。

本书的内容将分为两个部分：第一部分内容是微观信息经济学的范畴，主要介绍信息经济学与博弈论、契约理论、信息商品与信息市场；第二部分内容是宏观信息经济学范畴，主要介绍信息资源经济学、信息产业、企业信息化、信息系统经济和网络经济的相关内容。

本 章 小 结

信息、经济是信息经济学的两个基本概念。信息经济学起源于西方，至 20 世纪 70 年代基本达到了成熟，其标志是宏观信息经济学、微观信息经济学的明确分立，以及 1979 年的首届国际研讨会的召开。

宏观信息经济学主要研究信息经济、信息产业以及社会经济信息化；微观信息经济学则主要集中在不确定信息环境和不对称信息条件下的委托—代理理论和激励理论。两次信息经济学家获得诺贝尔奖代表着信息经济学研究的成就。

信息经济学的研究对象是"与信息、信息活动有关的经济问题"以及"与经济活动有关的信息问题"，其研究内容则包括微观信息经济学、宏观信息经济学、宏微观相结合及它们的应用研究。

思 考 题

1. 信息对经济的影响有哪些？
2. 信息经济学的宏观、微观划分的意义是什么？
3. 信息经济学的主要研究内容是什么？

第二章 信息与信息经济

【本章导读】

信息、不确定性与风险是信息经济学研究的三个最基本的概念，构成了信息经济学理论分析的基础。其中信息是信息经济学研究的重要元素，不确定性及不确定性经济是经济学研究的新视野，而在经济分析中，概率型不确定性则被定义为风险。本章将围绕信息与信息经济，介绍信息、不确定性理论、经济信息的基本形式以及信息经济的含义和特征等。

【重点提示】

- 信息的定义，信息熵，信息的度量，信息运动与循环。
- 不确定性的含义与类型，不确定性经济学的理论内容。
- 经济信息的基本形式：公共信息与私有信息，完全信息与不完全信息，对称信息与非对称信息。
- 信息经济的含义和特征。
- 网络经济。

【学习目标】

通过本章的学习，正确理解信息以及信息熵的定义，会利用信息熵公式进行信息量的计算，了解信息运动和循环的基本规律；明确信息经济以及网络经济的基本概念和含义，把握各种不同经济信息基本形式的差异，尤其是完全信息与不完全信息，对称信息与非对称信息，从而为掌握信息经济学的分析方法打下基础。

【关键概念】

信息　信息熵　不确定性　私有信息　完全信息与不完全信息　对称信息与非对称信息　信息经济　网络经济　网络外部性

第一节 信息与不确定性

一、信息

(一)信息的定义

我们生活在信息社会，信息无时不在，无处不在。曾经有人断言"信息优势决定竞争优势"。在当今信息经济及电子商务快速发展的环境下，这充分说明了信息对人们生活及工作的深远影响。无论你是专业人士还是普通民众，在一天 24 小时的生活和工作中，处处离不开信息。晚饭时间看天气预报，以便安排第二天的行程，选择合适的衣着；上班族白天上班留意当日新闻，了解身边发生的大事要事；股民们关注股票市场信息；投资者们随时随地捕捉着商机；家庭主妇们则津津乐道于超市折扣信息；越来越多的中介商则直截了当地将信息变成财富。随着电子技术手段的进步，电子商务则使得更多的人通过网络实现了前所未有的信息体验。也有人说有决策的地方就需要有信息。信息是人们作出决策的必备依据，因为有了信息，决策变得更加容易。在这个意义上，信息就是对决策有用的消息、资料、数据等。但是对于信息的定义也是众说纷纭，人类对信息的认识也经历了一定的历史过程。

最早把信息当作科学对象进行研究的是通信领域。哈特莱于 1928 年在《贝尔系统电话杂志》上发表了《信息传输》一文。在文中他将信息理解为"选择通信符号的方式"，他根据选择的自由度来计量信息的大小。真正关于信息的本质及运动规律的科学理论是信息论。该理论的奠基人、美国科学家香农(Claude E. Shanon)于 1948 年发表论文——《通信的数学理论》，其认为信息是"用来消除系统不确定性的东西，信息量的大小是以消除信息接收系统的不确定性的多少来衡量的"。香农认为"接受信息和使用信息的过程就是我们对外界环境中的种种偶然性进行调节并在该环境中有效生活的过程"。他提出了信息量的统计公式，提出了"信息熵"的概念，奠定了信息论的理论基础。所谓信息熵(即信息的基本作用)，就是消除人们对事物的不确定性，熵是对系统不确定性的度量。同年，控制论的奠基人、美国科学家维纳在《控制论》一文中提出了"信息就是信息，不是物质也不是能源"的观点。他认为"信息是人们在适应外部世界、控制外部世界的过程中同外部世界交换的内容的名称"，同时他根据香农的思想将信息理解为负熵。在信息论的基础上发展出了最大信息熵原理。此后关于不确定性的理论与信息理论受到了诸多经济学家的关注，把不确定性的减少、风险与成本和收益联系起来，为当代经济学奠定了基础。

随着计算机技术的发展和应用，人们越来越意识到信息的价值，但关于信息的定义仍然是五花八门。1971 年特里比斯指出"信息是物质和能源在时空中分布的不均匀性"。1975 年，朗高(G. Longo)在其出版的专著《信息论：新的趋势与未决问题》中指出"信息是反映事物的形成、关系和差别的东西，它包含在事物的差异之中，而不是在事物本身"。1984 年诺贝尔经济学奖获得者、美国经济学家阿罗认为信息是根据条件概率原则有效地改变概率的任何观察结果，即先验概率决定事件结果。20 世纪 90 年代以来，国内各学者也分别从不同的角度对信息进行了定义。比如：信息是人们关心的事情的情况；是事物之间相互联系、相互作用的状态的描述；是人们对客观世界某一方面的了解；是能够帮助人作出决策的知识；是经过加工处理的数据；是被处理成具有对接受者有意义的形式的数据，它对当前或未来的行动或决策具有实际的或感觉到的价值等。

韦沛文在《企业信息化教程》一书中将信息定义为：对供信者和多数受信者来说都是

较新的数据或其他媒介(如谈话、文字、广播等)所能直接得到或加工后可间接得到,并对受信者能产生近期影响或决策效用的认识、知识、消息。

我国信息论学者钟义信认为:信息是"事物运动状态和过程以及关于这种状态和过程的知识,它的作用在于消除观察者在认识上的不确定性,它的数值则以消除不确定性的大小,或等效地用新增知识的多少来度量"。

尽管信息的定义尚未统一,但学术界对信息的认识有两个方面是一致的:其一,系统所含信息多少的度量是香农信息熵公式;其二,信息的作用是可使信息接收者消除对信息发出者认识的不确定性。国内外学者应用概率论和数理统计知识对信息进行了科学系统的定量研究,其结果表明:在一个系统中,信息越多,它的不确定性就越小;反之,其不确定性则越大,即信息是不确定性的度量。从信息经济学的角度出发,我们研究的对象主要是经济信息,首先我们承认信息是具有使用价值和价值的一种商品,它可以消除经济决策的不确定性,具有一定的决策效用。本质上信息就是一种市场参与者的认知与经济环境中的不确定性之间的差距,拥有信息的参与者就可以缩短或消除这种差距,从而带来经济效益。因此我们认为:

- 信息是可以消除不确定性的东西。
- 信息可以成为一种商品。
- 信息是具有价值和使用价值的。

信息经济学中的信息本质上就是一种市场参加者的市场知识与经济环境中的时间状态(主客观不确定性)之间概率性建构的知识差。

(二)信息熵

信息熵是信息论中用于度量信息量的一个概念,正确理解信息熵有助于正确把握基于信息论的信息度量。如前文所述,信息熵的概念是信息论的奠基人香农提出的。根据信息熵理论,信息的基本作用就是消除人们对事物的不确定性。但熵的概念最先不是来自信息论,而是来自于物理学,它首先是一个物理学名词,是系统内部分子热运动的混乱度的量度。在信息论中,熵就是系统不确定性的表征和量度,不确定性程度越高,熵就越大;反之,熵就越小。

根据香农的定义,信息是能消除系统不确定性的东西。所以我们可以利用不确定性减少的量来衡量信息量的大小。不确定性愈高,消除该不确定性所需的信息量就愈大;不确定性愈低,要消除该不确定性所需的信息量就愈小。反过来说,信息接收者接收到的信息能够消除的不确定性愈大,则该信息包含的信息量就愈大,但是被消除的不确定性愈大,系统的熵则愈小,所以维纳也认为信息是负熵。

香农的信息熵公式为

$$H = -\sum_i P_i \log_b P_i \tag{2-1}$$

式中，H 表示熵(即信息量)，P_i 表示事件出现某一结果的概率。根据香农的理论，当 $P_i=1$ 时，事件 i 为已知事件，从而不需要获取信息。通常情况下，$0 < P_i < 1$。P_i 值愈小，则 $-\log_b P_i$ 的值愈大，这就意味着消除事件的不确定性需要获得更大的信息量。反之，P 值愈大，需要掌握的信息量就相对地减少。如果一个事件的发生有多种可能性并存，那么就要计算出它的平均信息量。

以球赛为例，32 支球队参加夺冠比赛，要确定哪支球队能最终夺冠，所需要的准确信息量可以由每支球队夺冠的概率乘以其概率的对数，然后将所有可能出现状态的概率与其对数的乘积相加而得。那么球队夺冠的准确信息量应该为

$$P_1 \log_b P_1 + P_2 \log_b P_2 + \cdots + P_{32} \log_b P_{32}$$

式中，$P_1, P_2, \cdots, P_{32}$ 分别是这 32 支球队夺冠的概率。香农把它称为"信息熵"(Entropy)，一般用符号 H 表示，单位是比特。当 32 支球队夺冠概率相同时，对应的信息熵等于 5 比特，而这个值正是该式中信息熵的极大值，即消除该事件不确定性所需要的最大信息量是 5 比特。对于任意一个随机变量 X(比如得冠军的球队)，变量的不确定性越大，熵也就越大，消除不确定性所需要的信息量也就越大。

一个系统越是有序(不确定性小)，信息熵就越低；反之，一个系统越混乱(不确定性大)，信息熵就越高。所以，信息熵也可以说是系统不确定性程度(有序度)的一个度量。

香农把信息熵定义为离散随机事件的出现概率。我们可以把它理解成某种特定信息的出现概率。信息的价值是通过信息的传递体现出来的，从信息传播的角度来看，信息熵可以表示信息的价值。在没有引入附加价值(负熵)的情况下，传播得越广、流传时间越长的信息越有价值。在传播中高信息度(可消除的不确定性程度低)信息的信息熵较低，而低信息度(可消除的不确定性程度高)信息的信息熵则较高。因此我们可以利用信息熵的改变量来度量信息的价值。

(三)信息的度量

既然信息是有价值的，可以为信息接收者带来一定的效用，那么衡量信息量的大小就是衡量其效用价值的基础。信息量大小的度量有两种方法：一种是基于数据量的信息度量方法；另一种是基于概率的信息度量方法。

1. 基于数据量的度量方法

这种度量方法是随着计算机存储技术的发展应运而生的。它根据计算机存储设备上的相应存储空间来计算信息量的大小，即按照反映信息内容的数据所占用计算机存储空间的大小来度量信息量的大小。其常用度量单位如表 2-1 所示。

表 2-1　信息量常用度量单位

基本单位	换算关系
B(byte，字节)	
KB(KiloByte，千字节)	$1KB=2^{10}B=1024B\approx 10^3 B$
MB(MegaByte，兆字节)	$1MB=2^{10}KB=1024KB\approx 10^6 B$
GB(GigaByte，千兆字节或吉咖字节)	$1GB=2^{10}MB=1024MB\approx 10^9 B$
TB(TeraByte，兆兆字节或太拉字节)	$1TB=2^{10}GB=1024GB\approx 10^{12} B$
PB(PetaByte，拍它字节)	$1PB=2^{10}TB=1024TB\approx 10^{15} B$
EB(ExaByte，艾可萨字节)	$1EB=2^{10}PB=1024PB\approx 10^{18} B$

每个英文字符占用 1 个 B(字节)，而每个中文字符占用两个 B(字节)，因此对于文本格式的文件，我们可以根据其字符数计算其占用的相应存储空间。比如，某文本格式的中文文件共 1000 页，每页有 50 行，每行有 40 个文字(含标点符号)，那么其所占用的计算机存储空间即为

$$1000\times 50\times 40\times 2=4\times 10^6 B\approx 4MB$$

通常在计算机中存储的文件，其属性中会显示该文件所占用存储空间的大小，我们可以根据其占用存储空间的大小来间接判断该文件隐含的数据量的大小，从而确定相应信息量的价值或效用。目前因特网上网费用就可以采用计算流量的方法来进行收费。

2. 基于概率的度量方法

基于概率的度量方法来自信息论的信息熵公式。根据香农的观点，信息论量度信息的基本出发点，是把获得的信息看作用以消除不确定性的东西，因此信息量的大小，可以用被消除的不确定性的多少来表示。设随机事件 A 在获得信息 α 之前结果的不确定性为 h，得到信息 α 之后为 H，那么包含在消息 α 中的关于事件 A 的信息量即为 $I(\alpha,A)=H-h$。我们用概率来描述事件的不确定性程度。

因此信息量度量的基本理念如下。

信息量的大小取决于信息内容能消除人们认识的不确定的程度，消除的不确定程度大，则发出的信息量大；反之，则发出的信息量小。

如果事先就确切地知道消息的内容，那么消息中所包含的信息量就等于零。

信息在系统的运动过程中可以看作是负熵，信息量愈大，则负熵愈大。

例如，现在某甲到 1000 人的学校去找某乙，某乙所处的可能性空间是该学校的 1000 人。当传达室告诉他："这个人是管理系的"，而管理系有 100 人，那么，他获得的信息为 100/1000=1/10，也就是可能性空间缩小到原来的 1/10。

通常，我们不直接用 1/10 来表示信息量，而用 1/10 的负对数来表示，即 $-\log_2 1/10 =\log_2 10$。

信息量的单位是比特(BIT，是二进位制数字 binary digit 的缩写)。1 比特的信息量是指含有两个独立均等概率状态的事件所具有的不确定性能被全部消除所需要的信息。

假定该系统仅有两种等概率状态，$N=2$，其平均信息量为 $\log_2 2=1$ 比特。

根据信息熵公式(2-1)，有

$$H(X) = -\sum_{i=1}^{n} P(X_i) \log_2 P(X_i) \quad i=1, 2, 3, \cdots, n \tag{2-2}$$

式中，X_i 代表第 i 个状态(总共有 n 个状态)；

$P(X_i)$ 代表出现第 i 个状态的概率；

$H(X)$ 就是用以消除这个系统不确定性所需的信息量。

例如，硬币下落可能有正反两种状态，出现这两种状态的概率都是 1/2，即 $P(X_i)=0.5$，$i=1,2$。

这时，有

$$\begin{aligned} H(X) &= -\left[P(X_1)\log_2 P(X_1) + P(X_2)\log_2 P(X_2)\right] \\ &= -(-0.5-0.5) \\ &= 1(\text{比特}) \end{aligned}$$

因此完全消除抛硬币的不确定性所需信息量为 1 比特。

再如，掷骰子的结果可能有 6 种状态，出现每一种状态的概率均为 1/6，其信息量为

$$H = -\sum_{i=1}^{n} \frac{1}{6} \log_6 \frac{1}{6} = 2.58 \quad (n=6, P(X_i)=1/6)$$

但是我们还需要认识到：香农关于信息的度量法虽然在通信领域自始至终都十分有用，但对于经济分析而言，则是难以普遍适用的。因为它忽视了信息的价值。信息作为商品，信息提供者所提供的信息，必须是人们需要的或者使用者认为是经济的，这样才会有人购买。因此，人们只有从决策过程中了解到信息的价值所在，才能将信息的需求价格与价值联系起来，而信息的供给价格与其价值却无法产生这种联系。实际上，香农所度量的信息量是供给价格而非需求价格的衡量尺度，因而在经济决策中难以使用。

综上所述，我们认为：信息的价值侧重于信息的效用。具体地讲，信息价值等于拥有某一信息和没有该信息时能达到的最大效用之间的差额。信息价格的高低直接取决于其价值情况。

(四)信息运动与循环

1. 信息运动的三要素

信息的价值是通过信息的运动而实现的。信息在运动过程中，通过跨越时空实现了时间和空间的价值，在运动过程中又通过信息传递主体的加工产生了附加价值，而且有些信息因为所承载的载体不同，还产生了不同的价值。因此从经济学的角度研究信息的价值，就必须深入了解信息运动的本质。

信息运动的三个要素包括：信源(即信息发送者)、信宿(即信息接收者)和载体。载体是指传播信息的媒介，而信源与信宿之间信息交换的途径和设备被称为通道。信息从信源出发，经过信息通道传送给信息接收者，即到达信宿。信息在传播过程中，经过媒介的各种不同运动与变化形态，从而表示信息源与信宿之间相互联系、相互作用的内容。而作为媒介的载体是信息从信源(信息发送者)到信宿(信息接收者)的传递者，信息借助于载体脱离信源而运动，载体形态的变化并不影响信息内容本身。但不同的载体形态会对信息接收的效果产生影响。比如，电视新闻与电台广播对信息接收者的影响就不同，相比较而言，电视新闻形态的信息更直观，更容易引起观众的关注，取得较好的传播效果。

2. 信息循环

信息循环是信息运动的基本形式。如图 2-1 所示，信息接收者作为主体，信源作为客体，信息从信源出发，主体接收来自信源的信息，经过处理和加工，根据处理后的信息做出相应的行动(实施)。在这个过程中信息经历了信息采集(获取)、信息传输、信息处理或加工、信息存储、信息利用或变换等活动，每一个环节的活动都发挥特定的信息效用，经过处理和加工的信息还有可能产生新的价值或新的信息，信息正是在这样的过程中不断发挥其效用的。

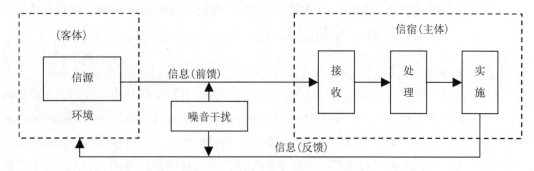

图 2-1　信息循环

信息从客体传输到主体的过程称为信息前馈，而主体接收到来自客体的信息后，采取相应的行为反过来又影响客体，这种影响称为信息反馈。有时候主体对客体的信息反馈是有意识的，有时候反馈信息从主体传输到客体只是反映信息接收效果的无意识的信息流。信息从客体到主体，再由主体反馈到客体，形成一个信息运动的闭环，称为信息循环。在不断循环的过程中，信息完成了一次又一次的自我增值，从而发挥其决策效用，直到失去价值。从客体到主体的跨越时空，实现了时空价值，主体接收到信息后加工处理指导行动，则产生了决策效用，主体的行动信息反过来反馈给客体，又为信息价值的升华提供了依据。在反馈过程中，主体是信息发送者，而客体则是信息接收者，因此，信源和信宿是相对的。有些主体既接收来自其他事物的信息，又向其他事物发送信息，这揭示了客观事物在相互作用中实现有目的运动的基本规律。连续的信息循环有利于提高信息接收者的决策准确性。例如，教师通过课堂教学向学生传播知识，学生接收到来自教师的知识和信息，将其转变为自己的理解和能力，最后以考试的方式，通过分数向老师传达学习效果。老师根据学生的考试结果(反馈信息)进行下一步的教学安排，开展有针对性的教学，新一轮的信息循环就开始了。因此正确地利用信息反馈，可以使主体不断地调整自己的行动，更有效地实现决策目标。

但值得注意的是，信息在传递过程中不可避免地存在噪音干扰，因此会带来信息失真的问题。在信息循环的过程中，因为噪音干扰，信息传递信号可能会逐级衰竭，也有可能被不断放大，致使信息内容随着循环次数的增加而被缩小或扩大，从而发生信息失真现象。

二、不确定性理论

(一)不确定性理论的发展

生活中充满了不确定性，对于一个普通人，你无法精确预测所买股票的精确价格；你也不知道在国际金融危机影响下，明天将有多少人失去工作；你不知道自己的未来是不是会沿着设计好的路线前行；你不知道身边的人明天会高兴还是沮丧。总是有很多突发事件弄得我们焦头烂额，非典、地震、甲型 H1N1 这些本可以利用科学有效预测、有效控制的灾难却往往是不期而遇，太多的不确定性使得我们无法精确地把握现实。就如同你无法精确地知道天气预报的准确率，你也无法确定今天出门路上堵车的概率会是多少，一天 24 小时，从大事到小事，从国事到家事，我们面临着数不清的不确定性。可见不确定性是一直都存在的，它不是被发明的，而是人类通过自身文明的进步逐步开始认知到了它的存在、价值和风险。

不确定性理论的发展经历了一定的过程。

奈特(Knight)首先较明确、规范地把不确定性因素引入经济分析，将概率型不确定性定义为风险，而把非概率型随机事件定义为不确定性。早在 1921 年，奈特就开拓性地研究了不确定性问题，他将其定义为事前完全不可预测的事件。他认为风险并没有给经济行为者提供获利的机会，而不确定性则提供了这种机会，在一个不确定的世界中，一部分人会努力获取信息以达到获利的机会，而这样一部分行为者会比其他人得到更多的有关利润机会的信息。1930 年米达尔将预期和不确定性联系起来，1936 年凯恩斯在《就业、利息与货币通论》中把预期和不确定性带到经济理论的核心位置，强调了经济生活中不确定性的存在，并将不确定性与信息完备性相联系。凯恩斯对不确定性的考虑倒更像一位哲学家，他强调人类面临的不确定性是不能用概率来计算的，因而明确把概率概念与不确定性概念区分开来，认为前者可以通过数学方法加以计算，而后者则根本没有准确获知的方法。1948 年信息论奠基人香农也利用不确定性对信息的概念进行了定义。随着人们对不确定性问题研究的深入，作为经济决策重要特征的不确定性开始受到了越来越多的关注。

20世纪50年代，不确定性理论开始成长起来。其中理性预期学派否认内生不确定性问题的存在，认为"只要信息是完备的，那么不确定性仅仅来自于经济系统的外部，不确定性是外部的随机冲击。然而，当信息不完备时，理性经济人就面临不确定性问题的困惑"。

20世纪70年代不确定性理论研究步入成熟发展期，混沌经济学家认为——经济变量之间的非线性关系，能产生混沌行为，从而导致系统的不确定性；经济系统必然具有内在的不确定性和常态的非均衡性。

(二)不确定性的含义

不确定性事实上来自人类特定发展阶段认识世界的有限能力或理性的有限性，因而不能对无限变化、发展、有无限多样性的外部世界给予充分说明，进而准确预见其可能的变化。

凯恩斯本人认为："所谓'不确定'的知识，让我来解释，我并不仅仅是要区分哪些已知的东西与仅是可能的东西。在这种意义上说，轮盘赌游戏并不具有什么不确定性……我是在这样一种意义上使用不确定性这个词的，即欧洲战争的前景是不确定的，二十年后的铜价和利息率，或某种新发明将在什么时候过时是不确定的……关于这些问题，没有任何科学基础可借以形成任何可计算的概率。我们干脆什么也不知道。"因而，人们对实践中运行的经济过程的研究，较少关注确定的现状，而更多着眼于不确定的未来。他批评新古典学派把不确定性变成了一种确定的、可以计算的纯粹概率的形式，从而使不确定性因素简单地转换成了局部的"风险"回避问题。由此出发，他认为新古典理论是静态理论，而自己研究的主题不是"静态社会的模型"，而是"不断变化、不断进步、不断波动中的经济"。

维基百科中是这样定义不确定性的：不确定性是一个出现在哲学、统计学、经济学、金融、保险、心理学、社会学及资讯工程的概念。在经济学中关于风险管理的概念，是指经济主体对于未来的经济状况(尤其是收益和损失)的分布范围和状态不能确知。可见正如凯恩斯所言，在这个定义中不确定性与风险在某种程度上有等价的嫌疑。

我们使用的不确定性概念在正规意义上源于统计决策理论，并把不确定性定义为决策制定过程所处的环境背景，如果个体决策者不能完全知道其自身行动的后果，一个决策制定过程就会受不确定性的支配。从更一般意义上看，不确定性可能会涉及不完全信息或无法预测的事件，它作为可度量的和不可度量的两种变体的复合一直是现代宏观经济理论关注的一个焦点。因此不管是可度量的，还是不可度量的，我们都认为它是不确定性，即我们承认概率型和非概率型两种不同的不确定性的存在。

为了理清不确定性的含义，我们对不确定性作如下定义。

在经济系统中，我们将不确定性理解为市场行为者面临的、直接或间接影响经济活动的那些难以完全和准确加以观察、测定、分析和预见的各种因素。不确定性在很大程度上取决于信息拥有量的多少、信息的真伪，以及对信息的处理和应用方式。

(三)不确定性的类型

不确定性作为普遍存在的客观现象，是一个社会发展必不可少的因素，它本质上是中性的，有其存在的价值，为人类带来收益，但也可能带来损失。根据不同的划分依据，不确定性包含不同的类型。

首先，不确定性可以划分为可度量的不确定性和不可度量的不确定性。

可度量的不确定性，即概率型不确定性，一般以风险表示，是一种能以数量化计算的不确定性全体的子集，每一个能用简明的统计形式的数量值加以表示，在这种归类方式下，其存在具有良好定义的事件概率分布形式，且拥有众所周知的均值和方差。

不可度量的不确定性，相对而言是定性的，即非概率型不确定性，不能归于概率计算，是凯恩斯所指的"真正的不确定性"。

其次，不确定性还可划分为内生不确定性和外生不确定性。

内生不确定性是指生成于某个经济系统自身范围之内，影响经济系统运行效果的不确定性，如企业自身的技术水平、市场买卖双方讨价还价的结果等，属于内生不确定性。

外生不确定性是指生成于某个经济系统自身范围之外的不确定性，如地震等自然灾害、厂商的技术、消费者偏好等因素均可看作经济环境状态中的外生不确定性。

最后，如果不确定性是由于获取信息的限制造成的，那就是一种认知不确定性；如果不确定性是由于度量中随机扰动的影响引发的统计波动所致，则是一种统计不确定性。用常规语言表述，一般认为统计不确定性可以表示为一系列重复度量的内部误差。当一个给定事件发生的概率对一个个体行动来说是不变的话，我们则认为事件发生的不确定性环境是外生的，否则，则认为是"行为的"或内生的。

三、不确定性经济

现实经济社会通过交易组织经济活动，在其运行中流动着三种事物：产品(和劳务)、货币以及信息。传统经济学对交易的理解是产品和货币的交易，因此就有了供给和需求的传统定义。支付物品者是供给方，而支付货币者是需求方。供求理论也就构成了新古典经济学解释市场组织的基本工具。不确定性经济学在一定程度上提供了新的工具。

(一)不确定性与风险

风险在经济学中指预期收益不能实现的可能性或概率，即实际收益对于其收益的偏离，实际上就是可能存在的损失或危险。在期望理论中，一般认为概率分布描述了世界状态的不确定性，而效用函数描述了决策者的风险偏好。不确定性和风险将决定决策者对行动的偏好。

当结果存在不确定性时，通常就被认为是存在风险。弗兰克·奈特认为，风险和不确定性的主要区别在于，人们是否了解不确定性事件结果的概率分布函数。已知或可以预知其结果的概率分布函数的不确定称为风险；不可预知其结果的概率分布函数称为不确定性，因此，可以认为风险是由可预知概率的不确定性造成的。

不确定性和风险的处理有多种途径。

首先，在交易的过程中必然存在着信息的交流。信息交流的本质是对不确定性和风险的处理。例如，一个病人到医院看医生，病人不知道自己为什么会不舒服，也不知道该如何处理，此时，他是不确定性的供给者；而医生则可以解决这个问题，此时，医生是不确定性的需求者。从信息的角度讲，病人是信息的需求者，医生是信息的供给者。进一步讲，一些不确定性可能是这个社会的任何专家都无法解决的，就像一个人的寿命，这个时候，就需要通过一种组织技术来加以解决，例如通过保险公司来分散个人的风险等。这样，建立在交易基础上的经济活动的本质也可以看成是通过信息的交流来解决不确定性及风险问题。这是现代经济学描述和分析经济活动的一个重要的方法。

其次，市场参与者可以利用市场来处理不确定性和风险(阿罗—德布鲁)。但是，市场(完全竞争的交易)处理不确定性和风险的能力是不完全的，例如，经济社会很难构造一个完全复制所有状态的完美的资产市场。因此市场参与者还需要通过一些非市场特征组织(不完全竞争的交易，如家庭和企业这些非市场特征的经济组织)来处理不确定性和风险。

(二)不确定经济学的理论内容

经济环境的不确定性为决策主体带来诸多风险。从风险的定义来看，人们往往用实际收益对预期收益的偏离来衡量不确定性对结果的影响。在经济学中一般用预期效用函数来表达经济主体对预期收益的主观衡量。

预期效用函数，也称冯·诺依曼—摩根斯坦效用函数(VNM 函数)，是由美国数学家冯·诺依曼和经济学家奥·摩根斯坦在 20 世纪 40 年代发明的。其定义如下：

假设未来可能出现 n 种状态 $1, 2, \cdots, n$，每种状态出现的概率分别为 $P_1, P_2, \cdots, P_n$，且 $P_1+P_2+\cdots+P_n= 1$。设 $C_1, C_2, \cdots, C_n$ 分别为 n 种状态下的收益，则预期效用函数为

$$EU = P_1V(C_1) + P_2V(C_2) + \cdots + P_nV(C_n) = \sum_{i=1}^{n} P_iV(C_i) \qquad (2\text{-}3)$$

式中，$V(C)$ 为一般效用函数。

不确定性经济主要研究内容集中在预期期望和风险上，包括主观期望效用理论、一般期望效用理论、状态—偏好和风险厌恶理论。

1. 主观期望效用理论

假如有这样的博彩，如果你选择 A，将有 100%的可能得到 2000 元；如果你选择 B，将有 50%的可能得到 4200 元，50%的可能什么都得不到，那么你将如何选择？也许你会选择 A 而不是 B，因为根据主观效用函数，你认为 $100\% \times u(2000) > 50\% \times u(4200) + 50\% \times u(0)$。

显然，主观上你认为得到 2000 元的概率更大一些，但实际概率并非如此。这就产生了主观期望效用理论，即 SEU 理论。该理论包含三个基本概念：状态、行动和结果。一个状态就是对世界的一个描述，所有状态构成了状态空间；一个行动被定义成一个由世界的状态空间到结果空间的映射(Function)。不同的行动就相当于不同的映射。所有可能的行动就构成了行动空间。一般用 S 表示状态空间，C 表示结果空间，A 表示行动空间。一个行动可以定义为 $C=A(S)$，即在某种可能发生的状态下，采取某一行动导致的结果。

效用是指商品满足人的欲望的能力，在这里指行动的结果可以满足人的欲望的能力。决策者通过主观概率判断某一状态发生的可能性，选择可能产生最大效用的行动。由行动所产生的效用函数用 $U(x)$ 来表示。SEU 理论的结论是：在一定的假设条件下，在状态空间上存在着唯一的概率分布，在结果空间上存在一个实值的效用函数。如果 $a>b$，当且仅当 $U(a)>U(b)$。其中，$U(a)$ 是行动 a 的期望效用，$U(b)$ 是行动 b 的期望效用，即决策者将以期望效用最大化为原则来采取理性行动。在理论体系中，一般认为概率分布描述了世界状态的不确定性，而效用函数描述了决策者的风险偏好。概率和效用将决定决策者对行动的偏好。SEU 理论认为决策者是完全理性的，他们的决策是在信息不完全的状态下(状态不确定)作出的超越了经验信息的完全理性决策。

期望效用理论满足有关决策人偏好的六个公理。

- 可比较性公理(Comparability Axiom)：$A>B$；$A<B$；$A\sim B$。
- 连续性公理(Continuity Axiom)。
- 概论不等公理(Unequal-Probability Axiom)。
- 传递性公理(Transitivity Axiom)：$A>B$，$B>C \to A>C$；$A\sim B$，$B\sim C\to A\sim C$。
- 独立性公理(Independence Axiom)：当决策者面临两个行动选择 A 和 B，如果他选择 A 而放弃 B，则对任何选择 C，他都会选择概论组合 AC 而放弃 BC。
- 可分性公理(Decomposability Axiom)。

2. 一般期望效用理论

在现实生活中，人们往往并不是完全理性的。西蒙指出人的认知能力是有限的，由此提出了有限理性的概念。不确定性经济学的现代发展更具体和全面地扩展了我们对 SEU 理论局限性的认识。

不确定经济学对 SEU 理论局限性的认识大致起源于两个方面，其中一个方面是由阿莱悖论和埃尔斯伯格悖论引发的各种实验说明存在着对 SEU 理论中效用函数(风险偏好)和概率性质(不确定性)背离。

法国人莫里斯·阿莱斯在市场理论及资源有效利用方面作出了开创性的贡献，对一般均衡理论重新作了系统阐述，获得 1988 年度诺贝尔经济学奖。他提出了著名的"阿莱悖论"(Allias Paradox)。假设有这样的博彩，如表 2-2 所示。

表 2-2 博彩

彩　票	A		B		C		D	
奖金/元	100		500	100	0	100	0	500	0
获奖概率/%	100		10	89	1	11	89	10	90

那么在 A 和 B 中你会选择哪一个？在 C 和 D 中你又会选择哪一个？先不要计算，凭第一感觉你会作出怎样的决策？

我们根据效用函数来计算一下博彩各选项可能的收益。

在表 2-2 中：

如果选择 A，100%得到 100 元；

如果选择 B，10%×500 + 89%×100+1%×0 = 139 元；

如果选择 C，11%×100 + 0×89% = 11 元；

如果选择 D，10%×500+ 0×90% = 50 元。

显然，在 A 和 B 中，B 的预期收益高，在 C 和 D 中，D 的预期收益高；但是在实验中，研究者发现人们往往会同时选择 A 和 D。你是否也作出了这样的选择呢？这就是著名的阿莱悖论。显然选项 B 把有 0.01 的机会(收益为零)摆到了突出位置，使之成为选项 B 不受欢迎的主要不利因素。然而从心理上讲，同样 0.01 的机会在选项 D 和 C 之间的比较中，作为 D 的不利因素就显得没有那么有意义了。

而埃尔斯伯格悖论正是关于主观概率的悖论。该实验指出概率并不像理论假定那样是"可加的"，人们往往偏好具体清晰的事件而对模糊事件不关心，故常常出现概率之和小于 1 的现象。1961 年他进行了著名的埃尔斯伯格实验，实验内容如下。

一个袋子中有红、蓝、绿三种颜色的球共 300 个，其中红球 100 个。有以下四种形式的赌博。

博彩 A：从袋中摸出一球，如果为红球，可得 1000 元；

博彩 B：从袋中摸出一球，如果为蓝球，可得 1000 元；

博彩 C：从袋中摸出一球，若不是红球，可得 1000 元；

博彩 D：从袋中摸出一球，若不是蓝球，可得 1000 元。

面对这四种赌博，每个人都需要对袋中有多少蓝球和有多少绿球作出自己的主观判断，因而涉及主观概率。通过调查发现，大多数人基本上都认为 A 优于 B，C 优于 D。这种偏好可能是由于 A 的确定性程度比 B 高，C 的确定性程度比 D 高。但这样的偏好不符合主观概率理论。

3. 状态—偏好和风险厌恶理论

正如埃尔斯伯格悖论所揭示的，大多数人偏好确定性程度较高的状态，即属于风险厌恶型。事实上，在经济活动中，经济主体对风险的态度往往存在差异。我们可以将其分为风险厌恶、风险中性和风险爱好三种类型。经济主体对风险的态度与其期望所得效用的变化，以及自身承担风险能力的大小有关。

第二节　经济信息的基本形式

信息的分类方法有很多种，依据不同的标准就会产生不同的分类结果，比如，按照信息的性质可以分为语法信息、语义信息和语用信息；按照信息的加工层次可以分为一次信息、二次信息等；按照不同的学科领域，信息又被分为不同的存在形式。而存在于经济领域和经济环境中的经济信息一般表现为公共信息与私有信息、完全信息与不完全信息以及对称信息与非对称信息等基本形式。

一、公共信息与私有信息

公共信息与私有信息是一组相对的概念，也称为公有信息和私有信息。私有信息是经济市场存在的基础，如果没有私有信息，市场交易的动力就丧失了；而公有信息是经济市场运行的基础，没有公有信息，就可能没有市场交易，但一个市场的公有信息量过多，又有可能影响市场运行的效率。因此，公共信息和私有信息的同时存在是经济信息推动市场发展的重要表现形式。

(一)公共信息

这里涉及的公共信息是指在市场交易活动中所有市场参与者都可以获取到的那部分关于某种经济环境状态的公有信息。在市场交易活动中，所有市场参与者都需要对交易相关信息进行了解，当需要了解的信息可以被所有或至少一部分参与者自由掌握或者所有参与者都可以平等地通过公共渠道获取到这些信息时，这些信息就成为公共信息。通常，公共信息传达的是关于经济基本状况以及市场状况的一般信息。此外有些公共信息来自所有市场参与者对市场的共同认知，即参与者共同的市场知识构成公共信息，有时也叫"常识"或"共同知识"。罗伯特·维里克查尔(1980)认为，当具有信息集合 A 的市场有效时，并且在每个市场参与者可利用的信息中，唯有信息集合 A 的知识，使市场参与者产生了共同的或者同质的知识，这就是市场的常识或共同认知，是所有市场参与者可以获取到的那部分相关信息。

公共信息的存在是把双刃剑，如果人们没有私有信息，市场不存在偶然交易，增加社会公共信息，提高公共信息精确性往往将增加社会福利；但如果人们能够获取一些私有信息，那么公共信息越精确则可取这一结论往往不再成立。赫什雷弗(1971)证明了随着公共信息的增加，市场参与者都可以自由了解和获取到的信息随之增加，这将有碍于风险的分担和市场效率的提高。因为市场参与者可自由获取到的信息份额越多，风险交易的可能性就越少，市场参与者收集私有信息的动力就越小，在交易机会减少的情况下，市场效率将下降。也就是说人们拥有的私有信息越精确，公共信息的不断披露越有可能减少社会福利。

然而，网络技术的飞速发展，使得信息传播的效率大大加强。人们可以通过网络自由获取的信息越来越多、越来越及时。这说明通过网络传输，公共信息的内容和数量得到了放大。但是我们并未发现社会福利及市场运行效率受到过多的负面影响。这可能与人们可获取的信息总量(包含公共信息与私有信息)激增有关。总之，在掌握信息优势就掌握竞争优势的市场环境下，通过网络广泛传播的公共信息使得人们获取信息的成本更低，也使得信息扩散的效应更高，使市场交易更加容易、便捷。

(二)私有信息

私有信息是相对于公共信息而言的，是指在市场交易中，个别市场参与者所拥有的具有独占性的市场知识，属于个人知识，有时也被称为隐蔽信息。它一般可以划分为三种类型：首先是有关个人自身特征的知识，如身体特征、教育特征等；其次是有关个人行为的知识，如行为习惯、工作态度等；最后是个人对环境状态的理解和认识方面的知识，信息经济学中主要指个人对市场信息的掌握和认识程度，包括个人把握市场环境的经验。个人经验是市场参与者最重要和难得的个别知识。在这三种类型中，有关个人自身特征的知识常常构成市场参与者的个人隐私而受到保护。

网络技术的发展在推动公共信息传播的同时也给私有信息的保护带来了挑战。比如，曾一度引起轰动的"人肉搜索"事件就将个人隐私的保护推上了风口浪尖。在市场交易过程中，任何市场参与者在通过网络自由获取公共信息的同时，也可能获取到一些有价值的私有信息。谁拥有其他市场参与者没有的关键私有信息，谁就在市场交易中占有主动权，但是如果一个市场参与者没有掌握市场交易的公共信息，那他必败无疑。

私有信息与公共信息是可以相互转化的，个人知识，比如，新技术信息或者经验等，可能会随着时间的转移和信息的不断扩散而成为共同知识，相反，有些共同知识也会随着时间的推移而变成个别知识。例如，银行业采用 ATM 提供服务。第一家掌握 ATM 使用技术的银行，通过安装和使用 ATM 获得了绝对的竞争优势，但是竞争战略的模仿蔓延得很快，所有的银行一夜之间都安装了 ATM。这时候关于 ATM 的使用知识不再是个别知识，而是共同知识，掌握它并不能带来竞争优势，但是如果不掌握它将失去市场。因此在某种程度上，掌握越多的私有信息，就越具有竞争优势，但如果缺乏常识，即共同知识，将被市场淘汰。在信息经济学中，人们通常假设生产厂商的私有信息构成了交易过程中的收益，这个假设的核心是谈判、磋商、讨价还价等经济行为是决策双方以初始信息差别为条件的信息交流，在某种程度上，这就是信息的较量。这就是所谓的"私有信息假设"——假设拖延行动和其他具有成本的活动为市场参与者提供了一种简单的经济信号。通过有效地传播私有信息将对个别市场参与者产生影响，将有可能导致偶然交易，并提高市场运行效率。比如，通过非正式渠道传播私有信息，或者散布"小道消息"都将成为一种有用的经济行为。每一个市场参与者都是利益最大化的追求者，因此私有信息在交易谈判中发挥着重要的作用。

二、完全信息与不完全信息

(一)完全信息

所谓完全信息，是指市场参与者拥有的对于某种经济环境状态的全部知识，即每个市场参与者都掌握经济环境状态的全部信息。消费者在每个时点上都了解市场各种商品的全部可能价格，以及他自己的偏好、存货，并能够在每个个人的环境状态(偏好和资本)和市场价格基础上计算出超额需求；同样，厂商也知道生产要素、价格与投入产出之间各种形式的可能组合配置。因此，无论是需求方还是供给方，他们在某一时点上都能了解市场各种商品的供求信息，每个市场参与者都能同时获取到同样的信息。所以在完全市场情况下，市场交易完全被价格机制支配。显然，完全市场假设是建立在完全信息假设的基础上的。

新古典经济学完全信息假设是对现实的一种高度抽象，它意味着市场的每一个参与者对商品的所有信息都了如指掌，即信息是完全的。在此假设之下，新古典价格理论认为当强大的市场力量通过供求法则实现市场均衡时，追逐私利的个人的作用是微不足道的，个人只不过是价格的被动接受者而已。在新古典经济学里，企业被假设成为一个追求利润最大化的组织，这时，企业实际上是一个黑箱。确实，如果信息是完全的，那么让企业实现利润最大化就不是什么难事，因为企业的股东可以要求经理按照利润最大化原则来经营企业，并且完全信息通常也就意味着完全竞争，来自竞争市场的压力会使企业的激励问题自动解决。否则那些没有按利润最大化原则行事的企业就会被市场淘汰。然而，在现实世界中，个人搜集、获得以及处理信息都是需要花费成本的，在信息的传递过程中也会出现噪音，信息有可能会失真。

但是完全信息往往是不存在的，市场参与者往往不可能完全掌握市场经济环境状态的全部知识。在博弈模型中，完全信息是指自然的初始行动被所有参与者准确观察到的情况，即没有事前的不确定性，所有参与者都知道其他参与者即将采取的行动，这显然也是不可能的。肯尼思·丁·阿罗在他的《信息经济学》的序言中说过："或许，从来没有一个经济学家会否认，大多数经济决策都是在具有不确定性的条件下作出的。"因此信息往往是不完备的。完全信息经济所假设的环境状态和经济条件与现实存在差距，这些差距导致完全信息经济理论存在难以克服的缺陷。这些缺陷主要体现在以下几个方面。

(1) 完全信息经济理论假设价格机制包含市场参与者所需要的全部信息，并能将这些信息完全显示出来。市场通过价格机制这个"看不见的手"的调节能够达到竞争均衡。但是这一理念忽略了信息传递是需要成本的。在信息具有成本的条件下，其假设存在较大缺陷，价格机制将不能完全显示参与者所需要的信息。当经济体制中普遍存在道德风险和逆向选择时，完全信息经济能达到竞争均衡，实现帕累托效率的推论值得质疑。

(2) 完全信息竞争假设是建立在一系列理想环境状态下的竞争模型。完全市场是微观经济学中有关"完全竞争"假设的两个具体假设命题之一。在完全市场中，同质商品的单一价格(均衡价格)完全支配着市场的全部交易。市场参与者对于环境状态具有完全信息，交易双方都可以在不受任何形式阻滞的条件下以市场均衡价格达成交易。当市场存在道德风险和逆向选择问题时，这一假设同样遭到了致命打击。

(3) 完全信息均衡的特点在于市场出清和单一价格，但这并不是竞争性均衡的特点。新古典一般均衡理论是以环境状态中存在完全信息以及市场参与者具有完全信息为假设条件。然而在现实经济活动中，存在完全信息的环境状态是不存在的，市场参与者也很难不支付任何成本就获得完全信息，不掌握完全信息就很难准确预测市场供求关系的变化，而每一位市场参与者都是自我利益最大化的追求者，因此单一价格和市场供求法则不能保证市场价格总是处于均衡位置。单一价格法则明显存在局限性。

(二)不完全信息

不完全信息与完全信息是一组相对的概念。信息的不完全性存在的原因有很多，归纳起来有以下三个方面。

1) 人类获取信息是需要付出成本的，被称为信息搜寻成本

信息搜寻成本的存在是因为人类在获取信息时需要付出一定的成本，这些成本可能包括搜寻信息所花费的时间和支付的费用，如交通、观察、询问、整理、识别、分类、使用等所产生的时间和费用。

2) 人类接收信息的能力是有限的

即使是在网络技术飞速发展的今天，我们也经常面临找不到可用于决策的有用信息的尴尬。也许可获得的有用信息确实较少，但即使可获得的信息较多，人类接收信息的能力也是有限的。比如，在浩如烟海的网络信息的冲击下，过多的信息使我们的注意力变得有限，面对成千上万条信息，我们很难找到和判别出真正对我们有用的信息，最后只能被掺杂着大量无用信息的信息海洋所淹没。因此信息的增加不但不能减轻信息不完备的程度，反而使之大大加剧。

3) 人类处理信息的能力是有限的

信息接收者的信息需要、以往的知识存量、经验积累及思维方式会对信息的使用效果产生较大的影响。对于同样内容的信息，不同的人会得到不同的结论，而有些人或许根本就捕捉不到。人接受和处理信息往往是有意识的，是受其自身信息需求的支配的，对接收到的信息的加工处理又受到自身知识积累和经验因素影响，所以信息往往不能被接收者完全接收，而是被接收主体根据自身需求进行过滤。

早在 1921 年，奈特在《风险、不确定性与利润》一书中就指出，在不确定性条件下，一部分人会努力获取信息以寻求比他人更多的获利机会。这就是一种有意识的信息搜寻，在搜寻过程中，其目的性往往会导致一些看似不相干的信息被过滤。1937 年，哈耶克也探讨了人类的信息获取和结构问题。他在《社会中知识的运用》一书中指出：现实中完

全竞争并不存在，价格体系可以传达稀缺性信息，但不能传达完全的信息。他批评经济学以完全信息为理论前提，从而无法认识市场失灵问题，初步指出了不对称信息的存在，即每个人都对其他人有信息优势。凯恩斯(John Maynard Keynes)在《就业、利息和货币通论》一书中，用大量篇幅讨论风险、知识、不确定性和预期，探讨了不确定性和信息不完备对人们经济行为和经济波动的影响。新制度经济学的创始人科斯(R. Coase)于1937年在《厂商的性质》一书中，论述了信息成本是交易成本的主要组成部分，并且认为随着出卖相对价格信息的专业人员的出现，这种成本可能减少，却不可能消除。所有研究都证明，信息的不完全性是不可能被消除的。相反，市场参与者正是利用信息的不完全特性，通过获取比竞争者更多的信息优势来获利的。阿罗所说的"不确定性"实际上也是指"信息的不完全性"，即人们不可能掌握某个事件的过去、现在和将来的全部信息，人们处理事件总是在某种程度的不确定性下进行的。不完全信息概念提出的重要意义不仅局限于对传统经济学理论假设的否定，更在于它为不对称信息概念的提出奠定了基础。

不完全信息经济分析模型有很多，斯蒂格利茨于1985年将不完全经济分析模型划分成了九种。其中包括关于在逆向选择和道德风险条件下的市场价格的不完全信息分析模型；在不完全信息条件下市场交易双方信息不完全或单方信息不完全条件下的经济行为分析模型；在不完全信息条件下竞争市场的均衡分析模型等。其具体包括静态不完全信息模型和动态不完全信息模型；完全信息静态博弈、完全信息动态博弈及不完全信息博弈模型；委托代理模型、道德风险、逆向选择及信号传递等分析模型。

三、对称信息与非对称信息

斯蒂格利茨获得诺贝尔经济学奖后在哥伦比亚大学举行的新闻发布会上说："市场经济的特征是高度的非理性和不完整性。旧的模型假定信息是完美和理想的，但即使很小程度的信息不完整也能够导致很大的经济后果，用通俗的话说就是一些人知道的比另一些人多。"当一些市场参与者拥有其他市场参与者不拥有的信息时，市场就会出现信息不对称现象。当交易一方拥有另一方不拥有的信息时，市场交易双方就是信息不对称的。

(一)对称信息

所谓对称信息，是指在某种相互对应的经济人关系中，对应双方都掌握对方所具备的信息度量，即双方都了解对方所具有的市场知识和所处的环境状态。这包括三种情况：市场参与者都没有掌握有关市场知识和环境状态信息，即双方都处于"无知"状态；市场参与者都掌握度量一致或度量相似的市场知识和环境状态信息；市场参与者都拥有关于市场及环境的完全信息。所以简单来说，对称信息就是交易双方拥有的信息对称。比如，雇主了解雇员的努力程度，雇员了解雇主的收益，有关雇员努力程度和雇主收益的信息同时被双方拥有等。

对称信息的存在产生了对称性市场，对应于对称信息的三种情况，对称性市场也有三种类型。第一种类型是相互对称的市场参与者双方都缺乏信息的对称性市场。在这种情况下，因为双方都缺乏信息，所以交易不可能发生。那么能够为交易双方提供信息服务，满足交易参与者双方对信息的需求的信息中间人，或者叫信息中介、信息经纪人就成为该类市场中交易达成的重要因素。比如，房屋租赁中介市场的繁荣。第二种类型是相互对称的市场参与者双方都具有不完全信息。在这种市场中，交易双方掌握的信息不完备程度大致相同，为了在交易中占有有利地位，市场参与者往往愿意为获取更多的有利信息而努力。但是他们并不会过多地依赖信息中介，而是采取一系列的措施借助"外脑"，比如，寻求专业咨询机构的帮助、聘请专家，甚至建立内部咨询机构进行研究等。第三种类型是相互参与对称的市场参与者双方都具备完全信息。这种市场一般表现为完全的双边垄断特性。

有一个简单的例子可以描述双边垄断问题。假如一方(A)拥有世界上唯一的一个苹果，而另一方(B)是这个世界上唯一一个吃了苹果不过敏的人。对A来说，苹果毫无价值，对于B来说，它价值1美元。如果A把这个苹果卖给B，就会得到1美元。B用1美元换得了苹果，比买不到要好。如果A把这个苹果送给了B，A一无所获，B等于得到了1美元。把价格从0到1进行排列，以此代表双方交易价格的分段。如果双方不能就价格达成一致意见，其结果是苹果仍归A所有，但通过交易可能获得的潜在收益便失去了。这种情况被称为"双边垄断"。当完全双边垄断的双方产生矛盾或发生冲突时，就需要政府进行协调和仲裁。

(二)非对称信息

非对称信息环境是微观信息经济学重要的既定条件之一，信息不对称假设是经济学信息范式形成的最基本假设之一。非对称信息是相对于对称信息而言的，非对称信息指交易双方各自拥有他人所不知道的与交易有关的私有信息。在经济行为决策中，非对称信息是指经济主体间因掌握的信息量不同而导致信息的不对称性、不均衡性。信息不对称现象普遍存在于人类经济生活的各个领域，交易双方各自拥有对方所不知道的私有信息。或者说，在博弈中某些参与者拥有另一些参与者所不拥有的信息，这种现象就是信息不对称。在博弈模型中，信息的不完全会引起信息不对称，或者二者同时存在，或者即使信息完全，也仍然存在信息不对称。确切地说，信息不完全是博弈参与者所面对的信息环境，而信息不对称是指参与者相互之间所掌握的信息量的不同。

从1970年乔治·阿克洛夫发表的经典论文《柠檬市场：质量不确定性和市场机制》起，信息不对称问题开始受到了经济学界的关注。在这篇文章中，阿克洛夫认为在一个旧车市场上，买卖双方对旧车质量信息的掌握程度是不对称的。具体来讲，就是买者不能确定每一辆旧车的准确质量，而只是对所有车辆的质量分布有一个大概的了解，所以买者只能按平均质量定价，这种平均定价法则会得出一个一般化的"格雷欣法则"，即劣等品驱逐优等品，其结果是交易量为零，市场消失。例如，在旧车交易市场上，所有旧汽车的质量平均分布在0与1之间，假设卖主掌握每辆旧汽车的实际质量信息，买主却不了解每辆旧汽车的实际质量，但知道旧汽车的平均质量分布。如果买主是风险中性者，那么，他愿意支付购买旧汽车的价格可能是该旧汽车整体平均质量价格(假定为 1/2)。那些拥有质量高于 1/2(特别是当质量达到 1)的旧汽车卖主就会将这些高质量旧汽车撤出市场，从而导致旧车市场平均质量下降(假定下降到 1/4)。这时，买主自然也要作出相应对策，将他们愿意支付的价格降为此时的旧汽车平均质量价格，即 1/4。于是，那些质量高于 1/4 的旧汽车又被卖主撤出市场，如此循环。最后，市场均衡的结果是没有任何旧汽车被销售。但是，如果买主购买旧汽车的效用大于卖主保留这些旧汽车的效用，那么，可能会出现较低水平的市场均衡。在这种均衡中，很少部分的旧汽车被卖掉。由于旧汽车价格受到正常汽车市场价格的限制，它们的售价不可能无限上升，同时也不可能无限下降。此时，买卖双方的信息非对称性对于市场均衡水平起到决定作用，使市场均衡只能在较低水平上出现。

斯蒂格利茨的信息不对称理论也为经济学家分析研究市场运作作出了较多贡献。比如，他提出因为信息不完整和信息不对称，即使市场里有人想买、有人想卖，但是交易不一定发生；即使交易发生，可能具有非常特殊的性质；当市场机制不能发挥作用时，"非市场"的机制可能应运而生。斯蒂格利茨的信息不对称理论与阿克洛夫的相关理论"构成了当代信息经济学的核心"。

生活中，信息不对称现象是很普遍的。著名的"三鹿奶粉"事件从本质上说，除了企业道德以外，信息不对称也是造成企业对消费者伤害的原因之一。从奶农、质量检测部门、生产企业到消费者整个奶制品生产链条的各个环节上都存在诸多信息不对称问题，导致消费者处在信息严重劣势的地位。消除信息不对称对经济环境的影响需要有合理的机制设置，通过管理制度和机制来规避可能产生的道德败坏行为。

第三节 信息经济

一、信息经济的含义

"信息经济"是随着经济信息化和信息经济化的发展而提出的一个新概念，它产生于 20 世纪 50 年代，成熟于 70 年代后期。关于"信息经济"概念的界定，学术界众说纷纭。美国经济学家马克卢普和波拉特认为信息经济是在国民经济中所有与信息从一个模式向另一个模式转换有关的经济活动领域，并从国民经济增长的角度界定了信息经济的概念。因此，他们将信息经济研究的中心确定为：信息活动产值占 GNP 或 GDP 比重的大小，信息部门就业人数占全部就业者比重的大小，信息就业者收入占国民总收入比重的大小，以此来衡量信息产业和信息活动在整个国民经济增长进程中的地位和作用，并通过量化的测评体系来判定一个国家或地区是否进入了信息时代。美国经济学家兼企业家霍肯从信息产品的角度出发认为信息经济是指减少产品和劳务中的物质消耗，提高其中的智能和信息比重的经济。他认为信息经济实质是其目标不是通过大量消耗能源和原材料制造产品，而是充分利用信息和知识，以降低能源消耗，即在信息经济中，信息成分大于物质成分的产品和服务占主导地位。而在传统的物质经济中，物质成分大于信息成分的产品和服务占主导地位。美国学者加雷斯利提出，信息经济是建立在信息作为商品基础上的一种新型经济形式；信息经济是使文化商品化的过程，更是使个人消费软性化的过程。美国学者罗伯特·哈姆林则从市场角度出发指出了信息经济是这样的一种经济：信息市场成为经济发展中最重要的市场形式，并给各类市场参加者带来众多的贸易机会，使信息密集型资本的作用取代能源密集型资本。这就揭示了信息经济将会把信息的公有属性逐渐地转变为私有商品的属性，信息商品市场将取代传统的物质商品市场，居于经济主导地位。

关于信息经济学的含义，国内学者也有不同的理解。比如，马费成教授认为，信息经济是一种与物质经济相对应的经济结构，是指与信息从一种形态向另一种形态转换有关的相关经济活动的总称。这些活动包括信息的生产、加工、存储、流通、分配和利用的各个领域与各个环节。该观点与马克、波拉特、霍肯的观点有异曲同工之妙。马费成认为与物质经济相比，在信息经济中，社会生产力系统中的劳动对象从物质、能源的限制中挣脱出来，劳动者从简单的机械性工作岗位上解放出来，劳动工具经信息技术武装后发生了根本性变革。此外，乌家培教授从产业主导的角度出发，将信息经济定义为：以现代信息技术等高技术为物质基础，信息产业起主导作用的，基于信息、知识、智力的一种新型经济。葛伟民教授认为，信息经济这一概念可分为三个层次，第一层次是理论性的、严格定义的信息经济，它只包括与信息的生产、加工处理和流通直接有关的经济活动，是指这些活动的总和；第二层次是统计性的，根据统计工作的需要可以将国民经济中各部门各行业按产业的性质加以划分，这时信息经济与信息产业是同义语；第三层次是日常用语性的，它受前两层次"定义"的影响和习惯传统的影响。陈禹、谢康则在其著作中指出，信息经济有四种基本含义：一是社会学与未来学的含义，往往与后工业经济、信息社会、知识经济交替使用；二是微观经济学含义，是指建立在信息成本基础上的微观经济分析对象；三是宏观经济学含义，又包含三个层次的概念，即信息产品生产及信息消费者、信息生产者和政府信息使用者的活动、信息市场活动和信息服务经济；四是经济统计含义，是指国民经济统计上的信息活动或信息产品。

虽然国内外学者分别从不同的角度对信息经济的含义进行了不同的理解和阐释，但总体可以概括为两类：第一类认为信息经济是信息产业经济，即把信息经济作为国民经济中的一个部门来对待，与国民经济中的农业经济、工业经济、商业经济等相对应，其实质是指信息产品从生产到分配、交换、消费各环节的经济活动；第二类认为信息经济是一种社会经济结构，与质能经济相对应。质能经济是指产品中物质和能源消耗较大，物质产品生产部门的从业人员和产值占国民生产总值比例较大的一种社会经济结构；信息经济则是产品中物质和能源消耗减少而信息含量加大，信息产业从业人员和产值占国民生产总值比例较大的又一种社会经济结构。

此外，一般认为狭义的信息经济是指经济主体在信息不确定、不完全的条件下，通过一定的经济行为，最大限度地预防风险，获取最大经济效益的经济活动过程。而广义的信息经济是指信息社会的经济，注重从社会经济的宏观层面来体现经济形态特征，是与物质经济即农业经济、工业经济相对应的经济形态。

综上所述，本教材将沿用马费成教授对信息经济含义较为系统与全面的定义，即信息经济是一种与物质经济相对应的经济结构，是指与信息从一种形态向另一种形态转换有关的相关经济活动的总称。这些活动包括信息的生产、加工、存储、流通、分配和利用的各个领域与各个环节。

二、信息经济的特征

信息经济作为一种新的经济形态，它既具有与其他经济一样的特征，也具有一系列其他的特征。

1. 信息经济是信息和知识密集型经济

根据霍肯的定义，在信息经济中，信息与知识成为经济发展最重要的因素。信息经济的发展主要是靠知识和信息，而不是能源与物质。信息和知识成为主导资源。产品的信息含量极大地增加，信息成分大于物质成分的产品和服务占主导地位，信息产品或服务的消费成为社会消费的主流。生产过程更多地依赖智力工具而非人力和动力工具。信息劳动者在总就业人口中的比重高于以往任何时期。为了获取信息和运用知识，终身学习成为劳动者工作和生活的重要内容。劳动者的优势主要来自其掌握的信息和知识能力。

2. 信息经济是虚拟经济

信息经济是虚拟的现实经济。经济活动的数字化和网络化跨越了时间和空间的限制。经济形态越来越趋向虚拟化。以信息为主要商品的信息市场呈现出了较多的虚拟性。虚拟商店、虚拟银行、虚拟企业乃至虚拟社区等种种虚拟现实应运而生。

3. 信息经济是创新型经济

信息经济的活力源于创新。技术、制度、管理、观念的创新以及各种创新的组合成为信息经济生存和发展的根本所在。尤其是在技术创新飞速发展的经济背景下，要想有效地发挥新型技术优势，适应市场多样化的需求，不仅需要技术创新，更需要来源于市场需求的模式创新、制度创新，以及管理和理念的不断创新。

4. 信息经济是再生型经济

与传统的能源密集型经济相比，信息经济不仅是知识和技术密集型经济，还是再生型经济。信息是可共享的，可重复利用的。经过二次加工后的信息可以增值，发挥更好的效用。与能源密集型经济相比，信息经济更具有可持续发展性。

5. 信息经济是低耗高效型经济

信息经济是以高科技技术产业为基础的，具有高效率、高增长、高效益和低污染、低能耗、低消耗的特点。而且信息经济还具有较为突出的高增长性，信息企业的盈利能力日益提升，信息产业已成为国民经济增长的主导产业。

三、网络经济

(一)网络经济的含义及特征

关于网络经济的含义，我们可以从三个不同的层面进行理解。

首先，宏观层次上网络经济是指一切与信息网络相关联的经济活动的总和。这里的信息网络是指广义的信息网络，既包括具体的有形的物理网络，又包括抽象的虚拟的网络，包括电视网、电信网及互联网在内的一切现代信息传输网络。根据美国得克萨斯大学电子商务中心的研究，这里的经济活动可以分为四个层面：一是网络基础设施，即制造并提供构成信息网络的各类网络硬件设备与设施；二是网络应用，即提供各种网络软件及网络咨询、网络培训等服务；三是网络中介，指网上广告经纪商、网上信息提供商等自身不出售任何商品，而是为买卖双方提供交易平台的活动；四是网络商务，即电子商务，是指通过信息传输网络直接向顾客销售产品及提供服务的经济活动。网络经济是指与现代信息传输网络相关联的硬件设备、软件产品及网络交易等经济活动的总称。显然这是一种广义的定义。

其次，中观层次上网络经济是互联网经济，即仅指建立在国际互联网基础上的网络经济。这是一种以互联网为运行基础的经济形态。有学者认为网络经济就是应用因特网技术所进行的投资以及通过因特网销售产品和服务所获得的收入。这里的网络仅指国际互联网，而不包括电信网、电视网等现在大量存在并发挥重要作用的信息传输网络。

最后，微观层次上网络经济就是生产者与消费者通过互联网联系而导致的经济活动，其内涵与电子商务大致相同。或者说网络经济仅仅是通过网络交易平台进行的商务活动，不包括为商务活动提供设备、技术和服务支持的相关经济活动。这是一种狭义的网络经济的定义。这里的网络仅指互联网，而不包括其他的现代信息传输网络。本教材将网络经济简单地理解为以现代信息网络为基础的一切经济活动的总和，即网络经济是指建立在现代通信网络、电子计算机网络所形成的信息网络基础之上的一切经济活动。

网络经济是以信息经济为基础的，是信息经济发展到一定阶段的产物。与信息经济一样，网络经济也是一种新型的经济形态，与传统经济相比，它具有一些与信息经济相同的特性。例如，知识智能性，其经济发展同样是靠知识和信息，财富被重新定义为所拥有信息、知识和智力的多少，生产、交换和分配等各种经济活动随着网络技术的普及都将日益智能化、虚拟化，网络空间本身就是一个虚拟的空间，更多的经济活动依赖网络这个虚拟空间而进行；开放共享性，网络经济由于建立在现代通信、电子计算机、信息资源、生产交换及消费等各自网络化及相互渗透交织而形成的综合性全球信息网络的基础之上，从而形成了经济活动在全球范围内相互联动、资源共享的态势，随着世界各国互联网络和各种内部网络的发展，开放共享的交易环境将成为推动经济发展的最重要因素；高效快捷性，跨越了时间和空间限制的网络经济缩短了交易周期，提高了交易速度，简化了交易程序，为经济活动的繁荣提供了可能，高速度、高效率成为各种经济体及个人行为的基本要求，且由于信息高效共享，网络经济使中介弱化，社会交易成本不断降低，经济效率不断提高；全球化，由于网络经济开放互联的性质，时间的连续性增强，空间的距离缩小，经济活动突破国界已经成为全球活动。

网络经济还具有一些其他的特征，例如存在临界规模、常被等同于免费经济、企业估值更看重用户群体而不是盈利、跨界融合成为趋势等。在网络经济中，当用户人数达到某个临界点时，市场规模就会以指数级的速度迅速增加，但在没达到这个临界点之前，几乎难以达成交易或转化率非常低。互联网企业为了吸引用户，以最快的速度达到用户临界规模，早期往往采用免费策略或消费补贴进行市场推广，这就使得人们产生了网络经济就意味着免费的误区。很多初创网络企业，通过快速和大量的汇聚用户群体，得到了茁壮成长。但是有趣的是，互联网企业的估值从来都不是看盈利能力，甚至很多亏损严重的企业仍然能以高价售出。其原因在于网络经济的发展规律更多地依赖于用户群体，企业估值更加看重其用户基础，如果有足够的用户基础，也就意味着未来具有较好的成长性。此外，网络经济更多地体现了跨界融合的特征，很多企业的竞争行为已经跨越了传统意义上的行业边界，通过不同领域的跨界创新涌现出了很多新型业态和新的商业模式。

(二)网络经济新规律

网络经济与传统经济学相比，具有很多新的规律，例如摩尔定律、梅特卡夫定律、达维多定律、边际收益递增规律等，此外锁定效应和转移成本、长尾理论、维基经济等也是网络经济盛行后出现的新经济理论。

(1) 摩尔定律：技术方面，反映信息技术功能价格比的新规律。其内容指：计算机的性能每隔 18 个月将提升一倍，而价格下降一半。该定律的作用从 20 世纪 60 年代以来已持续作用了 40 多年。揭示了信息技术快速发展的动力和持续变革的根源。随着网络经济的不断发展，中国 IT 专业媒体上出现了"新摩尔定律"的提法，指的是中国 Internet 联网主机数和上网用户人数的递增速度，大约每半年就翻一番。而且专家们预言，这一趋势在未来若干年内仍将保持下去。

(2) 梅特卡夫定律：网络方面，反映信息网络扩张效应的新规律。其内容指：网络的价值等于网络节点数的平方，表明网络效益随着网络用户的增加而呈指数级增长。网络外部性是梅特卡夫法则的本质。网络用户越多，价值就越大。如果一个网络中有 n 个人，那么网络对于每个人的价值与网络中其他人的数量成正比，这样网络对于所有人的总价值与

$n\times(n-1)=n^2-n$ 成正比。

(3) 边际收益递增规律：经济方面，反映经济系统投入与产出关系变动的新规律。传统经济学中资源稀缺性导致边际收益递减，如戈森法则；在网络经济中，信息资源成为主要资源，信息资源的特殊性(如可共享性)以及信息技术的快速发展催生新的需求，而可变成本并不随着使用量的增加而成比例增加，甚至出现零边际成本，产品受市场容量饱和的影响较小，使得网络经济容易出现正反馈现象。

(4) 达维多定律：创新方面，反映产品更新的新规律。由英特尔公司副总裁达维多提出，指进入市场的第一代产品能够自动获得 50%的市场份额，企业必须在本行业中第一个淘汰掉自己的产品，否则很容易被竞争对手淘汰。正如现在提倡的自我颠覆式创新理念。例如腾讯公司推出与自身原有 QQ 业务具有部分重叠功能的微信业务取得了巨大的成功。

(5) 转换成本和锁定效应：转换成本指的是消费者从使用一种产品(工具、设备、软件、系统、平台等)转换到使用另一种产品时，消费者所需要付出的额外成本(不包括产品的购置成本在内)。锁定效应是指由于各种原因，导致从一个系统(可能是一种技术、产品或是标准)转换到另一个系统的转移成本高到转移不经济，从而使得经济系统达到某个状态之后就很难退出，系统逐渐适应和强化这种状态，从而形成一种"选择优势"，把消费者的选择"锁定"在该系统上。如果转换后所获得的收益增加无法超过转换所带来的成本时，"锁定"就会存在。

(6) 长尾理论：是网络时代兴起的一种新理论，由克里斯·安德森提出。其内涵是指，当商品储存流通展示的场地和渠道足够宽广，商品生产成本急剧下降以至于个人都可以进行生产，并且商品的销售成本急剧下降时，几乎任何以前看似需求极低的产品，只要有人卖，都会有人买。这些需求和销量不高的产品所占据的共同市场份额，可以和主流产品的市场份额相比，甚至更大。安德森认为，由于成本和效率的因素，过去人们只能关注重要的人或重要的事，例如二八原则。如果用正态分布曲线来描绘，即过去人们只能关注曲线的"头部"，而将处于曲线"尾部"的人或事忽略。而在网络时代，由于关注的成本大大降低，人们有可能以很低的成本关注正态分布曲线的"尾部"，关注"尾部"产生的总体效益甚至会超过"头部"。

(7) 维基经济学：是研究大规模协作如何改变企业运作模式、商业模式的新兴术语。开放、对等、分享以及全球运作是维基经济学的四个新法则。维基经济学得名源于维基百科的成功，这充分说明了个体力量的上升可以改变商业社会的传统规则。个体利用大规模协作生产产品和提供服务的新方式，颠覆了传统的知识创造模式。

(三)网络外部性

网络外部性是网络经济中的重要概念。所谓外部性，即当一个市场参与者的行为影响了其他人或者公共的利益，而行为人却没有因该行为做出赔偿或得到补偿，即某种行为给他人产生了附带的收益或者损害，但是收益人无须向行为人支付报酬，而受害人也不能得到赔偿，这样就产生了外部性。根据梅特卡夫定律，网络产品的价值与用户的平方成正比，因此在网络商品的流通过程中，价值会随着用户的增多而增大。因此网络外部性是指连接到一个网络的价值，取决于已经连接到该网络的其他人的数量。即每个用户从使用某产品中得到的效用，与用户的总数量有关。用户人数越多，每个用户得到的效用就越高，网络中每个人的价值与网络中其他人的数量成正比。这就意味着网络用户数量的增长，将会带动用户总所得效用的平方级增长。

虽然其他用户的加入将为网络商品目前的使用者带来额外的收益，但使用者不必为此支付报酬。当然，随着用户的增多，也可能产生负面的外部性。因此网络的外部性可以分为正网络外部性和负网络外部性。正网络外部性指当消费同样产品的其他网络使用者的人数增加时，原有的网络使用者消费所获得的效用增量；但网络有时候也存在负网络外部性，例如视频平台就是具有"负"外部性特征的双边市场，当平台植入广告越多，对受众的"干扰"就越大。

网络外部性还可以分为直接外部性、间接外部性和交叉外部性。直接网络外部性指消费者所拥有的产品价值会随着另一个消费对一个与之兼容的产品的购买而增加。间接网络外部性指随着一个产品使用者的数量增加，该产品的替代品也随之增加，价格随之降低。例如，当仅有一个人使用QQ时，QQ将无法发挥其强大的聊天功能，没有人愿意使用QQ与自己聊天。当使用QQ的用户越来越多时，QQ的所有者将通过使用该聊天工具获得互相沟通的价值。其价值的大小取决于使用QQ的用户总数量，即用户规模越大其效用越大。但是当用户规模达到一定程度时，必将出现越来越多的替代品，MSN、飞信、微信等新的聊天工具应运而生。而交叉网络外部性主要关注的是不同用户群体之间的影响而形成的外部性。

网络外部性产生的根本原因在于网络自身的系统性和网络内部信息交流的交互性。其中网络的系统性指的是无论网络如何向外延伸，也无论新增多少个网络节点，它们都将成为网络的一部分，同原网络结成一体，因此整个网络都将因为网络的扩大而受益。而交互性则指在网络系统中，信息流或者其他物质的流动都不是单向的，网络内的任何两个节点之间都具有互补性。

(四)正反馈理论

传统经济学中，市场均衡理论是建立在边际效用递减和边际成本递增假设基础上的。随着产量的增加，边际收益递减，而边际成本递增。当边际收益大于边际成本时，总收益随着产量的增加而增加；当边际收益小于边际成本时，总收益随着产量的增加而减少。收益最大化的均衡点出现在边际收益与边际成本的交叉点。在网络经济中，根据布莱恩·阿瑟的理论，边际收益递增会导致正反馈现象的出现，它使经济中出现了很多可能的均衡点。当递增的边际收益曲线和递减的边际成本曲线相交时，市场将出现正反馈现象——"强者更强，弱者更弱"。边际收益随着需求量的增加而增加；边际成本随着需求量的增加而减少；边际收益等于边际成本的点是正反馈点。当市场需求量在正反馈点的左侧时，边际收益小于边际成本，企业亏损；当市场需求量在正反馈点的右侧时，边际收益大于边际成本，企业盈利，边际利润会随着需求量的增加而增加，如图2-2所示。

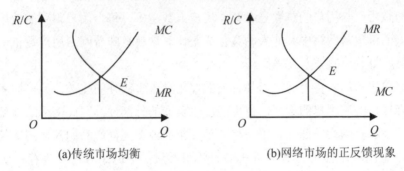

图2-2　传统市场均衡与网络市场的正反馈

正反馈理论可以很好地解释网络经济下先投入后盈利的发展模式。很多网络企业都有一个相对比较长的投入阶段，而效益的收获则需要等待市场突破正反馈点。由于网络效应的影响，一旦进入盈利状态，边际利润将会很快上升。同时边际成本递减的规律也解释了网络产品随着规模的扩大，可接受的市场售价会快速下降的趋势。尤其是软件产品、电子产品等具有明显网络特征的产品，随着市场规模的扩大，降价现象比较普遍。

案　　例

案例一　房地产市场的信息不对称

房地产市场近来大事不断，颇受广大消费者关注的恶性事件也是接二连三。从北京"壁炉门""墙脆脆"，上海"楼倒倒"，南京"楼脆脆"，到成都"楼歪歪"，可见房地产市场存在严重的信息不对称问题，房地产开发商很容易利用自身的信息优势做出危害购房人利益的道德败坏行为。

2009年5月17日上午9点40分左右，居住在北京市昌平区纳帕溪谷小区的某业主夫妇正在厨房做早饭。5岁的女儿小叮当(女孩的小名)就在厨房旁边的起居室玩，父母离她只有几米远，中间没有墙，视线不受阻挡。在没有任何触碰的情况下，精装房自带的大理石壁炉突然坍塌，小叮当背对壁炉，200斤的大理石直接打在她的后脑上，然后大理石断成了两截，小叮当当场就休克昏迷不醒。业主夫妇急忙拨打了120急救电话，10分钟后120急救车赶到，将小叮当送到就近的医院进行抢救。在送往医院的路上，小叮当开始耳鼻流血，头部面部开始肿大……从上午10点25分到下午两点半，经过长达3个多小时的抢救后，医生宣布孩子死亡，死因是"颅脑外伤"。据称，砸中小女孩的壁炉竟然全部是以胶水固定在墙壁上的，壁炉大理石构件和墙体之间没有任何金属部件加固。该事件被网友戏称为"壁炉门"事件。

2009年6月27日，上海市闵行区在建"莲花河畔景苑"13层住宅楼整体倒塌(见

图 2-3)，造成一名安徽籍工人死亡。在 2009 年 8 月 13 日举行的二零零九博鳌房地产论坛上，作为举办方之一的某房地产网站发布了 2009 年上半年中国房地产十大新闻排行榜，上海楼房倒塌事件名列榜首。

2009 年 8 月 26 日，媒体曝光北京首个限价房项目——海淀区西三旗瑞旗家园一栋住宅楼两家住户阳台之间的墙壁酥脆，碎墙块用手一捏便成散沙状。该报道经过网络转载后，"墙脆脆"的称号不胫而走。

在房地产一手房的买卖市场上，即房地产开发商把新建好的楼盘卖给购房者的市场上，市场的主体是房地产开发商和购房者。这个市场中的信息不对称一方面表现在房地产开发商对购房者需求信息掌握得不充分；另一方面更突出地表现为购房者对房地产开发商的信息、对房地产开发商开发的楼盘的信息了解得不充分。由于房地产商品本身具有显著的差别性、复杂性，而购房者往往又不是房地产方面的专家，很难凭自己的个人经验对房地产商品的性能、质量、建筑材料、配套设施等作出一个客观准确的判断。同时由于目前我国住宅销售主要还是以期房销售为主，购房者难以把握未来所建房产的真实状况，这就加大了购房者与房地产开发商之间的信息不对称。加之在地块拍卖过程中，各开发商为了争夺地块，哄抬价位，导致最后拍卖成功的地的利润空间受到严重的挤压，为了获取更高的利益，开发商不顾房屋质量一味地节约成本，致使房屋质量堪忧，严重损害购房者的利益。

图 2-3　上海整体倒塌的楼房

(资料来源：搜狐网，http://news.sohu.com/20090627/n264800026.shtml；
中国新闻网，http://www.chinanews.com/gn/news/2009/0629/1752743.shtml)

案例二　交通出行领域的信息不对称

交通信息不对称的产生既有主观方面的原因，也有客观方面的原因。主观原因是不同的用户个体获得的信息不同所致，而不同信息的获取又与其各自获取信息的能力有关，即交通信息不对称产生的主观原因是不同的用户个体获取信息能力的不对称。客观方面，用户个体获取信息的多少与多种社会因素有关，其中社会劳动分工和专业化是最为重要的社会因素，随着社会分工的发展和专业化程度的提高，用户个体之间的信息分布越来越不对称。因此,交通信息不对称是客观存在的。

交通信息不对称的类型:服务供需信息不对称和出行需求信息不对称。

(1) 服务供需信息不对称表现为交通运输服务方不清楚社会公众的服务需求,而社会公众不能有效获得交通运输服务方的供给,这主要是各方信息不能共享所致。

典型案例1(打车):传统的出租汽车运营方式是乘客"路边招车"、司机"扫大街",乘客(社会公众)和出租汽车司机(交通运输服务方)通过传统手段往往无法实现信息对接,乘客打不到出租车或被拒载;而出租汽车司机却在空车行驶,耗时、耗力、耗资源。

典型案例2(物流):货运市场目前是一个不饱和的市场,对物流车辆司机(交通运输服务方)而言长期存在车多货少的问题,司机把货物送到一个地方,要么空车返回,要么再在当地找货运业务;而另一方面,货主(社会公众)在紧急情况下又找不到司机,并且无法查看物流车辆所在位置。

典型案例3(停车):以北京市为例,因私人汽车呈爆炸式增长,停车资源和汽车保有量之间的矛盾日益突出,截至2015年6月底,北京市汽车保有量达到527万辆,而停车位缺口高达350万个,供需严重失衡,一方面车主(社会公众)有车难停,而停车场(交通运输服务方)空置率居高不下。

(2) 出行需求信息不对称表现为交通运输管理方、交通运输服务方不了解社会公众的出行情况,而社会公众不能获得所需的出行信息,这主要是各方信息不能共享,以及信息传递不及时、缺少信息反馈所致。

典型案例4(城市道路交通管控):城市公安交通管理指挥中心(交通运输管理方)无法掌握社会公众的出行信息,如预计出发时间、起讫地点、出行方式(小汽车、公交车、出租车、P+R等)、出行目的(上班、公干、购物、旅游、上学、物流配送等)、出行要求(路程最短、时间最少、费用最低、可靠度最高等),从而缺乏主动管控道路交通运行的能力,如动态交通分配、主动需求管理等;而另一方面,社会公众不能获得实时路况信息乃至短时预测路况信息并选择最优出行方案,出行效率不高。

典型案例5(城市公共汽车运行):公共汽车交通在城市的日常运行中起着极其重要的作用,但现实情况是公共汽车交通运行企业(交通运输服务方)不能及时获得客流信息、路况信息,导致公共汽车交通调度的智能化水平不高,常常会出现某一线路长时间没有一辆公交车进站或同时有多辆公交车"串车",公共汽车交通的服务品质不高;另一方面,公交出行者不能及时获得公共汽车运行信息(开班时间、收班时间、距离公交站最近的一辆车所在位置及预计到站时间、车上是否有空位、平均运行速度、车辆运行类型等),无法科学合理地规划出行方案。

当前社会公众面临的交通难,狭义上仍可概括为乘车难、行车难、停车难,这在很大程度上正是由交通信息不对称造成的。交通信息不对称的负面影响可能还包括资源浪费、时间浪费、能源浪费等。

(案例来源:王少飞等. 交通信息不对称的类型、影响及其改善. 公路, 2016(3): 99-103)

本章小结

信息是可以消除不确定性的东西。在信息经济学中信息的本质就是一种市场参加者的市场知识与经济环境中的时间状态(主客观不确定性)之间概率性建构的知识差。信息可以成为商品，它具有商品价值和使用价值；信息熵是信息论中用于度量信息量的一个概念，所谓信息熵，是指信息的基本作用就是消除人们对事物的不确定性。信息的度量有两种方式：基于数据量的度量和基于概率的度量。信息运动的三要素包括：信源(即信息发送者)、信宿(即信息接收者)和载体。信息循环是信息运动的基本形式。

在经济系统中，我们将不确定性理解为市场行为者面临的、直接或间接影响经济活动的那些难以完全和准确加以观察、测定、分析和预见的各种因素。不确定性在很大程度上取决于信息拥有量的多少，信息的真伪及对信息的处理和应用方式；不确定性可以分为可度量的和不可度量的，内生的和外生的；不确定性经济主要研究内容集中在预期期望和风险，包括主观期望效用理论、一般期望效用理论、状态—偏矢和风险厌恶理论。

存在于经济领域和经济环境中的经济信息一般表现为公共信息与私有信息、完全信息与不完全信息及对称信息与非对称信息等基本形式。

信息经济是一种与物质经济相对应的经济结构，是指与信息从一种形态向另一种形态转换有关的相关经济活动的总称。这些活动包括信息的生产、加工、存储、流通、分配和利用的各个领域与各个环节。它具有信息和知识密集、低耗高效等特点，是虚拟经济、创新型经济、再生经济。

网络经济是以信息经济为基础的，是信息经济发展到一定阶段的产物。我们可以从宏观、中观、微观三个不同的层次进行理解。网络外部性是指连接到一个网络的价值，取决于已经连接到该网络的其他人的数量。它是网络经济中的重要概念。

思 考 题

1. 如何理解信息和信息熵的定义？
2. 如何进行信息的度量？有哪些方法？
3. 试述不确定性与风险的区别与联系。
4. 请解释完全信息与不完全信息、对称信息与非对称信息的含义。
5. 分析说明非对称信息的经济效用。
6. 请解释信息经济与网络经济的含义。
7. 什么是网络外部性？
8. 如何理解直接网络外部性和间接网络外部性？
9. 如何理解网络市场的正反馈现象？

第三章 信息经济学与博弈论

【本章导读】

博弈论是现代经济学的前沿领域，是信息经济学的重要分析工具。博弈论与信息经济学的产生和发展引发了第三次经济学革命，1996 年诺贝尔经济学奖就授予了两位与博弈论一脉相承的信息经济学开拓者。博弈思想在日常生活及工作中的应用极其广泛，保罗·萨缪尔森就曾说过："要想在现代社会做一个有文化的人，你必须对博弈论有一个大致的了解。"因此本章将围绕信息经济学与博弈论的基础理论来介绍相应内容。

【重点提示】

- 博弈论的基本概念：参与者、行动、战略、收益、均衡等。
- 完全信息静态博弈基本概念及均衡理论；完全信息动态博弈与完全信息静态博弈的区别；完全信息动态博弈的主要特点、均衡概念、分析方法，以及动态博弈战略行动，重复博弈等。
- 不完全信息博弈理论及其分析方法。
- 博弈论在信息经济学中的应用。

【学习目标】

通过本章的学习，掌握博弈论的基本理论及分析方法；理解完全信息博弈与不完全信息博弈，以及静态博弈与动态博弈的差异；掌握不同类型博弈模型的基本分析方法和经典案例；能够运用博弈分析方法或一些经典博弈模型分析或解决信息经济学领域的实际问题。

【关键概念】

博弈　均衡　共同知识　完全信息静态博弈　完全信息动态博弈　不完全信息静态博弈　不完全信息动态博弈　囚徒困境　占优战略均衡　重复剔除的占优均衡　纳什均衡　子博弈精炼纳什均衡　先发优势　承诺行动　有限重复博弈　无限重复博弈　贝叶斯纳什均衡　精炼贝叶斯均衡　古诺模型　斯坦尔伯格模型　信号博弈　声誉模型　斗鸡博弈　猎鹿博弈　智猪博弈

第一节　博　弈　论

现代博弈理论由匈牙利数学家冯·诺依曼(John Von Neumann)于 20 世纪 40 年代开始

创立，1944年他与经济学家奥斯卡·摩根斯特恩(Oskar Morgenstern)合作出版的巨著《博弈论与经济行为》，标志着现代系统博弈理论的初步形成。

博弈论可以划分为合作博弈和非合作博弈。合作博弈和非合作博弈之间的区别主要在于当人们的行为相互作用时，当事人能否达成一个具有约束力的协议，如果有，就是合作博弈；反之，则是非合作博弈。现在经济学家谈到的博弈论，一般指的是非合作博弈。因此本章以下内容将围绕非合作博弈展开。

一、博弈论的基本概念

博弈论是描述、分析多人决策行为的一种决策理论，是多个经济主体在相互影响下的多元决策，决策的均衡结果取决于双方或多方的决策。如下棋，最后的结果就是由下棋双方你来我往轮流作出决策，决策又是相互影响、相互作用而得出的结果。我们生活的每一天都在进行着各种博弈。生活处处有博弈。比如，两个人打乒乓球，一方赢则另一方必输。著名经济学家保罗·萨缪尔森说："要想在现代社会做一个有文化的人，你必须对博弈论有一个大致的了解。"因为博弈论实际上就是研究如何玩智力游戏的理论。著名的微软公司在招聘员工时就出过一道招聘考题，题目是这样的："某合唱团的4名成员A、B、C、D去往演出现场的途中要经过一座小桥。当他们赶到桥头时，天已经黑了，周围没有灯。他们只有一只手电筒。现在规定：一次最多只许两人一起过桥，过桥人手里必须有手电筒，而且手电筒不能用扔的方式传递。4个人的步行速度都不同，若两人同行，则以较慢者的速度为准。A需花1分钟过桥，B过桥需花2分钟，C需花5分钟过桥，D需花10分钟过桥。请问：他们能在17分钟内过桥吗？"如果4个人都把"17分钟内过桥"当作目标，那么他们就必须考虑其他人的决策，同时必须有人愿意返回来送手电筒，尤其是那个步行速度最快的人；但是，如果每个人只关心自己能不能先过去，那么，17分钟内4个人很难全部过桥。

在竞争激烈的商业界，博弈更为常见。比如，家电厂家之间的价格战，双方都要判断对方是否降价来决定自己是否降价，显而易见，厂家之间的博弈目标就是尽可能获得最大的市场份额、赚取最多的收益。事实上，这种有利益(或效用)的争夺正是博弈的目的，也是形成博弈的基础。经济学最基本的假设就是经济人或理性人的目的，就是为了效用最大化，参与博弈的博弈者正是为了自身效用的最大化而互相争斗。参与博弈的各方形成相互竞争相互对抗的关系，以争得效用的多少决定胜负，一定的外部条件又决定了竞争和对抗的具体形式，这就形成了博弈。还以价格战为例，如果甲厂家降价，而其他厂家不降价，那么甲将得到较高的价格优势，从而可能得到较大的市场份额；如果甲降价，其他厂家也跟着降价，那么所有厂家的利润空间将缩小，甲也不可能获得最大的市场份额。因此，博弈是一种策略的相互依存状况，你的选择将会得到什么结果，取决于另一个或者另一群有目的的行动者的选择。

博弈论包含以下基本概念：参与者、行动、战略、收益及收益(支付)函数、信息、共同知识、结果、均衡。

1. 参与者

参与者(Player) X 也被称为局中人，指的是一个博弈中的决策主体，他的目的是通过选择战略最大化自己的收益。用 I 来代表参与者，则参与者集合为 $I=\{1,2,\cdots,I,i+1,\cdots,I\}$。每个参与者必须有可供选择的行动集合和一个很好定义的偏好函数。

2. 行动

行动(Actions or Moves)是参与者在博弈的某个时点的决策变量。一般来讲，把第 i 个参与者的一个行动表示为 a_i，可供 i 选择的行动集合表示为：action set：$A_i=\{a_i\}$。在一个 n 人博弈中，可供 n 个参与者选择的行动组合就是有序集 $a=\{a_1, a_2, a_3, \cdots, a_n\}$。

行动的顺序对博弈结果有重要的影响。根据行动的顺序，可以把非合作博弈分为动态博弈或静态博弈。一般来讲，如果行动是同时发生的或相当于同时发生的，则把它称为静态博弈，如果行动的发生有先后顺序，后行动者可以观察到先行动者的行动并因此获得信息，从而调整自己的行动，则把它称为动态博弈。在一个博弈中，如果参与者相同，行动集合相同，但行动的顺序不同，就会有不同的博弈结果。

3. 战略

战略(Strategy)是参与者在给定信息集的情况下的行动规则，是参与者完整的一套行动计划，它规定参与者在什么时候选择什么行动。一般用 s_i 表示第 i 个参与人的一个战略，$S_i=\{s_i\}$ 代表第 i 个参与人的所有可选择的战略集合(Strategy Set)，n 个参与人的博弈中每人选择一个战略则构成一个战略组合(Strategy Profile) $s=(s_1, s_2, \cdots, s_i, \cdots, s_n)$，其中 s_i 是第 i 个参与人选择的战略。

战略不同于行动，它是行动的规则，对于战略的表述应该是完备的。例如在我国古代著名的谋略故事"田忌赛马"中，国王的赛马计划是：先出上等马，再出中等马，最后出下等马；田忌的赛马计划是：先出下等马，再出上等马，最后出中等马。这里的赛马计划就是一套完整的行动计划，也就是一个战略。

参与者可以选择的战略的全体组成了战略空间。例如在"田忌赛马"中，共有六种行动方案可供选择：上中下(先出上等马，再出中等马，最后出下等马)、上下中、中上下、中下上、下上中、下中上。决策时田忌可以选择其中任何一个战略。

4. 收益

收益(Payoff)又被译为支付或报酬。在博弈论中，收益是指在一个特定的战略组合下参与者得到的确定的效用，或者是指参与者得到的期望效用水平。所有参与者的目标都是选择自己的战略以最大化其效用或期望效用。一个参与者的收益不仅取决于自己的行动选择,而且取决于所有其他人的选择。

参与博弈的多个参与者的收益可以用一个矩阵或框图来表示,这样的矩阵或框图被称为收益矩阵。如在仅有两个参与者的博弈模型中,甲乙分别采取不同的行动 A 或 B 时,其收益矩阵就可以表示为类似表 3-1 中的矩阵。一般用具体的数字或字母来表示收益值,如表 3-1 中参与者甲乙均选择行动 A 时,他们的收益均为 X。

表 3-1　收益矩阵

收益		参与者乙	
		行动 A	行动 B
参与者甲	行动 A	X, X	X, Y
	行动 B	Y, X	Y, Y

5. 收益(支付)函数

收益(支付)函数是参与者从博弈中获得的收益或效用水平,它是所有参与者战略或行动的函数,一般用 U 表示收益,第 i 个参与者的收益则为 $U_i =U_i(s_1,s_2,\cdots,s_i,\cdots,s_n)$。静态有限战略博弈常常采用收益矩阵来表述不同战略组合下参与者的收益水平。

6. 信息

在博弈中,信息(Information)是参与者有关博弈的知识,特别是有关"自然"的选择,其他参与者的特征和行动的知识。

在博弈论中,按照参与者对自然与其他参与者的了解程度进行分类,博弈可以划分为完全信息博弈和不完全信息博弈。假定在博弈过程中,每一位参与者对其他参与者的特征、策略空间及收益有准确的知识,则这种博弈为完全信息博弈。当参与者对其他参与者情况的信息或知识是不完全时,这种博弈是不完全博弈。

综上所述,只考虑行动顺序与信息完全状况可以得到四种不同的博弈类型:完全信息静态博弈,完全信息动态博弈,不完全信息静态博弈,不完全信息动态博弈。本教材将有针对性地对以上各类博弈进行介绍。

7. 共同知识

共同知识的概念最初是由逻辑学家李维斯提出的。对于一个事件,如果所有博弈参与者对该事件都了解,并且所有参与者都知道所有参与者知道这一事件,那么该事件就是共同知识。在完全信息博弈中,假定所有参与者都知道其他参与者的战略空间和收益函数,所有参与者的战略空间和收益函数是共同知识,且所有参与者也都知道大家的收益函数是共同知识。有人总结为"所有人都知道,所有人都知道所有人知道,所有人都知道所有人知道所有人都知道"。

8. 结果

在博弈中,结果定义了参与人行动每个集合分别会造成的结果。以囚徒困境为例,两个参与人都只有两个可选行动,因而存在4种结果。

9. 均衡

均衡是所有参与者的最优战略的组合,一般记为:$s^* = (s_1^*, s_2^*, \cdots, s_i^*, \cdots, s_n^*)$;其中$s_i^*$是第$i$个参与者在均衡情况下的最优战略,它是$i$的所有可能的战略中能够使$i$的收益最大化的战略。当博弈的所有参与人都不想改变战略时所达到的稳定状态叫作均衡,均衡的结果就是博弈的解。

二、完全信息静态博弈

完全信息静态博弈是一种最简单的博弈,"完全信息"指的是每个参与者对所有其他参与者的战略空间、收益函数有完全的了解,"静态"指的是所有参与者同时选择行动且只选择一次。在这里,只要每个参与者在选择自己的行动时不知道其他参与者的选择,就相当于他们在同时行动。

一般用基本式表述静态博弈,即包含三个主要要素:参与者、参与者可选择的战略集(即针对所有参与者可能选择的战略组合)、每一个参与者可能的收益。两个有限战略博弈的标准型一般用收益矩阵(也叫支付矩阵)来表示。

(一)经典案例——囚徒困境

为了便于理解,我们先来了解一个流传颇为广泛的博弈故事——囚徒困境。一位富翁在家中被杀,财物被盗。警方在此案的侦破过程中,抓到两个犯罪嫌疑人A和B,并从他们的住处搜出被害人家中丢失的财物。但是,他们都矢口否认杀人,辩称是先发现富翁被杀,然后顺手牵羊偷了点儿东西。于是警方将两人隔离审讯,并分别告诉他们:"你们的偷盗罪证据确凿,所以可以判你们两年刑期。但是如果你招认杀人,他不招,那么你会作为证人无罪释放,他将被判无期徒刑;反之,如果他招了,你不招,他无罪释放,你将被判无期徒刑,终身囚禁;如果你们都招了,你们都将被判5年有期徒刑;当然如果你们都不招,各判两年。"

在这个故事中,博弈参与者共有两人,即嫌疑犯A和B,我们称其为囚徒A和B。需要明确的前提假设是:首先,囚徒A和B两人都是自利理性的个人,即只要给出两种可选的策略,每一方将总是选择其中对自己更有利的那种策略;其次由于是隔离审讯,两人无法沟通,均在不知道对方所选结果的情况下,独自作出策略选择。他们相当于在同时行动。但警方分别对他们的警告内容是相同的,即双方都明确对方可以采取的行动空间及可能的收益。因此这是一个完全信息静态博弈案例,参与者共有坦白和抵赖两种策略可以选择。其收益矩阵可以表述为如表 3-2 所示。

表 3-2 囚徒困境

收益		囚徒 B	
		坦白	抵赖
囚徒 A	坦白	-5，-5	0，无期
	抵赖	无期，0	-2，-2

囚徒 A 和 B 都是完全理性经济人，他们都会选择自身利益最大化的策略。在以上假设前提下，囚徒 A 如果选择坦白，他的最大收益是无罪释放，即被判 0 年，最小收益是判刑 5 年，他如果抵赖，最大收益判 2 年，最小收益是无期徒刑；显然从自身收益最大化的原则出发，囚徒 A 会选择坦白。同理囚徒 B 也会基于自身收益的考虑选择坦白。但结果却使他们陷入了不利的结局，分别获刑 5 年。这就是著名的囚徒困境博弈。当博弈参与方同时选择行动且只选择一次，囚徒困境就产生了。每个参与者都从自身利益出发追求利益最大化，往往却导致了对双方都不利的后果。

(二)占优战略均衡

一般来说，由于每个参与者的收益是博弈中所有参与者的战略的函数，每个参与者的最优战略选择依赖于所有其他参与者的战略选择。但占优策略是指在一些特殊的博弈中，一个参与者的最优战略可能并不依赖于其他参与者的战略选择，也就是说，不论其他参与者选择什么战略，他的最优战略是唯一的，即占优战略是一个理性参与者的最优选择。

在欧·亨利的小说《麦吉的礼物》中有这样一个爱情故事：新婚不久的妻子和丈夫恩爱地过着穷困的生活。除了妻子那一头美丽的金色长发，丈夫那一只祖传的金怀表，便再也没有什么东西可以让他们引以为傲了。圣诞节他们身无分文。为了给心爱的人准备圣诞礼物，丈夫卖掉了怀表，买了一套漂亮的发卡，而妻子却剪掉了长发，卖钱为丈夫的怀表配了表链。结果可想而知。那么如果妻子选择不付出(不剪掉长发)，就是一个优势策略，不管丈夫选择什么策略，妻子所得的结果都好于丈夫。同理，如果丈夫不卖掉怀表，对于丈夫来说也是一个优势策略。在博弈过程中，不论对方采取任何策略，参与者采取优势策略，总能够得到较好的结果。

与优势战略相对应的概念是劣势战略，它是指在博弈中，不论其他参与者采取什么策略，在某一参与者可能采取的策略中，都是对自己严格不利的策略，劣势策略是理性参与者不愿意选择的行动。在博弈中，所有参与者都存在占优战略，因为他们都不会选择劣势战略，所以博弈将在所有参与人的占优均衡战略的基础上达成均衡，这种均衡被称为占优战略均衡。如囚徒困境中两个囚徒都选择坦白就是占优战略均衡。

占优战略均衡的定义 如果对于所有的参与者 i，s_i^* 是参与者 i 的占优战略，那么战

略组合 $s^* = (s_1^*, s_2^*, \cdots, s_i^*, \cdots, s_n^*)$ 被称为占优战略均衡。

(三)重复剔除的占优均衡

在博弈中，存在"严格劣战略"，即在某一参与者可能采取的战略中，相对于其他可选择的战略，对自己严格不利的战略。理性参与者是不会选择严格劣战略的。因此在不存在占优战略均衡的博弈中，我们可以利用"重复剔除严格劣战略"的思路来寻找博弈的均衡解。

我们以智猪博弈为例。一头大猪和一头小猪共处同一猪圈，猪圈很大，一头用来安装饲料供应的踏板，另一头是饲料出口和食槽。每踩一下踏板，就会有 10 个单位的饲料流进食槽，但踩踏板的那头猪需要消耗两个单位饲料的体力，而且，会由于离食槽远而比另一头猪后吃到饲料。此时大猪和小猪有两种可以选择的策略：自己去踩踏板，或者等待另一头猪去踩。如果小猪踩踏板，大猪将先到食槽吃掉 9 个单位的饲料，而由于踩踏板消耗了两个单位饲料的小猪只能吃到 1 个单位饲料，小猪的收益为-1，大猪收益为 9；如果同时去踩踏板，那么大猪会得到 7 个单位的饲料，而小猪会得到 3 个单位的饲料，减去二者均消耗掉的两个单位饲料的体力，大小猪最终收益分别是 5 和 1；若都选择等待，那么二者的收益都是 0；如果大猪去踩踏板，那么大猪可以吃到 6 个单位的饲料，而小猪由于距离食槽较近可以吃到 4 个单位的饲料，减去大猪消耗掉的 2 个单位的饲料，它们的收益均为 4，具体如表 3-3 所示。

表 3-3　智猪博弈

收益		小猪	
		踩踏板	等待
大猪	踩踏板	5, 1	4, 4
	等待	9, -1	0, 0

显然，在该博弈模型中，不存在占优战略均衡。我们先来剔除严格劣战略。假设大猪先作出选择，小猪踩踏板的最大收益小于选择等待的最大收益，但选择踩踏板的最小收益却小于选择等待的最小收益，所以剔除严格劣战略——踩踏板，小猪选择等待，得到一个新的博弈模型，如表 3-4 所示。

表 3-4　剔除小猪严格劣战略后智猪博弈

收益		小猪
		等待
大猪	踩踏板	4, 4
	等待	0, 0

在这个模型中，小猪只有一个策略，那就是等待。而大猪目前有两个战略可以选择：踩踏板和等待。从收益值可见，对于大猪而言，选择等待是严格劣战略，应该剔除。所以它只能选择踩踏板。因此大猪踩踏板，而小猪等待是重复剔除的占优均衡。以上模型演变如表 3-5 所示。

表 3-5 重复剔除占优均衡结果

收益		小猪
		等待
大猪	踩踏板	4，4

在"重复剔除"过程中，占优战略和劣战略是相对于其他战略而言的。参与者的战略空间越大，需要剔除的步骤就越多，对共同知识的要求就越严格。在这里，每个参与者都是理性的，且"理性"是参与者的共同知识，即每个参与者都确信其他参与者会作出最大化自身利益的理性选择。

重复剔除占优均衡定义 如果战略组合 $s^* = (s_1^*, s_2^*, \cdots, s_n^*)$ 是重复剔除劣战略后剩下的唯一的战略组合，那么这个战略组合就被称为重复剔除的占优均衡。如果这个唯一的战略组合存在，该博弈模型就是重复剔除占优可解的。

这里的劣战略是个相对的概念，即对于参与者 i，假设其可选择的战略有 s_i^α 和 s_i^β，任意其他参与者的战略组合为 s_{-i}，如果参与者 i 选择 s_i^α 的收益严格小于选择 s_i^β 的收益，即

$$u_i(s_i^\alpha, s_{-i}) < u_i(s_i^\beta, s_{-i})$$

则认为对于 i 战略 s_i^α 严格劣于战略 s_i^β，若上式"<"改为"≤"，则战略 s_i^α 相对于战略 s_i^β 弱劣战略。

(四)纳什均衡

完全信息静态博弈解的一般概念是纳什均衡，纳什均衡也是其他类型博弈解的基本要求。纳什均衡是著名博弈论专家纳什(John Nash)对博弈论的重要贡献之一。纳什在 1950 年到 1951 年的两篇重要论文中，在一般意义上给定了非合作博弈及其均衡解，并证明了解的存在性。

纳什均衡是一种稳定的博弈结果，是指在均衡中，每个博弈参与者都确信，在给定其他参与者策略选择后，每个参与者选择可以使自己的收益最大的策略时的状态。这样的对局结果，被称为博弈的纳什均衡。参与者之间相互做出对其他参与者选择的最佳策略的"最佳反应"，即参与者甲的策略是对参与者乙所选择的策略的最佳选择。在纳什均衡中，没有参与者可以通过单独行动偏离均衡策略而获得更多好处。当博弈达到纳什均衡时，局中的每一个博弈者都不可能因为单方面改变自己的策略而增加获益，于是各方为了自己利益的最大化而选择了某种最优策略，并与其他对手达成了某种暂时的平衡。构成纳

什均衡的战略一定是重复剔除严格劣战略过程中不能被剔除的战略,没有一种战略严格优于纳什均衡战略(其逆定理不一定成立),更为重要的是,许多不存在占优战略均衡或重复剔除的占优战略均衡的博弈,却存在纳什均衡。

在囚徒困境中,根据博弈理论,囚徒 A 和 B 都坦白是唯一的纳什均衡点。除了这个均衡点,A 与 B 的任何一方单方面改变选择,他只会得到更加不经济的结果,即如果囚徒 A 单方面改变策略,选择抵赖,则他将被判处无期徒刑,作为理性人,他不会这样做。而在其他的结果中,比如在两人都抵赖的情况下,任何一方都可以通过单方面改变选择,来减少自己的刑期,即在都抵赖的情况下,如果 A 单方面改变策略,选择坦白,他将被无罪释放,作为理性人,他将选择坦白,同理 B 也会选择坦白。所以除了都坦白的策略组合,其余情况都无法形成均衡。

纳什均衡的定义 有 n 个参与者的战略式表述博弈 $G: \{S_1, S_2, \cdots, S_n; U_1, U_2, \cdots, U_n\}$ 中,战略组合 $s^* = (s_1^*, s_2^*, \cdots, s_n^*)$ 是一个纳什均衡,如果对于每一个参与者 i,s_i^* 是给定其他参与者选择 $s_{-i}^* = (s_1^*, \cdots, s_{i-1}^*, s_{i-2}^*, \cdots, s_n^*)$ 的情况下,第 i 个参与者的最优战略,即

$$u_i(s_i^*, s_{-i}^*) \geq u_i(s_i, s_{-i}^*), \text{任意} \ s^* \in s^*$$

当且仅当没有任何一个参与者能够通过单方面背离均衡战略而增加收益时,该战略组合形成纳什均衡。

纳什均衡与占优战略均衡及重复剔除的占优均衡之间的关系如下。

(1) 占优均衡一定是纳什均衡,即每一个占优战略均衡、重复剔除的占优均衡一定是纳什均衡,但并非每一个纳什均衡都是占优战略均衡或重复剔除的占优均衡。

(2) 纳什均衡一定是在重复剔除严格劣战略过程中没有被剔除的战略组合,但没有被剔除的战略组合不一定是纳什均衡,除非它是唯一的。

在两人有限博弈中,有一个求得纳什均衡的简单方法——划线法:先考虑 A 的战略,对于第一个给定的 B 的战略,找出 A 的最优战略,在其对应的支付下画一横线;然后用同样的方法找出 B 的最优战略。在完成这个过程后,如果某个支付格内的两个数字都有横线,则这个数字格对应的战略组合就是一个纳什均衡。

但是并不是所有的博弈都能找到纳什均衡。在现实中,有些博弈并不存在参与各方都接受的纳什均衡,如猜硬币博弈:两个儿童 A 和 B 手里各拿着一枚硬币,决定要显示正面向上还是反面向上。如果两枚硬币同时正面向上或者同时反面向上,儿童 A 付给儿童 B 一元钱;如果两枚硬币只有一枚正面向上,儿童 B 付给儿童 A 一元钱,如表 3-6 所示。

表 3-6 猜硬币博弈

收益		儿童 B	
		正面	反面
儿童 A	正面	−1, 1	1, −1
	反面	1, −1	−1, 1

在这个博弈中,一方所得即为另一方所失,没有纳什均衡。正如乒乓球比赛一样,一方赢就意味着另一方输,所以它是零和博弈。

三、完全信息动态博弈

动态博弈与静态博弈的区别在于:在动态博弈中,参与者的行动有先后顺序,且后行动者在自己行动之前能观测到先行动者的行动信息。比如在囚徒困境中,由于囚徒 A 和 B 是隔离审讯,彼此观察不到对方的行动,则可认为他们的行动相当于同时发生,因此是一种静态博弈。而如果他们的行动有先后顺序,而且后行动者可以观察到先行动者的行动,则该博弈就称为动态博弈。

一般用扩展式表述动态博弈。它主要包含五个要素:参与者,每个参与者选择行动的时点,每个参与者在每次行动时可以选择的行动集合,每个参与者在每次行动时有关对手过去行动选择的信息,以及收益函数。常用一种形象化表述方法对扩展式进行描述,即博弈树(见图 3-1)。

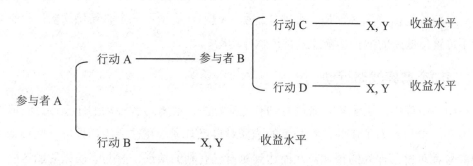

图 3-1 博弈树

完全信息动态博弈的主要特点体现在以下三点。

(1) 参与者的行动有先后顺序。
(2) 每一个参与者在选择下一步行动之前,都可以观察到所有参与者以前的行动。
(3) 在每一个可能的行动组合下参与者的收益都是共同知识。

(一)子博弈精炼纳什均衡

完全信息静态博弈的一个基本概念就是纳什均衡。但在一个博弈中,纳什均衡可能不止一个,有时候可能会存在多个纳什均衡。而且由于静态博弈的假设——参与者同时行动,没有先后次序,即一方选择战略时,不知道另一方的选择,也不考虑自己的选择如何影响对手的战略,因此纳什均衡允许了不可置信威胁的存在。但在动态博弈中,这个假设不再成立。先行动者必然通过观察后行动者的选择而做出相应的反应。因此泽尔腾于 1965 年通过对动态博弈的分析,完善了纳什均衡的概念,定义了"子博弈精炼纳什均衡"。他将纳什均衡中包含的不可置信威胁战略剔除出去,使均衡战略不再包含不可置信威胁。其要求参与者的决策在任何时点上都是最优的,参与者将考虑其他参与者的行动而"随机应变"。因为剔除了不可置信威胁,精炼纳什均衡缩小了纳什均衡的个数。

那么什么是子博弈呢?在动态博弈中,如果所有参与者都知道过去发生的事件(谁在何时选择了何种战略或采取何行动),且每个参与者也都知道其他参与者了解这些共同知识,即所有人都知道,且所有人都知道大家知道。那么给定共同知识,从每一个行动选择开始至博弈结束就构成一个博弈,称为"子博弈"。有时也把整个博弈称为一个"子博弈"。图 3-1 中参与者 B 开始选择行动就是一个子博弈。也就是说可以将子博弈看作是原博弈的一部分,它本身可以作为一个独立的博弈进行分析。

根据泽尔腾的定义,我们可以这样定义子博弈精炼纳什均衡。

子博弈精炼纳什均衡定义 一个纳什均衡称为精炼纳什均衡,当且仅当参与者的战略在每一个子博弈中都构成纳什均衡,即如果一个战略组合 $s^* = (s_1^*, s_2^*, \cdots, s_n^*)$ 不仅是原博弈的纳什均衡,而且在每一个子博弈上都是纳什均衡,那么它是一个子博弈精炼纳什均衡。组成精炼纳什均衡的战略必须在每一个子博弈中都是最优的。

一个精炼均衡首先必须是一个纳什均衡,但纳什均衡不一定是精炼均衡,只有那些不包含不可置信威胁的纳什均衡才是精炼纳什均衡。

(二)动态博弈战略行动

在动态博弈中,由于参与者的行动有先后顺序,而参与者行动顺序直接影响博弈的结果。因此,参与者为了使其他参与者的选择对自己有利,往往会主动采取一些行动以影响其他参与者对自己行为的预期,从而达到对自己有利的结果。参与者所采取的这些行为称为"战略性行动"(Strategic Move)。其主要有先发优势和承诺行动。

1. 先发优势

先发优势(First-move advantage)是指在博弈中首先作出战略选择并采取相应行动的参与者可以获得更多的利益。俗话称:"先下手为强,后下手遭殃。"我们通过性别战博弈来探讨先发优势。

假定谈恋爱的男女通常更愿意共度周末而不是分开活动,但是,对于周末参加什么活动,男女双方往往各自有着自己的偏好。在某个周末,有场足球赛和一场音乐会,男方喜欢看足球,而女方喜欢听音乐。现在假定:如果男方和女方分开活动,男女双方的收益都为 0;如果男方和女方一起去看足球赛,则男方的收益为 3 而女方的收益为 1;如果男方和女方一起去听音乐会,则男方的收益为 1,女方的收益为 3。这个博弈的收益矩阵如表 3-7 所示。

表 3-7 性别战

收益		女方	
		看足球	听音乐会
男方	看足球	3, 1	0, 0
	听音乐会	0, 0	1, 3

在这个博弈模型中有两个严格劣战略组合,即男的看足球,女的听音乐会,与男的听音乐会,女的看足球,显然这两种组合都是收益最低的。在这个博弈中,不存在占优战略均衡,也不存在重复剔除的占优战略均衡,但它有两个均衡解,即男女双方一起去看足球赛或一起去听音乐。这两个解是纳什均衡,但我们无法确定结果到底如何。在这种情况下,如果男方首先采取行动,在约会前就买好足球票,就会对女方产生影响。女方可能因为男方的这一行动表明"男朋友十分想看这场足球比赛"或"既然已经买了票,不看怪可惜",从而接受双方一起看足球赛的选择。反过来如果女方先采取行动,男方则很有可能为了哄女方开心而选择陪女方听音乐会。所以该博弈的结果还需要结合男女双方的优先权及其他因素才能确定,但毫无疑问,先采取行动者将可能获得较多收益。

2. 承诺行动

承诺行动是指博弈的某一方参与者通过承诺某种行动来改变自己的收益函数,使得其他参与者认为自己的威胁确实可信,从而迫使其他参与者在充分考虑自己承诺的情况下作出相应的选择。这实际上就是可置信的威胁。

承诺行动是信息经济学中一个很重要的概念,是参与者为了使自己的威胁战略变得可置信而采取的行动。当参与者不施行这种威胁就会遭受更大的损失的时候,这种威胁就是可置信的,反之便是不可置信威胁。承诺行动是有成本的,或当事人会因"失信"而付出成本,因此承诺成本越高,威胁就越值得置信。在博弈中,承诺行动的存在会导致均衡结果改变。例如,考试博弈。教师观察学生的选择(诚信或者作弊),然后决定是给予相应成绩,还是对其进行处分。假设教师威胁学生如果考试作弊,将予以开除,如果学生相信这一威胁,那么他的最优反应是诚信考试;反之,如果这一威胁不可置信,学生将有可能选择考试作弊。因为作弊将有可能得到更高的分数,即教师的承诺行动必须使学生相信这一威胁将会付诸实施。

(三)重复博弈

重复博弈是指同样结构的博弈重复多次,其中的每次博弈被称为"阶段博弈"。重复博弈具有以下三个基本特征。

(1) 前一阶段的博弈不改变后一阶段的博弈结构。
(2) 所有参与者都能够观测到博弈过去的历史。

(3) 参与者的总收益是所有阶段博弈收益之和或加权平均值。

在重复博弈中，参与者过去行动的历史是共同知识，每个参与者都可以观察到其他参与者过去行动的历史，他们可以使自己在某个阶段博弈的选择依赖于其他参与者过去的行动。因此，参与者在重复博弈中的战略空间远远大于和复杂于在每一个阶段博弈中的战略空间。重复博弈可能带来不一样的均衡结果，这些均衡结果在一次博弈中是不会出现的。影响重复博弈均衡结果的主要因素是博弈重复的次数和信息的完备性。根据博弈重复次数的有限性和无限性，重复博弈可以划分为有限重复博弈和无限重复博弈。

1. 有限重复博弈

有限重复博弈定义 对于给定的阶段博弈 G，令 $G(T)$ 表示 G 重复进行 T 次的有限重复博弈，并且在下一次博弈开始前，所有以前博弈的进行都可以被观测到。$G(T)$ 的收益为 T 次阶段博弈收益的简单相加。

当博弈重复次数为有限次时，每个阶段博弈的均衡解都是一次性博弈的纳什均衡解。我们以有限次囚徒困境博弈为例，如表 3-8 所示。

表 3-8 囚徒困境

收益		囚徒 B	
		坦白	抵赖
囚徒 A	坦白	-5, -5	0, -10
	抵赖	-10, 0	-2, -2

当最高判刑年限由无期徒刑改为有期徒刑 10 年时(见表 3-8)，两个囚徒就可能在刑满释放后再次作案，再次判刑，如此重复就构成了重复博弈，其中每次作案都是一次阶段博弈。美国密歇根大学的 Robert Axelrod 教授曾经做过这样一个著名的试验：任何想参加计算机竞赛的人都扮演"囚徒困境"模型中的一个囚犯。他们把自己的策略编入计算机程序，然后这些程序会被成双成对地融入不同的组合。分组后，参与者开始玩"囚徒困境"的游戏。他们每个人都要在合作与背叛之间作出选择。试验参与者可以连续玩 200 次。试验结果表明，囚徒困境在同样重复数十次或一百次的情况下，只要两个参与者仍然还是理性人(这可以在该试验的参加者所编程序中反映出)，博弈的结果仍然是囚徒 A 和 B 都选择坦白，即(背叛)相互指证对方。可见，只要博弈重复的次数是有限的，最后阶段博弈的唯一纳什均衡还是两个囚徒都选择坦白，重复博弈并不能改变单次博弈的均衡结果。

假设博弈只重复两次，即两阶段重复囚徒博弈。我们采用"逆向归纳法"的思路来分析均衡结果。首先考虑第二次博弈。在两阶段博弈中，这是最后一次博弈，参与者都不必顾虑这次的决策对后序博弈再次选择行动的影响。就如同在火车站等人口流动比较大的地方，饭店、小摊贩等不会为提高"口碑"而付出较多成本一样，他们的合作基本属于一次性交易，只关注如何在一次性交易中获利最大，所以才会有"见一个宰一个"的现象。因此在最后一次博弈中，理性参与者都会选择追求本次博弈的最大利益。囚徒 A 和 B 都会选择坦白，以期望无罪释放，这就意味着第二次博弈的结果应该和第一次博弈结果完全一样。其次，我们再来考虑第一次博弈的情况。囚徒 A 很清楚下一次博弈就是最后一次机会，他认为 B 肯定会坦白，即使自己在第一次博弈中选择抵赖，在下一次博弈中，B 也会选择坦白，那么作为理性决策者，A 也一定会选择坦白。同理，B 也同样考虑，也会选择坦白，因此，第一次博弈的均衡结果也是都坦白。以此思路来分析，只要博弈的重复次数是有限的，重复本身并不改变囚徒困境的均衡结果。双方都坦白是唯一的子博弈精炼均衡。

因此产生了以下的定理。

定理 令 G 表示阶段博弈，$G(T)$ 表示 G 重复 T 次的重复博弈 ($T<\infty$)。那么，如果 G 有唯一的纳什均衡，重复博弈 $G(T)$ 的唯一子博弈精炼纳什均衡结果就是阶段博弈 G 的纳什均衡重复 T 次(即每一阶段博弈出现的都是一次性博弈的均衡结果)。

2. 无限重复博弈

无限重复博弈定义 给定一个阶段博弈 G，令 $G(\infty, \delta)$ 表示相应的无限重复博弈，其中 G 将无限次地重复进行，且参与者的贴现因子都为 δ。对每一个 t，之前 $t-1$ 次阶段博弈的结果在 t 阶段开始进行前都可被观测到，每个参与者在 $G(\infty, \delta)$ 中收益都是该参与者在无限次的阶段博弈中所得收益的现值。

无限重复博弈，顾名思义，同样结构的博弈无限次地重复下去。我们还以囚徒困境为例，假定博弈重复次数永无止境。如果在某一个阶段博弈中囚徒 A 选择了坦白，在之后的阶段博弈中，囚徒 B 将会采取"永远坦白"的行动来报复囚徒 A，因此只要一方不坦白，另一方也不会坦白。可以证明，如果参与者有足够耐心，囚徒 A 和 B 都抵赖将是一个子博弈精炼纳什均衡结果。

无名氏定理 在无限重复博弈中，如果参与者有足够耐心，那么，任何满足个人理性的可行的收益都可以通过一个特定的子博弈精炼均衡得到。

经数学证明，在无限次重复博弈的情况下，合作可能是稳固的。如果博弈无穷次，双方就会逐渐从互相背叛走向互相合作。因为任何一次背叛都会招致对方在下一次博弈时的报复；而双方都采取合作态度将会带来合作收益。

在无限重复博弈中，参与者可能会为了长远利益而选择不同于一次性博弈的战略，因此无限重复博弈可能出现一次性博弈永远不会出现的均衡结果。比如，囚徒在无限重复博弈中都选择抵赖。

此外，除博弈次数以外，信息的完备性也是影响博弈均衡结果的重要因素。在重复博弈中，参与者可能会通过树立良好的"声誉"来保证长远利益。比如，囚徒 A 建立起"绝不背叛"的声誉，使囚徒 B 对其产生信任，那么囚徒 B 也不会背叛。再如，在协同式供应链中，每一个参与方都会不同程度地面临多次选择，他们之间存在着多次博弈的机会，一次合作的行为和表现直接影响着后续合作的进行。开始的合作使得参与各方均满意，那么再次合作也会很顺利；一次或几次合作中有参与人感觉不愉快，那么再次合作的可能性就很小。以炼铁产业为例，假设博弈分两个阶段进行，第一阶段在合作过程中，制造商(冶炼企业)有两种选择：守信和不守信。假设他守信，那么按合作协议验收矿石，然后付给交易对方相应款项，交易结束其收益为 8；如果他不守信，以种种理由拒绝付款，即赖账或拖欠，此次交易其收益为 10。同样供应商(矿石开采)也有两种选择：供应高质矿石或劣质矿石。那么相应的博弈矩阵如表 3-9 所示。

表 3-9 制造商与供应商之间的博弈

收益		制造商	
		守信	不守信
供应商	高质	(5, 5)	(-3, 10)
	劣质	(8, -2)	(-1, 2)

在一次博弈中，对于制造商而言单方面不守信获益最大，而对于供应商而言供应劣质矿石获益最高，如果在第一阶段制造商选择不守信，赖账或拖欠，那么下一次供应运输方就会选择其他的制造商，之后制造商的收益就为零，两阶段其总收益为 10。如果制造商选择守信，他们就有再次合作的机会，那么只要再合作一次他的总收益就可以达到 10，继续合作下去，他的收益会累计增加，这样的合作重复下去，他的平均收益将会远远超过一次合作的收益；如果供应商在第一阶段选择送劣质矿石也会产生同样的问题，制造商以后会抵制其产品，这样他的产品销售就会成为问题。此外，参与者可以观察到其他参与者在过去采取的行动，那么无论是哪一方，只要他们在合作过程中曾有过背信弃义的历史，他在自己所处的行业将不被信赖。现实中，博弈的参与各方常常通过多次合作来筛选合作者，也就是在多次选择的过程中如果发现任一方有不守信的行为，则对其施行惩罚，并终止与其的合作关系，将其从合作团体中删除。因此在协同式供应链中任何一个理性的成员都会考虑到自身的长期利益及在行业内的信誉问题而选择诚信守诺，并不惜花费心思建立自己企业的品牌和良好的声誉，以增强其他企业对自己的信任，便于与其他成员建立长期战略合作伙伴关系，从而保持供应链协同运作的稳定性和高效性。

四、不完全信息博弈

在完全信息博弈中，假定每个参与者对所有其他参与者的战略空间、收益函数有完全的了解。但现实生活中，信息往往是不完全或者不对称的。在博弈中，往往参与一方所知道的信息是另一方所不知道的，这就产生了不完全信息博弈。在不完全信息博弈中，至少存在一个参与者不了解其他参与者的收益函数。在生活中，博弈双方信息不对称的现象比比皆是，往往某些人掌握的信息要多于其他人。比如我们常说"买家没有卖家精"，我们去买东西，往往并不了解所买东西的真实价值和质量水平，关于商品的质量信息属于卖方的私有信息，因此在交易中卖方比买方更具有优势。

此外，在不完全信息博弈中，参与者行动的顺序同样对博弈结果有所影响。依据行动有无次序，不完全信息博弈可以分为不完全信息静态博弈和不完全信息动态博弈。

(一)不完全信息静态博弈

不完全信息静态博弈是不完全信息与静态博弈的结合。我们在处理不完全信息要素时是通过将某些参与者"类型"的不确定性作为信息不完全性的一种表征，即博弈中参与者面临的信息不完全性(无论它是指何种信息)将完全由某些参与者的"类型"的不确定性加以刻画。表 3-10 所示的是市场进入博弈。垄断者的成本是私有信息，新进入者信息是不完全的。我们将垄断者分为高成本和低成本两种类型。进入者可以依据他对垄断者类型的先验概率判断来作出决策。但是两个参与者是同时行动的，各自的收益不仅取决于双方的行动，还取决于参与者的成本类型。

表 3-10 市场进入博弈

收益		市场垄断者			
		高成本		低成本	
		建厂	不建厂	建厂	不建厂
新进入者	进入	-1, 0	1, 2	-1, 3	1, 2
	不进入	0, 2	0, 3	0, 5	0, 3

不完全信息静态博弈又称为静态贝叶斯博弈。贝叶斯均衡是完全信息静态博弈纳什均衡概念在不完全信息静态博弈上的扩展。

贝叶斯纳什均衡的定义 n 人不完全信息静态博弈的纯战略贝叶斯纳什均衡是一个类型依存战略组合，其中每个参与者在给定自己的类型和其他参与者类型依存战略的情况下最大化自己的期望效用函数。

我们用贝叶斯纳什均衡的思想来讨论密封投标问题。各投标人密封标书投标，统一时间开标，标价最高者中标。如果出现标价相同的情况，用抛硬币或类似方法决定中标者。假设有两个投标人，分别为 1、2，投标人 i 对商品的估价为 v_i，即如果投标人 i 付出价格 p，得到商品，则 i 的收益为 $v_i - p$。两个投标人的估价相互独立，并服从[0, 1]区间上的均匀分布。投标价格不能为负，且双方同时给出各自的投标价。出价较高的一方得到商品，并支付他报出的价格；另一方的收益和支付都为 0。投标方是风险中性的，所有以上信息是共同知识。

参与者 i 的行动是给出一个非负的投标价 b_i，其类型即他的估价 v_i。由于估价是相互独立的，参与者 i 推断 v_j 服从[0, 1]区间上的均匀分布，而不依赖于 v_i 的值。最后，参与者 i 的收益函数为

$$u_i(b_1,b_2;v_1,v_2)=\begin{cases}v_i-b_i & \text{当}b_i>b_j\\(v_i-b_i)/2 & \text{当}b_i=b_j\\0 & \text{当}b_i<b_j\end{cases} \qquad (3\text{-}1)$$

在静态贝叶斯博弈中，一个战略是由类型到行动的函数。参与者 i 的一个战略为函数 $b_i(v_i)$，据此可以决定 i 在每一种类型（即对商品的估价）下选择的投标价格。在贝叶斯纳什均衡下，参与者 1 的战略 $b_1(v_1)$ 与参与者 2 的战略 $b_2(v_2)$ 互相是对方的最优反应。若战略组合 $[b_1(v_1),b_2(v_2)]$ 是贝叶斯纳什均衡，那么每个类型 $v_i\in[0,1]$，$b_i(v_i)$ 满足

$$\max_{b_i}\left[(v_i-b_i)P\{b_i>b_j\}+\frac{1}{2}(v_i-b_i)P\{b_i=b_j\}\right] \qquad (3\text{-}2)$$

我们寻找该问题的一组线性均衡解，即假设 $b_1(v_1)$ 和 $b_2(v_2)$ 都是线性函数。$b_1(v_1)=a_1+c_1v_1$ 及 $b_2(v_2)=a_2+c_2v_2$，并据此对上式进行简化。但应注意这里不是限制了参与者的战略空间，使之只包含了线性战略；而是允许参与者任意地选择战略，而只看是否存在线性的均衡解。我们会发现由于参与者的估价是均匀分布的，这样的线性均衡解不仅存在，而且是唯一的。其结果为 $b_i(v_i)=v_i/2$，也就是说，每一参与者以其对商品估价的 1/2 作为投标价。这样，一个投标价格反映出投标方在拍卖中遇到的最基本的得失权衡：投标价格越高，中标的可能性越大；投标价格越低，一旦中标所得的收益就越大。

假设参与者 j 采取战略 $b_j(v_j)=a_j+c_jv_j$，对一个给定的 v_j 值，参与者 i 的最优反应为下式的解

$$\max_{b_i}[(v_i-b_i)P\{b_i>a_j+c_jv_j\}+\frac{1}{2}(v_i-b_i)P\{b_i=b_j\}] \qquad (3\text{-}3)$$

因为 v_j 服从均匀分布，所以 $b_j(v_j)=a_j+c_jv_j$ 服从均匀分布，$P\{b_i=b_j\}=0$。由于 i 的投标价应高于参与者 j 最低的可能投标价格，否则没有意义，同时应低于 j 最高的可能投标价格，我们有 $a_j\leqslant b_i\leqslant a_j+c_j$，于是，上式变为

$$\max_{b_i}[(v_i-b_i)P\{b_i>a_j+c_jv_j\}]=\max_{b_i}[(v_i-b_i)P\{v_j<\frac{b_i-a_j}{c_j}\}]=\max_{b_i}\frac{b_i-a_j}{c_j}$$

一阶条件为 $b_i=(v_i+a_j)/2$。在 $v_i<a_j$ 时，$b_i=(v_i+a_j)/2<a_j$，这样是根本不可能中标的，至少 $b_i=a_j$。综上，参与者 i 的最优反应为

$$b_i(v_i)=\begin{cases}(v_i+a_j)/2 & \text{当}v_i\geqslant a_j\\a_j & \text{当}v_i<a_j\end{cases} \qquad (3\text{-}4)$$

如果 $0<a_j<1$，则一定存在某些 v_i 的值，使 $v_i<a_j$，这时 $b_i(v_i)$ 就不可能是线性的了，而在开始时是一条直线，后半段开始向上倾斜，与假定的线性矛盾。因此我们只讨论 $a_j\geqslant 1$ 及 $a_j\leqslant 0$ 的情况。但前一种情况是不可能在均衡中出现的，因为估价较高一方对投标价的最优选择是不低于估价较低一方的投标价，我们有 $c_j\geqslant 0$，但这时 $a_j\geqslant 1$ 便意味着 $b_j(v_j)\geqslant v_j$，而这对于参与人 j 肯定不是最优的。因此，如果要求 $b_i(v_i)$ 是线性的，则一定有 $a_j\leqslant 0$，这时 $b_i(v_i)=(v_i+a_j)/2=a_i+c_iv_i$，于是可得 $a_i=a_j/2$ 及 $c_i=1/2$。

同样对参与者 j 重复上面的分析，得到类似的结果 $a_j = a_i/2$ 及 $c_i = 1/2$。解这两组结果构成的方程组，可得 $a_i = a_j = 0$ 及 $c_i = 1/2$，即 $b_i(v_i) = v_i/2$。

(二)不完全信息动态博弈

不完全信息动态博弈就是不完全信息概念与博弈的动态性质的一种综合。精炼贝叶斯均衡是不完全信息动态博弈的均衡概念。它是子博弈精炼均衡概念的一种推广。

不完全信息动态博弈的纳什均衡是指这样的一种类型依存性的战略组合，当给定其他参与者的战略时，任一参与者在其任何类型下由该组合给出的类型依存战略给出的战略是其最优的。在这里还需要给定某一参与者对其他参与者的类型分布的先验概率密度，否则他将无法对选择的"最优性"加以判断。这种概率分布或密度来自于博弈开始之前参与者所拥有的信息，故称为"先验"信息或"先验"概率。

精炼贝叶斯均衡定义　在不完全信息动态博弈 $G = \{u_1, \cdots, u_n, \tilde{P}_1, \cdots, \tilde{P}_n, H_1, \cdots, H_n\}$ 中，精炼贝叶斯纳什均衡是一个类型依存战略组合 $S^*(\theta_1, \cdots, \theta_n) = (S_1^*(\theta_1), \cdots, S_n^*(\theta_n))$ 及一个信念组合 $\tilde{P} = (\tilde{P}_1, \cdots, \tilde{P}_n)$，满足如下条件：

(1) $\tilde{P}$ 是先验概率 $P_i(\theta_{-i}|\theta_i)$ 的集合，即 $\tilde{P} = (P_1, \cdots, P_n)$，$P_i = P_i(\theta_{-i}|\theta_i)$，$\tilde{P}_i$ 是第 i 个参与者在其进行行动选择的信息集上所有信念组成的组合，记 $\tilde{P}_{ih}$ 为他在其第 h 个信息集上的信念；若参与者在信息集 h 上观察到的行动为 a_{-i}^h，则记 $\tilde{P}_{ih} = \tilde{P}_i(\theta_{-i}|a_{-i}^h)$，$i = 1, \cdots, n$。

(2) H_i 是参与者 i 的类型空间，$\theta_i \in H_i$ 是他的一个类型；$i = 1, \cdots, n$。

(3) $u_i = u_i(s_1^*(\theta) \cdots s_n^*(\theta_n), \theta_i, \theta_{-i})$ 是参与者 i 的类型依存收益函数；$i = 1, \cdots, n$。

(4) 在第 i 个参与者的每一个信息集 h 上，有
$$S_i^*(\theta_i)\big|_h \in \arg\max_{S_i(\theta_i)\big|_h} \sum_{\theta_{-i}} \tilde{P}_i(\theta_{-i}|a_{-i}^h) u_i(s_i(\theta)\big|_h, s_{-i}^*(\theta_{-i}), \theta_i, \theta_{-i}), \quad i = 1, \cdots, n$$

(5) 在均衡路径上，$\tilde{P}_{ih}$ 是按照贝叶斯法则从先验概率 $P_i(\theta_{-i}|\theta_i)$，参与者 i 在信息集 h 上观察到的行动 a_{-i}^h 和 $S_{-i}^*(\theta_{-i})$ 导出的。

在精炼贝叶斯均衡的定义中，先验概率和后验概率是非常重要的概念。一个精炼贝叶斯均衡不再只是由每个参与者的一个战略构成，其中还包括参与者在轮到他行动的每一个信息集 h 上的先验概率。在每个信息集上，决策者必须有一个定义在属于该信息集的所有决策结上的一个概率分布；给定该信息集上的概率分布和其他参与者的后续战略，参与者的行动必须是最优的；每一个参与者根据贝叶斯法则和均衡战略修正先验概率，得到后验概率。在不完全信息条件下应用最为广泛的博弈类型是信号博弈，即两个参与者(其中一个拥有私有信息，另一个没有)，参与者的行动是有先后次序的，首先由掌握私有信息的一方发出一个信号，其次没有私有信息的一方做出反应。但在许多情况下，为了获得交易收益，拥有私有信息的一方会主动揭示自己的私有信息。引入一个"自然人"作为博弈参与者，"自然人"首先选择参与者 1 的类型，参与者 1 知道，但参与者 2 不知道，只知道 1 属于该类型 X 的先验概率。然后参与者 1 观测到类型 X 后发出信号。最后参与者 2 观测

到参与者1发出的信号，使用贝叶斯法则从先验概率得到后验概率，然后选择行动。

概率论中的贝叶斯定理如下。

贝叶斯定理 设试验 E 的样本空间为 S，A 为 E 的事件，$b_1, b_2, \cdots, b_n$ 为 S 的一个划分，且 $P(A)>0$，$P(B)>0 (i=1,2,\cdots,n)$，则

$$P(B_i|A) = \frac{P(A|B_i)P(B_i)}{\sum_{j=1}^{n} P(A|B_j)P(B_j)} \quad (i=1,2,\cdots,n) \tag{3-5}$$

第二节　博弈论在信息经济学领域的应用

博弈论是有关决策和策略的理论，它的应用领域极其广泛，是一种非常有效的经济分析方法。我们可以利用博弈论来分析人与人之间行为的相互影响和作用，分析利益主体之间的利益冲突和一致、竞争和合作的关系演变，分析任何经济活动中行为主体的经济行为、经济关系和活动效率，乃至分析日常生活中人与人之间、团体与团体之间的关系。在信息经济学领域，博弈论能够解释很多经济活动低效率的现象，为经济部门和非经济部门决策提供指导作用。

一、古诺模型

古诺(Cournot)模型又称古诺双寡头模型(Cournot Duopoly Model)，或双寡头模型(Duopoly Model)，由法国经济学家古诺于 1838 年提出。它是纳什均衡应用的最早版本，是一种完全信息静态博弈。

古诺模型假定条件是：市场上只有 A、B 两个厂商生产和销售完全相同的产品；厂商的生产成本为零，因而只需获得最大收益便可获得最大利润；两个厂商面临相同的线性需求函数，采用相同的市场价格；每一个厂商都认为对手的产量不会发生变化，A、B 两个厂商同时行动。

根据以上假设就构成了两个参与者的博弈。两个厂商的策略是选择产量，收益是在相应产量下的利润，它是两个厂商产量的函数。用 $q_i \geq 0$ 表示第 i 个厂商的产量，$C_i(q_i)$ 表示成本函数；P 表示价格，是市场总产量的函数，$P=P(q_1+q_2)$。第 i 个厂商的收益函数为

$$u_i(q_1,q_2) = q_i P - C_i(q_i), i=1,2 \tag{3-6}$$

由于两个厂商是同时行动，他们都将寻求自身利益的最大化，也就是说纳什均衡解是使参与者收益最大的产量。因此分别对以上收益函数求导并令其等于零

$$\frac{\partial u_1}{\partial q_1} = P(q_1+q_2) + q_1 P'(q_1+q_2) - C_1'(q_1) = 0 \tag{3-7}$$

$$\frac{\partial u_2}{\partial q_2} = P(q_1+q_2) + q_2 P'(q_1+q_2) - C_2'(q_2) = 0 \tag{3-8}$$

假定市场价格 $P = P(q_1+q_2) = a - q_1 - q_2$，$C_1(q_1) = cq_1$，$C_2(q_2) = cq_2$，即两个厂商有相

同的不变单位可变成本 c (常数)，则式(3-7)、式(3-8)分别得

$$q_1^* = R_1(q_2) = \frac{a - q_2 - c}{2} \tag{3-9}$$

$$q_2^* = R_2(q_1) = \frac{a - q_1 - c}{2} \tag{3-10}$$

$R_1(q_2)$ 和 $R_2(q_1)$ 分别为两个厂商的反应函数，即每个企业的最优产量是另一个企业产量的函数，$R_1(q_2)$ 是厂商 1 对于假定 q_2 的最优反应，而 $R_2(q_1)$ 是厂商 2 对假定 q_1 的最优反应，两个函数的交点就是纳什均衡 $q^* = (q_1^*, q_2^*)$，如图 3-2 所示。

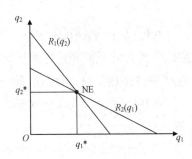

图 3-2 古诺模型

在假定条件：市场价格 $P = P(q_1 + q_2) = a - q_1 - q_2$，$C_1(q_1) = cq_1$，$C_2(q_2) = cq_2$ 下，根据式(3-9)、式(3-10)，厂商 1 每增加 1 个单位的产量，厂商 2 将减少 1/2 单位的产量，反之亦然。

解式(3-9)、式(3-10)，纳什均衡是两个函数的交点，即 $q_1^* = q_2^*$，得 $q_1 = q_2$，分别代入式(3-9)和式(3-10)，得

$$q_1^* = \frac{a - q_1 - c}{2} \Rightarrow 3q_1 = a - c \Rightarrow q_1^* = \frac{a - c}{3} \tag{3-11}$$

$$q_2^* = \frac{a - q_2 - c}{2} \Rightarrow 3q_2 = a - c \Rightarrow q_2^* = \frac{a - c}{3} \tag{3-12}$$

即纳什均衡为

$$q_1^* = q_2^* = \frac{a - c}{3}$$

每个厂商的纳什均衡收益为

$$u_1(q_1^*, q_2^*) = u_2(q_1^*, q_2^*) = \frac{(a - c)^2}{9} \tag{3-13}$$

也就是说，如果给定厂商 2 的产量为 $(a-c)/3$，那么厂商 1 的最优产量是 $(a-c)/3$；如果给定厂商 1 的产量为 $(a-c)/3$，那么厂商 2 的最优产量也是 $(a-c)/3$，所以 $((a-c)/3, (a-c)/3)$ 是古诺模型的纳什均衡。

二、Stackelberg 双头垄断模型

斯坦科尔伯格(Stackelberg)模型可以看作是子博弈精炼纳什均衡的最早版本，在标准的 Stackelberg 模型中，市场结构设置为只有两个厂商，对方的产量是每个厂商要顾虑的，博

弈的参与者分别是领导者和追随者，一方先行动，另一方作出反应，领导者一般为行业内无可争议的垄断者，作为领导者在博弈过程中会有承诺行为。根据斯坦科尔伯格的假定，该模型中的企业的行动与古诺模型一致，也是选择产量。不同的是，古诺模型中参与者是同时行动，而在斯坦科尔伯格模型中，参与者的行动是有次序的。博弈的顺序为：企业 1 先选择产量 $q_1 \geq 0$，企业 2 观测到 q_1 后选择自己的产量 $q_2 \geq 0$。这是一个完全信息动态博弈。

假定市场价格 $P(Q) = a - q_1 - q_2$，且两个企业有相同的不变单位成本 c(常数)≥ 0，则收益函数为

$$u_i(q_1, q_2) = q_i(P(Q) - c), \quad i=1,2 \tag{3-14}$$

我们可以用逆向归纳法求解这个博弈的子博弈精炼纳什均衡。假定 q_1 已经选定，企业 2 观测到 q_1 后，将作出反应，选择使自己利益最大化的产量

$$\max u_2(q_1, q_2) = q_2(a - q_1 - q_2 - c) \tag{3-15}$$

上式对 q_2 求导，令其等于零，得

$$q_2^* = s_2(q_1) = (a - q_1 - c)/2 \tag{3-16}$$

假定 $q_1 < a - c$。这是古诺特模型中企业 2 的反应函数，不同的是，这里，q_2^* 是当企业 1 选择 q_1 时企业 2 的实际选择，是 q_1 的函数，可以表示为 $s_2(q_1)$，而在古诺模型中，$R_2(q_1)$ 是企业 2 对于假设的 q_1 的最优反应。

但是企业 1 预测到企业 2 将根据 $s_2(q_1)$ 选择 q_2，企业 1 在第一阶段同样将作出自身利益最大化的选择

$$\max u_1(q_1, s_2(q_1)) = q_1(a - q_1 - s_2(q_1) - c) = \max q_1 \frac{a - q_1 - c}{2} \tag{3-17}$$

上式对 q_1 求导，令其等于零，得

$$q_1^* = \frac{a - c}{2} \tag{3-18}$$

将 q_1^* 代入 $s_2(q_1) = q_2^*$，得

$$q_2^* = s_2(q_1^*) = \frac{a - c}{4} \tag{3-19}$$

所以企业 1 选择产量 $q_1^* = (a-c)/2$，而企业 2 选择产量 $q_2^* = (a-c)/4$ 是斯坦科尔伯格均衡结果。但是 $q_1^* = (a-c)/2$ 和 $q_2^* = (a-c)/4$ 是均衡结果，而不是均衡本身，因为 $q_2^* = (a-c)/4$ 并不是对于任何给定的 q_1 的最优选择(即不是第二阶段的所有子博弈的纳什均衡)。子博弈精炼纳什均衡是 $(q_1^*, s_2(q_1))$。

三、不完全信息博弈的应用

不完全信息博弈在信息经济学领域的应用非常重要。在当今信息社会，信息在决策活动中起到了举足轻重的作用。由于信息不完全、不对称问题的存在，经济活动低效率，甚至隐瞒、欺诈行为屡见不鲜，导致经济秩序混乱、经济效率低下。不完全信息博弈理论的

应用产生了很多有价值的应用模型，对不完全信息环境下的经济行为有很强的指导意义。

(一)不完全信息静态博弈应用实例

除了上文提到的密封投标问题之外，不完全信息古诺模型也是一个典型的应用实例。与上文提到的古诺模型一样，在不完全信息古诺模型中，两个厂商的策略依然是选择产量，他们同时行动，收益是在相应产量下的利润，是两个厂商产量的函数。用 $q_i \geq 0$ 表示第 i 个厂商的产量；$C_i(q_i)$ 表示成本函数；P 表示价格，是市场总产量的函数，$P=P(q_1+q_2)$。第 i 个厂商的收益函数为

$$u_i(q_1, q_2) = q_i P - C_i(q_i), \quad i = 1, 2 \tag{3-20}$$

但该模型与完全信息条件下的古诺模型的差异在于：厂商 2 的单位可变成本是私有信息，即厂商 1 的单位可变成本为 $C_1=c$，是共同知识；但厂商 2 的单位可变成本对于厂商 1 而言是不确定的，厂商 1 只知道其成本类型出现的概率，即 $C_2=c_{2a}$ 的概率为 50%，$C_2=c_{2b}$ 的概率为 50%。因此厂商 2 的成本可以根据单位可变成本分为两种类型。

同样假定 $P = P(q_1+q_2) = a - q_1 - q_2$，$C_1(q_1) = cq_1$，$C_2(q_2) = c_{2a}q_2$ 或 $c_{2b}q_2$，因为厂商 1 的成本是共同知识，厂商 2 将选择自身利益最大化的产量。其最优产量不仅依赖于厂商 1 的产量，而且依赖于自己的成本类型。

假定厂商 2 的单位成本为 c_{2a}，则收益函数为

$$u_2 = q_2(a - q_1 - q_2) - q_2 c_{2a} = q_2(a - c_{2a} - q_1 - q_2) \tag{3-21}$$

对上式求导，得

$$q_{2a}^* = \frac{a - c_{2a} - q_1}{2} \tag{3-22}$$

同理，如果厂商 2 的单位成本为 c_{2b}，则最优产量为

$$q_{2b}^* = \frac{a - c_{2b} - q_1}{2} \tag{3-23}$$

但是由于厂商 1 并不知道厂商 2 的具体成本类型，他将选择期望利润最大化的产量作为最优产量。

$$Eu_1 = 0.5 \times q_1(a - c - q_1 - q_{2a}^*) + 0.5 \times q_1(a - c - q_1 - q_{2b}^*) \tag{3-24}$$

对上式求导，得

$$q_1^* = \frac{1}{2} \times (a - c - Eq_2) \tag{3-25}$$

式中，Eq_2 是厂商 1 关于厂商 2 产量的期望值 $\frac{1}{2} \times q_{2a}^* + \frac{1}{2} \times q_{2b}^*$，将式(3-22)、式(3-23)代入该期望值，解式(3-25)，得

$$q_1^* = \frac{1}{3}\left(a - 2c + \frac{c_{2a} + c_{2b}}{2}\right)$$

将其代入式(3-22)、式(3-23)，即得贝叶斯均衡。

(二)不完全信息动态博弈应用实例

不完全信息动态博弈的应用模型最为典型的就是信号博弈和声誉模型。早在 1973 年斯宾塞就运用信号博弈模型对就业市场中的文凭信号传递进行了分析。该博弈包含两个参与者,一个是雇员,其发出的信号是教育水平或文凭。假设雇员的类型是其工作能力,分为高和低两种,并且他的类型是私有信息。另一个参与者是劳动力市场上的招聘企业。在劳动力市场上,招聘企业往往很难知道应聘者的实际能力高低,应聘者往往通过文凭信息(受教育程度)来传递能力信息。因为求学过程是要付出成本的,且能力愈强的人愈能忍受这个代价,因此这个信号愈强,成本愈高。应聘者在既定成本下追求工资的最大化,而招聘方则在支付一定的工资水平下追求应聘者能力的最大化,因为能力越强的预期产出可能越高。招聘方一般会根据收到的文凭信息对应聘者的能力作出判断,然后确定相应的工资水平。关于劳动力市场上的信号传递问题将在第四章详述。

下面我们来看一下声誉模型。

前面提到过,只要重复博弈次数是有限的,则合作性的子博弈精炼均衡总是不可能出现的。但这种情况似乎与我们在现实中所观察到的许多合作现象不太吻合。因为现实中的重复博弈一般总是有限次的。1981 年 Axelrod 通过实验证明,即使在有限次重复博弈中,合作行为也是频繁出现的,特别是在距博弈结束仍比较远的阶段。1982 年 Kreps、Milgrom、Roberts 和 Wilson 指出:在完全信息动态博弈中,之所以存在"只要重复博弈次数是有限的,合作就不可能出现"的结论,原因在于"理性人是共同知识"及"信息完全"的两个假定。因此他们在有限次重复博弈中引入了不完全信息和理性人非共同知识的假定,由此发现存在合作型子博弈精炼均衡解,从而解开了这个悖论。这就是著名的"声誉模型"(Reputation Model),也被称为 KMRW 声誉模型。

他们证明,参与人对其他参与人得益函数或战略空间的不完全信息对均衡结果有重要影响,只要博弈重复的次数足够长(不一定是无限次的),合作行为在有限次博弈中也会出现。以囚徒困境为例说明 KMRW 模型的结果。假定囚徒 A 有两种类型,理性的或非理性的概率分别为 $(1-p)$ 和 p;囚徒 B 只有一种类型,即理性的,理性的囚徒可以选择任何战略。阶段博弈的收益矩阵如表 3-11 所示。

表 3-11 囚徒困境阶段博弈

收益		囚徒 A			
		理性$(1-p)$		非理性 p	
		坦白	抵赖	坦白	抵赖
囚徒 B	坦白	-5, -5	0, -10	-5, -5	0, -10
	抵赖	-10, 0	-2, -2	-10, 0	-2, -2

非理性的囚徒 A 由于某种原因,只有一种战略——抵赖。如果囚徒 A 在 t 阶段选择抵赖,囚徒 B 在 $t+1$ 阶段的选择就是"你抵赖我就抵赖,你坦白我就坦白"。博弈的顺序如下。

(1) 自然首先选择囚徒 A 的类型；囚徒 B 知道自己的类型，囚徒 B 只知道囚徒 A 属于理性的概率是$(1-p)$，非理性的概率是 p。

(2) 两个囚徒进行第一阶段博弈。

(3) 观测到第一阶段博弈结果后，进行第二阶段博弈；观测到第二阶段博弈结果后，进行第三阶段博弈；依次类推。

(4) 理性囚徒 A 和囚徒 B 的收益是阶段博弈收益的贴现值之和(假定贴现因子 $\delta=1$)。

首先讨论博弈只重复两次的情况，即 $t=2$。与完全信息情况一样，在最后阶段($t=2$)时，理性囚徒 A 和囚徒 B 将选择坦白，非理性囚徒 A 的选择依赖于囚徒 B 在第一阶段的选择。在第一阶段，非理性囚徒 A 选择抵赖 (根据假定)；理性囚徒 A 的最优选择仍然是坦白，他的选择不会影响囚徒 B 在第二阶段的选择。我们只需要考虑囚徒 B 在第一阶段的选择 X，他的选择将影响非理性囚徒 A 在第二阶段的选择，如表 3-12 所示。

表 3-12 博弈重复两次的均衡

参与人\次数 t	$t=1$	$t=2$
非理性囚徒 A	抵赖	X
理性囚徒 A	坦白	坦白
囚徒 B	X	坦白

如果囚徒 B 在第一阶段选择了抵赖，即 X 等于抵赖，囚徒 B 两阶段的期望收益是
$$[p\times(-2)+(1-p)\times(-10)]+[p\times 0+(1-p)\times(-5)]=12p-15$$

如果囚徒 B 在第一阶段选择了坦白，即 X 等于坦白，囚徒 B 两阶段的期望收益是
$$[p\times 0+(1-p)\times(-5)]+[-5]=5p-10$$

因此，如果满足 $12p-15>5p-10$ 即 $p>5/7$，囚徒 B 将选择合作行为，即抵赖。也就是说，如果囚徒 A 非理性的概率大于 $5/7$，囚徒 B 在第一阶段将选择抵赖。

下面我们假定 $p\geqslant 5/7$，$T=3$，来讨论博弈重复三次的情况。

当博弈重复三次时，如果理性囚徒 A 和囚徒 B 在第一阶段都选择合作行为，即抵赖，那么第二、三阶段的均衡路径如表 3-13 所示。

表 3-13 博弈重复三次的均衡

参与人\次数 t	$t=1$	$t=2$	$t=3$
非理性囚徒 A	抵赖	抵赖	抵赖
理性囚徒 A	抵赖	坦白	坦白
囚徒 B	抵赖	抵赖	坦白

首先考虑理性囚徒 A 在第一阶段的战略。当博弈重复三次时，坦白不一定是理性囚徒 A 在第一阶段的最优选择，因为尽管选择坦白在第一阶段有可能得到 0 单位的最大收益，但他的选择将暴露出他是理性的，囚徒 B 在第二阶段就不会选择抵赖。理性囚徒 A 在第二阶段的最大收益是-5；如果在第一阶段理性囚徒 A 选择抵赖，不暴露自己是理性的，理性囚徒 A 可能在第一阶段得到-2；如果囚徒 B 在第二阶段选择抵赖，囚徒 A 还可能在第二阶段得到 0。

给定囚徒 B 在第一阶段选择抵赖，如果理性囚徒 A 选择抵赖，囚徒 B 的后验概率不变，因而在第二阶段和第三阶段分别选择抵赖和坦白，理性囚徒 A 的期望收益为 $(-2)+0+(-5)=-7$。如果理性囚徒 A 在第一阶段选择坦白，暴露自己的理性特征，囚徒 B 将修正后验概率，在第二阶段和第三阶段都选择坦白，理性囚徒 A 的期望收益为 $0+(-5)+(-5)=-10$。根据期望收益，理性囚徒 A 在第一阶段的最优选择是抵赖，他将没有兴趣偏离表 3-11 的均衡路径。

现在考虑囚徒 B 的战略。囚徒 B 有三种战略，分别是(抵赖、抵赖、坦白)、(坦白、坦白、坦白)和(坦白、抵赖、坦白)。给定理性囚徒 A 在第一阶段的选择为抵赖 (第二、三阶段选择为坦白)，囚徒 B 选择(抵赖、抵赖、坦白)的期望得益为

$$(-2)+[p\times(-2)+(1-p)\times(-10)]+[p\times 0+(1-p)\times(-5)]=13p-17$$

如果囚徒 B 选择(坦白、坦白、坦白)，博弈路径如表 3-14 所示。

表 3-14　囚徒 B 三个阶段都选择坦白

参与人 \ 次数 t	$t=1$	$t=2$	$t=3$
非理性囚徒 A	抵赖	坦白	坦白
理性囚徒 A	抵赖	坦白	坦白
囚徒 B	坦白	坦白	坦白

其期望收益是 $0+(-5)+(-5)=-10$，因为我们前面假定 $p\geqslant 5/7$，所以(抵赖、抵赖、坦白)的收益 $13p-17$ 大于(坦白、坦白、坦白)的收益-10。显然第一种战略较优。

如果囚徒 B 选择(坦白、抵赖、坦白)，博弈路径如表 3-15 所示。

表 3-15　囚徒 B 的第三种战略

参与人 \ 次数 t	$t=1$	$t=2$	$t=3$
非理性囚徒 A	抵赖	坦白	抵赖
理性囚徒 A	抵赖	坦白	坦白
囚徒 B	坦白	抵赖	坦白

其期望收益是 $0+(-10)+[p\times 0+(1-p)\times(-5)]=5p-15$，同理因为 $p\geq 5/7$，因此，战略(抵赖、抵赖、坦白)优于(坦白、抵赖、坦白)。

综上所述，只要囚徒 A 非理性的概率 $p\geq 5/7$，表 3-13 所示的战略组合就是一个精炼贝叶斯均衡。即理性囚徒 A 在第一阶段选择抵赖，然后在第二阶段和第三阶段选择坦白，囚徒 B 在第一阶段和第二阶段选择抵赖，然后在第三阶段选择坦白。我们将任何一个囚徒选择坦白的阶段称为非合作阶段，两个囚徒都选择抵赖的阶段称为合作阶段。只要 $t>3$，非合作阶段的总量等于 2，与 T 无关。在以上的讨论中，我们假定只有囚徒 A 的类型是私有信息(单方非对称信息)。这个假设下，如果 $p\geq 5/7$，合作均衡不可能作为精炼贝叶斯均衡出现(在假定的参数下)。但是，如果假定两个囚徒的类型都是私人信息，每个囚徒都有 $p>0$ 的概率是非理性的。那么，不论 p 多么小(但严格大于 0)，只要博弈重复的次数足够多，合作均衡就会出现。

KMRW 定理：在 T 阶段重复囚徒博弈中，如果每个囚徒都有 $p>0$ 的概率是非理性的，如果 T 足够大，那么存在一个 $T_0<T$，使得下列战略组合构成一个精炼贝叶斯均衡：所有理性囚徒在 $t\leq T_0$ 阶段选择合作(抵赖)，在 $t>T_0$ 阶段选择不合作(坦白)；并且非合作阶段的数量 $T-T_0$ 只与 p 有关而与 T 无关。

KMRW 定理告诉我们：每一个囚徒在选择合作时冒着被其他囚徒出卖的风险(从而可能得到一个较低的现阶段得益)，若他选择不合作，就暴露了自己是非合作型的，如对方是合作型，他将失去获得长期合作收益的可能。如果博弈重复的次数足够多，未来收益的损失就超过短期被出卖的损失，在博弈的开始，每一个参与人都想树立一个合作形象，即使他在本性上并不是合作型的；只有在博弈快结束的时候，参与人才会一次性地把自己过去建立的声誉利用尽，合作才会停止。

声誉模型在经济活动中有较强的应用价值。比如政府的货币政策。假定公众认为政府有两种可能的类型：强政府或弱政府。强政府从来不制造通货膨胀；弱政府有兴趣制造通货膨胀，但通过假装强政府，可以建立一个不制造通货膨胀的声誉。公众不知道政府的类型，但可以通过观测通货膨胀率来推断政府的类型。特别地，一旦政府制造了通货膨胀，公众就认为政府是弱政府，在理性预期下，政府在随后阶段的通货膨胀不能带来任何产出或就业的好处。

博弈论在不对称信息经济学研究问题中都有极强的应用价值。用博弈理论分析契约理论具有很强的经济和管理意义。其主要体现在对委托代理关系、道德风险、逆向选择、信号甄别等问题的研究和分析，关于这些问题的分析我们将在第四章详述。

第三节　其他经典博弈模型

一、斗鸡博弈

在斗鸡场上有两只好战的公鸡发生了遭遇战。它们都有两个行动选择：退下来或者进攻。如果一方退下来，而对方没有退下来，对方获得胜利，退下来的公鸡则很丢面子；如果对方也退下来，则双方打个平手；如果自己没退下来，而对方退下来，自己则胜利，对方则失败；如果两只公鸡都前进，那么则两败俱伤。因此，对每只公鸡来说，最好的结果是，对方退下来，而自己不退，双方都坚持的结果是两败俱伤。假设两只公鸡均选择"前进"，结果是两败俱伤，两者的收益是-3个单位；一方选择"前进"，另外一方选择"后退"，前进的公鸡获得 2 个单位的收益，赢得了面子，而后退的公鸡收益为零，输掉了面子；两者均选择"后退"，两者均输掉了面子，获得零收益。收益矩阵如表 3-16 所示。

表 3-16 斗鸡博弈

收益		公鸡 2	
		进	退
公鸡 1	进	-3, -3	2, 0
	退	0, 2	0, 0

如果博弈有唯一的纳什均衡点，那么这个博弈是可预测的，即这个纳什均衡点就是一个事先知道的唯一的博弈结果。但是如果一个博弈有两个或两个以上的纳什均衡点，则结果是无法预测的。斗鸡博弈则有两个纳什均衡：一方进而另一方退。那么到底是公鸡 1 退还是公鸡 2 退，我们无法预测，即不知道谁进谁退、谁输谁赢。由此看来，斗鸡博弈描述的是两个强者在对抗冲突的时候，如何能让自己占据优势，力争得到最大收益，确保损失最小。斗鸡博弈中的参与者都是处于势均力敌、剑拔弩张的紧张局势。斗鸡博弈在日常生活中的例子很多。有些公共产品的供给就属于此类问题。例如村子里修路的问题。一个村子里有两户富人，有一条路需要修，一种可能是一家修路，另一家就不修；另一种可能是一家不修，另一家就必须修。再如，债权人与债务人之间的博弈就类似于斗鸡博弈：假如债权人 A 与债务人 B 双方实力相当，债权债务关系明确，B 欠 A 100 元，金额可协商，若合作达成妥协，A 可获 90 元，减免 B 债务 10 元，B 可获 10 元。如一方强硬一方妥协，则强硬方收益为 100 元，而妥协方收益为 0；如双方强硬，发生暴力冲突，A 不但收不回债务还受伤，医疗费用损失 100 元，则 A 的收益是-200 元，B 同时也损失了 100 元。因此，A、B 各有两种战略：妥协或强硬。其收益矩阵如表 3-17 所示。

表 3-17 债务博弈

收益		债务人 B	
		妥协	强硬
债权人 A	妥协	90, 10	0, 100
	强硬	100, 0	-200, -100

每一方选择自己最优战略时都假定对方战略给定：若 A 妥协，则 B 强硬是最优战略；

若B妥协，则A强硬是最优战略。于是双方都强硬，则有可能带来最坏的结果，致使双方陷入囚徒困境。在该博弈中有两个纳什均衡，A收益为100，B收益为0，或A收益为0，B收益为100。不考虑其他因素，我们无法预测最终结果到底是谁强硬。但是如果将信用不健全作为考虑因素，比如现实中欠债不还、履约率低、假冒伪劣盛行，法律环境对债务人有利等，在这样状况下，B会首先选择强硬。因此，这是一个动态博弈，A在B选择强硬后，不会选择强硬，因为A采取强硬措施反而结局不好，故A只能选择妥协。而在双方强硬的情形下，B虽然收益为-100，但B会预期，他选择强硬时A必会选择妥协，故B的理性战略是强硬。因此，在信用不健全，法律对债务人有利的条件下，该博弈的纳什均衡实际上为B强硬A妥协。但债务博弈是假定A、B实力相当，如实力悬殊，一般实力强者选择强硬。斗鸡博弈里包含这样的基本原则，即让对手错误估计双方的力量对比，从而产生错误的期望，再以自己的实力战胜对手。然而，在实际生活中，两只斗鸡在斗鸡场上要作出严格优势策略的选择，是要通过反复的试探，甚至是激烈的争斗后才会作出的选择，一方前进，一方后退，这也是符合斗鸡定律的。因为哪一方前进，不是由两只斗鸡的主观愿望决定的，而是由双方的实力预测所决定的，当两方都无法完全预测对方实力的强弱时，那就只能通过试探的方式获取信息，当然有时这种试探是要付出相当大的代价的。在现实社会中，以这种形式运用斗鸡定律，却比直接选用严格优势策略的形式，要常见得多。

斗鸡博弈进一步衍生为动态博弈，会形成这样一个拍卖模型。拍卖规则是：轮流出价，谁出的价最高，谁就将得到该物品，但是出价少的人不仅得不到该物品，并且要按他所叫的价付给拍卖方。假定有两人竞价争夺价值100万元的物品，只要双方开始叫价，在这个博弈中双方就进入了骑虎难下的状态。因为每个人都这样想：如果我退出，我将失去我出的钱，若不退出，我将有可能得到这价值100万元的物品。但是，随着出价的增加，他可能的损失也会增加。每个人面临着是继续叫价还是退出的两难困境。这个博弈实际上有一个纳什均衡：第一个出价人叫出100万元的竞标价，另外一个人不出价，出价100万元的参与人得到该物品。一旦进入骑虎难下的博弈，尽早退出是明智之举。赌徒进入赌场开始赌博就是一种骑虎难下的状态，从概率上讲赌场是必胜的。

二、猎鹿博弈

在某个部落，人们以狩猎为生，某一天两个猎人狩猎的时候，看到一头梅花鹿。只要他们能够捕获梅花鹿，梅花鹿就会成为他们的食物。但是仅凭一个人的力量是无法捕获梅花鹿的，于是两人商量，只要守住梅花鹿可能逃跑的两个路口，就可能捕获梅花鹿。不过只要其中有任何一人放弃围捕，梅花鹿就会逃跑掉。在他们围捕梅花鹿的时候，两个路口都跑过一群兔子，如果猎人去抓兔子，会抓住4只兔子。从维持生存的角度来看，4只兔子可以供一个人吃4天，1只梅花鹿如果被抓住将被两个猎人平分，可供每人吃10天。如果猎人A和B都抓兔子，则猎人A和B都能吃4天；如果猎人A抓兔子，猎人B打梅花鹿，则猎人A可以吃4天，猎人B则一无所获；如果猎人A打梅花鹿，猎人B抓兔子，则猎人 A 一无所获，猎人 B 可以吃 4 天；如果猎人 A 和 B 合作抓捕梅花鹿，则两人平分猎物，都可以吃饱 10 天。收益矩阵如表 3-18 所示。

表 3-18 猎鹿博弈

收益		猎人 B	
		捕鹿	抓兔
猎人 A	捕鹿	10，10	0，4
	抓兔	4，0	4，4

在这个博弈中，应用博弈论中的"严格劣势删除法"，可以得到该博弈的两个纳什均衡，即分别打兔子，每人吃 4 天，以及合作捕鹿，每人吃 10 天。这两个纳什均衡，就是两个可能的结局。两种结局到底哪一个最终发生，用纳什均衡无法确定。比较合作捕鹿与分头抓兔子这两个纳什均衡的收益，显然，两人一起去猎捕梅花鹿比各自去抓兔子可以让每个人多吃 6 天。所以合作猎鹿的纳什均衡比分头抓兔子的纳什均衡具有帕累托优势，即其中一方收益增大，而其他各方的境况都不受损害，通过合作达到资源的有效配置和充分利用，参与双方都可以获得更好的收益，这就使得帕累托效率得到了改进。目前在世界上比比皆是的企业强强联合，就接近于猎鹿模型的帕累托改进。企业通过强强联合达到资金雄厚、生产技术先进、竞争地位更优越的优势。

案　　例

虚拟实践社区的知识协作博弈模型

基于异质知识的知识协同过程实际上是一系列复杂的知识搜寻决策活动，而每次决策取决于成本与收益的比较。社区成员参与知识搜寻将获得基于信任与互惠的"声望"以及知识溢出效应，但也会付出知识转化、信号识别与处理、个体信息损失等成本。当搜寻成本过高时，知识主体将停止搜寻。因此，可以运用信息搜寻理论和声誉模型研究知识搜寻的边界问题，即知识异质度增加到何种程度可以带来更多的效用，从而推动知识搜寻决策。

在理性行为理论和社会交换理论支配下，虚拟实践社区的知识共享/协作是一种异质知识交换的博弈行为，此时声誉起很大的作用，上一阶段的声誉往往影响下一阶段及以后阶段的效用(利润)。现阶段良好的声誉往往意味着未来阶段有较高的效用，因此，某种类型的参与者有可能假装成另一种类型的参与者，建立声誉，在博弈快结束的时候利用声誉获取更高的效用。但是，建立声誉是需要成本的，这就涉及两者的权衡问题。Kreps 等(1982)将不完全信息引入重复博弈，建立了著名 KMRW 声誉模型，解开了有限重复博弈的悖论。此后，该声誉模型被用来研究政府治理(Barro, 1986; Vickers, 1986)、市场谈判(Abreu & Gul, 2000)等领域的博弈问题。以 KMRW 模型为代表的传统声誉模型，一般考虑的是重复博弈,在单阶段进行静态博弈,并没有考虑非完全重复博弈——上一阶段的决策(非后验推断)影响下一阶段的效用函数,如果第二阶段参与者不采取积极的行动,这一影响又会消失;一般的声誉模型,在单阶段假设是同时进行博弈,没有考虑在单阶段进行动态博弈(如信号博弈)的情形。但在现实生活中,这两种情形却较为普遍。比如实践社区中的知识协作博弈,就符合非完全重复博弈和单阶段动态博弈的特点。肖条军和盛昭瀚(2003)在 KMRW 基础上建立了两阶段基于信号博弈(第一阶段进行信号博弈)的声誉模型,为该案例的分析提供了有益的参考。

假设社区中存在拥有一定知识异质度的两个主体,s 为知识需求者,p 为知识提供者。我们将通过两个主体在实践社区进行知识合作的二阶段博弈,分析达成分离均衡的最优信号,此时最优信号即为知识异质度的阈值。多阶段的情形可以看作多期的二阶段博弈。

1. 模型基本假定

虚拟实践社区的知识协同是问题驱动的知识需求者与知识提供者的"恰当"对接(陈建斌等,2014),知识异质性是知识协同的前提条件。也就是说,知识需求者在社区中提出问题寻求解答和合作时,就是一种对异质知识的搜寻过程;知识提供者根据对问题的理解和自身知识资源优势参与到问题解决过程中,则是典型的知识创新过程。在此过程中,提出的问题本身、问题的答案、社区整体知识三者之间均存在一定的异质度,问题互动解答的过程实际是知识协同和增殖的过程。

基于以上理论分析,本文对博弈模型作如下假定:

(1) 虚拟实践社区中存在着两类参与者,分别是知识需求者和知识提供者。每个参与者之间、参与者与社区整体知识之间均存在一定的知识异质度。知识异质度属于私人信息,他人只能通过发送信号、知识协作结果等途径观察预测其知识异质度的高低。

(2) 在一定区间内,知识异质度越高,描述问题、知识处理等的成本越高;知识创新的增值越大。

(3) 每个参与者都有动机建立声誉。知识异质度低的参与者,由于增值空间有限,有利用声誉的可能;知识异质度高的参与者,利用声誉的可能性较低。

(4) 知识需求者发送知识协同的信号,知识提供者判别知识需求者的知识异质度,并根据信号决定行动。

(5) 发送信号、提供知识均需要一定的成本,带来负效用,其中既包括生成信号、处理知识等直接成本,也包括私人信息的泄露带来的价值减少。

2. 模型基本概述

在第一阶段,知识需求者 s 拥有私人信息,有两种类型 $t=(L,H)$;L 属于知识异质度低类型,H 为知识异质度高类型。假定第一阶段 s 在实践社区中还未建立声誉或是第一次参与实践社区,所以此时对于社区来说 s 是 L 还是 H 不确定。但是 s 想要在实践社区中获得更高异质度的知识,一般会选择先行动,发送异质度为 $\lambda(1 \geqslant \lambda_1 \geqslant 0)$ 的知识协作信号,发送信号前预测到了知识提供者 p 将采取的行动;p 接收到信号后推断 s 的类型,根据类

型采取行动 $q_1 \geq 0$。第一阶段 s 的效用函数设为(肖条军，盛昭瀚，2003)：

$$U_1(t,\lambda_1,q_1) = a_1 q_1 - b_1(t)\lambda_1^2 - e_1\lambda_1 \tag{1}$$

其中：$a_1>0$，等式右侧第 1 项表示知识提供者 p 采取行动 q_1 时，知识需求者 s 的正效用，p 的行动越大，给 s 带来的正效用越大；$e_1>0$, $b_1(t)>0$，第二、三项表示发送信号带来的负效用，即信号成本。发送信号越大，带来的负效用越大。L 类型发送信号的负效用大于 H 类型的负效用。

p 第一阶段的效用函数设为

$$V_1(t,\lambda_1,q_1) = c(t)\lambda_1 q_1 - d q_1^2 \tag{2}$$

其中：$0<c(L)<c(H)$，p 更偏好于 H 类型的 s，等式右侧第 1 项表示 p 采取行动 q_1 时的正效用；$d>0$，第 2 项表示 p 采取行动 q_1 时的负效用，即为行动成本，边际负效用递增。

在第二阶段，s 的效用函数设为

$$U_2(t,\lambda_1,\lambda_2,q_2) = a_2 q_2 - b_2(t)\lambda_2^2 - f\lambda_2 + e_2\lambda_1 \tag{3}$$

其中：$a_2>0$；$b_2(t)>0$；$b_2(L)>b_2(H)>0$；$f>0$；$e_2>0$。右侧最后一项表示第一阶段发送的信号为第二阶段带来的正效用，其他解释同上。

3. 建立声誉模型

L 类型的 s 有动机在第一阶段建立声誉，并且在第二阶段利用声誉(H 类型的 s 是没有动机的)。当考虑声誉时，如果 L 类型的 s 在第一阶段建立声誉，并且在第二阶段利用声誉，则此时算出 L 类型的 s 在第一阶段发送的最优信号 $\lambda_1^*(t)$，此时 $t=H$。要算 s 在第一阶段的最优信号 $\lambda_1^*(H)$，则要先算出 s 在第二阶段的最优信号 $\lambda_2^*(t)$。

首先，由前述可知，在第一时期，p 和 s 进行信号博弈，信号博弈的均衡结果只包含唯一的分离均衡。p 推断 s 是 H 类型还是 L 类型，并且在第二阶段按照这一信仰进行行动，因此，第二阶段的信息是完全信息。此时，p 和 s 之间的博弈是 Stackelberg 博弈，需采用逆向归纳法求解。

解 p 在 $i=2$ 时的效用函数(2)关于 q_2 的一阶条件，得其最优反应函数

$$q_2(t,\lambda_2) = \frac{1}{2}c(t)d^{-1}\lambda_2 \tag{4}$$

将式(4)代入式(3)后，对 λ_2 求偏导得一阶条件

$$\frac{\partial U_2(t,\lambda_1,\lambda_2,q_2(t,\lambda_2))}{\partial \lambda_2} = \frac{1}{2}a_2 c(t)d^{-1} - f - 2b_2(t)\lambda_2 = 0 \tag{5}$$

一阶条件式(5)的解即是 s 在第二阶段的最优信号，解一阶条件式(5)，可得最优信号为

$$\lambda_2^*(t) = \frac{1}{4}a_2 b_2^{-1}(t)c(t)d^{-1} - \frac{1}{2}b_2^{-1}(t)f \tag{6}$$

但由于，此时在第一阶段信息是不对称的，s 拥有信息优势，两者之间进行信号博弈。由于 s 第一阶段的信号大小影响其第二阶段的效用大小，因此，从长远角度考虑，他必须注意到这些影响，记阶段贴现因子为 δ，$0<\delta\leq 1$ 则 S 第一阶段的决策目标是极大化

他的两时期贴现效用

$$U(t,\lambda_1,q_1) = U_1(t,\lambda_1,q_1) + \delta U_2(t,\lambda_1,\lambda_2*(t),q_2(t,\lambda_2*(t))) \tag{7}$$

解 p 在 $i=1$ 时的效用函数(2)关于 q_1 的一阶条件，得其最优反应函数

$$q_1(t,\lambda_1) = \frac{1}{2}c(t)\mathrm{d}^{-1}\lambda_1 \tag{8}$$

由此得定理 1：如果 s 和 p 的效用函数分别由式(7)、式(2)确定，则 s 和 p 之间满足直观标准的精炼贝叶斯均衡结果(ISGPBE)存在且唯一，唯一的 ISGPBE 是分离均衡。

将式(8)代入式(7)后，对 λ_1 求导，得一阶条件

$$\frac{\mathrm{d}U(t,\lambda_1,q_1(t,\lambda_1))}{\mathrm{d}\lambda_1} = \frac{1}{2}a_1 c(t)\mathrm{d}^{-1} - 2b_1(t)\lambda_1 - e_1 + \delta e_2 = 0 \tag{9}$$

二阶条件也显然满足，因此，一阶条件式(9)的解是最优解，解之得

$$\lambda_1*(t) = \frac{1}{2}b_1^{-1}(t)\left[\frac{1}{2}a_1 c(t)\mathrm{d}^{-1} - e_1 + \delta e_2\right] \tag{10}$$

在完全信息下，类型 t 的最优点为 $(\lambda_1*(t),q_1(t,\lambda_1*(t)))$。

在不完全信息下，L 类型的 s 对应的 ISGPBE 就是完全信息下的最优点 $(\lambda_1*(L),q_1(L,\lambda_1*(L)))$。过该点的 L 类型的 s 的无差异曲线与曲线 $q_1(H,\lambda_1) = \frac{1}{2}c(H)\mathrm{d}^{-1}\lambda_1$ 的交点方程为

$$U\left[L,\lambda_1,\frac{1}{2}c(H)\mathrm{d}^{-1}\lambda_1\right] = U\left[L,\lambda_1*(L),\frac{1}{2}c(L)\mathrm{d}^{-1}\lambda_1*(L)\right] \tag{11}$$

解方程(11)得最大根

$$\lambda_{1+}^* = \frac{1}{2}b_1^{-1}(L)\left[\frac{1}{2}a_1 c(H)\mathrm{d}^{-1} - e_1 + \delta e_2 + \sqrt{\left[\frac{1}{2}a_1 c(H)\mathrm{d}^{-1} - e_1 + \delta e_2\right]^2 - 4b_1(L)E}\right] \tag{12}$$

其中 $E = \left[\frac{1}{2}a_1 c(L)\mathrm{d}^{-1} - e_1 + \delta e_2\right]\lambda_1^*(L) - b_1(L)\lambda_1^{*2}(L)$。

记 $\lambda_1^*(H) = \max\{\lambda_1^*(H),\lambda_{1+}^*\}$，在不完全信息下，则 H 类型的 s 对应的 ISGPBE 是

$$\left[\lambda_1^*(H),\frac{1}{2}c(H)\mathrm{d}^{-1}\lambda_1^*(H)\right].$$

4. 声誉模型的解

所以，此时算出 L 类型的 s 在第一阶段发送的最优信号 $\lambda_1^*(H)$ 为

$$\lambda_1^*(H) = \max\{\lambda_1^*(H),\lambda_{1+}^*\}$$

在第一阶段 s 为建立声誉模型而发出异质度为 $\lambda_1^*(H)$ 的知识协同信号，p 在接收到信号 $\lambda_1^*(H)$ 后，经过判断和选择，采取最佳行动为

$$q_1(H,\lambda_1^*(H)) = \frac{1}{2}c(H)\mathrm{d}^{-1}\lambda_1^*(H)$$

在第二阶段 p 将 s 错认为是 H 类型的，将采取需求行动为

$$q_2(H,\lambda_2) = \frac{1}{2}c(H)\mathrm{d}^{-1}\lambda_2$$

这时，L 类型的 s 的效用函数为

$$U_2(L,\lambda_1^*(H),\lambda_2,q_2(H,\lambda_2)) = \frac{1}{2}a_2c(H)\mathrm{d}^{-1}\lambda_2 - b_2(L)\lambda_2^2 - f\lambda_2 + e_2\lambda_1^*(H) \tag{13}$$

求解方法同上，可以得到此时的最优信号为

$$\lambda_2^*(L) = \frac{1}{4}a_2b_2^{-1}(L)c(H)\mathrm{d}^{-1} - \frac{1}{2}b_2^{-1}(L)f \tag{14}$$

由于 $c(H) > c(L) > 0$，所以 $\lambda_2^*(H) > \lambda_2^*(L) > 0$，即 L 类型的 s 在第一阶段建立声誉后，其第二阶段的最优信号大于不考虑声誉时的最优信号。

对于 L 类型的 s，上一阶段的声誉可以支撑下一阶段更高的信号。如果 L 类型的 s 在第一阶段假装成 H 类型的 s，且在第二阶段利用声誉，则在均衡时，他第一阶段的效用小于或等于不考虑声誉时他第一阶段的效用，即成立不等式

$$U_1(L,\lambda_1^*(H),q_1(H,\lambda_1^*(H))) \leqslant U_1(L,\lambda_1^*(L),q_1(L,\lambda_1^*(L)))$$

如果 L 类型的 s 在第一阶段假装成 H 类型的 s，且在第二阶段利用声誉，则在均衡时，他第二阶段的效用大于他第一阶段不假装成 H 类型的 s 时第二阶段的效用。

由此，如果 L 类型的 s 在第一阶段建立声誉且在第二阶段利用声誉，他将在第一阶段损失一部分效用，但在第二阶段将获得更多的效用。理性的 L 类型的 s 将权衡得失，比较建立声誉时两时期总效用和不建立声誉时的两时期总效用的大小，从而决定发送信号的大小。此时，发送高异质度或低异质度的知识协同信号，决定了最终效用大小。根据假定(2)，在知识异质度增大过程的一定区间内，实践社区是偏好于高异质度知识，因此最优信号 $\lambda_1^*(H)$ 就成为促进知识协作的触发点。L 类型的 s 需要发送异质度为 $\lambda_1^*(H)$ 的知识协同信号才能使参与双方在博弈中获得均衡结果，即知识提供者才有动机参与协同协作，促进知识创新活动的开展。

(资料来源：Liu Jing, Chen Jianbin, Guo Yanli. Game Analysis on the Lower Bound of Optimal Interval of Knowledge Heterogeneity in Virtual Practice Community. International Journal of u-and e-service, Science and Technology. 2016, Vol.9, No.12.)

本 章 小 结

博弈论的基本概念：参与者也被称为局中人，指的是一个博弈中的决策主体；行动是参与者在博弈的某个时点的决策变量；战略是参与者在给定信息集的情况下的行动规则；收益或者是指一个特定的战略组合下参与者得到的确定的效用，或者是指参与者得到的期望效用水平；信息是参与者有关博弈的知识；均衡是所有参与者的最优战略的组合。

完全信息静态博弈是一种最简单的博弈，"完全信息"指的是每个参与者对所有其他参与者的战略空间、收益函数有完全的了解，"静态"指的是所有参与者同时选择行动且

只选择一次；而在动态博弈中，参与者的行动有先后顺序，且后行动者在自己行动之前能观测到先行动者的行动信息；而在不完全信息博弈中，至少存在一个参与者不了解其他参与者的战略空间或收益函数。

如果对于所有的参与者 i，s_i^* 是参与者 i 的占优战略，那么战略组合 $s^* = (s_1^*, s_2^*, \cdots, s_n^*)$ 被称为占优战略均衡；如果战略组合 $s^* = (s_1^*, s_2^*, \cdots, s_n^*)$ 是重复剔除劣战略后剩下的唯一的战略组合，那么这个战略组合就被称为重复剔除的占优均衡。如果这个唯一的战略组合存在，该博弈模型就是重复剔除占优可解的；有 n 个参与者的战略式表述博弈 $G: \{S_1, S_2, \cdots, S_n; U_1, U_2, \cdots, U_n\}$ 中，战略组合 $s^* = (s_1^*, s_2^*, \cdots, s_n^*)$ 是一个纳什均衡，如果对于每一个参与者 i，s_i^* 是给定其他参与者选择 $s_{-i}^* = (s_1^*, \cdots, s_{i-1}^*, s_{i-2}^*, \cdots, s_n^*)$ 的情况下，第 i 个参与者的最优战略，即，$u_i(s_i^*, s_{-i}^*) \geq u_i(s_i, s_{-i}^*)$，任意 $s^* \in s^*$，当且仅当没有任何一个参与者能够通过单方面背离均衡战略而增加收益时，该战略组合形成纳什均衡。

一个纳什均衡称为精炼纳什均衡，当且仅当参与者的战略在每一个子博弈中都构成纳什均衡，即如果一个战略组合 $s^* = (s_1^*, s_2^*, \cdots, s_n^*)$ 不仅是原博弈的纳什均衡，而且在每一个子博弈上都是纳什均衡，那么它是一个子博弈精炼纳什均衡。组成精炼纳什均衡的战略必须在每一个子博弈中都是最优的。

博弈论的应用领域极其广泛，是一种非常有效的经济分析方法。古诺模型是纳什均衡应用的最早版本，而斯坦科尔伯格(Stackelberg)模型可以看作是子博弈精炼纳什均衡的最早版本。

思 考 题

1. 请逐一解释博弈论的基本概念。
2. 正确理解完全信息静态博弈、完全信息动态博弈、不完全信息博弈理论的区别。
3. 请解释纳什均衡的含义。
4. 请描述囚徒困境的基本含义，并思考其在现实中的应用。
5. 请给出智猪博弈的博弈表达式，并分析该博弈模型的应用效用。
6. 两人就 100 元钱进行分配，双方同时提出各自希望得到的金额，分别为 a 和 b，如果 $a+b \leq 100$，则分配有效，二人分别得到他们所要的那一份，否则，两人均一无所获。请求该博弈的纳什均衡解。
7. 思考在目前经济环境下声誉模型的应用价值。

第四章 契约理论

【本章导读】

契约理论是不对称信息经济学的重要理论。委托代理理论主要研究如何设计一个最优契约来驱动代理人为委托人的利益行动。在委托代理关系中，由于当事人之间存在信息不对称现象，导致可能出现道德风险及逆向选择问题，损害某些当事人的利益，同时影响社会经济效率。解决道德风险的关键在于设计有效的激励机制，而信息传递和信号甄别模型为规避逆向选择问题提供了解决途径。本章将围绕委托代理理论展开论述，重点探讨与委托代理、道德风险及逆向选择相关的问题。

【重点提示】

- 委托代理理论的基本内容，构成委托代理关系的基本条件，委托代理模型及其应用等。
- 道德风险的含义，保险市场上的道德风险。
- 激励机制，激励工资理论，效率工资理论。
- 逆向选择的含义及基本原理，柠檬市场模型及证明结论。
- 信号传递和信息甄别的基本原理。

【学习目标】

通过本章的学习，掌握委托代理理论的基本内容和分析方法，并充分认识到委托代理分析框架在现实中的应用价值；理解道德风险、逆向选择及信号传递和甄别模型的基本原理和分析过程，能够识别现实生活中的该类问题，并运用所学模型进行一定的分析。

【关键概念】

委托代理关系　道德风险　隐藏信息　隐藏行动　逆向选择　信号传递　信息甄别　柠檬市场　代理人参与约束　代理成本　激励相容约束　激励机制　激励工资制度　效率工资理论

不对称信息经济学所研究的问题可以从以下两个角度进行分类。

第一，从不对称信息发生的时间来看，发生在当事人签约之前的被称为事前不对称信息，研究事前不对称信息博弈的模型包括逆向选择模型、信号传递模型与信息甄别模型；发生在签约之后的，则称为事后不对称信息，研究事后不对称信息的博弈模型包括隐藏行动的道德风险模型与隐藏信息的道德风险模型。

第二，从不对称信息的内容看，不对称信息可能是指某些参与者的行动，也可能是指某些参与者的知识。研究不可观测行动的模型称为隐藏行动模型，研究不可观测知识的模型称为隐藏知识模型(或隐藏信息模型)。

传统经济学基本假设前提中重要的一条就是"经济人"拥有完全信息。事实上，现实生活中的市场主体不可能占有完全的市场信息。信息不对称必定导致信息拥有方为牟取自身更大的利益而使另一方的利益受到损害，这种行为在理论上就称作道德风险和逆向选择。本章将重点介绍委托代理理论，以及道德风险、逆向选择与信号传递问题。

第一节 委托代理与道德风险

一、委托代理理论

"委托代理"一词最早由 Ross 于 1973 年提出。在信息经济学领域，委托代理理论主要研究如何设计一个最优契约来驱动代理人为委托人的利益行动，其属于契约理论的范畴，是近几十年里契约理论最重要的发展之一。在委托代理理论中，委托代理关系泛指任何一种涉及非对称信息的交易，而在交易中具有信息优势的一方为代理人(Agent)，处于信息劣势的一方为委托人(Principal)。简单而言，只要在建立或签订合同前后，市场参加者双方掌握的信息不对称，这种经济关系都可以被认为属于委托—代理关系。

(一)委托代理理论概述

委托代理关系产生于法律领域。如果一方自愿委托另一方从事某种行为并签订合同，委托代理关系即告产生。授权人就是委托人(Principal)，而获得授权者就是代理人(Agent)。通常，委托人和代理人之间的合同明确规定了双方的权利和义务，其中约定了在委托范围内，代理人行为的后果由委托人承担。

在经济学中，委托代理理论起源于伯利·米恩斯命题。伯利·米恩斯因为洞悉企业所有者兼具经营者的做法存在着极大的弊端，于 1932 年在《现代企业与私人财产》一书中提出了所有权和控制权分离的命题，突破了传统的企业利润最大化的假设，开创了从激励角度研究企业的先河。该命题成为了委托代理关系的理论背景。他倡导所有权和经营权分离，企业所有者保留剩余索取权，而将经营权利让渡。当所有权与控制权分离之后，委托代理问题就成了经济领域内的重要研究问题，并且目前已经成为现代公司治理的逻辑起点。

委托人和代理人之间的利益不一致及信息不对称是委托代理问题产生的一般原因。在信息对称的情况下，委托人可以观测到代理人的行动，并且可以根据代理人的行动对代理人进行惩罚或奖励。但是在信息不对称的情况下，委托人观察不到代理人的行动，委托人只能根据代理人的产出来判断代理人是否努力，但是有时代理人不努力也可以带来高产出，有时代理人努力也不能避免低产出。代理人的产出受外部随机事件的影响，而这些外部因素往往是委托人和代理人都无法控制的，即在委托代理过程中，委托人不能直接观测到代理人的行动及努力程度，而只能观测到其行动的结果，但结果又受到行动和其他因素的共同影响。因此委托人为了牵制代理人，会制定一份既让代理人满意也让自己收益最大化的合同，代理人签订合同后选择自己的行动，从而产生相应的产出，委托人根据代理人的产出来兑现合同。

但是委托人在最优化其期望效用函数时，必须面对来自代理人的两个约束。

1. 参与约束

参与约束又称为个人理性约束，即代理人履行委托代理合同后所获得的期望收益不能低于代理人在相等成本约束条件下从其他委托人那里获得的收益水平，或者说不能小于代理人不接受合同所能得到的最大期望效用。否则代理人将会选择不接受合同，或者寻求与其他委托人的合作。

2. 激励相容约束

代理人获得其自身预期效用最大化的同时，必须保证委托人的预期收益最大化。代理人在执行这个合同时，委托人获得期望收益最大化，采用其他合同都不能使委托人的收益超过执行该合同的收益。但是由于委托人不能直接观测到代理人的行动信息和努力程度，所以委托人会采取激励合同诱使代理人采取委托人所希望的行动，来保证委托人的收益。

在任何满足代理人参与约束与激励相容条件，同时实现委托人的预期效用最大化的激励机制或契约中，代理人必须承担部分风险；如果代理人是风险中性者，则可通过使其承受完全风险的方法达到最优激励的结果。但是，如果委托人一旦可以对产出作出贡献，则代理人的风险中性就不会带来最优结果。

综上所述，委托人想让代理人按照委托人的利益选择行动，但委托人不能观测到代理人选择了什么行动，能观测到的只是一些相关的结果，这些结果是由代理人的行动和一些随机因素所共同决定的，委托人无法从可观测的结果中得到代理人行动的全部信息。因此委托人需要解决的问题是：当委托人与代理人进行博弈时，应当采取什么策略，以使得代理人选择对委托人最为有利的行动。这就是委托代理理论的主要研究问题所在。

(二)委托代理关系及模型

1. 委托代理分析框架

在信息经济学中，委托代理分析框架可以做如下描述。

(1) 委托人与代理人签订合同，代理人以委托人的名义来承担和完成一些事情，作为报酬，委托人会向代理人支付相应的工资。

(2) 代理人接受合同后会选择行动，该行动可以简单地理解为代表代理人工作努力程度的一维变量。

(3) 代理人在工作过程中通过采取特定行动或付出一定的努力从而带来一定的产出,但是这个产出是由代理人的行动和其他外部随机因素共同决定的。这里的外部随机因素是不受委托人和代理人控制的。

(4) 委托人与代理人之间存在信息不对称,工作努力程度或者说具体行动信息是代理人的私有信息,委托人无法观测,但代理人的产出结果是可观测的。

(5) 假定代理人的产出函数是严格递增的,即在特定的外部环境约束下,代理人工作越努力,产出就越高;委托人付给代理人的报酬是代理人产出的函数,代理人的产出越高,委托人付给代理人的报酬就越高。

委托—代理框架适用于所有具有代理性质的经济和非经济关系的分析。但必须满足三个条件:①当事人之间存在信息不对称;②委托人可以通过契约监督或控制代理人;③委托人必须满足代理人的参与约束条件,即委托代理框架需要满足参与约束和激励相容的约束。

2. 构成委托—代理关系的基本条件

(1) 委托人和代理人是两个相互独立的利益主体,双方都以自身效用最大化为追求目标。代理人必须在许多可供选择的行动中选择一项预定的行动,该行动既影响其自身的利益,也影响委托人的利益。委托人具有付酬能力并拥有固定付酬方式和数量的权利,即委托人在代理人选择行动之前就能与代理人签订某种合同,该合同明确规定代理人的报酬是委托人代理行为结果的函数。

(2) 委托人和代理人都面临不确定性和风险。代理人工作的最终成果是由代理人的行动和其他一些随机因素所共同决定的,这些随机因素不为任何一方所观测与控制。也就是说,代理人不能完全控制自己行动的最终结果,而委托人不能根据最终结果来获得代理人行动的确切信息。

(3) 委托人和代理人之间信息(代理人选择的行动)不对称,代理人的信息优势可能影响委托人的利益。例如,甲是某商店柜台营业员,乙是商店老板,甲为乙工作,乙付给甲报酬。因此,甲是代理人,乙是委托人,关于甲是否努力的信息在甲乙之间是不对称的。某一天能否卖出较多的商品,不但取决于甲的努力程度,而且还取决于一些外部随机因素。同样的努力,也许会卖掉较多商品,也许会因为天气或者其他外部原因导致商店没有顾客光顾。如果有一天销售情况很不好,乙就很难单方面判断这个结果是因为甲没有努力促销,还是由于这一天本身就没有太多客人光顾。

3. 委托—代理模型

1) 委托—代理关系的对策模型

由于非对称信息在经济生活中相当普遍,许多经济和合同都是在非对称信息条件下签订和执行的,因而许多经济关系都可以归结为委托—代理关系。如软件开发商与软件用户之间构成的委托—代理关系，前者拥有个人用户不易观察到的"私有信息"而成为代理人，用户"委托"软件开发商为其开发特定软件产品而成为委托人。委托—代理关系的对策模型有下列几种。

(1) 单个委托人与单个代理人的对策模型，如医生与病人。

(2) 单个委托人与多个代理人(复合代理人)的对策模型，如一家品牌生产商与若干地区产品销售代理商。

(3) 多个委托人(复合委托人)与单个代理人的对策模型，如数千个计算机个人网络用户与一个网络服务商公司。

(4) 多个委托人与多个代理人的对策模型，如保险市场上多家保险公司争夺投保人的竞争。

(5) 单个或多个委托人与代理人之间彼此均为委托人和代理人的对策模型，如瞎子背瘸子后，彼此均为委托人和代理人。

无论是哪种委托—代理对策模型，代理人都掌握了委托人不了解的市场信息或私有信息，如股民不了解上市企业的实际经营状况，投资者不了解经理的实际能力和工作努力程度等。

2) 委托—代理关系的数学模型

委托代理关系模型包含三个基本变量：首先是代理人的产出，即代理人为委托人工作时所产生的贡献，用 y 来表示；其次是代理人在工作过程中所选择的行动，用 a 来表示；最后是代理人在工作过程中委托人和代理人都无法控制的外部影响因素，即不以人的主观意志为转移的客观性事件，用 n 来表示。因此我们可以用数学模型来刻画委托—代理关系模型。

假设代理人的产出函数为

$$y = a + n \tag{4-1}$$

其中 n 服从正态分布，其数学期望值 $E(n) = 0$，方差为 σ^2。σ^2 的值越大，说明客观性因素对代理人生产过程的影响就越大。

假定代理人的薪资报酬是其行动的线性函数，表示为

$$w(y) = s + by \tag{4-2}$$

式中，s 表示代理人的固定工资，b 表示代理人的产出所获得的浮动工资比率。代理人在接受合同之后就会选择行动且付出努力以获得相应的工资报酬，但是其付出的努力是有成本的，可以记为 $C = C(a)$，即代理人的代理成本。这个成本函数是绝对递增的，即代理人付出的努力越多，代理成本也就越大。因此代理人的实际收益函数为

$$u_1 = w - C(a) \tag{4-3}$$

在代理人付出努力的同时，委托人得到的收益为代理人的产出 y，但是委托人同时需要根据合同支付给代理人相应的薪资报酬 w，即 w 是委托人为获得收益 y 而支付的成本，所以委托人的收益函数为

$$u_2 = y - w \tag{4-4}$$

假定委托人是风险中性的,他在对待风险的态度上既不喜好风险也不躲避风险,即 $E(u(x)) = u(E(x))$,其中 x 代表随机的收入变量,u 代表效用函数。对于风险中性的委托人来说,他追求自身期望收益的最大化,其期望收益为

$$E(u_2) = E(y - w) = E(y) - E(w) \tag{4-5}$$

同样假定代理人也是风险中性的。如果代理人不努力或者偷懒,那么 $a=0$,则 $C(0)=0$,从而代理人的产出 $E(y)=E(a+n)=E(0+n)=E(n)=0$。根据代理人的收益函数式(4-3),其期望收益为

$$E(u_1) = E(w - C(a)) = E(w) - E(C(a)) \tag{4-6}$$

在上式中,C 的值由 a 确定,代理人付出多大的努力就会产生多大的成本,因此相对于代理人的行动而言,这个成本是确定的,其期望值即为成本 $C(a)$ 本身。但是薪资报酬是由 $y(y=a+n)$ 确定的,其中 n 是不确定的外部事件。

因此在委托代理模型中,代理人追求的是付出最少的努力获得最大的薪资报酬,而委托人也在追求自身利润的最大化。代理人如何采取行动以保证自身利益最大化的同时,委托人获得最大利润,以及委托人采取哪些策略以激励代理人在追求自身利益最大化的同时不损害委托人的利益是委托代理模型所要研究的问题。因此激励是委托代理模型的核心。

4. 代理人的最优行动

代理人在工作过程中会采取不同的行动,不同的努力程度,也因此会有不同的产出。在委托代理理论中,假设委托人和代理人都是风险中性的,代理人的最优行动有三种情况。

1) 追求委托人和代理人收益之和的最大化

根据以上数学模型,委托人与代理人的收益和函数为

$$u = u_1 + u_2 = y - C(a) \tag{4-7}$$

其期望收益之和即为

$$E(u) = E(y - C(a)) = E(a + n - C(a)) = a - C(a) \tag{4-8}$$

上式对 a 求导,令其等于零,得

$$1 - C'(a) = 0 \Rightarrow C'(a^*) = 1$$

即代理人采取能够满足 $C'(a^*) = 1$ 的行动 a^* 时,委托人和代理人的收益之和达到最优。

2) 在满足代理人最低收益水平的前提下,追求委托人收益的最大化

假设代理人最低收益水平为 u_0(常数)。如果委托人给予代理人的薪资报酬使得代理人的收益低于这个最低水平,不满足参与约束,代理人将会选择解除契约,退出委托代理关系。因此,在满足代理人最低收益的前提下,追求委托人期望收益的最大化,可以描述为以下问题,即

$$\left.\begin{array}{l}E(w)-C(a) \geqslant u_0 \\ \max E(u_2) = \max[E(y)-E(w)]\end{array}\right\} \quad (4\text{-}9)$$

即在 $E(w)-C(a) \geqslant u_0$ 的约束条件下，求 $E(u_2)$ 的最大值。假设委托人支付给代理人的工资报酬恰好使代理人获得最低收益 u_0，即 $E(w)=u_0+C(a)$，那么

$$E(u_2) = E(y)-u_0-C(a) = a-u_0-C(a) \quad (4\text{-}10)$$

要求上式的最大值，对 a 求导，令其等于零，得

$$C'(a^*) = 1$$

结果与追求委托人与代理人收益之和最大化时完全一样。

3) 在满足委托人的最低收益水平的前提下，追求代理人收益的最大化

同理，假设委托人的最低收益水平为 u_0' (常数)。如果代理人选择的行动或者付出的努力使得委托人低于该收益水平，不满足激励相容约束，委托人可能会考虑解除契约，更换代理人。同上，该问题转化为有约束条件的极值问题。

$$\left.\begin{array}{l}E(y)-E(w) \geqslant u_0' \\ \max E(u_1) = \max[E(w)-C(a)]\end{array}\right\} \quad (4\text{-}11)$$

即在 $E(y)-E(w) \geqslant u_0'$ 的约束条件下，求 $E(u_1)$ 的最大值。假设代理人采取的行动或付出的努力所得产出恰好可以满足委托人的最低收益水平 u_0'，有 $E(w)=E(y)-u_0'$。那么

$$E(u_1) = E(y)-u_0'-C(a) = a-u_0'-C(a) \quad (4\text{-}12)$$

对上式求导，同理得 $C'(a^*)=1$。可见以上三种情况是等价的。

因此，我们得到代理人最优行动的定理：在委托人和代理人都是风险中性的前提下，并且客观性事件 n 服从正态分布 $N(0, \sigma^2)$，那么代理人就存在最优行动，其必要条件是 $C'(a^*)=1$。

5. 代理成本理论

代理成本的概念是由詹森(M. Jensen)和麦克林(W. Meckling)于 1976 年提出的，他们认为代理成本是企业所有权结构的决定因素，且代理成本来源于管理人员不是企业的完全所有者。在部分所有的情况下，当管理者努力工作时，他可能承担全部成本而仅获取一部分利润；当他消费额外收益时，他得到全部好处但只承担一小部分成本。因此管理者很有可能工作积极性不高，热衷于追求额外消费，使企业的价值小于当他是完全所有者时的价值，这两者之间的差异被称为代理成本。其主要包括：委托人的监督成本，担保成本和剩余损失。

(1) 委托人的监督成本，是指委托人为了激励和控制代理人，使后者为前者的利益尽力的成本。其包括：董事会、监事会的运作成本；聘请会计师事务所进行审计的成本；给代理人的奖励或分工；赋予代理人的职务消费；委托人为以上活动所花费的时间和精力(机会成本)。

(2) 担保成本，是指代理人用来保证其不采取损害委托人行为所付出的费用，以及采

取了那种行为将支付的赔偿。其包括：承包责任制的承包保证金，其他担保金。

(3) 剩余损失，是指委托人因代理人代行决策而产生的一种价值损失，其大小等于由代理人决策与委托人在假定他具有与代理人相同信息和才能的情况下决策所获得的价值的差额。它实际上是代理人偷懒(不尽力)而产生的损失。

代理成本理论着重研究委托人和代理人之间关系的均衡合同的决定因素和面临的激励问题，其侧重点在于寻找以最小的代理成本构造可观测合同的方法。由于委托人与代理人的利益不一致，并且存在信息不对称的情况，双方的契约是不完全的，为了降低代理成本，就必须建立完善的激励机制。

(三)委托—代理模型研究问题及应用

1. 委托—代理模型主要研究问题

如本章开篇所述，依据不对称信息发生的时间和不对称信息的内容，可以将不对称信息经济学的研究问题进行分类。委托代理关系是与信息不对称紧密相连的，是不对称信息经济学的核心。因此我们可以将委托代理关系划分为不同的研究模型，其基本研究问题主要集中在以下四个方面。

1) 道德风险

道德风险又称为败德行为。它是指在签订合同之后，代理人利用隐藏信息或隐藏行动，使其自身效用最大化的同时损害了委托人或者其他代理人效用的行为。

2) 逆向选择

逆向选择是在签订合同之前，代理人已经掌握某些委托人没掌握的信息，而这些信息可能对委托人是不利的。处于信息优势的代理人可以利用这些信息签订有利于自己的合同，而委托人则可能由于处于信息劣势而作出对自己不利的选择。

3) 信号传递

信号传递是指具有信息优势的一方(如代理人)向具有信息劣势的一方(如委托人)提供信号传递，以显示自己的类型。处在信息劣势的委托人观测到代理人传递过来的信号后，与代理人签订合同，如人才市场上的求职与招聘。

4) 信息甄别

信息甄别就是由处于信息劣势的一方首先给出区分信息优势方类型的不同合同条款，信息优势一方通过选择与自己的类型相符合的合同来揭示自己的私有信息。比如为了获取代理人的类型信息，委托人提供多个合同供代理人选择，代理人根据自己的类型选择一个最适合自己的合同，委托人从代理人的选择中获取到有关代理人类型的信息，继而达成契约。

可见信号传递和信息甄别是对逆向选择问题的不同解决方法。以上各项将在后续内容中详述。

2. 应用举例

委托代理理论的应用范围很广泛，尤其是在经济领域内。以上提到的不同研究模型适用于解决不同的实际问题，其应用举例如表 4-1 所示。

表 4-1 委托代理不同模型应用举例

模 型	委 托 人	代 理 人	行动、类型或信号
隐藏信息的道德风险	病人 企业经理	医生 销售人员	医生比病人更清楚其真实病情。 销售人员比经理更了解真正的市场需求
隐藏行动的道德风险	股东 调查委托方	经理 调查员	股东无法直接观测到经理工作的努力程度。 委托人不知道调查员是否确实进行了市场调查
逆向选择	雇主 买者	雇员 卖者	在签订合同之前，雇主不了解雇员的工作能力。 商品质量信息是卖者的私有信息
信号传递与信息甄别	雇主 买者	雇员 卖者	雇员通过文凭等其他信号传递工作能力信息；雇主通过设置不同的职位、岗位类别供雇员选择来获取雇员信息。 卖者通过商品品牌、认证及质保等其他信息传递质量信息；买者通过出价和功能要求获取商品信息

除此之外，委托代理理论在经济分析中具有极强的应用价值，尤其在股东和经理关系的分析中，其应用非常普遍。目前委托代理理论已经成为公司治理的逻辑起点，这可能与委托代理理论的背景命题——伯利·米恩斯命题有关，即股东经理关系本质上就是一种最为典型的委托代理关系。

二、道德风险

(一)代理人的道德风险

1. 道德风险的含义

道德风险是一种特殊的博弈。在签订合同后，如果代理人的行动选择可能影响到委托人的利益，而委托人不知情，那么委托人利益的实现就面临"道德风险"。如前所述，道德风险分为隐藏行动的道德风险和隐藏信息的道德风险。所谓隐藏行动的道德风险，是指在委托人与代理人之间签订合同之后，代理人知道自己选择的行动，而委托人只能观测到与行动相关的结果，不能直接观测到代理人的努力程度。因此代理人有可能利用自身信息优势(隐藏行动)做出损害委托人利益的败德行为。对于委托人而言，应对隐藏行动的道德风险问题的关键在于如何设计最优契约激励代理人从自身利益出发选择对委托人最有利的行动。所谓隐藏信息的道德风险，是指委托人与代理人签订合同后，双方存在信息不对称，代理人掌握委托人所不掌握的信息，代理人可以利用自身信息优势(隐藏信息)做出对委托人不利的行动。总之，代理人拥有独占性的私有信息是道德风险产生的关键。要避免道德风险，委托人就必须获得代理人的私有信息，以消除信息的不对称性。但在现实中，委托人很难完全获取到代理人的私有信息。

在现代公司治理体制中，股东持有公司股份，拥有企业，而职业经理人才是企业的经营者。股东拥有剩余索取权和剩余控制权；经理拥有酌情权，在企业经营过程中，根据具体情况自主作出经营决定。因此股东是委托人，经理是代理人，经理比股东更了解自己的经营能力和努力程度，具有信息优势。股东可以观察到经理的行动结果(产出)，但却不能观察到经理的行动。在这个委托代理关系中，委托人与代理人之间存在着信息不对称，经理可能会利用酌情权和信息优势为自己(不是公司)牟私利，这就会产生"道德风险"。再如房屋装修。房主与装修公司签订装修合同后，装修工人的工作努力程度(隐藏行动)和装修质量(隐藏信息)就是代理人的私有信息，房主作为委托人无法直接控制装修工人的努力程度和工程质量，只能观测到装修以后的结果，所以才有房主全程监督装修工人装修。在道德风险中，应对代理人的道德风险，委托人的问题就是设计一个激励合同以诱使代理人从自身利益出发选择对委托人最有利的行动。

2. 保险市场上的道德风险

"道德风险"这一术语最早产生于保险行业。以财产保险为例，如果保险条款中不包含防火措施，投保人往往会因为买了保险就不再积极采取防火措施，故意或不自觉地忽视日常防火措施，导致火灾发生的可能性增加，从而保险公司可能承担更大的风险。甚至，有些投保人还可能在保险公司不知情的情况下监守自盗，故意造成火灾以获得高额保险赔付金。可以证明：如果火灾发生后投保人可获得全部赔偿，投保人不会采取任何防止火灾发生的措施。投保人与保险公司之间信息不对称的后果是：随着防火投入的增加，火灾发生的可能性降低；同时，随着保险赔偿额的增加，投保人防火投入下降。如果保险费用既定，那么与完全信息条件相比，投保人倾向于减少用于防止不测事件发生的费用支出。这就产生了"道德风险"。

为了防止道德风险问题发生，保险公司在签订合同时会明确规定一些免责条款，比如对于自杀身亡的人身保险投保人，不支付赔偿金。但在大多数情况下，核实是否存在道德风险的成本很高，以至于根本无法在保险合同中签订避免道德风险发生的条款。仍以财产保险为例，保险公司不可能在条款中规定投保人采用什么样的通风设备、防盗装置、灭火器等。那么保险公司可以采取什么办法来避免因道德风险问题而承担过高的保险赔偿金呢？通常，保险公司采用部分赔付或者限额赔付的办法来降低自己的风险。例如事业单位目前的公费医疗制度，病人自己承担 20%的医疗费用，其余费用报销。而社会医保中有一些人群年医疗支付费用超过 2000 元以上的份额才可以享受医疗保险赔偿，2000 元以下的部分由个人自己承担。还有一些险种，保险公司通过规定赔偿金额上限来降低自己的损失。比如存款保险，国家精神损害赔偿标准等。如果保险公司的赔偿金额比投保人原有的资产还多，就特别容易导致道德风险问题的产生。

3. 道德风险的消极影响

在现实生活中，道德风险的存在会给社会带来许多消极影响。

1) 增加社会财富损失的概率

还以保险为例，一般情况下，投保人签订了保险合同后，就会变得掉以轻心，不再对防护措施保持谨慎和积极的态度。而且从理性经济人的角度出发，如果产生相应损失保险公司可以赔付，那么投保人就失去了继续投入成本进行防护的必要性。如果所有投保人都不采取防护措施，保险公司就只能增加每个人的保险费，社会财富损失的概率就增加了，即不管是疏忽性的放松，还是出于理性经济人的考虑，道德风险的存在都将增加社会财富损失的概率。一些通过防护措施可以减少的损失可能由于疏忽或不作为而实际发生损失。

2) 增加社会成本，导致市场低效率

投保人采取防护措施是需要花费时间和金钱的。在签订保险合同之后，投保人采取防护措施的成本完全是由个人承担的，所以作为理性经济人的投保人没有激励采取这种防护措施。由于投保以后，任何损失都由参与保险的所有人共同承担，所以个人成本转嫁为集体成本，增加了社会成本。此外，在社会保险范围内，如社会医疗保险，由于投保人故意或不作为所增加的保险支付金额同时也增加了社会成本，这将导致社会服务的低效率；在劳动力市场上，雇主与雇员签订合同之后，如果所有雇员都以满足雇主最低收益为前提追求自身利益最大化，选择对自己有利而对雇主不利的较低努力水平，将导致社会生产的低效率。

总之，由于道德风险的存在，可能导致社会福利的降低、市场不完备及效率低下。

(二)委托人的道德风险

霍姆斯特姆证明，尽管代理人的道德风险问题是委托—代理理论的主题，但有时委托人方面也存在着道德风险问题。这一类问题主要通过类似锦标制度的激励合同来解决。锦标制度是进行业绩比较的一种特殊形式。在多代理人的锦标制度下，每个代理人的所得只依赖于他在所有代理人中的排名，而与他的绝对表现无关。根据业绩排名，业绩最好的代理人将得到最高的奖励，第二名得到次好的，依次类推。马尔科森于1984年证明：类似锦标制度的激励合同可能是解决委托人道德风险问题的一个有效方法。设想一个企业主雇用多个人，合同规定一定比例的工人将被支付较高的工资，工人和中间人(如法庭、中介机构等)都可以证实企业主是否履行了合同。那么，既然企业主必须对给定比例的工人支付较高的报酬，他完全有积极性将较高的工资支付给表现较好的工人，因为这样可以激励工人努力工作，但不会增加成本。提拔制度(将工人按照一定比例提升到较高的职位)与这种合同类似。

　　建立在代理人业绩上的激励合同要求有关代理人业绩的信息(或其他可观测的信息)是对称的,只有在这种情况下,委托人和代理人双方才都能够知道,当前者应该支付给后者多少时,合同才具有法律上的可执行性。然而,在许多委托—代理关系中,有关代理人业绩的信息是非对称的,度量时有很大的主观随意性,代理人可能无法证实委托人观测到的东西,或者即便当事人之间的信息是对称的,这种信息也无法得到证实。在这种情况下,就产生了委托人的道德风险问题。根据合同,当观测到的产出高时,委托人应该支付给代理人较高的报酬,但委托人可能谎称产出不高而逃避履约责任,从而把本应该支付给代理人的收入占为己有。尤其是,如果根据合同委托人必须支付的数额很大的话,委托人可能有很大的不履行承诺的诱惑。这时,如果代理人预期到委托人可能不履约,也不会努力工作。

　　在劳动力市场上,既可能存在代理人的道德风险,也可能存在委托人的道德风险。雇主与雇员签订合同之后,雇员的具体行动信息及努力程度在雇主和雇主之间是不对称的,雇主无法简单地从雇员的工作绩效中推测其工作努力程度,因为雇员的产出(工作绩效)是其自身行动与外部不可控因素共同作用的产物。因此雇员可以利用隐藏信息和行动作出对雇主不利的选择,比如偷懒等;同理,如果雇员的工作业绩并不是可以精确度量的,如行政岗位的工作,那么在雇员与雇主签订合同之后,即使雇员努力工作产生较高产出,雇主也有可能在度量雇员绩效时受主观色彩的影响,从而不根据合同支付较高报酬,或者推迟兑现合同。现实中这样的例子很多,比如建筑工地拖欠农民工工资已经成为一个迫切需要解决的社会问题;一些企业在招聘时承诺的社会福利,在员工就职以后迟迟不兑现;甚至有些企业在面临危机时,无视招工合同的条款,无端解雇员工等。这必将导致雇员失去对雇主的信任,从而选择较低的努力水平,因此无论是代理人的道德风险,还是委托人的代理人风险都是不利的。

(三)避免道德风险的方法

　　避免道德风险问题产生的核心是建立有效的激励机制和信任机制。在简单的交易中,委托人与代理人之间达成经济激励和惩罚共识。比如上课的老师宣布课程考核制度,并征求学生意见。老师以加分的方式激励学生积极完成作业,认真听讲;以扣分的方式惩罚没有按时完成作业,且迟到、旷课、不认真听讲的学生。而学生同样也以评教的方式激励和监督老师认真上课。但是交易越复杂,激励问题就越难解决。

　　在经济环境中,合同是一种具有法律效力的激励和约束措施。委托人和代理人签订具有法律效力的合同,并按照合同约定履行权利和义务,一方对不履行合同义务的另一方有惩罚的权利。但是在签订合同之前,无论双方掌握的信息如何完备、关于合同条款思考得如何清晰,一份合同都无法囊括所有将来可能发生的事件,尤其是意外或突发事件。

　　因此在激励机制的基础上,建立有效的信任机制对于避免道德风险有重要的激励作用。人们在经济活动或者日常生活中,都习惯于与熟人或者亲戚有紧密交往,而对于陌生人则有所防备。其原因就在于相对于陌生人，大多数认为熟人或者亲戚是可以信赖的。如果委托人和代理人之间具有一种天然的可以相互信赖的关系，那么产生道德风险的概率将会下降。在市场经济环境中，我们不可能只与亲密的人产生经济往来。大多数经济交易发生在非熟人与亲戚之间。那么建立自己的信誉就成了经济环境中赢得信任、避免道德风险的途径。这也就是为什么很多商家不惜一切努力建立具有良好商誉的品牌的原因所在。好品牌传递给消费者的是良好的商誉、较高的质量。这样的信任在某种程度上可以降低道德风险问题产生的概率。

三、激励相容机制

在委托代理模型中，激励相容约束和参与约束共同规定了在不对称信息下让代理人努力的可行合同所要满足的条件。激励相容约束的含义是委托人给予代理人的报酬必须使得代理人努力工作所获得的期望效用水平不低于在偷懒情况下获得的期望效用水平。这也是最优激励合同的基本条件。这个条件证明在信息不对称条件下，如果能观察到当事人活动的结果，但不能观察到活动本身，那么，对当事人支付的报酬就必须以能够观察的结果为基础，即必须对当事人具有激励作用。

(一) 激励机制

这里提到的激励主要是指委托人对代理人的激励，其目的是迫使代理人从自身收益最大化出发，自愿或被迫选择与委托人目标相一致的行动。设计激励机制要求既要符合参与约束，又要满足激励相容约束。任何激励机制都是在满足这两个约束条件的情况下实现委托人和代理人收益最大化目标的。

如前所述，由于信息不对称所导致隐藏信息的道德风险和隐藏行动的道德风险可以通过有效激励而避免。同理，合理的激励机制也可以降低逆向选择的不利影响。代理人通过不同的方式获得不同的优势，委托人通过不同目标的激励机制设计来规避风险。比如，如果代理人具有隐藏信息优势，那么激励机制的目标就是"如何使代理人说真话"。关于如何使人说真话，著名的"显示原理"则是这一类问题机制设计的理论根据。根据"显示原理"，要使人说真话，就必须设计机制使得说真话比说假话能够得到更多收益，使得"说假话"的成本远远大于"说真话"的成本。如果代理人利用隐藏行动使得委托人可能面临道德风险问题，那么激励机制设计的目标就是"如何让人不偷懒"，就使得偷懒的成本远远大于不偷懒的成本。不管以何种目的为目标进行机制设计，都必须同时满足激励相容约束和参与约束。

委托人对代理人设计的激励机制的一个基本思想是：代理人的收益必须与代理人自身的行动所带来的产出相关联，即产出决定收益。因此，要避免代理人的道德风险，即必须使道德风险带给委托人的损失能够部分转移为代理人自己的损失。为了满足这样的激励效果，人们设计出了很多种复杂的激励制度，来激励和监督代理人的行为。

1. 激励工资制度

物质激励可以分为长期激励和短期激励。长期激励主要是指让代理人拥有部分的剩余索取权,包括年薪制、股票期权与分红制等。短期激励包括激励工资制度与效率工资制度。

实行激励工资是因为虽然委托人无法观察到代理人的行动,但可以观察到其结果,结果与行动之间存在一定的正相关关系。因此,委托人把工资与结果(产出)联系起来,用较高的经济收益刺激代理人做出的有利于委托人的行为。激励工资的具体形式有:租金制、奖金、利润分成、股权激励、工资与股票价格挂钩等。但是,代理人行动结果与所选择的行动之间的相关系数并不等于 1,激励工资对代理人的激励总是有限的。有时,代理人比委托人更加厌恶风险,但激励工资却使得代理人面临更大的风险,如租金制。

1) 租金制

委托人向代理人收取固定租金,代理人获得除租金以外的所有产出。

$$u_1 = y - u_2 \tag{4-13}$$

这里委托人的收益 u_2 即为代理人支付给委托人的租金。因为租金是固定的,所以代理人越努力工作(y 越大),越有可能得到较多的剩余产出;如果代理人偷懒,将可能支付不起租金,从而带来损失。所以对于代理人而言,努力工作优于不工作,而不工作优于偷懒。在信息不对称的条件下,如果代理人的产出是随机分布的,代理人将承担由于随机因素引发的所有风险。如果代理人是风险厌恶型的,那么这种激励机制就是不可行的。代理人很可能为降低风险而放弃一部分收益,要求委托人共同承担风险。分成制除了激励作用以外,还具有风险分担作用。

2) 分成制

委托人和代理人按照一定比例从收益中获得各自的利润。代理人的报酬由固定工资和根据劳动产出比例所得到的报酬组成,即 $w(y) = s + by$。系数 b 越大,对代理人的激励程度越高。一般情况下,代理人工作的努力程度对产出影响越大,激励程度越高;委托人对代理人的努力程度的评估越不准确,激励程度越低。在信息不对称的情况下,分成制是一种折中的次优机制。代理人与其产出部分相关,委托人与代理人共同承担由于外部因素导致产出波动而带来的风险。委托人支付代理人不因产出变化而变化的固定工资,从而避免了代理人承担全部风险;除了固定工资,委托人还使得代理人可以根据产出多少,得到一定比例的收入,以此激励代理人努力工作,避免或减少道德风险行为。

除了代理人的风险类型,激励工资制度还存在一些其他问题。比如,如果代理人的工作责任涉及面较广,代理人将可能忽略不会得到奖励的工作任务;业绩考核时间的长短问题,也会影响到代理人在长期与短期工作中的不同利益追求。

2. 效率工资理论

1914 年福特汽车公司开始向其工人支付每天 5 美元的工资。由于当时的工资普遍在每天 2~3 美元,福特的工资远远高于均衡水平,所以求职者在福特汽车工厂外排起了长队，希望获得这样的工作机会。亨利·福特认为：高工资意味着低成本，而不是高成本。他用高工资提高工人的生产率。这就产生了效率工资理论，即工人工作的效率与工人的工资之间有很大的相关性，高工资使工人的工作效率更高。

根据效率工资理论，委托人给予代理人高工资将提高代理人的工作努力程度。委托人不可能完全监督代理人的努力程度，而且，代理人必定自我决定是否努力。代理人可以选择努力工作，也可以选择偷懒。委托人一旦发现代理人偷懒或者采取其他损害委托人利益的道德风险行为，将解雇代理人。这就意味着低工资高风险。因此委托人可以通过高工资减少代理人的道德风险，提高代理人的努力程度。

假定代理人是风险中性者，委托人除发现代理人是否存在偷懒行为以外，没有别的信息可以作为奖惩代理人的依据。因此委托人不可能对代理人实行激励工资，而只能实行固定工资。假如给定代理人在偷懒的情况下委托人发现代理人偷懒的概率。如果代理人选择不偷懒，将得到高工资。如果代理人选择偷懒，委托人发现后将开除代理人，代理人总收益降低；如果偷懒不被发现，将得到更高工资，总效用为最大。其实委托人不可能对代理人实行完全的监督，即代理人偷懒被发现的概率小于 1，为了使代理人努力工作，委托人支付给代理人的工资就必须大于代理人的期望工资。监督越困难，发现代理人偷懒的概率越小，委托人需要支付的工资就越高；如果监督完全没有，任何工资都无法使代理人努力工作。因此，代理人工资中包含委托人对代理人的笼络资金；对代理人的监督越困难，委托人要支付的笼络资金就越高。

通过增加在监督方面的投入，如花费更多的时间用于监督工作或聘请专人监督，委托人可以提高发现代理人偷懒的概率。能够发现代理人偷懒的概率越高，则委托人付出的成本就越大，并且边际成本是递增的。如果在监督方面没有投入，代理人偷懒被发现的概率为 0；如果委托人想使代理人偷懒被发现的概率达到 1，成本将无穷大。那么，委托人的代理成本就包括两部分：笼络资金和监督成本。因为监督成本往往很高，为了降低监督成本，委托人通过提高笼络资金，付给代理人高工资，同时以发现偷懒就开除作为对代理人的惩罚来激励和约束代理人自愿努力工作。

效率工资理论可以为"高薪养廉"问题提供经济学解释。假定政府官员的权力越大，滥用职权的额外收入就越高，那么其工资也应该提高，否则，他就会滥用权力寻求得到更多收益的机会。在这种情况下，政府可以采取以下几种办法约束官员的腐败行为：一是提高工资，二是增加惩罚，三是加强监督。由于政府工作的特殊性，监督成本很高。因此，最有效的办法是提高政府官员的工资，即"高薪养廉"。

3. 非物质激励

按照马斯洛的需求层次理论，人们在物质需求得到满足后，精神需求将成为新的激励因素，对于企业的经营者而言，当物质和职位需求得到满足，精神方面的需求便成为其继续努力的动力。精神激励主要包括社会地位、个人尊重和自我成就感等内容。同样，委托人也可以利用非物质激励来诱使那些对于物质激励不敏感的代理人努力工作。比如，提拔制度，扩大代理人的社会影响力等。

以上探讨的是委托人对代理人的激励，但是委托人也存在道德风险问题，因此代理人对委托人也可以采取一定的激励手段。比如给予委托人较高的预期期望(更好的工作产出)承诺，以激励委托人兑现承诺。

(二)代理人的约束机制

除了激励机制之外，还需要对代理人进行相应的约束。委托人对代理人的约束主要包括内外约束两个方面。我们以股东和经理为例。

1. 内部约束机制

经营决策制度：企业往往通过经营制度对董事长、总经理等的权力进行详细的、定量的规定，形成权力合理分配、互相制衡的机制。其主要包括决策主体、决策范围、决策程序、决策责任和风险防范等。

财务控制制度：董事会直接任免财务负责人以形成对经理人员的财务监督。其主要包括各项经费开支规定、分级审批、财务审计等。

内部监督制度：公司董事会、监事会、企业财务总监，分工检查和监督各项规章制度的执行情况，防止经理人员做出有损于公司的行为。股东通过评价经理绩效、检查公司财务、任免董事等形式加强监管。

保证金制度：经理必须缴纳一定数目的金钱作为保证金，一旦他们被发现欺骗或偷懒，则没收保证金作为对经理的惩罚。

2. 外部约束机制

产品市场的约束：经理的经营绩效主要体现在产品市场上。如果产品不能适销对路，或者产品成本太高，那么企业将缺乏竞争力，生产率下降，经营萎缩，甚至被迫退出市场。经营不善是对经理声誉的最大打击，而且企业被迫退出市场，经理也将面临失业。产品市场竞争越激烈，对经理的约束力越大。

资本市场的约束：债权人与破产约束和股东与收购的约束。当企业经营不善时，资本所有者"用脚投票"，债权人也可能向公司提出清偿的要求，从而使企业缺乏必要的资本。如果企业破产，这将对经理产生很大的打击。在有限责任下债权人比股东更有动机来约束和控制经理；如果是上市公司，一旦企业经营不善，股东将实行"两票制"：一方面股东通过股东大会"用手投票"改造董事会，并通过董事会罢免总经理；另一方面，股东"用脚投票"，致使股价陡落，如果企业价值被低估，就有可能被竞争对手收购，从而导致原经理被撤换。

经理市场的约束：经理市场是一种特殊的要素市场，使在职者不敢懈怠，以保持其职位；也使替代者更加努力，以竞争代理人之职。经理在工作时实际上也是在积累"信誉资本"，经营业绩差就是低能力的信号，会降低经理信誉。

第二节 逆向选择与信号传递

一、逆向选择

(一)逆向选择问题

逆向选择和道德风险是在委托代理框架下由于信息非对称导致市场失灵的两种典型形式。逆向选择是在签订合同之前，委托人不知道代理人的类型，也就是说，代理人已经掌握某些委托人不了解的信息，而这些信息可能对委托人是不利的。处于信息优势的代理人可能采取有利于自己的行动，而委托人则由于信息劣势处于对自己不利的选择位置上，也称为不利选择。

逆向选择问题的开创性研究起始于 2001 年度诺贝尔经济学奖获得者乔治·阿克洛夫的"柠檬理论"(Lemon Theory)。1970 年，在《柠檬市场：质量、不确定性和市场机制》这篇经典论文里，阿克洛夫不仅解释了信息不对称导致市场出现缺乏效率均衡的原因，还进一步分析了买方和卖方的数量以及风险态度对均衡的影响。阿克洛夫的研究表明，在非对称信息的情况下，逆向选择会导致市场上出现格雷欣法则(Greshams Law)所描述的"劣品驱逐良品"的现象，这时，市场机制所实现的均衡可能是无效率的均衡。1976 年，在《等级制度、恶性竞争和其他可悲的故事》一文中，阿克洛夫提出可以通过"显示性"信息的传递，如二手汽车市场上经销商可以向消费者提供质量承诺，"显示"自己对产品质量的信心，以解决买卖双方信息不对称的难题，避免市场上逆向选择行为的发生。此后，查尔斯·威尔逊(Charles Wilson，1977、1980)，斯蒂格利茨和韦尔斯(Wells，1981)分别给出了逆向选择的一般理论和资本配置领域中逆向选择的具体理论。有关逆向选择的研究基本上是从产品市场、保险市场和资本信贷市场三个方面展开的。

逆向选择问题来自于委托人和代理人之间的信息不对称，信息不对称是导致逆向选择问题的根源。以产品市场为例，交易双方进行产品交易，产品质量是重要特征。但通常买主并不能真正了解产品质量信息。所谓"王婆卖瓜，自卖自夸"，所有的卖主都说自己的产品质量好，而买主却无法真正识别其是否为次品。在同一个市场上，当优质产品与劣质产品被顾客以同样的方式对待时，次品往往具有价格优势。因此，逆向选择问题需要具备三个要素。

(1) 市场产品质量是一个随机变量。

(2) 市场参与双方(委托人与代理人)关于产品质量的信息是不对称的。

(3) 由于成本优势，劣质产品卖家比优质产品卖家更乐意以较低价格交易。

下面我们分别从三种不同的市场出发，探讨逆向选择问题的分析和应用。

(二)柠檬市场

阿克洛夫揭示的"柠檬"市场属于商品销售领域中具有逆向选择性质的典型市场。在一般商品销售市场上,产品质量的不确定性是逆向选择的根本原因,而基于产品质量不确定性基础上的市场信息差别是逆向选择的直接诱惑因素。当市场商品以不同质量交换时,买卖双方都将以同样方式按照产品质量将产品进行分类,但是,只有卖主能够观察到他们所销售的每个单位产品的质量,而买主在购买产品前不能确切了解每个单位产品的具体质量,最多只能够了解这类产品质量的平均分布。由于没有其他任何方式使买主确定每个单位产品的具体质量,这样,劣质产品往往将伴随着优质产品一起销售。从买方市场看,在这样的市场中进行选择是不利的。在此条件下,我们称买方市场为逆向选择。

1970 年,由阿克洛夫创立的旧车市场模型也被称为"柠檬"模型。在一个旧车市场上,有多个潜在的卖者 s 和多个潜在的买者 b,卖者知道自己要出售的旧车的质量 θ,但买者不知道质量 θ,他只知道车的质量 θ 分布函数 $F(\theta)$;假定买卖双方均是风险中性的,并且如果没有交易发生时双方的收益为零;$V(\theta)$ 为买方对车的评价,$U(\theta)$ 为卖方对车的评价。

如果买方出价 P,卖方接受并成交,即 $V(\theta) > U(\theta)$,则买方的收益为

$$u_b = V(\theta) - P \tag{4-14}$$

卖方的收益为

$$u_s = P - U(\theta) \tag{4-15}$$

如果 $V(\theta) < U(\theta)$,则意味着卖方不接受买方的出价,双方的收益为零。

下面分析在不同的情况下市场成交的情况。

1) 假定买卖双方偏好相同,只有两类卖主

假定买卖双方偏好相同,且对车的评价等于车的质量,$V(\theta) = U(\theta) = \theta$,即如果在价格 P 下成交,则卖方的收益为

$$u_s = P - \theta \tag{4-16}$$

买方的收益为

$$u_b = \theta - P \tag{4-17}$$

假定市场上只有两种类型的车:高质量的车 θ_1 和低质量的车 θ_2。

由于买者不知道每辆车的具体质量信息,因此不能按照车的质量差别分别付款成交,但是他知道市场上旧车的质量 θ 的分布,即 θ_1 和 θ_2 两种类型出现的概率均为 $1/2$,平均质量 $\bar{\theta} = \frac{\theta_1 + \theta_2}{2}$ ($\theta_2 < \bar{\theta} < \theta_1$),因此买者会按平均质量 $\bar{\theta}$ 给出一个平均价格 $\bar{P}$ 作为其期望成交的价格。如果以平均价格 $\bar{P}$ 交易,买方的收益为 $u_b = \bar{\theta} - \bar{P}$。但是,由于买方的出价 $\bar{P}$ 低于高质量车的预期售价($\bar{\theta} < \theta_1$),因此质量为 θ_1 的车将退出市场,市场上只剩下质量为 θ_2 的车;同时买方也知道,质量高于平均质量的车会退出市场,愿意出售的车一定是低质量的车,因此 $\bar{P}$ 不是均衡价格,唯一的均衡价格是按低质量 θ_2 ($\theta_2 < \bar{\theta}$) 给出的价格

$P_2(P_2 < \overline{P})$，从而导致市场上只有低质量的车成交，高质量的车退出市场。以均衡价格 P_2 成交，买者的收益为：$u_b = \theta_2 - P_2$，卖者的收益为：$u_s = P_2 - \theta_2$。

2) 假定买卖双方偏好相同，但卖主的类型连续分布

假定买卖双方偏好相同，且对车的评价等于车的质量，$V(\theta) = U(\theta) = \theta$，双方的收益函数同上。

假定车的质量 θ 从 θ_1 到 θ_2 是连续分布的，那么仍然可以证明只有低质量的车成交，在极端情况下，交易甚至不存在。

为了便于计算，我们假定 θ 在区间 (θ_2, θ_1) 上均匀分布，密度函数为 $f(\theta) = \dfrac{1}{\theta_1 - \theta_2}$。

如果所有的车都在市场上销售，买者预期的质量仍然是平均质量 $\overline{\theta} = \dfrac{\theta_1 + \theta_2}{2}$，其期望成交价格仍为 $\overline{P}$。但此时卖家只愿意出售质量低于平均质量 $\overline{\theta}$ 的车，所以质量高于平均质量 $\overline{\theta}$ 的车将退出市场。结果市场上留下的车的平均质量下降。假设由 $\overline{\theta}$ 下降为 $\overline{\theta}^*$（$\overline{\theta}^* < \overline{\theta}$），买者愿意支付的期望价格也将随着平均质量的下降而下降，假设下降为 $\overline{P}^*$（$\overline{P}^* < \overline{P}$），但这时卖家只愿意出售质量低于平均质量 $\overline{\theta}^*$ 的车，所有质量高于 $\overline{\theta}^*$ 的车退出市场，留在市场上的车的平均质量进一步下降。买者重新计算车的平均质量并支付一个相应的平均价格，从而又使一部分质量较高的车退出市场，依次类推。最后只有质量最低的车成交，所有质量高于 θ_2 的车都退出了市场。由于 θ 是连续分布的，$\theta = \theta_2$ 的概率为零，交易不存在，整个市场消失。

3) 买者对车的评价高于卖者

一般情况下，交易之所以发生，主要原因在于买者对商品的评价往往高于卖者。当买者对车的评价高于卖者时，尽管高质量的车仍然不会进入市场，但交易会发生，市场部分地存在，但交易数量不是最有效的，买者的评价越高，成交数量越大。

假定买者对给定质量的车的评价是卖者的 α 倍（$\alpha \geq 1$）。如果在价格 P 下成交，买者的收益为 $u_b = \alpha\theta - P$，而卖者的收益为 $u_s = P - \theta$。当买者对旧车的评价高于卖者时，交易带来的净剩余为 $(\alpha - 1)\theta$，买卖双方通过讨价还价来决定对这部分剩余收益的分配。

当买者人数多于卖者时，卖者占有全部剩余收益，市场部分存在，但只有 α 足够大时，交易数量才是有效的，α 越大，成交量就越大。当卖者人数多于买者时，买者愿意支付的最高价格就会降低，从而均衡价格和均衡质量都会随着卖者人数的增加而下降。市场劣质品的供给者越多，优质品的供给者就越少。

此外可以证明以下三点。

(1) 当卖者对车的评价不同时，均衡交易量取决于买者评价参数与卖者评价参数的共同作用，但是均衡交易量仍然小于对称信息下的有效交易量。导致卖者评价不同的因素之一是卖车的原因不同。买者可以通过卖者卖车的原因来估计卖者的评价。比如，有两个卖者甲和乙，买主并不知道他们对车的评价，但知道甲为什么卖车，比如是因为要出国而卖

车，但却不知道乙为什么卖车，那么买者一般会认为甲卖的车质量要高于乙的。

(2) 在非对称信息条件下，市场多大程度上存在，依赖于产品质量的分布函数和买卖双方评价的差异程度。在这里卖者比买者拥有更多的信息。如果卖者同样不知道车的真实质量，只知道质量的分布函数，就不会有逆向选择问题，所有的车都会出售。

(3) 如果假定买卖双方不是风险中性而是风险规避的，均衡价格和均衡质量都较风险中性情况下低。卖者是风险规避的，不会带来任何影响，因为卖者没有不确定性。但是如果买者是风险规避的，其期望交易价格将会降低。

(三)保险市场上的逆向选择

保险市场中的逆向选择问题相当普遍。在保险市场，逆向选择问题来自于保险公司事前不知道投保人的风险程度(与是否参加保险无关)，从而保险水平不能达到对称信息情况下的最优水平，而高风险的消费者把低风险的消费者赶出保险市场。

假定参加人寿保险的投保人根据意外事件的不同概率被划分为不同的风险类别，保险公司仅仅知道投保人在某类意外事件中的平均风险。又假设每个希望参加保险的社会成员不知道他属于哪个风险类别的成员，只了解其承担风险的概率。保险公司并不能准确地按照投保人的真实风险水平区分投保人，只能向所有投保人提出大致相同的保险费用。因此，在保险公司任何指定的价格水平上，高风险的社会成员将购买更多保险，而低风险的个人将购买更少的保险。这对保险公司是不利的。

保险公司为社会提供两种保险合同：统一保险合同和差别保险合同。统一保险合同就是保险公司对于不同风险的个人都按同样方式收取同样的保险费，这样，投保人在发生意外时也将得到同样的赔偿。那么采用统一合同的保险公司的收益取决于具有不同风险类别的投保人的比例，如果高风险个人在投保人中所占比例较高，那么，保险公司有可能收益较小或者亏损。为了避免高风险，个人"搭便车"的情况会发生，保险公司又提供另外一种保险合同，即差别保险合同，这种合同根据投保人不同的风险类别收取不同的保险费用，并以此给予不同的损失补偿。这样，低风险的个人就被这类保险合同吸引过去了，在统一保险合同市场上只剩下有风险的个人，从而提高了提供这类保险的保险公司的经营风险。因此，几乎所有的保险公司都不愿意向社会提供统一保险合同。然而，当保险公司向社会提供统一保险合同时，高风险的个人将转移到提供差别保险合同的市场中，使差别保险合同的市场既存在高风险个人，也存在低风险个人。但是，保险公司不能准确地将这两类投保者区分开来，只能设计出一套不完备的保险体系，使高风险个人与低风险个人能够分别购买不同的保险合同。当然，如果人们能够找到这样一种保险体系，由此达到的均衡就是所谓的差别保险的纳什均衡。由于作为委托人的保险公司难以有效识别出作为代理人的投保者的风险类别，保险合同所发挥的市场效用将变得较低，由此达到的市场效率也是低下的。

为了避免出现逆向选择的结果，市场参与者都试图明确产品或服务价格与其质量之间的关系。斯彭思将这种关系用"市场信号"的概念来描述。肯尼思·阿罗则认为，通过有效的信息收集，人们能够直接认识到逆向选择的内容，并相应地限制这类现象的出现。保险公司也发现，从事信息收集和建立高效率的信息系统以减少逆向选择的范围是一项有利可图的工作。

二、信号传递

(一)信号传递的含义

如前所述，逆向选择是由信息不对称所导致的。在委托—代理关系中，委托人不知道代理人的信息，只有代理人知道自己的信息，那么就有可能出现"低质量"的代理人排除"高质量"代理人的现象，而委托人就会选择"低质量"的代理人，从而产生逆向选择问题。在这时，"高质量"代理人是处于信息优势的，但是在竞争中却是处于劣势，而委托人也因为信息劣势而在选择中处于不利的位置。为了解决信息不对称所造成的逆向选择问题，我们有两种方法：一种是信号传递，也就是拥有私有信息的代理人想办法将其私有信号传递给委托人，也就是传递给处于信息劣势的一方；另一种是信息甄别，即委托人通过制定一套策略或合同来获取代理人的信息。

所谓信号传递，就是指具有信息优势的一方向具有信息劣势的一方提供信号传递或信息显示。例如对于优质品，质量保证书、包退、包换、包修、保证质量的退一赔二、保修等，这是一种成本低廉而且短期效果明显的信号传递方式。另外，还有一种投入成本较高但长期回报十分丰富的信号传递方式，即建立品牌，通过品牌传递产品是优质产品的信息。

关于信息传递最著名的模型即劳动力市场信号模型。该模型由斯彭思(Michael Spence)于 1974 年提出，其主要研究劳动力市场上的信号传递。在劳动力市场上也存在逆向选择问题。由于个人能力是私有信息，所以一部分高能力的劳动者就可能失业或者即使就业也只能获得相当于平均生产效率的平均工资，那么我们就要寻求一种方法来使高能力的劳动者获得较高的工资，接受教育，通过文凭进行信号传递就是一种可能的途径。

在劳动力市场上，雇主是委托人，雇员是代理人。他们之间存在着信息不对称，雇员知道自己的能力，但是雇主不知道，这时雇员就会选择将自己接受教育的程度(文凭信息)传递给雇主。雇主通过观察到雇员传递的教育程度的信号，并根据自己对受教育程度与实际能力之间的相关程度的判断，来付给雇员工资。但是雇员需要付出信号成本，即接受教育的成本。

(二)信号传递的基本原理

我们以劳动力市场上的文凭信号传递为例，来说明信号传递的基本原理。

1. 劳动力市场上的信号传递模型

该模型描述的是一个信号博弈,其中有两个参与者,一个是雇员,其发出信号是教育水平或文凭,记为$e \in E$,$e \geq 0$。假设雇员的类型是其工作能力,分为高(H)和低(L)两种,并且他的类型是私有信息。设雇员类型为H的先验概率为P。另一个参与者是劳动力市场上的雇主,雇主通过雇员的受教育程度来区分雇员的工作能力。

设雇主给予雇员的工资率为w,θ为雇员的类型(能力),$c(\theta, e)$为类型为θ的雇员在教育水平为e时的成本,$y(\theta, e)$为类型为θ且教育水平为e时雇员的(边际)产出。当雇员被雇主雇佣时,雇员的收益为$u_1 = w - c(\theta, e)$,而雇主的收益为$u_2 = y(\theta, e) - w$。

假设:低能力的雇员与高能力雇员相比,要取得同样的教育水平(文凭)需花费较大的成本,即低能力雇员受教育的边际成本高于高能力雇员,对所有的e有

$$\frac{\partial c(L, e)}{\partial e} > \frac{\partial c(H, e)}{\partial e} \tag{4-18}$$

每一个雇员都追求自身利益最大化,即

$$\max_e [w - c(\theta, e)] \tag{4-19}$$

在这个模型中,文凭或教育水平是雇员向雇主发出的有关其类型的信号,w是雇主接收到这一信号后决定给予雇员的工资率。当信息不完全时,如果雇主观察到的信号为e,则$P'(H|e)$为雇主认为雇员能力为H的后验概率。假定雇主是风险中性的,雇主根据接收到的文凭信号进行行动选择,来确定工资水平,有

$$W(e) = P'(H|e) y(H, e) + [1 - P'(H|e)] y(L, e) \tag{4-20}$$

假设信息传递的过程是这样的:

首先,求职者决定他们希望进行多大的智力投资来获得文凭,进而向雇主传递信息,他们要支付相应的信号传递成本(即为接收教育的成本)。

其次,雇主不能观测到每个求职者的实际工作能力,只能通过接收到的文凭信号(受教育程度)来区分雇员工作能力的高低。雇主根据文凭信号和自己对受教育程度和实际能力之间的相关程度的概率信念(后验概率),来决定支付给雇员的工资水平,即该模型的"行动顺序"为:求职者(雇员)先行动,雇主根据雇员传递信号采取行动。

信号传递是否能发挥作用在于雇主认为受教育程度与工作能力之间的相关性到底有多大,以及在这种判断下雇主支付给雇员的工资水平,而这种判断是雇主的一个信念。由于高能力的人受同样教育的成本低于低能力的人,因此高能力劳动者才会选择受教育的方式来使自己和低能力的劳动者分开。如果受教育成本与能力无关,那么教育根本就不会起到信号传递的作用,否则,低能力劳动者就会模仿高能力劳动者选择同样的教育水平。那么该模型唯一合理的均衡就是:低能力劳动者选择不接受教育,高能力劳动者选择接受高等教育。

2. 信号传递的分离均衡

所谓分离均衡，就是指在均衡状态下，不同类型的劳动者所选择的可被观察到的最优水平是不同的，因而委托人可以通过最优水平来区别不同类型的劳动者。在这里也就是说雇主可以通过雇员传递的受教育信号来区分不同能力的求职者。雇员接受教育虽然并不会提高个人的生产效率，但是能使雇主认为雇员是高能力的，从而获得较高的工资。

假设雇主和雇员都是风险中性的，且劳动力市场有两种类型的求职者存在。

低能力的求职者L：工作能力$=a_1$，在所有求职者中所占的比重为q。

高能力的求职者H：工作能力$=a_2$（$a_2 > a_1$），在所有求职者中所占比重为$1-q$。

在完全信息条件下，雇主可以观察到每个雇员的工作能力，所以他们可以支付给每个雇员的工资等于雇员的边际产出，即高能力的雇员获得等于其能力a_2的工资；低能力雇员获得等于其能力a_1的工资。

在不完全信息且无信号传递的条件下，雇主无法观察到雇员的能力，只能按照劳动力的平均工作能力来提供工资，即既然所有人"看起来"都是一样的，那么就支付给所有雇员同样的工资。这时工资w由所有雇员的生产能力的加权平均来决定。

在不完全信息但有信号传递的情况下，我们可以进行如下分析。

假设L型劳动者的受教育程度和接受教育的成本的关系为$c(L,e)=e$；H型劳动者的教育成本为$c(H,e)=e/2$。

雇主需要找出一个特定的教育程度e^*（$a_1 \leq e^* \leq a_2$），所有教育水平大于e^*的雇员都是高能力H型劳动者，小于e^*的雇员都是低能力L型劳动者，即当雇主观察到一个雇员的受教育程度小于e^*时，就支付$w=a_1$的工资，反之，如果大于e^*就会认为该雇员属于H型，支付$w=a_2$的工资。从这种工资制度出发，劳动者对教育水平的选择实际上只有两种：要么就选择$e=0$，反正工资是a_1（$a_1 < a_2$）；要么就选择$e=e^*$，这时工资是a_2。如果选择$e > e^*$，工资也是a_2，较高的教育水平并不能为其带来更多的工资收益。

因为低能力劳动者取得与高能力劳动者同样的教育水平需要付出更多的成本。所以高能力H型劳动者偏好$e=e^*$；低能力劳动者L型偏好$e=0$。也就是说H型劳动者选择$e=e^*$的收益高于选择$e=0$，L型选择$e=0$的收益高于$e=e^*$。因此有$\left(a_2 - \frac{e^*}{2}\right) > a_1 > (a_2 - e^*)$。

对于L型劳动者，如果他接受较高的教育，即$e > e^* > a_1$时，L型劳动者会得到a_2的工资，其净收益为$(a_2-e) < (a_2-e^*) < a_1$；如果他选择接受较低的教育，即$e < e^*$，$L$型劳动者会获得$a_1$的工资，净收益为$a_1 - e < a_1$。如果他选择不接受教育，收益就是工资$a_1$。所以，$L$型劳动者的最优选择是不接受教育，这时他能够获得最大收益a_1。

对于H型劳动者，如果他选择较高的教育，即$a_2 > e > e^*$时，H型劳动者的净收益为$a_2 - \frac{e}{2} > a_1$；如果他选择接受较低的教育，即$e < e^*$时，H型劳动者的净收益为$a_1 - \frac{e}{2} < a_1$。

如果他选择不接受教育，那么 H 型劳动者的净收益为 a_1。显然，H 型劳动者的最优选择是接受较高的教育，即接受 $e > e^*$ 的教育水平。因此受教育水平成为代表雇员工作能力的信号，e^* 的设定会将高能力 H 型劳动者与低能力 L 型劳动者分离开来。

3. 信号传递的混同均衡

所谓混同均衡，就是指在均衡状态下，不同类型的劳动者所选择的可被观察到的最优水平是相同的，因而委托人不能通过该最优水平来区分不同类型的劳动者。在劳动力市场的模型中，混同均衡是指所有的劳动力选择相同的受教育程度的一种均衡状态。这时雇主难以凭借受教育水平来区分两类劳动力，只能按照平均工作能力来提供工资。此时，e^* 越小，两类劳动者的境况就会越好。高能力 H 型劳动者希望信息是完全的，这样他们就可以不费任何教育成本拿到高工资，而低能力 L 型劳动者则更愿意接受混同均衡，此时他们只要稍微付出一点受教育成本便能够沾到高能力 H 型劳动者的光，从而获得平均工资。也就是说，在混同均衡下，L 型劳动者的境况得到了改善，而 H 型劳动者的境况变差了。因此，无论工资水平如何，一般来说，不完全信息下的均衡教育水平，不同于完全信息下的最优教育水平，这种偏离就是将高、低能力的劳动者区别开来的信息成本。

三、信息甄别

(一)信息甄别的含义及应用

信息甄别也叫信号甄别，罗斯查尔德和斯蒂格利茨在 1976 年通过对保险市场的分析提出了信息甄别模型。所谓信息甄别，就是由处于信息劣势的一方首先给出区分信息优势方类型的不同合同条款，信息优势一方通过选择与自己的类型相符合的合同来揭示自己的私有信息，从而使得交易的帕累托改进实现。比如保险公司提供不同的保险合同供投保人选择，投保人通过选择适合于自己的保险合同来显示自己的风险类型。在存在逆向选择的情况下，委托人提供多个合同供代理人选择，代理人根据自己的类型选择一个适合自己的合同，并根据合同条约选择自己的行动。例如，保险公司不知道投保人的风险类型，因此针对不同类型的投保人设计了一系列不同的保险合同，投保人根据自己的风险特征选择相应的保险合同。再如，垄断者不知道消费者的类型，但是通过价格歧视对消费者做出甄别，以获得所有的剩余。

我们来看一下信息甄别模型在保险市场上的应用。如果在保险市场上有两种类型的潜在消费者想参加保险：一种是低风险的；一种高风险的。投保人的风险类型属于私有信息。保险公司在和顾客签订保险合同时，没有能力辨别投保人属于高风险还是低风险类型，因此保险公司提供给消费者一些可供选择的合同，每个合同中都标明一定的保险范围和相应的保险费用。投保人根据保险公司提供的合同选择适合自己的合同，然后保险公司从消费者的选择中判断投保人的类型。一般情况下，高风险的消费者愿意支付比低风险的消费者更高的保险费用。与劳动力市场模型类似，混同均衡是不可能的。保险公司总是可以通过提供新的合同来把低风险的潜在投保人吸引过去。如果市场中的高风险消费者的比例较大，那么分离结果将构成一个均衡，否则，均衡不存在。

(二)信息甄别与信号传递的区别

信息甄别和信号传递的重要差别在于行动顺序的不同。在信号传递模型中，求职者先行动，将文凭信息作为信号传递给雇主，以显示自己的类型；然后雇主根据接收到的信号决定支付的工资水平。但在信息甄别模型中，行动顺序如下所述。

首先，雇主提出供求职者选择的不同的雇佣合同，每个合同指明了一个特定的教育水平会提供的工资水平。

其次，每一个求职者考虑雇主提供的可供选择的雇佣合同，从中选择自己最偏好的一种。雇主通过求职者的选择来判断求职者的类型。

在甄别均衡中，有两个条件必须成立。

(1) 所有在市场上可供选择的合同中，没有一个会给雇主带来预期的损失。因为市场可供选择的合同是雇主在考虑自身收益的情况下拟订的。如果某个合同会带来损失，该合同将被撤销。

(2) 在市场之外没有可以带来正利润的合同。所谓在市场之外，是指没有在市场上提供出来的合同。如果存在可行的并且将产生超额利润的合同没有在市场上提出来，那么雇主将会在收益最大化的趋势下，采用这样的合同，将其加入提供给雇员的合同列表中，即所有合同在均衡中都将带来正常的零期望利润。所谓零利润，指的是没有超过正常的社会平均利润水平的超额利润。如果存在可以带来超额利润的合同，将不断吸引雇主们采纳，直到超额利润消失。

案　　例

中国电子商务市场逆向选择的实证分析：基于淘宝网的数据

以淘宝网为例，揭示中国电子商务市场逆向选择现象的本土特征和存在的问题，讨论声誉与质量中介等抵消机制在解决该问题时的作用。

1. 样本与数据的选择

数据收集的时间跨度为 6 个月，开始于 2008 年 3 月。到数据收集完成时，淘宝网上关于西湖龙井的条目一共有 8320 个，其中，有效数据 263 组。

2. 解释变量

以淘宝网信用评价系统中的卖家信用、卖家好评率、商品好评数以及价格为解释变量，以月累计销售量为因变量。

1) 卖家信用(X1)

淘宝会员评价分为"好评""中评""差评"三类，每种评价对应一个信用积分，具体为："好评"加 1 分，"中评"不加分，"差评"扣 1 分。淘宝同时还规定，每个自然月中，相同买家和卖家之间的评价计分不超过 6 分(以支付宝交易创建的时间计算)。若 14 天内相同买卖家之间就同一商品有多笔支付宝交易，则多个好评只计 1 分，多个差评只记-1 分。

2) 卖家好评率(X2)

好评数量占总评价数的百分比。

3) 商品价格(X3)

商品价格都是商品售价与邮费之和。当一件商品存在多种邮寄方式时，采用邮政快递的价格作为邮费。

4) 商品好评数(X4)

每次完成交易后，购买者可以对该商品进行评价。相对于前两个指标，这个指标针对每件独立的商品，是其他使用过该商品的用户的反馈信息。对于买方来说，这个指标更有价值。

5) 月累计销售量(Y)

这是指商品从上个月本日的前一日开始，到本月本日为止的销售总量。

3. 数据分析与结论

以月销售总量和单位评价月销售量为因变量，分别构造模型，使用线性回归的方法对影响销售的各个因素进行分析。为了得到卖家信用、卖家好评率、商品价格、商品好评数等因素对销售数量的影响，构造模型

$$y = \beta_0 + \beta_1 x_1 + \beta_2 x_2 + \beta_3 x_3 + \beta_4 x_4 \tag{1}$$

其中，x_1、x_2、x_3、x_4、y 分别代表卖家信用、卖家好评率、商品价格、商品好评数、月累计销售量。使用 Eviews 5 进行多元线性回归分析，得到结果如下：

$$y = -1791.34341 + 0.000335417 x_1 + 1788.3300826 x_2 - 0.031288987 x_3 + 2.768445892 x_4$$
$$t = (-2.46827577)(2.73257637)(2.458156457)(-1.921534007)(28.1344116) \tag{2}$$

$R_2 = 0.800$ $F = 25.851$ $D.W. = 2.017$

从这个分析结果我们可以得出以下结论。

(1) 商品价格对销售量的影响是比较显著的，但其系数为负值，绝对值较小。这说明价格越高的商品越难以卖出。由于买者不能识别质量，只对高质量的物品接受低价格，这正是网络逆向选择的特征。该结果说明，在淘宝网的茶叶销售市场上，网络逆向选择现象依然存在，网络消费者的"柠檬敏感性"更强。

(2) 卖家信用、卖家好评率这两个指标对卖家历史信用水平的披露，以及消费者评价对商品质量信息的补充，抵消了逆向选择现象的影响，而且后者的作用尤其明显。因此，声誉机制与信用评价系统能够为解决电子商务市场的逆向选择问题发挥重要的作用。

(3) 网络逆向选择现象不仅存在，而且还有被强化的趋势。当我们对数据进行总体观察时，又发现一种现象，就是同一个卖家、一些好评数相同的商品卖出的数量却明显不同：低价商品的售出数量大大高于高价商品的售出数量。为了研究这种关系，将每个商品的销售数量除以该商品的好评数量，构造出单位好评销售量，重新构造模型进行分析。具体做法为：只选取一个卖家的相关数据进行分析，以避免不同卖家信用和好评率的不同对数据的影响；以单位好评销售量为因变量，以价格为解释变量；首先对数据进行标准化，消除单位的影响，再进行一元线性回归分析，得到结果如下：

$$y = 6.06578 \times 10\text{-}8 \text{-} 0.485595802x \tag{3}$$

$t = (2.705 \times 10\text{-}6) \ (-3.424239366)$

$R_2 = 0.814 \quad F = 11.725 \quad D.W. = 1.790R$

回归结果显示，在好评数和卖家信用相同的时候，商品价格的影响是显著且强烈的，但总体上买方仍然表现出了更愿意购买低价商品的倾向。直观地解释这种现象，就是因为在网络上有恶意"炒作"信用的行为存在，或者买卖双方互相吹捧甚至互相报复的现象。这些现象的存在说明降低网络逆向选择营销策略的出现，也可能会强化网络消费者对网络环境的不信任感。

不管是在传统市场上还是在电子商务市场上，虽然通过一些方法能够使由于逆向选择而导致的低效率市场重新获得效率，但方法的失灵又可能使重新获得效率的市场陷入新一轮效率循环当中。

(资料来源：潘勇. 逆向选择环境下电子商务市场研究. 经济经纬, 2011(1))

本 章 小 结

在信息经济学中，委托代理关系泛指任何一种涉及非对称信息的交易，而在交易中具有信息优势的一方为代理人(Agent)，处于信息劣势的一方为委托人(Principal)。简单而言，只要在建立或签订合同前后，市场参加者双方掌握的信息不对称，这种经济关系都可以被认为属于委托—代理关系。参与约束和激励相容机制是委托代理关系必须满足的两大约束条件。

道德风险是一种特殊的博弈。在签订合同后，如果代理人的行动选择可能影响到委托人的利益，而委托人不知情，委托人利益的实现就面临"道德风险"。如前所述，道德风险分为隐藏行动的道德风险和隐藏信息的道德风险。这里指的是代理人的道德风险，事实上，委托人也存在道德风险问题。

激励相容约束的含义是委托人给予代理人的报酬必须使得代理人努力工作所获得的期望效用水平不低于偷懒情况下获得的期望效用水平。这也是最优激励合同的基本条件。设计激励机制要求既要符合参与约束，又要满足激励相容约束。物质激励可以分为长期激励和短期激励。长期激励主要是指让代理人拥有部分的剩余索取权,包括年薪制、股票期权与分红制等。短期激励包括激励工资制度与效率工资制度。除此之外,还可以采取非物质激励。

逆向选择是在签订合同之前,委托人不知道代理人的类型,也就是说,代理人已经掌握某些委托人不了解的信息,而这些信息可能对委托人是不利的。处于信息优势的代理人可能采取有利于自己的行动,委托人则由于信息劣势而处于对自己不利的选择位置上,也称为不利选择。逆向选择问题的开创性研究起始于 2001 年度诺贝尔经济学奖获得者乔治·阿克洛夫的"柠檬理论"(Lemon Theory)。

为了解决信息不对称所造成的逆向选择问题,有两种方法:一种是信号传递,也就是拥有私有信息的代理人想办法将其私有信号传递给委托人,也就是处于信息劣势的一方;第二种是信息甄别,即委托人通过制定一套策略或合同来获取代理人的信息。

思 考 题

1. 简述委托—代理理论的基本内容。
2. 简要回答委托代理关系成立的基本条件。
3. 简述道德风险的含义及其消极影响。
4. 分析效率工资与激励工资制度的区别。
5. 简述逆向选择的含义。
6. 柠檬市场的主要研究内容是什么?揭示了什么样的经济原理?
7. 信号传递与信息甄别的主要原理是什么?
8. 什么是代理成本?
9. 请从经济学角度解释"高薪养廉"的理论根据。

第五章 信息商品与市场

【本章导读】

从微观经济学的角度来看，信息商品出现的原因之一是信息不对称与市场运行中的信息不完备。由于市场经济中的信息不完备与交易双方之间存在的信息不对称问题，人们在市场交易活动中总存在着信息搜寻活动。信息搜寻的专业化分工使得信息本身作为商品在市场上出售。本章围绕信息商品的定义、使用价值、价值、成本展开，分析了信息商品的定价理论，并针对由于价格离散等原因带来的信息搜寻进行了探讨，最后介绍了信息市场的特点、作用及其营销策略，并分析了我国信息市场发展的特点及其存在的问题。

【重点提示】

- 信息商品的含义。
- 信息成为商品的条件。
- 信息搜寻的概念。
- 信息商品价格的本质和功能。
- 信息商品定价理论。

【学习目标】

通过本章的学习，理解信息商品的概念；了解信息成为商品的条件；理解信息搜寻的概念；学会用信息搜寻理论解释某些社会现象；理解信息商品定价的原理；理解信息市场的概念；领会信息市场的营销策略；了解我国信息市场的发展状况。

【关键概念】

信息商品　信息搜寻　信息价值　信息市场

第一节　信息商品概述

一、信息商品的含义与特点

(一)信息商品的含义

按照马克思主义的观点，商品是用来交换且能够满足人们某种需要的劳动产品。因此，作为商品必须具备三个基本条件：第一，它必须是劳动产品；第二，它必须能满足人们的某种需要；第三，它必须是用来交换的劳动产品。

根据上述条件，当人们通过感官或仪器，花费一定的时间和精力，对观察、感知所得的信息资源进行分析整理，形成信息产品，且这些信息产品有助于人们的理解、认识，并交换予他人的时候，这些信息产品就变成了商品。信息是我们"适应外部世界并且在这种适应外部世界所感知的过程中，同外部世界进行交换的内容"。信息是广泛存在的，但并不是所有的信息都能成为信息商品。首先只有能被人感知的信息才能成为信息资源，而信息资源通过收集、加工、存储、传递等过程，凝结了人类的劳动，才能成为信息产品。其次信息产品只有用于交换时才能转化为信息商品，仅用于满足自身需要的信息产品是不属于信息商品的。

信息商品是人类社会经济发展到一定历史阶段的产物和必然趋势。从人类进化和发展的历程来看，人类的生存是头等重要的事，因此，物质资料的生产就成为人类社会前期的主要活动，而人类的经济活动也就主要是围绕着物质商品的生产、分配、交换和消费。到了现代社会，随着社会分工越来越细，在直接生产过程中脑力劳动和体力劳动分离，导致一种专门开发与利用信息的行业或产业出现。物化于商品之中的信息成分的比重逐渐加大，而且在许多情况下超过了物质成分。现代科学技术的飞跃发展，特别是信息科学技术革命浪潮，不但改变了商品中物质成分的比重，而且创造出一种全新的信息商品。现代通信技术、信息处理技术(特别是微型计算机的出现)等各种信息技术的迅猛发展，为信息在经济活动中发挥商品作用提供了更加雄厚的物质基础和技术支持，大幅度地扩展了信息交流的规模，推动了信息商品化的深度和广度，确立了信息商品的坚固地位。

(二)信息商品的特点

作为商品，信息商品具有一般商品的共性，比如具有价值与使用价值，具有稀缺性等。同时，它又具有不同于一般商品的特性。

1. 知识性

作为商品的信息，是一种知识性、科技性、专业性很强的劳动产品。其知识和技术含量极高，在它的生产过程中，以科学技术成果知识为原料，由智力型的劳动者加工处理而成，其实质表现为动态性知识形态。

2. 固定性

任何信息商品的生产都首先包括其知识内容的生产，这是复杂智力劳动的结果，需要耗费大量的人力、物力、财力成本。这一成本并不会随着购买或消费它的人数的变化而变化。

3. 独创性

一旦某种信息商品生产出来，就会受到知识产权的保护，任何信息机构就不可能再开发基于相同内容的信息商品，也就是指信息商品开发的一次性、非重复性。

4. 共享性

同一信息可以为同一人或不同的人共同使用或重复多次使用，可以大量复制，而其获得的效用既不会被分割，也不会被削弱。这使得信息消费与信息价值无关，信息在多次传播中其价格可能会越来越低于价值。

5. 不对称性

由于信息商品具有共享性，在信息商品的交换过程中，卖方在出售信息商品之后，不仅能获得等同于该信息商品价值量的价值，而且仍拥有信息商品的使用价值；而买方在得到信息商品的使用价值的同时要支付等同于该信息商品价值量的价值。因此，与普通商品的交换过程不同，信息商品的交换对买卖双方都是不对称的。

6. 保存性

时间的推移与信息的重复使用都不会使信息的内容有所损耗。这样，在信息生产中，注重的是信息的内容而不是形式。

7. 时效性

随着科技的发展和人们知识水平的提高，某一特定的信息商品会逐渐丧失作用，表现为价值下降或失去价值。

8. 间接性和层次性

信息商品并不能立即独立地给使用者带来直接的利益，其使用价值的实现必须与使用者的智力劳动相结合，它具有一个再认识、再制造的过程。信息商品使用价值的实现离不开使用者的智力劳动，所以信息商品使用价值的实现具有间接性。由此，这又产生了信息商品使用价值的层次性。

二、信息成为商品的条件

从商品发展的历史来看，相对于生活必需品来讲，信息并不是最早的商品，信息是在特定的经济、历史与技术条件下成为商品的。

(一)信息成为商品的经济条件

从经济特性来看，信息之所以成为商品，是因为它具有以下几个方面的条件。

1. 信息具有使用价值

信息能够满足人们某个方面的需求。信息商品的使用价值是指信息商品所包含的信息内容的自然属性，即能够为消费者带来一定的效用满足程度的性质。有些信息可以满足人们的日常生活需要，如气象信息，有些信息能满足人们的娱乐需要，如商场的打折信息，有些信息可以满足人们科学研究的需要，如某些统计数据等。

2. 信息具有价值

信息凝结了人类无差别的抽象劳动。马克思主义经济学认为，商品凝结了人类无差别的抽象劳动，信息商品亦不例外，因此它具有价值。

3. 信息具有稀缺性

稀缺性是产品进行交换的必要条件。在一定的经济发展历史时期，信息变得相对稀缺，因此有了交换的必要。

4. 信息具有私有产权

由于某些市场参加者总能够获得其他市场参加者没有获得的私有信息，因而市场参与者可以对信息系采取垄断或独占行动。实际上，公共信息是以私有信息的大量存在和传播为基础的，私有信息才是经济信息存在的最根本形式，也是信息作为商品存在的直接原因。

(二)信息成为商品的历史条件

信息并不天生就是商品，信息产品商品化的直接原因是社会生产力发展的推动。早期人类社会有三次大的社会分工：第一次是畜牧业从农业中分离出来；第二次是手工业与农业的分离；第三次是出现了商业及专门从事产业活动的商人。这三次分工是行业与行业的分工。从第一次产业革命开始，随着科技的发展、生产力的进步，社会分工开始在行业内部进行，大行业分为小行业，小行业又进一步划分为各个单位、部门，而到了信息经济时代，与生产力发展相适应的社会分工越来越细，小到以零部件生产或生产工艺为标准进行划分。随着社会分工越来越细，在直接生产过程中脑力劳动和体力劳动相分离，并导致一种专门开发和利用信息的行业或产业出现，物化于商品之中的信息(技术)成分的比重逐渐加大，在许多情况下超过了物质成分；而且分工导致了市场上经济主体越来越多，随着经济主体的增多，不仅信息量大大增加了，而且对信息的需求也增加了。不同的经济主体之间，由于经济利益的不同，信息的交流要求做到信息商品化，以满足不同经济主体对经济利益的不同诉求，于是信息开始向商品转化。

(三)信息成为商品的制度条件

知识产权、专利制度的建立是信息商品正式得到社会承认的标志。建立了专利制度之后，科学技术情报的交流就开始以法律形式来确定它们的经济价值。按照专利法有关规定，创造发明类的科技信息必须通过交换方式进行交流。这样，以交换为目的的信息产品的生产开始出现，并相继出现了相当规模的信息商品的生产。

(四)信息成为商品的技术条件

印刷术、望远镜、显微镜、测量仪器等的发明和使用，为人类利用开发信息资源提供了物质和技术支持，为信息产业最终从社会生产中独立出来奠定了基础。进入19世纪，英国等国家开始出现以提供信息服务为目的的咨询业，表明人类利用信息资源的实践活动开始深化，大大推动了信息商品化的进程。20世纪初通信技术的出现，进一步扩大了信息交流的范围和规模，相继而来的半导体技术、计算机技术及卫星通信等技术，为信息在整个经济活动中发挥商品的作用提供更加坚实的物质和技术支持。正是现代通信技术、信息处理技术等各种信息技术的迅速发展，推动了信息商品化的进程，从而完全确立了信息商品的地位。

第二节 信息搜寻与选择

一、信息搜寻与信息选择

信息搜寻理论是20世纪60年代由斯蒂格勒提出的。他认为，经济行为主体掌握的初始经济信息是有限的，是不完全信息，这就决定了经济主体的行为具有极大的不确定性。经济主体要作出最优决策，必须对相关信息进行搜寻，而信息搜寻是需要成本的。因此，斯蒂格勒定义搜寻为：买卖者只有与其他各种各样的市场买卖者接触之后，才能确定对其最为有利的价格的一种经济行为。

从概率上讲，随着搜寻次数增加，消费者会发现更为有利的价格，但一般无法搜寻到最低价格，因为在市场中，即使同质的商品，价格也可能是离散的。随着消费者搜寻的继续，会形成一个最低价格的分布，当搜寻次数越多、范围越大，价格会越低。不过当存在搜寻成本时，完全信息不一定是经济或合算的。如果我们把多寻找一点信息所增加的成本称为边际搜寻成本，把获得这点信息所增加的收益称为边际搜寻收益，那么寻找信息应该达到边际搜寻成本等于边际搜寻收益，这时就实现了经济学家所说的最大化，于是消费者将停止信息的搜寻。

信息选择，是对大量的原始信息及经过加工的信息资源进行筛选和判别，对各种信息进行技术处理和论证分析，从中得出科学的论断或假设，作为决策的依据，从而排除其他无效信息，选取所需要的信息。

二、价格离散

我们知道，具有相同质量的商品常常以不同的价格出售，并且都有人购买。这种不同价格的序列，称为价格离散。造成价格离散的原因，归结起来有三个方面。

第一，市场是变化和分散的。在一个供给和需求条件从来不变的领域里，人们可能会预期出现基本上完全的信息,信息(或知识)从来不会变得过时。因而,目前每一次搜寻都将获得一个恒久的收益。但事实上,信息(知识)正以一定的速度变得陈旧过时,这个速度取决于市场的性质和买者与卖者的一致性。供给和需求条件越不稳定,市场价格就越容易变化。如果单个买者和卖者频繁地进入或离开某个确定的市场,他拥有的平均信息量就比较少,从而使市场原有买卖者的市场知识老化,结果,市场价格形成了一定程度的离散。

第二,商品的异质性及其时空特征。具备相同功能的消费品的质量差别,往往是市场价格离散的主导因素。事实上,即使是同质商品,由于时间、空间上的差异,市场价格也会出现离散。

第三,商品销售条件的差别和市场规模的变化。厂商对由价格竞争和非价格竞争所产生的成本函数的反应不同,其制定价格的政策就有所不同,这会使市场价格进一步离散。此外,市场规模,如交易量和市场交易人数的变化,也会使价格的离散幅度发生变化。

价格离散具有重要的经济意义。价格离散使市场信息变得不完全,导致了市场代理人之间的信息差别。价格离散还为人们收集市场信息的行为提供激励。价格离散幅度愈大,市场发育则愈不成熟。因此,价格离散幅度可作为衡量市场发育状况的一种指示器。

三、信息搜寻理论

信息搜寻理论是不对称信息经济学最早形成的基本理论之一。1961 年,斯蒂格勒在《政治经济学》杂志上发表题为《信息经济学》的著名论文,批判了传统经济学的完全信息假定,提出了信息搜寻(Searching)的概念。把信息与成本、产出联系起来,提出搜寻概念及其理论方法,是斯蒂格勒对不对称信息经济学的重要贡献。斯蒂格勒还在后来出版的《价格理论》中进一步细化了他对信息搜寻理论的探索。进入 20 世纪七八十年代,搜寻理论经过萨洛普(S. Salop,1977)、戴蒙德(P. Diamond,1984)和马肯南(C. J. Mckenna,1986)等人的研究得到了系统的发展,成为不对称信息经济学重要的基础理论之一。马肯南认为,搜寻只是用来描述任何信息收集活动的一个简明术语,其利益体现在发现各种可能的经济机会;戴蒙德指出,搜寻是关于资源配置的一种分析过程,它通过信息的收集使潜在市场交易得以实现;谢康认为,搜寻不仅仅是收集市场信息的活动,而且还是在收集有关市场信息基础上,作出经济决策的资源配置行为。就目前研究成果来看,搜寻理论由两种相互独立的体系组成:一是以斯蒂格勒和马肯南为代表,侧重研究搜寻技术及经济结果,理论成果一般不与一般均衡论相衔接;二是以罗斯柴尔德、萨洛普和戴蒙德为代表,注重从一般均衡角度对搜寻活动的均衡条件进行分析。

市场信息的非均匀分布,或者说市场信号的持续离散,导致信息搜寻的可能和必要。如果市场价格保持稳定恒一的话,搜寻就变得没有什么经济意义。当市场买卖者都不进行任何形式的搜寻时,市场价格将逐渐趋向一致。事实上,市场价格不可能保持稳定一致,市场买卖者也不可能都不做任何形式的搜寻。市场信号的持续离散和市场进入者对市场不确定性的积极反应,构成搜寻的前提基础。

搜寻理论把搜寻分为固定样本搜寻和连续搜寻。假定消费者知道市场上价格的分布,但不知道每一个销售者的报价。消费者可预先选定几个销售者,寻找其中的最低报价,这种搜寻叫作固定样本搜寻。或者,消费者也可连续不断地搜寻,直到找到可以接受的价格(或者放弃搜寻),这样的搜寻称为连续搜寻。

(一)常见的信息搜寻方式

明确表述搜寻模型的前提在于研究搜寻的具体过程,而这种过程的一个侧面,就是我们所讲的搜寻的具体方式。只要稍微考虑一下,就可以想到许多不同的搜寻方式,也有不少环境适合搜寻。大体来说,我们可以找出七种常见的搜寻方式。

(1) 交易区域化是搜寻最古老的方式之一。中世纪西欧、中国唐代以前的市制制度都是交易区域化的典型制度。市制制度规定买卖者不得在集市范围之外或非集市时期进行交易,进入集市的商贾必须向政府交纳一定的市税,这种市税清楚地表明商贾进入市场的价值。由于区域化交易具有较为明确的交易地点和交易时间特征,因此,交易区域化提高了市场搜寻的效率。随着封建市制的崩溃和商品经济的发展,交易区域化的具体形式得到扩充和发展,其中,行帮制度成为交易区域化发展的一种组织形式,这使交易的专业性和区域性特征更为明显。在现代社会中,交易区域化的一种突出发展形式就是定期召开贸易展销会,如法国巴黎时装博览会、中国广州商品交易会,以及我国当前兴起的人才市场等,都属于现代形式的交易区域化搜寻方式。

(2) 专业化贸易商的出现是搜寻方式的一个发展,那些潜在的买卖者可以通过专业化贸易商的集中化专业贸易活动得到相互需要的市场信息或信号。

(3) 广告,特别是分类广告,是买卖者相互交换信息的现代方式,也是现代经营者信息搜寻的主要方式。通过新闻媒介等广告形式的搜寻,买卖双方都能在降低搜寻成本的同时提高搜寻效率。

(4) 共享信息是搜寻的第四种具体方式,两个买主相互之间比较价格,事实上就是在共同享用各自搜寻到的价格信息。很明显,如果两个买主走访 S 个卖主,并且进行比较,这时,买主实际上走访的卖主人数就不再是 S 个,而是 $2S$ 个。当然,这种算法排除买主走访同一个卖主的可能性。

(5) 直接走访(如走访商店、商情寻访调查等)也属于信息搜寻的常见方式。

(6) 专业化信息机构,如信息公司、职业介绍所、专业性咨询公司等。

(7) 通信搜寻,如电话咨询、函件求职等,都可以列为搜寻的具体方式。

总之,搜寻的具体方式大多是不受限制地发展的,随着信息技术的发展、互联网应用的普及、移动通信的蓬勃发展,人们可以通过网络查询所需的信息,大大降低了搜寻成本,提高了搜寻效率,淘宝网、阿里巴巴、中华英才网、智联招聘等都是在网络环境下出现的。

(二)信息搜寻成本与收益

搜寻理论认为，人们对信息的搜寻是有成本的。阿罗(Arrow，1977)认为，信息就是指根据条件概率原则有效地改变概率的任何观察结果。广义地讲，任何事件或事物都包含或传递信息。搜寻，就是决策者将样本空间中的选择对象转变成选择空间中的选择对象的活动。搜寻成本则是指搜寻活动本身所要花费的费用，这种费用有时指搜寻活动所需要的开销，有时也可以指等待下一次机会所付出的代价。

从买主角度观察，搜寻成本主要表现为时间。诚然，时间性成本对于不同买主有不同含义，高收入买主的时间价值相对较高，低收入买主的时间价值相对较低。正是基于这种原因，高收入买主一般花钱节省时间，而低收入买主则喜欢花时间节省金钱。可以推测，在购买同等数量和同等相当价格的商品时，高收入买主一般会比低收入买主的搜寻次数少，这种现象常常被人们直观地理解为"财大气粗"。但是，从搜寻成本角度来分析，这种"财大气粗"是符合经济原则的。

从卖主立场来看，搜寻成本也主要表现为时间形式。当商品数量只有一件，并且只进行个人搜寻时，无论是买主还是卖主，搜寻都将是不经济的。因为在这种条件下，搜寻成本必然除以潜在买主(或卖主)占搜寻对象总数的比率，这样的搜寻成本对于个别搜寻者来说太高了。

搜寻成本的差异还可从消费者购买一般日用消费品与购买大件耐用消费品的行为中得到证实。大家稍稍留意一下就能发现，讨价还价最激烈的地方是菜市场而不是耐用消费品市场。究其原因，首先，就买者和卖者对商品质量和成本的信息不对称程度而言，在菜市场就远低于在耐用消费品市场。在菜市场，菜的质量如何，人们往往一眼就能看出来，其成本大小大家多少也有个谱；而在耐用消费品市场，比如电视机、电冰箱、空调等，其质量好坏不是凭着看几眼就能判断出来的。其次，人们在菜市场上的搜寻次数要远远多于在耐用消费品市场上的搜寻次数，消费者可以由此积累较多的搜寻经验和谈判技巧，从而消费者在菜市场上搜寻的边际成本也就大大低于在耐用消费品市场上搜寻的边际成本。搜寻的边际成本大小势必影响搜寻者的战略决策，进而影响他在交易中的谈判地位。这样，在菜市场上进行激烈的讨价还价也就不难理解了。

搜寻收益的表现形式随搜寻对象和目的的不同而有所变化。市场价格搜寻的收益直接表现为搜寻所获得的预期节省额，而劳动者搜寻的收益则表现为搜寻所获得的边际工资率的增加额等。

(三)搜寻对策

正是由于市场价格离散，或信息分布的离散，信息需求者进行搜寻才有利可图。假如搜寻成本与个人的收入无关，那么一个人收入的上升会使他更多地搜寻(R. Manning 和 P.B. Morgan，1982)。但时间价值一般是搜寻成本的主要组成部分，而一个人的时间总是有限的，其时间价值可以按其收入水平来衡量。这样，我们通常都能预测到，随着个人收入的上升，他搜寻某种给定商品的次数将下降；若收入保持不变，搜寻成本的增加总是要降低搜寻的次数。

当价格离散增加时，个人的边际收益向上递增；搜寻密度越低，价格越离散；价格离散程度越高，每次搜寻所获节省额就越大，有效搜寻次数就越多；购买商品的价格越高，数量越多，越值得搜寻；由于搜寻成本的负效用，搜寻次数有限，最佳搜寻次数就是搜寻边际收益等于边际成本时的搜寻次数。大量实证表明，2~3次是许多搜寻行动的稳定均衡。民间俗语讲"货比三家"，体现了朴素的搜寻原理。目前搜寻理论涉及领域已完全超出市场价格、市场均衡等理论范畴，正日益深入到信息分析、管理决策、产品营销等众多实际操作领域，为揭示现象找寻思路提供了有力的分析工具。

既然存在搜寻成本，那么，对搜寻者而言，他所面临的选择就是"搜寻"或"停止搜寻"。如果搜寻者决定"停止搜寻"，那就意味着他在已有的机会集合中选择一项行动，搜寻过程结束；如果搜寻者决定"搜寻"，那就意味着他继续搜寻新的选择对象。必须指出，随着搜寻次数的增加，得自搜寻的边际收益总是下降的。当搜寻活动使搜寻的预期边际收益等于边际成本时，搜寻活动才会停止。这里，搜寻额外价格的预期边际收益是指追加一次搜寻所带来预期最低价格的减少量乘以购买量。搜寻额外价格的边际成本由时间、交通费用、信息费用构成。

【案例】

> 为什么离退休老人可以经常买到物美价廉的商品？其中的主要原因在于离退休老人的时间等机会成本小于其他人员，其搜寻的边际成本较低，这样，离退休老人搜寻的战略地位就优于后者。假如离退休老人进入市场第一次搜寻时发现价格相差越大，他采取第二次搜寻的可能性也就越大。这意味着，从一个给定的搜寻次数中得到的边际收益越大，价格的差距也就越大。

搜寻理论的基本问题是设立停止搜寻的标准或原则。由于搜寻问题的复杂性和特殊性，人们可以有各种各样的搜寻方法。如劳动者设立保留工资、雇主设立最高价格等。在现实中，搜寻总是在有限的知识内进行，人们不可能把同一个决策问题有关的全部知识都了解清楚后才作出选择。因此，在搜寻过程中，人们要注意知识对现实决策问题的有效性，并充分利用信息来降低搜寻成本。

搜寻理论也可用来解释劳动力市场上的职业选择。在劳动力市场上，劳动者与雇主都存在对供需信息的需求，两者都会把搜寻活动推进到搜寻的预期边际收益等于搜寻的边际成本那一点，但供需双方在搜寻对象的易识别程度方面存在明显差别。按常理，劳动者识别雇主要比雇主识别劳动者容易。道理在于，首先，劳动者与雇主之间承担的搜寻成本不对称。当雇主在选择劳动者方面具有优势时，搜寻成本一般由雇主和劳动者共同分担；否则，大部分搜寻成本由雇主承担。其次，搜寻目的不同。劳动者搜寻的目的相对比较单一，就是寻找能提供最高报酬的潜在雇主；而雇主的搜寻则是寻找潜在劳动者，并对他们的劳动能力进行有效甄别。最后，两者搜寻活动的替代程度不同。劳动者为了生活，必须进行工作，而为了生活得更好，就必须搜寻最能发挥其潜力的就业机会。这样，劳动者搜寻活动的替代性就低。而雇主往往可以利用工资率与搜寻技术的替代关系来控制搜寻活动。如雇主可通过支付较高的相对工资来降低离职率，从而减少搜寻活动与降低搜寻成本，其搜寻活动的替代性就高一些。

第三节 信息商品的定价

一、信息商品价值分析

与其他物质商品一样，信息商品也是使用价值和价值的统一。信息商品的使用价值是指信息对人们的有用性，即它能满足人们某种需要的属性，如信息商品满足人们学习、研究、管理、决策、生活等方面的属性。

(一)信息商品的使用价值

任何信息商品都可以满足人们的某种需要，都具有使用价值。信息商品的使用价值在于信息中无形的语义内容，其不包含载体的使用价值，也不因载体的改变而改变。但是信息商品又不能脱离载体而独立存在。这种使用价值与载体既分离又依赖的现象说明信息商品是一种不同于物质商品的特殊商品，它的使用价值及其实现过程都具有特殊性。

1. 同一信息商品对不同的使用者具有不同的使用价值

物质商品的使用价值通常是能用数量来表示的，并且其使用价值与它的价值量成正比。而信息商品是一种精神产品，它的使用价值一般很难用具体的数量表示。信息量与价值量之间也没有必然的联系。信息商品的使用价值通常不是指它本身的直接有用性，而是指它被应用后发挥的效用。由于同一信息商品对同一时间内使用的不同用户有不同的作用方面，因而对不同的人表现出不同的使用价值。对于同样一本书，有人看它是为了开阔视野、增长知识，有人看它是为了解决某一具体问题，而有人看它仅仅是为了消遣。

由于不同的人有不同的目的，其只是对特定信息的特定部分感兴趣，因而不同的人在利用了相同信息商品后会产生不同的效用和大小不一的价值。同样，由于使用者自身条件的不同，如知识水平、智力条件、环境条件、设备技术条件等不同对信息商品的开发程度是不同的，也会导致同一信息商品因人不同而表现出不同的使用价值。

2. 信息商品使用价值的共享性

物质商品的消费表现为占有和消耗，使用价值只能被一个购买者消费，卖方卖出该产品后，自己也就失去了对该商品的使用权，所以物质商品的使用权与所有权是一致的，所有者只有一个。而信息商品是一种精神产品，使用权和所有权是可以分离的。一般的信息商品在进行交换时，原来的信息持有者虽然出售了该信息产品，但失去的只是包含信息内容的物质载体，其仍然掌握着信息中的语义内容。一件信息商品在其商业寿命期间可多次用于交换——在空间上可同时使用，在时间上可相继使用。信息商品是一种购买者有所得，出卖者无所失的商品，它的使用价值具有共享性。

对于一些特殊的信息商品如专利等，虽然在一段特定的时间内其表现为垄断和独占，但是如果用发展的观点从整个流通和使用的历史来看，这些信息商品的使用价值最终也是要被共享的。

3. 信息商品使用价值的不确定性

物质产品的生产和使用具有确定性，在一定条件下，投入与产生之间具有必然的联系，它的使用价值一般是可预料的。而信息商品作为一种脑力劳动的成果，投入与产出之间一般没有什么必然联系。同时，由于信息商品使用价值的共享性，它可供多人、多次、多方面地重复使用，效用会在不同时间、不同用途、不同用户的使用中逐步发挥出来，使用价值的实现是一个空间和时间的延续行为，这也使得它的使用价值难以预料——表现出使用价值的不确定性。

(二)信息商品的价值

信息商品的价值是指凝结在信息产品中的人类劳动，它是信息商品的社会属性，体现出信息生产者和信息需求者之间的联系，即它们之间的交换劳动的关系。信息商品的价值有以下三种含义。

1. 劳动价值

信息商品的价值可以表达为

$$W=C+V+M \tag{5-1}$$

式中：W——商品的价值；

C——物化劳动；

V——必要劳动；

M——剩余劳动。

只是构成信息商品价值的这三部分与物质商品相比具有了新的意义。其中"C"应该包括生产信息商品时消耗的全部物化劳动投入，不仅包括投入的物质材料的价值，还包含了投入的信息材料的价值。"V"既包含了信息生产者的体力劳动支出，也包含了它们所支付的创造性的脑力劳动支出。"M"是剩余价值，为体力劳动与脑力劳动共同创造的剩余价值。信息商品中的"M"远远大于"$C+V$"的部分。

2. 效用价值

效用是信息商品使用价值的表现形式，是指货币化的使用价值，即在利用信息和不利用信息两种情况下产生的决策后果在经济所得上的比较。

3. 效益价值

信息商品的效益价值是指信息商品的效用与费用的比较。信息商品的效益价值在量上相当于信息商品劳动价值中的第三部分，即"M"。但两者的差别是，效益价值仅用来计算信息商品消费的经济得失，而信息商品劳动价值中的"M"体现着信息商品在生产与分配过程中人与人之间的关系。

与物质商品相比，信息商品的价值更难以确定；其构成更为复杂而且其实现形式也更具多样性。

二、信息商品成本分析

同实物资产、人力资产、技术、财务资源及知识一样，信息已成为经济发展必不可少的生产要素。在多数情况下，信息并不形成企业产品实体，这与人力不构成产品实体的道理是一样的。信息产品的品种也纷繁多样。从本质上说，任何可以被数字化(编码成一段字节)的事物都是信息。信息对不同的消费者具有不同的价值，不管信息的具体来源是什么，人们都愿意为获得信息付出代价。信息提供者的许多策略都是基于消费者对特定信息产品的评价存在很大差异这一事实。人们之所以愿意为获取信息付出代价，还在于信息被用户从市场上购买后会变成用户的信息资本。同其他要素资本一样，信息资本也具有增值性、周转性和垫支性。人们获取任何要素资本，都要支付资本成本。信息产品或信息资源变成企业、个人的信息资本，需要经过信息产品或信息资源进入市场交易的过程，企业、个人使用现金购买信息资源，使信息资源嫁接在财务资本上，从而变成信息资本——企业、个人经营过程中的要素资本之一。

信息商品是消费者必须在试用一次后才能对它进行评价的商品，因而信息商品是"经验商品"。这是由信息商品的崭新性、机密性和增值性所决定的。因此，信息商品经营者通常运用各种策略来说服谨慎的顾客在知道信息内容之前进行购买。一旦信息内容被解密、公开，被所有人知道，信息商品的使用价值就会减少或消失。

(一)信息商品成本的构成

1. 信息商品的固定成本

由于高科技的发展，无论是信息的生产，还是信息传递、信息获取都需要购置和建立相应的通信系统，如计算机硬件系统及程序、数据库和其他软件系统。随着信息化的广泛渗透，各行各业的科技和知识含量将日益增加，经营管理的复杂程度也将不断加大，经济主体运行稳健与否、效率高低、效益好坏在很大程度上取决于信息固定成本投入的高低。信息商品的固定成本成为产业成本上升的主要成本项目。

2. 信息商品的注意力购买成本

赫伯特·西蒙曾说："信息的丰富产生注意力的贫乏。"当今信息问题不在于信息的获得困难，而是信息的过量和超载，注意力成为稀缺资源。要在无数的信息中将人们的注意力吸引到自己的特定产品上，以获得产品的最高效益，产品销售主体不仅要在产品的设计、文字和印刷上增加成本投入，而且还要大力借助大众传媒来大肆宣传自己的产品，因而，花费了大量的不断增加的注意力购买成本。

3. 信息商品的获得成本

面对如此复杂的需要和大量信息，早期的最简单的收集方式，仅靠个人的看、听、读早已不再适用，机器系统虽能满足对速度、批量和准确性的要求，但非仅仅如此就够了。信息不对称从本质上是无法消除的，何况知识门类和深度都有着前所未有的发展，许多人尽管是某一方面的专家学者，但难成为熟知各方面的通才，而从事某行业多年的一般是该行业的行家里手。于是经济主体之间便因为分工和高效率的要求，产生了委托与代理的关系，信息委托方为节省时间、提高工作效率和减少决策的风险，一般会委托信息代理方搜索、获取和分析信息。这样在信息商品获得的过程中，委托人不仅要付出交易成本，还要付出相应的信息获得成本。

(二)信息商品成本的特性

信息商品成本与其他产品成本相比，具有以下明显的、相互联系的经济特性。

1. 信息商品成本部分地属于资本成本，具有不可逆资本投入的特征

建立信息系统需要购买设备，掌握某种知识或技能需要初始投资，说明了信息成本部分地属于资本成本。这些投资表现出明显的不可逆性，尽管可以把它转移给他人，但不能彻底地转移，因为它依然为原来拥有者所有。因此，信息的投资需求将会随信息价值确定性的不同而不同，信息价值越不确定、对信息的投资需求越大的经济主体一旦进行了投资，随后连续使用它的成本将比投资于新的更加便宜。

2. 信息商品生产的固定成本高复制的可变成本低

任何信息产品都需要投入大量的时间精力和高额的固定设备，即前期投入很高。然而，信息的复制成本却很低，一旦第一份信息产品被生产出来，多复制一份的成本几乎为零。这种成本结构产生了巨大的规模经济：生产得越多，生产的平均成本越低。

3. 信息商品成本与信息商品的使用规模无关

由于信息具有可传递性和共享性，不像其他生产要素那样在使用过程中被消耗掉，所以付出一次信息成本后，信息可以多次用于不同规模的有形和无形商品的生产及市场交易中。

(三)信息商品成本的特征

信息商品成本的主要特征之一是它的生产成本集中于它的原始复制成本。耗资数千万元的电影巨片的成本大部分都花费在第一份复制产出之前。一本科学期刊中的论文需要作者花费一年或多年的时间，投入大量的智力、体力劳动和借助设备才能完成，而期刊的印刷则在很短时间且花费较小的费用即可完成。一旦第一本杂志被印刷出来，生产另一本杂志的成本就很低了。随着信息技术的快速发展，信息传递的成本也在不断降低，这使得信息的原始复制成本占总成本的比重更大了。显然，信息产品的生产成本很高，但是它的复制成本很低。也就是说，信息产品的固定成本很高，复制的变动成本很低。这种成本结构产生了巨大的规模效应：生产量越多，生产的平均成本越低。

信息商品的绝大部分固定成本是沉没成本——如果生产停止就无法挽回的成本。人们如果投资于一项实物资产比如房产，后来又改变主意不要它了，可出售房产挽回部分损失。但是，如果拍了一部电影而失败了，那么就没有市场把影片卖出去。信息产品的沉没成本必须在生产开始之前预付。除原始复制成本很高外，信息产品的营销成本也很高。在信息经济社会中，顾客的注意力是一项稀缺资源，需要营销者对信息产品销售投入新的要素资本才能抓住潜在顾客的注意力。顾客价值信息逐渐取代公司股票价值信息而日益成为公司最重要的价值信息。

信息商品的变动成本也与一般实物产品的变动成本不同。受机器设备和自然资源的限制，以及会计上折旧费计提和分摊的规定，实物产品的生产数量和成本总额一般是有限制的，不仅要遵守配比原则及持续经营会计假设，还要考虑设备和个人的自然承受力。而信息产品的生产与核算则没有这些限制。企业和市场对多生产一份信息产品是没有限制的：如果你能生产一份信息产品，你就能以相同的单位变动成本生产 100 万份信息产品或者 1000 万份信息产品。这种低增量成本和大规模生产经营运作使信息产业的大型企业获得超额利润。信息产品的超低变动成本为信息产品生产者和营销者提供了巨大的发展机会。

信息商品成本具有价值发现功能。信息越隐藏就越有价值，公开则无价值。在市场经济中，竞争可产生价值和价格，但这是对一般实物产品而言的。而且，对于实物产品，人们通过基本的会计知识和经济学常识就可推算出产品的成本和利润。信息的价值和价格与实物产品不同，对其成本的估计会因人而异。信息能够资本化并因使用者不同而产生不同的价值，在于使用者与供应者之间的信息不对称。这是信息成本价值发现功能的根本。正因为如此，人们都千方百计地提高信息意识，极为留心地吸收、搜寻信息并降低其代价。信息成本由使用者搜寻成本，购置使用成本，供应者生产成本，传递、发送或转移成本等构成。不难看出，企业只有降低信息成本，强化信息资本的专用性，同时不断地更新信息，才可能使信息保持资本化状态，提高信息资本的价值贡献率。

三、信息商品定价理论

信息商品的价格是信息商品价值的货币表现。在不考虑市场因素的前提下,信息商品价格的主要成分大体上包括信息商品的生产成本、信息商品的销售成本和信息商品的合理利润。

(一)信息商品价格的形成基础

价格形成基础是指决定价格形成的内在因素,即价格形成过程中所遵循的客观依据,信息商品价格的形成基础则是指信息商品价格应以什么为依据,由于信息商品价值的特殊性,使得信息商品价格在反映其价值时也比物质商品复杂得多,目前我国信息学界有以下观点。

1. 价值价格论

价值价格论的观点认为价值是信息商品价格形成的基础。价值量的大小决定信息商品价格的高低。其理论依据是劳动价值论。

(1) 信息商品价格形成的质的基础是价值。

(2) 信息商品价格形成以其使用价值作为"物质"基础,离开使用价值,价值就不能成为价格形成的基础,使用价值在价格形成和实现中起着重要作用。

(3) 信息商品价格形成的量的基础是生产该信息商品所耗费的社会必要劳动时间所决定的价值量。

(4) 信息商品价格的形成还受到各种因素的影响,尤其是供求关系的变动对价格的形成具有十分重要的作用,有时甚至起决定性的作用。

信息商品的价值通过其形成中的劳动过程分析来测算,可表示为 $W=C+V+M$。其中 C、V、M 分别为不变资本、可变资本及剩余价值。在价值确定的前提下,信息商品的价值货币表现形式为价格。

2. 效用价格论

效用价格论是指信息商品的价格是由信息使用后可能或实际产生的效用来确定的。效用是信息商品使用价值的表现形式,是货币化了的使用价值,是指在利用信息和不利用信息两种情况下产生的决策后果在经济所得上的比较。效用价格论者认为,由于信息商品的生产不存在平均化的社会必要劳动时间,信息商品没有一个稳定的实体,因此信息商品的价值不能作为比较的统一尺度和共同标准,信息商品的价格只有借助于效用指标才能正确描述,因此信息商品的效用也就成为信息商品价格的基础。

3. 垄断价格论

由于信息商品生产具有唯一性、独创性及非重复性，并存在产权保护的法律问题，这就形成了信息商品的垄断价格论。这种观点认为，信息生产的非重复性和交换的排他性，使其生产和销售具有明显的垄断性，信息商品的价格决定于卖者的垄断性、买者的需求程度和支付能力。

4. 供求价格论

供求价格论认为，信息商品价格的决定因素是供需关系，正是买方和卖方在市场上相互制约决定着信息商品的价格。用户有关信息预期利润的额度，构成了信息商品理论价格的上限，用户有关生产成本的额度，构成了理论价格的下限。

以上任何一种价格理论都没有全面反映信息商品的特性，虽然它们都是信息商品定价理论上的基础，但都不能独立指导好信息商品的定价。

(二)影响信息商品价格的因素

1. 信息商品本身因素

1) 信息商品的价值

价值包括成本与盈利，是成本与盈利之和，价值越大，信息商品价格就越高；价值越低，价格也就越低。

2) 信息商品生产的难度与风险

信息商品生产难度大，投入的成本也相对较高，价格相应地也就比较高。但生产有一定的或然性，投入不一定能获得产出，在风险越大获利越大的原则下，风险大的信息商品的价格相应地也高。

3) 信息商品的生命周期与时效性

信息商品的生命周期是指从新产品的研制成功投入市场开始，经过发展、成熟阶段，最终被淘汰的全过程。处于成长期或成熟期的信息商品往往能带来较高的经济效益，其价格自然偏高；处于生命周期饱和期和淘汰期的信息商品，其价格也就低。

4) 信息商品的质量

信息商品的质量越好，效用越强，价格越高。

2. 信息商品的直接相关因素

1) 信息商品的效用和经济效用

用户能使用信息商品来解决的问题越多，买方愿意接受的价格就越高，反之，则买方愿意接受的价格越低。

2) 供求情况

供求虽然不能决定价格，但可以通过价格波动调节生产条件、生产行为等，从而影响价值的形成；供求情况对商品价格本身具有直接影响，供大于求导致价格下降，供不应求导致价格上升。

3) 转让次数

一次性转让，价格较高，多次转让，每一次转让的价格较低，其价格有不确定性。

4) 交易方式

一次买断式，价格相对较低；分期付款式，支付时间越长，价格越高；入股付款式，价格则由买方使用该信息商品所创造的价值来决定。

5) 用户的经济与心理承受能力

用户的经济与心理承受能力总是有限度的，若某项信息商品或信息服务所产生的经济效益不明显高出所支付的费用，则用户可能驻足不前，若索价超过用户的支付能力，即使再优质的产品和服务也无人问津。

3. 信息商品的间接相关因素

1) 社会信息化的规模与程度

社会信息化程度比较低，则表现为信息的商品化程度和信息技术水平较低，人们的信息意识比较落后，意识不到信息资源的重要作用。在信息化程度较高的社会，信息资源成为比物质和能源更重要的资源，人们的信息意识普遍比较高，社会对信息商品的需求量比较大，信息商品化和技术水平比较高，因此有利于信息商品价值的实现。可见，较高的社会信息化程度，有利于信息商品的价格根据其价值得以实现；反之，信息商品的价格会偏离其价值。

2) 国家经济政策

一个国家对信息产业的重视程度，往往影响信息商品价格普遍范围内的高低。在我国，由于经济体制和科技体制的改革，使得信息商品化成为现实，目前国家把信息行业服务列入国民经济的第三产业，其所占比重在逐渐上升，这势必导致信息商品价格普遍上升的社会趋势。

3) 社会心理因素

在信息商品价格中，"社会心理因素"占有相当的比重。在信息商品的交易中，消费者对信息商品的认知能力、认识程度和心理承受能力，虽不会直接在价格中得到表现，但对信息商品的价格制定都有着潜在的影响。一方面，中国人的信息意识普遍较差，不重视信息产业，在价格上自觉或不自觉地对信息商品进行抑制，这是造成现在信息商品价格偏低的一个重要因素；另一方面，消费者也往往通过信息商品的价格高低来判别其信息消费，因而导致信息商品的销售者根据信息商品的不同社会声望和消费者心理来确定价格。

(三)信息商品价格的形成过程

信息商品的价格形成机制是多维的，影响信息商品定价的因素也是多方面的，并最终由效用、成本等因素综合决定。其中，成本决定信息商品价格的下限，效用决定信息商品价格的上限。在正常情况下，受供求关系影响的价格波动只能在这个区间，同时垄断又给信息商品带来了超出价格区间的特殊价格。因此，我们应综合考虑各个因素对信息商品价格的影响。

显然，在信息商品价格制定的过程中，如果按照边际成本定价，肯定无法回收投资，所以信息商品生产商为了补偿投资并进行打折的信息商品的开发和生产，在预测销售规模的前提下，首先计算出平均成本；其次考虑自身和行业的垄断势力及目标利润率，确定加成空间，并制定一个初步的测试价格；最后将产品推向市场，观察市场反应和竞争对手的价格，根据统计反馈再调整价格水平，最后综合形成最终的公布价格。

(四)信息商品的定价原则

1. 价值理论支配原则

信息产品具有固定性，同样是一种劳动产品。在生产过程中环节越多，其开发越复杂，难度越大，投入分量越重，其价值也就越大，价格也相应就越高，这是一切商品的基本定价原则。

2. 递减原则

信息商品具有共享性与保存性，它的生产成本在多次复制后几乎没有增长，因此其价格根据其出售形式和转让次数的不同，采取递减原则。

3. 按质论价原则

信息商品具有独创性与时效性。质量高的产品，价格就高一些，质量低的产品，价格就低一些，按质论价原则可以限制伪劣商品进入信息商品市场，减少信息污染。

4. 效益分成原则

信息商品的知识性可以给它的使用者带来收益。效益分成原则是按用户在利用信息后所获得的利润的一定比例进行分成的方法，它所反映的是人们之间的经济利益关系，此法有利于信息商品质量的提高，促进信息市场进一步完善。

(五)信息商品的定价策略

由于信息商品市场接近于垄断竞争市场模型，所以这种市场的特点和信息商品自身的特点共同决定了信息商品的具体定价策略，包括以下四种。

1. 差别定价

1) 时滞策略

时滞策略是指厂商利用消费者对时间限制的敏感程度的差异，针对消费者具有的不同需求函数的各个级别，就产品的不同销售时间索取不同的价格，从而获取更大利润。

2) 产品个人化策略

由于在信息商品市场，关于信息定价的基本原则是以价值为基础的，必须根据顾客的支付意愿向不同的顾客索取不同的价格。在现实生活中，我们应该对消费者有一定的了解，通过为消费者选择等途径对产品实行差别定价。

3) 消费者群体

由于在现实生活中，厂商不一定能获取每一个消费者的支付意愿，他只能根据以往的需求情况和购买对象的特性，大致地将消费者分成具有不同需求的两组、三组或更多组，就同一种商品向不同组的消费者索取不同的价格。

2. 捆绑销售

尽管消费者具有不同的需求，但有时候不能实行价格歧视，这时厂商可以采取捆绑销售策略。当消费者对两种商品具有不同的保留价格时，捆绑销售策略就会起很大作用。这种销售行为和定价方法常常出现在信息商品领域，例如微软公司将Internet Explorer浏览器与Windows操作系统捆绑，并以零价格附随出售。事实上，很多信息商品都在捆绑销售，例如ERP软件、成套百科全书、订阅一年的杂志等。当然，捆绑商品的好处不止如此，它还可以降低用户的搜索成本、使用难度、交易成本等。

3. 渗透定价

信息产品的市场结构决定了信息企业的经营目标是"市场最大化"而不是"利润最大化"，这决定了信息商品的定价策略是"渗透定价"，最大限度地占领市场，而不是急于赚取超额利润。

4. 拉姆齐价格

拉姆齐价格是一系列高于边际成本的最优定价，它能资助商品和服务的提供。当某一商品或服务的价格提升所产生的净损失小于运用额外投入所产生的净收益时，经济效率就提高了。拉姆齐价格在信息商品市场以及其他信息服务机构是相当普遍的，因为它增加了社会总福利，是一种有效定价。

由于信息商品本身的特性，所以我们在具体运用这些理论和策略的同时，必须具体分析当时的社会条件、信息环境、目标市场的具体情况和其他相关条件，从实际需要出发采用合理的价格理论与价格策略。然后根据实际情况，综合运用经济学、市场学、价格学的基本原理，参照目前通行的知识产品和智力服务特点，分别采用不同的定价方法，才能制定合理的价格。

第四节 信息市场

一、信息市场概述

从狭义上说,信息市场是以提供各种信息来满足用户需要的信息交换的场所。大多数信息都能够进入市场进行交换。实际上,信息市场不仅涉及信息商品、信息商品交换场所,还涉及信息生产者、经营者、用户及其经济活动和经济关系。因此,从广义上说,信息市场不仅指信息商品交换的场所,而且还包括购买信息商品的用户,以及其与信息生产者、经营者之间的经济关系,即信息商品从生产到消费之间的整个流通过程和领域,是信息商品供求关系的总和,这里所指的商品既包括信息本身,也包括信息服务和信息流通。

(一)信息市场的特点

无论信息商品市场中流通的商品以何种形式出现,其实质都是信息。信息商品的特殊性决定了信息商品市场具有特殊性质。

1. 交易活动具有多次性

由于信息交易并不是让渡所有权而是使用权,因此同一信息商品可以在其有效时间内多次、反复出卖。

2. 交换具有间接性

交易的间接性即需求者不一定通过直接交换方式获得信息,而是可以通过广播、电视、报刊等获得信息。

3. 交易具有很强的时效性

随时间的推移和条件的变化,其使用价值会失效,即交易具有很强的时效性。

(二)信息市场的作用

信息市场的发展、信息的商品化,对社会经济的发展起着明显而重要的作用。
(1) 为社会生产和流通提供大量有效的信息资源,有利于促进经济发展。
(2) 为企业提供必要的市场需求信息,有利于提高企业的竞争能力和应变能力。
(3) 为消费者提供有关商品供应信息,是促进销售的有力手段。
信息市场发挥着中介作用,是沟通产、供、销的桥梁。

二、信息市场营销

所谓信息市场营销,是指信息机构为满足用户的信息市场需求,采用多种方式和策略,将适销对路的信息产品从生产者送达到用户,再将用户的意见反馈到信息机构的活动。

信息市场营销是信息市场供给方和中介方所开展的信息市场活动的主要内容,其好坏直接关系到信息企业生产经营的成败,营销者信息市场供给方和中介方的利益,制约着信息市场的运行和发育。

(一)信息市场的产品策略

产品是市场营销中最基本的因素,没有产品进入市场流通,就无所谓的市场营销,在产品方面应注意做到以下几点。

1. 研究用户需求和心理以提供适应市场需要的产品

在我国信息市场中存在着这样的现象:一方面许多用户找不到所需的产品,另一方面许多信息产品又闲置不用,这就形成了产品使用与用户之间的矛盾。要解决这一矛盾,就要求我们彻底了解用户的信息需求,通过详细的市场调查并及时调整自己的生产经营方向,调整信息产品的结构,针对不同的信息用户提供适销对路的产品。

2. 重视提高产品质量和提供有特色的产品

由于人们需求的多元化而要求不断地开发新产品和更新商品,从而导致信息商品与信息需求产生了错位。一些信息经营主体不顾自身条件,片面追求信息产品的种类,对产品只注重数量不在乎质量,耗费大量的人力物力,而提供的产品明显缺乏市场竞争力。因此,我们要更新观念,注重用户急需的、时效性强的信息商品的开发,多提供有特色的信息产品来满足信息用户的需要。

3. 注重产品创新和品牌战略

在市场经济条件下,信息经营主体的生存和发展取决于本身科技进步的快慢,而新产品又是科技进步的集中表现。因此,研究和探讨产品创新战略是每一个经营主体在市场竞争中取胜的法宝。美国著名的《商业周刊》在分析苹果电脑公司时指出:苹果电脑公司的生存之道是创新求生存。"苹果设计奖"竞赛,每年在全球举行一次,它在IT行业中为顾客提供造型更新颖、更具特色的产品,让顾客愿意多花一些钱购买,它的创新战略吸引了国内外越来越多媒体的目光。在竞争日益激烈的买方市场条件下,品牌越来越成为一个企业的无形资产,是企业迈向成功的"护身符"。注重品牌和形象可以使企业极具亲和力,促进产品销售,可以保护所有者的权益,它是经营主体重要的无形资产,有利于该主体进行营销活动。

(二)信息市场的服务战略

由于服务战略具有多样性和不易模仿性等特点,因此,它具有相当广阔的驰骋天地,尤其是对买方市场和饱和市场来说，服务能力越强，市场差别化就越容易实现，也越容易保持牢固的用户关系。同时，服务战略是长期的、根本性的战略。然而国内许多信息市场主体，没有及时调整好心态，没有意识到用户是信息机构生存的第一要素，没有意识到服务能给其带来巨大的价值，在信息市场活动中，管理者没有建立用户需求的传感系统、效应系统和反馈系统模式。信息市场主体在实施服务战略时要做到以下几点。

(1) 树立积极的服务思想观念，把对信息用户服务、社会服务作为核心问题来抓。

(2) 树立服务质量战略观念。信息经营者必须充分了解目标客户的需求，并制定出有自己特色的服务战略来满足顾客需求。

(3) 建立专门的用户调研机构，保持对用户需求高度敏锐的感觉能力；建立一套行为转换保障机制，保证用户需求转化为管理决策和具体行为。

(4) 在服务基础设施建设方面，一方面建立"以用户为中心"的信息管理系统，另一方面配置相对完善的有形设施，延伸服务的内容。

(5) 建立有效的监督制度，做好服务人员的内部管理。提高服务质量，把服务质量作为一个主要着眼点来抓，把服务质量作为一个系统工程来抓，只有这样才能在信息市场中游刃有余，赢得更多用户最大限度的满意。

(三)信息市场的价格策略

在信息市场中，价格是信息商品的内容和服务质量的货币表现。信息商品的价格是否合理，直接影响到信息机构和信息用户的经济效益及两者之间的关系，并对信息市场的供求结构产生重大影响。因此，在信息市场中采取不同的价格策略是十分必要的。

1. 不稳定性价格策略

由于信息需求及环境的变化，造成信息系统服务相对不稳定，使信息机构的管理和经营效果都受到波动和影响，出现供不应求或供过于求现象。为了解决这些问题，应采取不稳定性价格策略，进行灵活收费。信息产业收费不是一成不变的，根据功能的不同，服务方式也有所差别。一是在特殊时间服务价格低于正常服务，比如电信服务：拨打固定电话 0.2 元/分钟，后来电信部门推出夜间优惠服务，在晚 9:00—早 7:00 时间段可便宜 0.05 元/分钟。二是对信息产品受益面大，支付能力强的信息用户收费较高，比如无线寻呼服务。20 世纪 90 年代中晚期在我国一些大城市开展寻呼 E-mail 服务，在全球范围内实现双向寻呼。上海国脉同美国通用无线联合开通了此项业务，并通过与上海证交所合作，给广大股民带来极大的惊喜，当然开展此业务价格不菲。

2. 使用效果价格策略

目前，一些大型综合性图书馆和高校图书馆都开展了信息参考服务，根据工作人员的服务水平、信息的知识含量、信息处理及服务的工作量、输出信息的质量和使用效果提供有偿服务，收取一定的咨询费。

3. 免费价格策略

在一些信息服务过程中，为了达到某些特定的目的，或为了吸引更多的顾客参与，企业使用无偿服务方式，比如学校图书馆目前有清华同方数据库、CNKI数据库、维普资讯、超星数字图书馆、中国数字图书馆等信息资源，学生可以免费查阅，必要时工作人员还要提供咨询和帮助。

(四) 信息市场的竞争策略

竞争是市场经济的基本特征之一，也是企业发展的推动力，企业的营销处于不断的竞争过程之中。有竞争才有市场，有了竞争，企业才能更好地生存和发展。信息社会既面临着前所未有的发展机遇，也面临着巨大的挑战。一方面，网络制造的虚拟信息使物理资源的作用弱化；另一方面，信息服务市场机制已然形成，各种信息服务机构只有依靠富有创意的服务和先进的技术才能维护自己在竞争中的地位。因此，信息市场经营者在制定营销战略时，必须规划自己的竞争策略。

1. 优势战略

优势战略的核心是向信息客户提供独特价值的信息商品。如果信息商品提供者能在品种、技术、性能、服务、销售网络等方面显示出独特的优越性，就可以很好地防御竞争对手，在同业竞争中很好地建立起防御屏障，有独特价值的信息商品肯定备受青睐，在信息市场竞争中具有一定的优势。

2. 资源利用战略

信息产业的核心竞争力主要体现在信息资源和技术资源上。若要提高信息资源的竞争力就要充分开发国内资源，加大资源建设的力度，既要做到资源的区域化共建共享，又要与国际接轨，侧重于资源的共建；在技术资源竞争机制上，要充分利用现代信息技术，加强对信息产品的深加工，更深层次地挖掘信息内容，培养高素质的信息工作人员，提高他们驾驭信息市场的能力。

(五) 信息市场的促销策略

信息商品的促销和推广活动，能够把信息产业的产品、服务、价格、信誉、形象、交易方式等相关信息传递给目标市场，刺激消费者，促进生产，促进消费，从而获得良好的经济效益和社会效益。

1. 营销推广

营销推广是信息商品的经营者为了在短期内提升销量或销售收入而采取的促销措施。比如举办信息发布会、技术成果展览会、信息集市等，通过信息产品的展示、演示，扩大信息商品市场的覆盖面，使对方对商品的技术性能、使用价值及潜在的经济效益和社会效益有所认识，引起购买方的注意，最终促成信息商品的成交。

2. 公共宣传

公共宣传是信息商品的经营者利用新闻媒体和大量的宣传工具传播有关信息和宣传信息商品，吸引需方主动购买其产品。公共宣传主要有三种方法：一是广告销售法，即通过电视广告、印刷广告、宣传手册、视听材料等手段及时向目标市场发出信息，进而推动信息商品的销售；二是邀请销售法，即邀请购买方参加各种研讨会、年会、信息发布会，定期开展各种技术讲座，使对方对自己的商品有所了解，加深对产品的印象；三是综合销售法，即深入目标市场，与需方建立公共关系，与之联营，与之合作，共同开发新产品，做到利益共享、风险共担。

3. 人员推销

人员推销是人类社会最古老的促销手段之一。随着市场经济的发展，人员推销的内容不断扩充，成为现代营销一种重要的传播促销方式。人员推销的优势在于供需双方随时可以进行互动，它注重人际间的沟通和交流，便于潜在的消费者深入了解产品，产品供给方既可以根据目标对象的要求及时调整促销方式，又可以把需方的意见和市场需求动态迅速反馈给信息商品的供给方，以利于他们适时调整商品的结构和营销策略。

三、我国信息市场的发展

(一)在改革开放环境中起步

从国际社会发展的历史角度看，信息市场的起步和演变大体经历了四个阶段。第一阶段为17世纪以前的"隐性阶段"。在这漫长的历史过程中，信息的流通包含在物质商品的流通当中，信息本身还未形成商品，它仅仅是物质商品交换的一种附属形式。第二阶段为17—20世纪前叶的"萌芽阶段"。由于生产力发展和社会分工的细化，信息产品开始作为商品进入流通领域，但市场供求范围与市场规模还比较小，信息市场只能是一种雏形。第三阶段为全面兴起和发展的阶段。"二战"后，专门从事信息生产和信息交易的信息产业应运而生。特别是20世纪50年代以来，由于各种现代信息技术的广泛采用，信息量成倍增长，信息需求范围不断扩大，与物质经济相对应的信息经济已成为影响一个国家经济、社会、科技发展的重要因素。随着信息时代的到来，信息市场开始逐步走上完善、成熟、繁荣的新阶段，即第四阶段。

由于历史的原因，我国商品经济发展一直相当缓慢，加上经济、社会、科技发展的限制，就连物质商品市场都十分匮乏，何谈信息市场？真正"既有场也有市"，是在1978年和1979年，即党的十一届三中全会和全国科学大会以后，我国实行改革开放政策，商品经济迅猛发展，科技技术作为第一生产力发挥了重要作用，信息威力开始显示出来，信息市场由"隐性"过渡到"萌芽"阶段。随着国家经济、社会、科技的全面发展，信息需求十分旺盛，信息业务从原有计划经济的束缚下解放出来，开始走上商品化、市场化的轨道。短短几年时间，全国各地建立起国营、民办、中外合资的信息咨询公司、信息开发公司、专利事务所几千家，作为专门职业的信息经济人大量产生，信息服务的形式变得丰富多彩。它们在原有的有偿服务的基础上全方位发展，有力地促进了我国信息市场的全面兴起。

(二)在商品经济大潮中发展

由于商品经济繁荣促使信息市场供求旺盛的内部动因，由于政策保证、技术保证、条件保证等外部环境的促进，20 世纪 80 年代中期以后，我国信息市场的发展非常迅速，主要表现在以下几个方面。

1. 市场形式多种多样

根据我国特点和广大用户实际需要，固定型、通信型、临时型、流动型等信息市场都发展很快。固定型信息市场拥有固定的经营机构和交换场所，可以进行长期的信息交易活动，如我国原有的 400 个科技信息机构。这些机构的有偿服务项目逐步上水平、上规模，其中约半数已形成实际上的固定型信息市场。到 1995 年年底，我国科技信息机构由于有效地市场开拓，其经营性收入已达到国家事业费投入的 1/2。除此之外，各部委、各省市还建立了大型、固定的信息市场 20 余个。通信型信息市场采用电话电报和计算机网络来进行信息交流交易。国际互联网的开通为网络资源开发利用和增值服务创造了条件，并已形成联机网络信息市场。

2. 信息交流内容丰富多彩

商品经济快速发展，除原来的科技内容外，经济、贸易、金融、法律、统计、企业诊断与评估、国际市场分析等，都成为信息市场上交流交易的内容。联机联网信息检索与查询，定向定点定题服务，信息发布会与交易会，技术推广与招标等手段广泛采用，市场的触角已伸向物质产品市场、期货市场、技术市场、金融市场、人才市场、房地产市场等。

3. 电子信息市场蓬勃兴起

电子信息市场是伴随着当代新技术革命浪潮而发展起来的，北京"中关村电子一条街"就是典型的例子。20 世纪 80 年代中期以来，我国信息提供与服务开始从手工和印刷媒体为主向电子传输方式转移，软件开发和销售在计算机产业的基础上走上独立发展轨道。技术市场与信息市场紧密结合，形成了中国信息业发展的新浪潮。

(三)在市场体系建设中完善

我国国民经济发展规划提出：国民经济信息化，发展信息技术、信息产业、信息市场作为我国总体发展战略的一部分被列入我国经济、社会、科技发展的重要议事日程。2015年 9 月，国家发布《促进大数据发展行动纲要》，纲要提出：在全球信息化快速发展的大背景下，大数据已成为国家重要的基础性战略资源。未来，健全的数据资源交易机制、定价机制和大数据市场交易标准体系将有效地规范信息市场的交易行为，打造逐步完善的信息市场体系。

四、我国信息市场的发展特点

1. 信息需求日益增长

由于全球信息化浪潮的高涨，世界市场上对信息产品和服务的需求激增。在我国，不论是居民还是政府和非政府组织，其对信息商品和服务的需求欲望日益高涨，而且需求的实现水平大大提高。有数据表明，我国城镇居民月人均信息产品及服务支出的增长幅度已高于月人均消费支出的增长水平，也高于食品、衣着消费的支出水平。从政府和社会组织需求来看，对投资信息商品及服务的需求越来越大，质量要求越来越高。

2. 信息市场规模不断壮大

我国信息市场的发展主要开始于 20 世纪 80 年代，1980 年 8 月，国内第一家专门从事信息交易的机构——沈阳技术服务公司成立。2017 年中国大数据市场规模达 358 亿元，年增速达 47.3%，规模已是 2012 年的 35 亿元的 10 倍，预计 2020 年市场规模将超过 700 亿元。以贵阳大数据交易所为例，截至 2017 年 10 月，交易所交易额累积突破 1.2 亿元，交易框架协议近 3 亿元，发展会员超 1500 家，接入 225 家优质数据源，可交易数据产品近 4000 个，可交易的数据总量超 150PB。

3. 信息市场竞争激烈

随着信息技术的不断发展，特别是 2014 年，"大数据"首次写入《政府工作报告》之后，各种数据交易中心如雨后春笋般不断涌现。贵阳大数据交易所、上海数据交易中心、浙江大数据交易中心、重庆大数据交易市场、华中大数据交易平台等平台纷纷提供数据交易、结算、交付安全保障以及数据资源管理等服务，国内信息市场的竞争日益加剧。

案　　例

材料一：

比价网站一战成名　声势浩大的电商价格战硝烟散去，以一淘网为代表的比价网站在这次价格战中凸显价值，一举成名。据了解，在此次电商价格战期间，一淘比价页面的搜索量较平时超过 10 倍。购物工具如意淘的流量也增长了 5 倍以上，用户数量首次突破 1000 万。 货比三家是购物者最基本的消费认知，而比价网站恰恰在这一点上满足了市场需求。用一淘网等进行比价，已逐渐成为越来越多网友的一种网购习惯。

(资料来源：瞿永冠. 电商相争比价网站得利　第三方服务商凸显发展潜力[N]. 中国信息报,2012-08-

材料二：

大数据交易可以打破信息孤岛和行业信息壁垒，促进高价值数据汇聚对接，满足数据市场多样化需求，实现数据价值最大化，对推进大数据产业创新发展和"互联网+"战略实施具有深远意义。近两年来，政府支持或企业、产业联盟主导的大数据交易平台多地开花。

1. 大数据分析结果交易模式（以贵阳大数据交易所为例）

贵阳大数据交易所是我国第一个大数据交易所，交易所不进行基础数据交易，而是根据需求方的要求，对数据进行清洗、分析、建模、可视化等操作后形成处理结果再出售。交易所采取会员制，对会员资格有较高要求，数据提供方和需求方都须成为会员才能交易。截至 2017 年 10 月，交易所交易额累积突破 1.2 亿元，交易框架协议近 3 亿元，发展会员超 1500 家，接入 225 家优质数据源，可交易数据产品近 4000 个，可交易的数据总量超 150PB。

优势：一是贵阳大数据交易平台具备权威性和公信力，更能吸引调动各方资源，汇聚高价值数据，包括政府部门数据和行业龙头企业数据等。二是对交易双方较为严格的会员资格要求，一定程度上保证了数据质量和数据的使用安全。三是交易数据分析结果因为不是原始数据，也暂时规避了困扰数据交易的数据隐私保护和数据所有权问题，有利于活跃数据交易市场。

劣势：交易所进行数据分析交易处理结果，在一定程度上限制了数据潜在价值挖掘，而且大数据应用未来将渗透到众多行业，交易所在细分领域甚至跨行业的分析挖掘技术和专业知识上可能会捉襟见肘。

2. 数据产品交易模式（以数据堂为例）

数据堂成立于 2011 年，2014 年 12 月在新三板挂牌上市，顺利完成了多轮融资，目前公司市值达 25 亿元。数据堂主要从事互联网基础数据交易和服务，建有交易平台，业务模式主要有两种：一是根据需求方要求，利用网络爬虫、众包等合法途径采集相应数据，经整理、校对、打包等处理后出售，即数据定制模式；二是与其他数据拥有者合作，通过对数据进行整合、编辑、清洗、脱敏，形成数据产品后出售。目前，数据堂拥有 4.5 万套、1200TB 以上规模的数据源，涵盖科技、信用、交通、医疗、卫生、通信、地理、质监、环境、电力等领域。

优势：一是交易平台完全采取市场化运营，对于数据的提供方和需求方来说，门槛低，更能调动交易双方的积极性，有利于各类数据的汇聚和开发利用。二是数据定制模式以需求为导向，使数据采集、交易更具针对性，减少了不必要的时间和人力资源浪费，提高了数据使用效益。

劣势：一是爬虫或众包方法都不易从互联网上获取如企业运营、用户交易行为等核心高价值数据。二是随着各地政府支持的交易所纷纷建立，数据交易有了更多场所可以选择，数据拥有者出于权威和公信力因素，可能会选择将数据在交易所出售，给数据堂带来竞争压力。

3. 交易中介模式(以中关村数海大数据交易平台为例)

中关村数海大数据交易平台由中关村大数据交易产业联盟(在中关村管委会指导下，由工业和信息化部电信研究院、中关村互联网金融协会等60余家单位机构参与组建)发起成立，北京数海科技有限公司承建、运营。它属于开放的第三方数据网上商城，平台本身不存储和分析数据(仅对数据进行必要的实时脱敏、清洗、审核和安全测试)，而是作为交易渠道，通过API接口形式为各类用户提供出售、购买数据(仅限数据使用权)服务，实现交易流程管理，平台按包月或调用次数进行收费。截至2015年7月平台上线一年半以来，平台聚集数据供应商超过1214家，数据交易量1.6万笔，交易额5980万元。

优势：这一模式完全市场化，可以调动企业提供、购买数据的积极性，促进供需方进行公平交易，并有依托产业联盟促进数据交易生态形成的优势。

劣势：在我国目前数据交易市场不成熟的现状下，企业出售和购买数据的意识不强，通过平台发布的数据并不是市场真正需要的，平台尚未建立起促进企业提供高价值数据的有效机制。

(资料来源：庄金鑫.大数据交易平台三大模式比较和策略探析[N].中国计算机报,2016-08-08(002).)

本 章 小 结

信息商品指人们通过感官或仪器，花费一定的时间和精力，对观察、感知所得的信息资源进行分析，形成的有助于人们的理解、认识，并与他人交换的信息产品。信息并不是最早的商品，信息是在特定的经济、历史与技术条件下成为商品的。信息商品具有知识性、固定性、独创、共享性、不对称性、保存性、时效性和间接性与层次性等特点。

与其他物质商品一样，信息商品也是使用价值和价值的统一。信息商品的使用价值是指信息对人们的有用性，即它能满足人们某种需要的属性，如信息商品满足人们学习、研究、管理、决策、生活等方面的属性。信息商品的价值则是指凝结在信息产品中的人类劳动，它是信息商品的社会属性，体现出信息生产者和信息需求者之间的联系，即它们之间的交换劳动的关系。

信息搜寻有多种方式，并且会导致相应的搜寻成本，选择合适的搜寻对策是决策者要考虑的问题。信息商品的价值和成本都由多种因素构成，信息商品的价格制定有差别定价、捆绑销售、渗透定价和拉姆齐定价等多种策略。信息市场是信息商品进行交换的场所，信息市场也需要制定不同的营销策略。我国的信息市场起步较晚但发展迅速，其中也存在一定的问题。

思 考 题

1. 什么是信息商品?
2. 信息商品成为商品的条件有哪些?
3. 简述信息商品的特点。
4. 什么是信息搜寻?
5. 信息搜寻的方式有哪些?
6. 试借助搜寻理论分析职员的"跳槽"现象。
7. 简述信息市场的含义与特点。
8. 信息市场的营销策略有哪些?
9. 我国信息市场发展有何特点与问题?如何解决?

第六章 信息资源的经济分析与配置

【本章导读】

随着信息经济的迅速崛起，人们越来越重视对信息的开发利用和研究。信息资源已成为与物质能源相并列的又一资源。本章将围绕什么是信息资源、信息资源有哪些经济特性及经济功能展开，并探讨信息资源如何才能进行优化配置。

【重点提示】

- 信息资源、网络信息资源的含义。
- 信息资源的经济特性。
- 信息资源的经济功能。
- 信息资源的配置：含义、内容、目标及机制。
- 信息资源的优化配置。
- 网络信息资源的优化配置。

【学习目标】

通过本章的学习，能够理解资源、信息资源、网络信息资源的含义与类型；理解信息资源的经济特性；理解信息资源的经济功能；了解信息资源配置的含义、内容、目标与机制；了解信息资源的优化配置。

【关键概念】

信息资源　稀缺性　公共产品特性　外部效应　信息资源配置

第一节　信息资源概述

信息同能源、材料并列为当今世界三大资源。信息资源广泛存在于经济、社会各个领域和部门。它是各种事物形态、内在规律、与其他事物联系等各种条件、关系的反映。随着社会的不断发展，信息资源对国家和民族的发展，对人们工作、生活越来越重要，已经成为国民经济和社会发展的重要战略资源。它的开发和利用是整个信息化体系的核心内容。

一、信息资源的含义

"信息资源"最早是由国外提出来的，时间大约在20世纪60年代末70年代初。最早以"信息资源"为题的论文是奥罗尔科((J. O. Rourke) 写的《加拿大的信息资源》(*Information Resources in Canada*)。此后,以信息资源为标题的论著逐渐增多,其中不乏对信息资源的描述、解释、定义。比较有代表性的如下。

1979 年,美国信息管理专家霍顿(F. W. Horton) 从政府文书管理的角度出发,认为信息资源具有两层意思。

(1) 当资源为单数(Resource)时,信息资源是指某种内容的来源,即包含在文件和公文中的信息内容。

(2) 当资源为复数(Resources)时,信息资源是指支持工具,包括供给、设备、环境、人员、资金等。

1982 年,列维坦(K. B. Levitan) 在《美国情报科学会志》1982 年 1 月号上发表了题为《在信息生产寿命周期中作为"商品"的信息资源》(*Information Resources as "Goods" in the Life Cycle of Information Production*)的重要论文,提出了著名的信息生产寿命周期说,并对信息资源进行了定义。他认为:"从字面上和具体地讲,信息资源就是已经建立的,因而能够一再使用的信息源。换句话说,它是一系列已经制度化了的,为一个或多个用户集团反复使用的信息。"

1986 年,霍顿与马尔香(D. A. Marchand) 出版了题为 *Info trends: Profiting from Your Information Resources* 的专著,将"信息资源"与"信息财产"作了区分,认为信息资源的含义包括:①拥有信息技能的个人;②信息技术及其硬件与软件;③诸如图书馆、计算机中心、传播中心、信息中心等信息设施;④信息操作和处理人员。而信息财产的含义包括:①公司所拥有的正式的数据、文件、文献等财产;②公司所拥有的实际知识,包括类似专利和版权的智力财产以及个人的专门知识;③公司拥有的关于竞争对手、商业环境及其政治、经济、社会环境等方面的商业情报。

我国对信息资源概念及其有关问题的研究始于20世纪80年代中期。1985 年孟广均先生著文指出:"我国的信息资源很多,经济的、科学的、技术的、政治的、文化的、教育的、军事的……"

1996年,乌家培撰文指出:"对信息资源有两种理解:一种是狭义的理解,即指信息内容本身;另一种是广义的理解,指的是除信息内容本身外,还包括与其紧密相连的信息设备、信息人员、信息系统、信息网络。"

信息资源与社会发展国际学术研讨会认为,信息资源不仅包括文献,还应包括人、系统、经费等,而信息系统又包括人、机、网、库四大要素。

信息资源的含义,应从以下三个层次历史地、全面地来理解。

1. 信息是一种资源,而且是一种重要的资源

"信息资源"是由"信息"(information)和"资源"(resource)两个词语组成的词组。要理解信息资源的含义,首先要从语义上把信息是一种资源的观念确认下来,将信息作为

财富来认识和处理。

信息的概念随香农信息论的诞生而风行于世，半个世纪以来，不同领域的专家学者从不同的学科角度做出了不同的解释，使信息成为一个具有多维和多层次含义的概念。作为一个科学概念，我们认为信息就是关于事物运动状态和运动方式的反映。它是区别于物质和能量的能够用来消除不确定性的另一种基础资源。中文的"资源"一词，《辞海》的释义是："资财的来源。一般指天然资源。"《现代汉语词典》释义为："生产资料或生活资料的天然来源。"两者所指的资源都是物质的自然资源。英语的 resource 一词，是由法语 resourdre 融入的，在法语中为再生(兴起) 之意。根据《牛津英语大词典》(第2版)等释义，大体有六项。

(1) 满足需求和匮乏的手段，在必需时可以提取的原料与存储。
(2) 援助或帮助的可能性。
(3) 可以从困境和紧急状态下解救出来的方法、权宜之计、办法、谋略。
(4) 放松与娱乐的手段。
(5) 采取手段达到目的或应付困难的能力。
(6) 定语和搭配，如资源配置、资源密集、资源贫困、资源中心等。

从以上释义我们可知，resource 一词既指物质的自然资源，也指信息的精神和智力方面，或者兼指两者。我们所说的资源，应该是在自然界和人类社会生活中一切可以利用来创造物质和精神财富的具有一定量积累的客观存在形式。因此，英语这个解释应该发展地吸收到汉语对资源的释义中来，消除确认信息资源概念的语义障碍和由此而产生的对信息价值认识不足的观念障碍。在此基础上，信息是一种重要的资源的观念，才能得到社会的普遍理解和接受。

人类可以利用的资源很多，但可称为战略资源的，主要有物质、能量和信息三种。信息是相对于物质资源和能量资源而言的一种非物质形态的社会财富，它与物质资源和能量资源一起构成现代社会经济发展的三大支柱。物质资源提供的是各种各样的材料，能量资源提供的是形形色色的动力，而信息资源提供的则是知识和智慧。

2. 从狭义和广义两种角度来理解信息资源的含义

对信息资源含义的理解，归纳起来有两种：一是狭义理解，即认为信息资源就是指文献资源或数据资源，或各种媒介和形式的信息的集合，包括文字、声像、印刷品、电子信息、数据库等；二是广义理解，即认为信息资源是信息活动中各种要素的总称。第一种理解仅限于信息本身，而第二种理解既包含了信息本身，也包括了与信息相关的人员、设备、技术和资金等各种资源。

信息资源作为学科术语和研究对象，从广义上理解它的含义，有助于全面把握信息资源的内涵，符合信息活动的实际，也有利于更广泛地充分发挥信息资源的作用。信息技术作为信息资源的一个关键要素和组成部分，就是信息资源得以充分利用的必要条件。正如以数字技术革命为基础的电子计算机技术与现代通信技术及其相互融合的革命性变化，包括多媒体技术的出现，使信息资源的开发利用发生了质的飞跃，进入到高速度、大容量、交互式、智能型的信息网络化时代。但是，广义的信息资源是围绕狭义的信息资源而展开的，信息资源的许多特征也是由狭义的信息资源所决定的，即狭义的理解反映了信息资源的核心和实质。因此，我们认为应该从狭义和广义两种角度来认识和理解信息资源的含义。

3. 信息资源是一系列已经制度化了的、为一个或多个用户集团反复使用的信息

信息生产的生命周期是由信息被记录下来从而成为信息源开始的。信息源在反复不断地使用过程中，不断地被确认，并增加存取它的智性和物理的机制，包括存储设施、各种法律的、组织的和经济的规定。这就构成了信息生产生命周期的制度化阶段，信息资源就是信息制度化的结果。信息资源在传播过程中，不断地扩展、提高、增值，包括信息资源的再生产、再组合、重新包装。信息产品和信息服务就是信息资源扩展、提高、增值的产物。信息生产是一个无穷尽的过程。这个过程一经开始，信息源、信息资源、信息产品和信息服务就以无限的方式结合在一起。信息资源是一个一体化的机制，它处于信息生产生命周期的中心点，而且在持续不断的基础上将信息资源与信息用户结合在一起。信息资源起着协调行为者和各种活动的作用，包括以下四方面。

(1) 发展存取信息源的机制。
(2) 提供持续存取信息源的手段。
(3) 管理和维护资源。
(4) 再包装信息产品和服务。

我们在理论研究和信息工作实践中，都应该从狭义和广义两个角度来理解和把握信息资源的含义。

二、信息资源的特征

信息资源作为一种经济资源，它具有自然资源、人力资源、资本资源等经济资源的一般特征，即有用性(满足人类需求的属性)、稀缺性(在既定的时间、空间或其他约束条件下，某一特定经济活动的信息资源拥有量总是有限的)、可选择性(使用方向和用途是可以选择的) 这一组完备的特征。同时，与物质资源和能量资源相比较，信息资源具有自己的独特特征。

1. 依附性

依附性即与载体的不可分性。物质资源有着具体的形态，信息资源则较为抽象。信息资源自身不能存在和交流，而是以一定的符号系统固化在一定的物质载体上的。信息表现的是附着于脱离开事物的载体，如文献、通信网络、数据库等，并且必须借助于物质载体来传播。

2. 转换性

转换性即信息资源的可以变换、加工和转移载体的特性。信息内容在转换载体时的不变性，使得信息可以从一种形态转换为另一种形态。如物质信息可以转换为语言、文字、数据、图像等形式，也可转换为计算机语言、电讯信号等。同一信息可以用多种不同的载体来承载，不同的信息也可以用同一类载体来表现。因为对于事物运动状态及其变化方式，可以有多种不同的描述方法，只要这些不同的描述方法之间保持某种对应关系，它们就都可以认为是信息的真实复本。这些不同的描述方法之间的对应关系，就是我们所说的信息变换关系。由于信息资源的这种转换性，人们可以通过各种印刷媒介和电子媒介等，更有效地加工处理、开发利用信息资源。

3. 传递性

传递性即易传输性。信息在时间上的传递就是存储，在空间上的传递就是扩散。现代信息技术的飞速发展使信息传输网络变得更加高速和便捷，这使得信息资源在瞬息间即可传递到遥远的信息消费者手中。

4. 共享性

共享性即信息资源可以为一切人所享用。在物质商品的交换中，双方的交换是对等的。而在信息的交换中，双方的交换是不对等的，卖方并不失去信息，如果交换双方没有设定限制，卖方仍然可以使用这一信息，仍然可以与其他买方进行交换。这种交换的不对等性，使信息资源不能像工业产品那样占有。信息反映了卷入其生产周期中的所有有关人员的利益。信息资源和信息一样，在消费和使用中具有非排他性的特点。信息资源的建立就是为了持续不断地反复使用，禁止或不允许他人使用信息资源不仅是很困难的，而且也违反了信息的本质属性。信息用户的继续增加不会降低信息资源的价值。信息只有在成为权利的情况下才会具有排他性，如商业秘密类信息资源，享有知识产权保护的信息资源等。它们在一段特定的时间内表现为垄断和占有，但是用发展的观点从整个流通和使用的历史来看，它们也是要被共享的。

5. 时效性

时效性即信息资源的价值对时间的灵敏度很高。信息资源在过去、现在、将来三种时态上的配置，对其效益的发挥影响极大。一般来说，信息的使用价值与它的传递速度成正比，与积压时间成反比。因此，收集和加工信息要及时、迅速，利用信息更要及时、迅速，才会产生信息的最佳值。信息又是超前预测客观规律的认识。比如对从事科学研究和创造发明的科研和工程人员来说，他们不但需要与其所从事的研究项目相关的最新信息，而且需要掌握与之相关的累积的信息。只有极少数种类信息的使用价值，如有收藏、鉴赏、考古等意义的信息产品的使用价值，才会随着时间的流逝而增长。

6. 无限性

无限性即就信息资源时间的延续和信息资源的储量而言是无限的。信息资源产生并作用于人类的社会实践活动，人类的社会实践活动是一个永不停息的过程，信息资源也总是呈现出不断丰富、不断增长的趋势。信息资源是可再生的，可以被多次开发、多次利用。经过多次开发利用，信息资源的储量会不断地得到扩充，其扩充速度也会不断加快。从这个意义上说，信息资源是取之不尽、用之不竭的。

7. 增值性

增值性即信息资源的投入不但可以使自然资源、人力资源和资本资源增值，同时自身具有增值的特性。社会经济发展到现阶段，信息资源已成为一项重要的生产投入要素，它对其他要素具有先导和决定性的影响。同时，信息资源也使自身增值，知识通过价值链一次又一次地被附加上去，数据处理系统、管理信息系统演进为知识系统、专家系统，信息产业成为低消耗、高增值的产业。

三、信息资源的类型

信息资源的类型划分没有固定的标准，主要取决于人们分析问题的不同需要，可以根据不同需要从多个角度进行划分。

1. 按性质划分

按性质划分，信息资源可分为自然信息资源和社会信息资源两类。前者是指产生于自然界的信息资源，如地质信息资源、地理信息资源、太空信息资源、气象信息资源、地震信息资源、生命信息资源、海洋信息资源等；后者是产生于人类生产与社会实践活动过程中的信息资源，按内容可以分为教育信息资源、体育信息资源、法律信息资源、物质信息资源、经济信息资源、医疗信息资源等。

2. 按载体划分

按载体不同，信息资源可划分为人脑信息资源、实物信息资源、文献信息资源和电子信息资源。人脑信息资源是以人的大脑为载体的信息资源，是人脑资源的一大部分；实物信息资源是以自然物质为载体的信息资源，可分为自然实物信息资源(如地球、河流、山川、大气等)和人工实物信息资源(如雕塑、碑石、模型、建筑等)；文献信息资源是以介质为载体的信息资源，如书刊信息资源、声像信息资源、电子信息资源等。

3. 按表现形态划分

按表现形态不同，信息资源可划分为潜在信息资源和现实信息资源。前者是指个人在认知和创造过程中储存在大脑中的信息资源，只能为个人所理解和利用，无法为他人直接理解和利用,是一种没有表达出来的、有限再生的信息资源;后者是指潜在信息资源经过个人表述后能为他人所利用的信息资源,其主要特征是具有社会性,通过特定的符号表述和传递,可以广泛地、连续反复地为人类所利用,是一种可无限再生的信息资源。

4. 按构成要素划分

按构成要素,信息资源可分为信息内容资源、信息技术资源和信息人才资源。

5. 按组成关系划分

按信息资源的组成关系,可将信息资源划分为元信息资源、本信息资源和表信息资源。

6. 按空间位置划分

按信息资源所处的空间划分,信息资源包括国际信息资源、国家信息资源、地区信息资源、单位信息资源和个人信息资源。

四、网络信息资源

随着现代科技的发展,印刷型信息资源、光盘型信息资源和网络信息资源三种信息资源并存的格局已经形成。其中,光盘型信息资源被称为文献载体的一次革命,是近年来发展起来的一种新型文献,包括 CD-ROM、VCD、DCD 等。网络信息资源至今还未形成统一定义,有"联机信息""电子信息资源""因特网信息资源""万维网信息资源"等多种名称,其类型多种多样。我们可将之理解为"通过计算机网络可以利用的各种信息资源的总和"。从其来源上看,有政府、研究机构、大学、公司企业、社会团体、个人等;从其内容上看,有反映政府的政治性文件、学术研究报告、经济活动的信息(广告、商情、企业情况等)、历史文献资源、文学艺术、娱乐游戏等; 从其形式上看,有文本式文件,如各类电子出版物,也有计算机软件、图像文件、声音文件等,其存取和利用方法也是多种多样的。

网络信息资源具有以下特点。

1. 数量巨大,增长迅速

据估计,因特网每天发布 14 万件新的信息(总量约 450MB),全网提供的信息总量逾 20 TB。

2. 内容丰富,形式多样

因特网已经成为当代信息存储与传播的主要媒介之一,也是一个巨大的信息资源库,其内容包罗万象,覆盖了不同学科、不同领域、不同地域、不同语言的信息资源。在形式上,包括了文本、图像、声音、软件、数据库等,堪称多媒体、多语种、多类型信息的混合体。

3. 变化频繁，价值不一

在因特网上，信息地址、信息连接、信息内容处于经常性的变动之中，信息资源的更迭、消亡无法预测。而且，由于信息发布具有很大的自由度和随意性，缺乏必要的质量控制和管理机制，正式出版物与非正式出版物交织在一起，学术信息、商业信息及个人信息混为一体，信息质量良莠不齐，为用户选择、利用网络信息资源带来了不便。

4. 结构复杂，分布广泛

因特网是在自愿的基础上，通过 TCP/IP 将不同的网络连接起来的，对网络信息资源本身的组织管理并无统一的标准和规范，网络信息呈全球化分布结构，信息资源分别存储在不同国家、不同地区的服务器上，不同的服务器采用不同的操作系统及数据结构，字符界面、图形界面、菜单方式、超文本方式等缺乏集中统一的管理机制。

第二节 信息资源的经济分析

一、信息资源的经济特性

信息资源作为一种经济资源，具有以下几点经济特性。

(一)生产性

人类从事经济活动离不开必要的生产要素(即各种生产性资源)的投入。传统的物质经济活动主要依赖于物质原料、劳动工具、劳动力等物质资源和能源资源的投入，现代的信息经济活动则主要依赖于信息、信息技术、信息劳动力等信息资源的投入。人类之所以把信息资源当作一种生产要素来需求，主要是因为各种媒体(如文字、图像、声音等)的信息不仅本身就是一种重要的生产要素，可以通过生产使之增值，而且是一种重要的非信息生产要素"促进剂"，可以通过与这些非信息生产要素的相互作用，使其价值倍增。

(二)稀缺性

所谓稀缺性，是指满足人们某种需要的物品数量相对于人们的需要来说是有限的、不足的。经济学的基本原理告诉我们一种物品仅有使用价值，人们是不会去生产它的，譬如说空气和阳光，人们要生产一种物品，这种物品必须是稀缺的。使用价值反映的是物品本身满足人们需要的程度，而稀缺性则反映的是物品数量满足人们需要的程度。

1. 信息资源稀缺的原因

信息资源同样具有稀缺性，其原因主要有两方面。一方面，信息资源的开发需要相应的成本(包括各种稀缺性的经济资源)投入，经济活动行为者要拥有信息资源，就必须付出相应的代价。因此，在既定的时间、空间及其他条件约束下，某一特定的经济活动行为者因其人力、物力、财力等方面的限制，其信息资源拥有量总是有限的。如果信息资源具有经济意义，但不稀缺，就不存在投入人力、物力、财力进行开发和利用的问题。另一方面，在既定的技术和资源条件下，任何信息资源都有一固定不变的总效用(即使用价值)，当它每次被投入到经济活动中去时，资源使用者总可以得到总效用中的一部分(也可能是全部)，并获取一定的利益。随着被使用次数的增多，这个总效用会逐渐衰减。当衰减到零时，该信息资源就会被"磨损"掉，不再具有经济意义。这一点，与物质资源和能源资源因资源总量随着利用次数的增多而减少所表现出来的资源稀缺性相比，虽然在表现形态上有所不同，但在本质上却是非常相似的。

2. 信息资源稀缺的表现

信息资源的稀缺性有多层次的表现。第一是认识论层次上的信息资源稀缺，即现有信息资源在总体上不能满足人们对于未知世界认识的需求；第二是获取层次上的信息资源稀缺，是指在一定时间和空间范围内，由于存在交易成本和时滞，信息提供者供给的信息资源在数量上不能满足信息需求者的需求；第三是利用层次上的信息资源稀缺，这一层次的稀缺与其说是信息资源的稀缺，倒不如说是人脑或者注意力的相对稀缺，因为它是由于信息数量过于庞大且鱼龙混杂，而人的处理能力和时间有限，从而导致人们在处理过程中无法满足对信息的需求。

由于存在不同层次上的信息资源稀缺，信息的生产也需要不同的工作来完成。信息资源的生产在逻辑上至少有三个层次。首先，是在认识论层次上，科研工作者和其他作者通过探索未知世界，进行知识创造，来满足人们这方面的信息需求其次；其次，在获取层次上，出版商、信息代理、图书馆等提供信息资源存储、访问、传递和表示等服务，通过一定的机制配置资源，来满足人们的信息需求；最后，在利用层次上，信息代理、咨询组织等对信息资源进行搜索、整理、排序和重组等，充分揭示信息资源，以弥补人的处理能力和时间的不足。需要说明的是，三个层次的信息资源稀缺及其相关的信息生产，并非相互分离，而是密切关联的。

(三)信息资源的公共产品特性

信息资源的另外一个重要特性是其具有公共产品的特性。公共产品的两个主要判别标准即非抗争性和非排他性。非抗争性是指在给定的一定数量产品的基础上，额外增加一个人消费不会导致产品成本的任何增加，即消费者人数的增加所引起的产品边际成本等于零。非排他性是指只要某一社会存在该产品，就不能排斥任何社会人消费这种产品。信息资源消费的非抗争性是天然属性决定的。而非排他性则是由于信息载体的低成本，信息资源的复制成本几乎为零，导致信息资源的扩散传递非常容易，所以生产某一信息产品，社会其他成员消费它的成本几乎为零。

由于消费的非抗争性和非排他性，信息资源不能像其他资源一样，完全通过市场机制达到资源的优化配置。在这种情况下,图书馆的信息资源配置模式更加有利,因为图书馆多是公益单位,主要提供公共产品。事实上,图书馆向来被证明是进行信息资源有效配置的一种模式,图书馆所提供的就是非抗争性和非排他性的服务,其资源配置大多通过计划的方式来进行。

现在人们也在考虑通过法律、技术等手段,消除信息资源的公共产品特性,使得信息产品能在市场上流通。在现有技术下,信息资源市场化配置会产生许多问题,例如"配置非效率""白搭车"问题等。

(四)信息资源的外部效应

外部效应是导致市场非效率的另一个原因。外部效应是由于关于物品的权利和义务缺失或者无法明确界定而造成的,是法律层面上体现出来的经济学问题。外部效应有两种情形:一种是消费外部效应;另一种是生产外部效应。消费外部效应是指一个消费者的消费直接影响到了另一个经济行为人的生产或消费。生产外部效应是指一个生产者的生产可能受到另一个生产者或者消费者选择的影响。外部效应从其结果来看,可以有正外部效应和负外部效应两种状况。

信息产品由于其特殊的消费和生产属性,具有非常明显的外部效应。首先是消费的外部效应。由于信息产品的消费具有非抗争性和非排他性,一个人购买的信息产品为多个人共同消费,这样的结果对信息产品生产者带来了很大的影响。

信息产品生产的外部效应比较复杂。前面分析过根据信息资源稀缺层次不同,信息产品的生产可以分为三类,这三类生产都会产生比较明显的外部效应。第一类是认识论层次上的知识生产外部效应。知识生产具有继承性和限定性,一方面,已有的知识可以指导新的知识生产,这是知识生产的正外部效应;另一方面,已有的知识具有局限性,在一定的层次上限制了新的知识创造,这是知识生产的负外部效应,新的知识生产受科技条件、社会偏好和政府决策的影响。第二类是获取层次上的生产外部效应。由于信息产品特殊的成本结构,信息产品的复制不论从技术上还是从成本上,都是很容易实现的。信息产品的生产很容易导致盗版现象的产生,正版的信息生产产生了正的外部效应,而盗版的信息生产却产生了负的外部效应。第三类是利用层次上的生产外部效应。这主要是指图书馆、咨询机构等的信息生产,由于这类信息生产在内部有规范的标准和协作机制,这类信息生产具有正外部效应,比如说目录数据库可以共享、馆藏可以互借等。

一般意义上,生产的外部效应会产生资源配置的非效率,但是信息产品的生产外部性却具有很强的两面性。一方面,信息产品的外部效应有助于实现信息资源的公平配置,即使是盗版,也能够在一定程度上消除数字鸿沟;另一方面,信息生产的外部效应,对生产者来讲是有害的,由于没有能够衡量其真实价值,会导致需求和供给不协调,影响配置效率。要控制信息产品的外部效应需要靠技术知识,例如加密技术等,同时需要制度保障,例如知识产权保护法等。

(五)使用方向的可选择性

信息资源与经济活动相结合，使信息资源具有很强的渗透性，可以广泛地渗透到经济活动的方方面面。同一信息资源可以作用于不同的作用对象上，并可以产生多种不同的作用效果。经济活动行为者可以根据这些不同的作用对象所产生的不同的作用效果对信息资源的使用方向作出选择。这就是信息资源在使用方向上的可选择性。正是由于这种特性，产生了信息资源的有效配置问题。

二、信息资源的经济功能

信息资源作为一种战略性资源，人类社会的三大支柱之一，在国外已体现得十分明显。而在我国，由于受经济发展水平的限制，经济的信息化程度还不高，所以信息资源的作用尚未得到充分体现。因此，有必要对信息资源的功能从多个角度加以认识。

(一)信息资源作为生产要素具有促进生产力发展的功能

信息资源的经济功能表现在多个方面，在经济活动中发挥不同的作用，其中最重要的是它对社会生产力系统的作用功能。除了劳动者、劳动工具和劳动对象这三个要素外，信息也是社会生产力系统中的重要构成要素。信息作为生产力要素，其具有特殊性：它一方面是一种有形的独立要素，与劳动者、劳动工具、劳动对象一起，共同构成现代生产力的基础；另一方面又是一种无形的、寓于其他要素之中的非独立要素，通过优化其他要素的结构和配置、改进生产关系及上层建筑的素质与协调性来施加其对生产力的影响。

1. 信息可以作为独立的生产要素直接创造财富

信息资源本身就是一种独立的生产要素，具有直接创造财富，实现经济效益放大的功能。传统的物质经济活动主要依赖于物质原料、劳动工具、劳动力等物质资源和能源资源的投入，现代信息经济则主要依赖信息、信息技术、信息劳动力等信息资源的投入。信息资源可以转化为信息产品，信息产品逐步商品化，实现了信息商品的价值，同时积累资金，大幅度地增加了国民经济收入。在高科技发展的今天，信息资源已经成为一种可以加工的生产要素、一种原材料，从而生产出信息产品，形成信息产业。在信息产业中的信息服务业的活动内容，其实就涵盖了以信息资源为核心和实质性内容的信息的收集、加工、综合、分类、转化、传输及信息资源的交易等诸多方面的内容。人类之所以把信息当作一种生产要素来需求，主要是因为各种形式(文字、声音、图像等)的信息不仅本身就是一种重要的生产要素，可以通过生产使之增值，而且是一种重要的非信息生产要素的"促进剂"，可以通过与这些非信息生产要素的相互作用，使其价值倍增。

2. 信息要素通过对生产力系统中其他要素的内化作用推动生产力发展

信息资源的生产力功能是在信息要素和信息技术要素(两者同是信息资源的重要因素)

有机结合的条件下实现的。在信息技术的支持下，信息可以有效地改善其对生产力各要素影响的条件，它给社会生产力带来的变化不是一般意义上的效率提高和功能的改善，而是从量到质的深刻变革。

1) 从劳动者角度来看

马克思的劳动价值论在最一般的意义上揭示了商品经济的本质，其认为创造价值的劳动是劳动者的活劳动，而不是作为活劳动结晶的物化劳动。不管物化劳动以什么形式出现，它在生产过程中只能直接发生价值的转移，而不能创造价值。在现代生产力系统中，信息技术等信息资源在劳动者的活劳动中大量内化，一方面，使其效率大大提高，即劳动生产率大大提高了；另一方面，劳动者的劳动作为抽象劳动，直接创造新的价值，而作为大量内化了知识技术的活劳动可以抽象为多倍的简单劳动，进而可以创造出更多的价值。在信息经济时代，劳动者不再是生产过程的一部分，而是站在生产过程的旁边，对生产过程进行管理和监督，使人类得以从大部分简单的生产过程中解放出来，去从事更富有创造意义的劳动和学习。同时，信息要素的注入也有助于提高生产力系统中劳动者的素质，缩短劳动主体对客体的认识及熟练过程，使各生产要素以较快较佳的状态进入生产运行体系，创造和发展更高水平的社会生产力，从而在生产过程的时效性上表现与发挥其生产力功能。

2) 从劳动工具角度来看

信息要素的投入有助于引发对生产过程、生产工具、操作方法和工艺技术等的革新与创造，提高生产力系统的质量与效率。在农业一手工业社会，人类使用的是人力操纵的(锄、镰、纺车)或畜力驱动的(犁、磨、马车)等效率低下的劳动工具；在工业社会，劳动工具有了重大改进，由于蒸汽机、望远镜、显微镜、电报、电话等的发明，开始出现新型动力工具，使工业社会的生产力达到了前所未有的水平。进入到信息社会后，由于信息资源的注入和内化，形成了完备的劳动工具体系、使劳动工具实现了全面的信息化、智能化。一方面，扩展人的信息器官功能的通信与感测技术发展到了空前高的水平；另一方面，出现了扩展人的思维器官功能的计算机技术和控制技术；新型控制技术与高级动力工具有机结合，形成为一体化的智能控制系统。这样，从行动器官到思维器官，从体力劳动到脑力劳动，劳动者的全部功能都可能转交给机器工具去执行，甚至出现了"无人车间""无人工厂"，这些自动化的生产方式，使得在劳动耗费大量减少的情况下，企业却生产出难以计数的庞大物质财富。整个劳动的过程是在信息的指挥下，在材料和能量的支持下有目的、智能地完成的，这极大地提高了社会生产力的发展。

3) 从劳动对象角度来看

在信息经济时代，由于信息资源的注入，使信息技术在生产资料中大量内化，这部分生产资料在活劳动创造价值的同时，可以最大限度地吸收劳动者的抽象劳动所创造的新价值，从而使抽象劳动最大限度地凝结，成为新价值。通过上述过程，使产出的产品被融合或叠加进信息资源，或者被赋予吸收、加工、存贮、传输信息资源的能力，从而获得价值和使用价值的增加。这样，合格产品的质量大大提高，使消耗的生产资料价值最大限度地转移到新产品之中；同时，减少了生产资料的浪费，提高了生产资料价值向新产品价值的转化率。在这里，大量内化在生产资料中的信息技术虽然不直接创造新价值，但它对活劳动创造价值的效能起着乘数作用。

(二)信息资源具有协调各生产要素，保证经济活动正常进行的功能

1. 信息资源有指示生产要素流向，实现资源最佳配置的功能

信息资源的开发和利用可以为社会、组织或个人的资源配置及资源流向起到引导的作用。在人类社会中，物质和能源不断从生产者"流"向使用者，这种客观存在的物质流和能源流的运动表现为相应的文献和信号的运动(由各种物质和能量携带)，其总汇便构成信息流。信息流反映物质和能源的运动，社会正是借助信息流来控制和管理物质能源流的运动，左右其运动方向，进行合理配置，发挥最大效益。对于任何一个社会、组织或个人来讲，其资源存量相对都是固定的和有限的。如何应用这些资源，将其应用于何种领域，在很大程度上取决于特定的社会活动主体所拥有和可能利用的信息资源的状况。就一个地区来讲，其产业发展方向，各种物质、人力、资金等生产要素的流向，主要受两方面因素的影响：一方面在很大程度上是由地区的发展战略、政府的方针政策决定的。而地区经济发展战略的制定，又是由政府及研究部门在开发利用现有的国际、国内各种类型的信息资源的基础上制定的；另一方面，市场对于这些要素的流动和配置也起着十分重要的作用。而市场的运作，就是各种类型的参与者在其所能够获得的信息资源的基础上决定和做出自己的行为，所有类型的市场参与主体共同作用的结果就形成了市场运作的全过程。

无论是对于宏观主体还是微观主体，无论是计划导向还是市场导向，信息资源所起的导向作用都是相似的。20 世纪 80 年代东南沿海地区率先开放的信息，使得国内外大量的人才、资金和技术等生产要素流向这些地区，创造了深圳等经济特区和沿海开放地区经济发展的奇迹；国家有关西部大开发的信息，同样会对国内各种资源的地区性、产业性配置产生影响。

2. 信息资源有实现生产要素之间的联络、结合，保证经济活动协调进行的功能

信息资源已经成为整个社会不同类型的经济实体之间、不同的经济环节之间发生关系和作用的核心要素。从社会的范围或企业、组织的范围来看，其所有的活动都是以经济活动为核心，或者是与其密切相关的。经济活动就是由人、物、资金、能源、信息各个要素之间互相作用、互相影响而构成的一个有序的循环圈。在这一切活动中，信息活动是核心。其他要素之所以要进行某种流动，起因是由于有信息的引导，当这种流动产生后，又产生了新的信息，在此基础上又引起了其他要素的流动。就这样，周而复始、循环往复，信息将整个社会的所有活动联系起来，使其构成一个完整有序的系统和整体。如果缺乏了这种联系，整个社会就将瘫痪而无法运转。

(三)在管理活动中,信息资源具有提高管理水平和管理效率的功能

1. 信息资源有提供管理手段以提高管理效率的功能

信息资源在管理活动中,能起到提供管理的手段,提高管理的效率,保证管理目标实现的作用。信息资源是管理的基本工具。管理的每一项基本职能的实现都必须依靠与利用内部和外部的各种人、财、物、设备、技术、环境、市场等各个方面的信息资源。对于企业内部各种可控要素的管理首先是通过对这些可控要素的信息管理实现的。信息资源的有效开发及利用可以帮助企业吸纳高质量的人才、科技及其他各项生产要素;加强对生产过程的有效控制;生产和提供高质量的产品;有效地开展营销活动;降低经营成本等。

2. 信息资源有辅助决策、减少决策失误,进而提高管理效率的功能

信息资源的这种功能广泛作用于人类选择与决策活动的各个环节,并可以优化其选择与决策行为,实现预期目标。一个典型的选择(或决策)遵循这样的程序:针对某一目标,考虑所受的条件限制和其他约束,从几种可能的方案中作出一种选择。选择单元中的目标、限制条件、多种方案都必须依赖信息的支持。而当一次选择成功之后,还必须依赖反馈信息不断修正,才能达到选择和决策结果的优化。可以说,没有信息就无任何选择和决策可言;没有信息的反馈,选择和决策就无优化可言。信息资源对决策的作用体现在以下几方面。

(1) 信息是决策的根本依据。决策之前,必须进行信息的搜集,尽可能多地掌握信息。只有在此基础上,方能进行有效的决策。不掌握信息,或者说不以信息为依据而作出的决策是不可靠的,也是没有意义的。

(2) 信息活动是决策活动的主体构成。决策的过程实际上是对信息进行加工、分析、处理和升华的过程。决策者在信息搜集的基础上,必须首先对信息进行分类处理,确定信息所反映的各种影响因素的权重;其次将各种因素糅合在决策模型中,即将各类信息进行定量和定性处理;最后通过定性分析和量化计算得出决策结果,形成新的信息,即信息的升华。

(3) 决策的评价靠信息来反映。决策的结果形成了一系列定量化和定性化的指标,并通过信息符号记载下来。决策方案实施后,其所带来的经济效益和社会效益,也必须通过信息符号来定量化和定性化。两者的分析比较,形成了对决策结果的评价。

(4) 信息资源具有优化决策的功能。信息资源可以提高决策水平,它最终体现在对决策中不确定性的减少或消除上。由于信息活动本身是经济决策的主体构成,因此可以说信息资源减少或消除决策过程中的不确定性的功能就是信息资源对决策的优化功能。

(5) 信息在人类的选择与决策活动中还发挥预见性功能。人类的选择与决策活动实际上就是处在不断利用信息并对未来进行预测之中的。信息反映了事物演变的历史和现状,隐含着事物的发展趋势。因此,充分利用信息,结合人们的经验,运用科学方法,经过推

理和逻辑判断，可以把被研究的对象的不确定性极小化，从而对其未来发展的必然趋势和可能性作出预计、推断和设想。

对一个企业或组织来说，信息资源是经营决策的重要依据。经营决策的目的，就是要谋求企业或组织的外部环境、内部条件和经营目标这三个方面因素的动态平衡。而无论是企业外部环境还是企业的内部条件，都是时时刻刻处于动态变化之中，这就需要通过对相关信息资源的开发来了解、掌握这种动态，并进而对目标进行科学的调整。因此，对信息资源的有效利用可以提高经营管理者的管理水平及效率。

第三节 资源配置与优化

信息作为一种新型资源，在社会生产和人类生活中正发挥着日益重要的作用，它已与物质、能源共同支撑着社会、经济的高速运转。信息资源作为经济增长中一种必要的投入要素，不仅可以替代自然资源，而且还有助于更有效地配置自然资源。信息资源的配置无疑应当被包含在资源配置的范畴内，从整个社会经济的角度来看，资源的有效配置即意味着包括信息资源在内的所有资源的有效配置。所以说，信息资源的有效配置是现代社会发展经济的一个不可忽视的问题。

一、信息资源配置的内容

(一)资源配置

相对人类社会的无穷欲望而言，经济物品，或者说生产这些物品所需要的资源总是不足的。这种资源的相对有限性就是稀缺性。人类社会的无穷欲望有轻重缓急之分。在解决稀缺性问题时，人类社会就必须对如何使用资源作出选择。选择包括这样三个相关的问题：第一，生产什么物品与生产多少；第二，如何生产；第三，生产出来的产品如何分配等问题。

稀缺性是人类社会各个时期所面临的永恒主题，以上的三种选择，即"生产什么""如何生产""为谁生产"的问题，是人类社会所必须解决的问题，这就是资源配置问题。

作为经济发展的基本条件和表现形式，资源优化配置是指为最大限度地减少宏观经济浪费和实现社会福利最大化而对现代技术成果与各种投入要素进行的有机组合。资源的优化配置，是通过个别利润率与平均利润率之间的差别，在资源投入方向上不断变化，保持微观经济的竞争优势和实现宏观经济效率的最大化。显然，个别利润率与平均利润率之间的差别始终存在，资源流动固然会使得原有的差别不断缩小，但在流动过程中，新的差别又会产生。从经济发展的角度看，资源配置是一个不断流动的动态过程。

因此，资源配置不仅要找出现有资源与生产要素的最佳组合，为了发展的目的，还必须发挥和利用那些潜在的、分散的及利用不当的资源。

(二)信息资源配置

信息资源,作为一种经济资源,由于它具有效用上的有用性和需求上的稀缺性,它作为经济增长中一种必要的投入要素,不仅可以替代自然资源,而且有助于更有效地配置物质资源。当信息资源的使用能够替代物质资源,或者能够实现物质资源的节约时,应将其视为生产函数的内生变量,与物质资源共同作为生产的构成要素。从整个社会的角度看,资源的有效配置即意味着包括信息资源在内的所有资源有效配置。

从宏观上说,信息资源的配置就是合理安排信息活动投入与产出的总量,使其在数量和结构上能够满足社会经济效率最大化的要求。从微观上说,信息资源的配置就是对一定的信息资源在空间、时间、数量三个维度上的布局与组织管理。网络为信息资源配置造成了空间复杂的环境,也使网络信息资源优化配置成为信息资源管理中迫切需要解决的问题之一。

(三)信息资源配置的内容

信息的分布具有时间、空间和数量特性,同时,就信息自身而言还具有类型特征。因此,在讨论信息资源的有效配置时,需要讨论三个方面的内容,即信息资源时间、空间、数量配置,这三个方面既有不同的特征和要求,又需要相互之间紧密的配合。

1. 信息资源的时间配置

信息资源的时间配置是指信息资源在时间坐标轴上的配置。这种配置从时态上有过去、现在和将来之分,从时段上又有大小之分和连续与不连续之分。信息资源在时间矢量上配置的经济意义是由信息资源内容本身的时效性决定的。一条及时的信息可能价值连城,使沉睡良久或濒临倒闭的经济部门复苏,而一条过时或过早的信息则可能一文不值,甚至在使用后会产生极其严重的恶果。换言之,信息效用的实现程度与时间起始点和时间段大小的选择密切相关。信息资源有效配置的难点在于控制和协调无过时规律的信息在时间矢量上的配置,因为这不仅仅需要理论上的知识作基础,更需要有丰富的实际配置经验,需要配置者多方面高素质的完美结合。

2. 信息资源的空间配置

信息资源的空间配置是指信息资源在不同的地区、不同的行业部门之间的分布,实质上是在不同使用方向上的分配。千差万别的用户信息需求共同作用的结果引起了区域间信息资源的流通,进而导致了区域间信息资源结构上的差异。信息资源在空间矢量上有效配置的任务就是寻求一种最佳的影响权重和排列组合方式,以使高速信息网络信息资源的开发利用取得最佳的效益。信息资源的空间配置反映为部门、行业或地区之间的宏观布局。一个国家在经济发展中不能将稀缺资源平衡地分散于各个部门、行业和地区,而只能有选择、有重点地加以发展,并通过选择和布局后的发展扩散,带动经济的全面发展。

信息资源的空间配置包括区域配置和行(产)业配置，具体表现在以下几个方面。

1) 信息资源的区域配置

由于信息具有易于扩散和传播的特点，与实物产品相比，信息产品的"运输"(即传递)费用十分低廉，因而信息生产没有必要在地区间均匀地分布，更应优先考虑选择在经济技术发达的地区投入资源发展信息生产，然后，再通过改进信息的交流和扩散机制，推动信息的广泛传播和利用。

2) 信息资源的行(产)业配置

信息资源行(产)业配置在宏观上表现为信息产业在整个国民经济投入产出中的比重，所谓"科技、教育优先发展战略"，在本质上即是一种宏观层次的信息资源行(产)业优化配置；在微观上则表现为在信息产业内行业和部门间的资源配置，即优化产业结构，解决"瓶颈"问题，加强信息基础设施建设，以实现信息产业的协调发展。

3. 信息资源的数量配置

信息资源的数量配置包括信息资源的存量配置和增量配置。我们在进行信息资源配置的时候，首先面临的是如何将现有的信息资源进行合理地配置，确保有限的投入能够获得最大化的产出；与此同时，我们还必须不断地增加信息资源的数量，并且将这些新增加的信息资源合理地配置到实际的信息活动中去，确保信息资源的利用效率。一旦生产出来的信息产品不能得到充分利用，产品的数量就不能正确地反映出信息产业资源配置的有效程度。

信息活动是一种连续性的智能活动，而不是一种简单再生产，某一时期信息产出总量的最大可能性不仅取决于投入，还要取决于社会知识存量(包括前期信息活动所形成的基础性信息产品存量和人力资本存量)；现期信息活动所形成的社会信息存量又构成未来信息活动的基础。因此，在安排信息投入的方向时，必须权衡当前产出数量与长期发展潜力的关系，以保障信息产业的持续发展。基于这种理解，信息资源配置的对象显然不仅限于静态存量信息的集合，其内容也不只是已有信息集合的布局与组织管理，而是应当面向宏观国民经济的运行，调配包括信息资源在内的物质资源、人力资源、管理资源、金融资源等各种资源，以保证整个社会的信息产出数量和产出结构的优化。

(四)信息资源配置的目标

信息资源配置的目标是使有限的资源产生最大的效益，即在一定量的信息资源的条件下，通过信息资源的合理安排、组合，以追求产出效益的最大化。理想状态的信息资源配置是指在配置过程中要实现政治上的公平性和经济上的合理性。政治上的公平性，其核心是要保证社会各阶层的所有公民都有平等获取信息和利用信息的权利与机会，它必须以用户满意性信息需求的实现作为基本出发点；经济上的合理性是指要用一定的配置成本取得最大的配置效益，或用最小的配置成本取得一定的配置效益，它们实质上都是要用尽可能小的配置成本取得尽可能大的配置效益。

(五)信息资源配置的原则

1. 需求性原则

信息资源不论是在时间、空间矢量上的配置，还是在品种、数量上的配置，其依据都是用户对信息资源的需求性。因此，合理配置信息资源，使之最大限度地满足社会各阶层人们的不同信息需要，这是有效配置的出发点和归宿。

2. 公平和效率原则

公平就是要确保每个信息使用者平等地获取信息资源。效率则是在必要的公平前提下，考虑优先满足哪类信息使用人的需要或人们的哪类信息需求能够产生更大的效益的价值，即在兼顾公平的同时有所侧重和倾斜。

3. 利用性原则

信息资源有效配置的落脚点是用户有效利用。因此，应对信息服务工作的特点及时进行适应性调查，积极探索信息服务的新模式，使信息资源得到有效的利用。

4. 生态效益原则

生态效益原则主要是保证信息资源的质量，避免信息污染，并使信息资源健康有序地流动，避免信息资源上的"马太效应"。

上述各种效益在某一配置项目中可能相互依存，也可能相互排斥，要全面衡量，追求综合效益。

二、信息资源配置的机制

信息资源的配置机制就是信息资源配置的方法和手段。不同手段之间的科学、合理的选择及其互相间的协调与配合方式便形成了信息资源配置的方法。为了更好地使信息资源配置手段有效地作用于信息资源配置过程，促进信息资源的开发和利用，我们必须弄清楚各种配置手段的作用方式和特点，进而把握科学、合理的信息资源配置方法。

(一)信息资源的市场配置机制

信息资源的市场配置是由信息资源供需双方以市场价格和市场供求变化等分散信息为信号，对信息资源进行协调配置，把有限的资源投入到效益最好的经济活动中去。市场配置机制是指市场通过价格杠杆自动组织信息的生产和消费，也就是通过市场信息来消除或减少信息市场活动中的不确定性，从而实现信息资源的优化配置。

1. 运用供需机制和风险机制的共同作用来提高信息资源配置的质量

运用风险机制将使信息资源提供者更加慎重地考虑投资、营销等。

2. 运用价格机制引导信息资源配置的方向

信息资源在价格体系的作用下，被最能实现其价值的需求者所利用，就能实现效益的最大化，可以说，价格配置机制是在市场经济条件下最有效的资源配置机制。

3. 运用竞争机制以实现信息业最适度的配置

竞争是市场有效配置的原动力，在利益的驱使下，竞争机制使得信息资源提供者最大限度地降低投入与产出的比例，同时满足整个社会最大化的追求，做到"最优配置"与"最优消费"，从而实现信息资源的有效配置。

实践证明，市场机制能根据近期信息资源消费者的需求来开发和分配信息资源，通过市场价格信息和市场供求信息的变化，直接约束信息资源的流向和流速，从而有利于缓解用有限的相对稀缺的信息资源满足无限多样化的需要这对矛盾，对信息资源的短期有效配置起着良好的引导作用。

(二)信息资源的政府配置机制

信息资源无限丰富，但是相对于人们对信息资源的现时需求和专业需求，信息资源的供给显得明显不足，信息资源的供给并不能完全按照供求比例的变化调整其价格。而且，现实生活中信息系统并不健全，信息资源的供需双方，在市场上并不能及时得到自己所需要的有用信息，即市场调节过程是在信息不完全的情况下进行的。市场机制的作用是有限的，因此，信息资源的配置完全有必要寻找一种新的配置方式。政府配置信息资源就能克服市场配置的弱点，发挥其优势。

信息资源的政府配置机制是指政府利用政策、法律、税收工具，或通过直接投资和财政补贴来调整信息产出。

1. 信息资源配置的法律手段

运用法律手段对信息资源进行配置，就是各个层次的信息资源配置管理者依靠国家政权的立法，通过经济立法和经济司法机构，运用经济法规来调整信息资源，开发利用各机构之间及各环节之间错综复杂的经济关系，处理经济矛盾，解决经济纠纷，惩办经济犯罪，维护信息资源开发利用活动的正常秩序。在现实生活中，信息资源配置的法律规范的具体运用是通过经济立法和经济司法来实现的。信息资源配置的法律手段具有普遍的约束性、严格的强制性、相对的稳定性和明确的规定性等特点。

2. 信息资源配置的行政手段

运用行政手段配置信息资源，就是各个层次的信息资源配置管理者凭借政府的权威性，采取命令、指示等形式来直接控制和管理同信息资源配置有关的各种经济活动。由于信息产品和信息生产具有外部性、公共物品的属性、垄断性等一些特殊的属性和规律，与一般市场相比,信息市场的资源配置功能相对要弱一些。信息资源的这些特殊性导致了信息资源的市场配置低效率或无效率,因此就要求政府给予适度的干预,即政府通过促进竞争、控制外部性问题,以及提供公共物品等活动来提高信息资源配置的效率。

信息资源的政府配置也有不足之处。政府在配置信息资源时,难以做到掌握充分的市场信息,对私人市场反应的控制也非常有限。即使政府拥有充分的信息,但在不同方案之间作出选择时仍会遇到很多困难,政府的决策影响的是很多人,但是作出决策的却只是一少部分人,不论这少数决策者处于什么样的情况之下,在作出配置决策时总容易抹上主观偏好的色彩,诸如偏好高投资、高速度,相对忽视经济效益、经济稳定和信息产业内部结构;偏好行政方法,相对忽视经济手段和法律手段;偏好直接控制,相对忽视间接控制。由于在计划调节过程中,可供决策的信息贫乏,决策过程过于烦琐,决策机制不完善,可能造成政府行为迟钝或决策失误,从而影响信息资源配置的优化程度。

(三)信息资源的产权配置机制

信息资源的产权配置机制是指通过调整和明晰产权,优化信息资源配置。

1. 产权对外部效应的作用

外部效应导致市场自动调节机制的失灵,从而引起资源配置的低效率。对于这个问题,传统的经济理论认为应当由政府出面进行干预。美国著名产权经济学家科斯(Ronald H. Coase)则提出了相反的观点。科斯认为,外部效应从根本上说是因为产权界定不够明确或界定不恰当而造成的,所以政府不必一定要用税收、补贴、管制等方法来试图消除社会收益或成本与私人收益或成本之间的差异,政府只需适当地界定并保护产权,没有政府直接干预的市场也可以解决外部效应问题,随后产生的市场交易能自动达到帕累托最优。

2. 产权的资源配置功能

所谓产权的资源配置功能,是指产权安排或产权结构直接形成资源配置状况、驱动资源配置状态、改变或影响对资源配置的调节。这种功能主要表现在以下几个方面。

(1) 相对于无产权或产权不明晰状况而言,设置产权就是对资源的一种配置。

(2) 任何一种稳定的产权格局或结构,都会形成一种资源配置的客观状态。

(3) 产权的变动同时也改变资源配置格局,包括改变资源在不同主体间的配置、资源的流向和流量、资源的分布状况。产权总是客观地具有配置资源的功能,这就使得通过调整产权而发挥优化配置功能成为可能。人们可以在一定限度内调整产权,优化产权结构,从而优化其配置功能,提高资源配置效率。

(四)以效率为导向的信息资源配置新机制

一些学者研究认为,可以通过行业协会或民间商会等新机制来配置信息资源。

1. 介于市场与政府之间的行业协会机制

市场机制和法律机制都存在着"失灵"现象，因此可以设想一种更好的机制来弥补这两者的不足，即建立介于市场和政府之间的行业协会机制。

(1) 信息集纳机制。信息集纳机制就是建立信息资源生产行业协会，由行业协会建立"中央信息库"，实行传统的"呈缴本"制度，由信息生产商向"中央信息库"呈缴其信息产品，再由"中央信息库"进行二次分配，这样可以协调各信息生产商之间的利益，有效防止重复建设，使信息生产商都能够真正实现信息资源共享，达到共同赢利的目的。

(2) 信息优化机制。要达到配置的高效率，就要实行信息优化机制，也就是要控制信息资源配置的质量。建立信息资源生产行业协会"中央信息库"后，虽然免去了信息搜集之苦，并使信息来源有了可靠的保障，但如果没有有效的信息质量控制机制，面对纷纷呈缴而来的质量参差不齐、形式五花八门的信息，中央信息库的信息加工任务将十分繁重。因此建立一个省力而有效的信息质量控制与优化机制，自动实现库存信息在内容和形式上的最优化，就成为中央信息库能否有效运转的一个重要条件。

2. 广泛的社会资本投入机制

建立"社会资本广泛参与投资"的新机制是借鉴美国硅谷发展的经验，拓宽投、融资渠道，由国家积极引导企业，合理吸收社会闲散资金参与信息资源配置重点项目，达到优化信息资源配置的理想目标。在吸引广泛的社会资本投入的同时，应建立赢利机制、动力机制及个体发展机制，调动一切可调动的积极因素，实现知识资本化，不仅吸引资金，同时吸引技术，实现"双赢"的目标，实现信息资源配置的合理化与高效率。

三、信息资源优化配置

(一)资源优化配置的基本概念

一般来说，资源配置与经济效率方面的研究属于经济学范畴。经济学家库普曼(T. C. Koopmans)在其论文《资源配置与价格体系》中系统阐述了完全竞争与资源最优配置的关系。他认为资源优化配置的研究就是在给定的生产技术和消费者偏好下，如何将有限的经济资源分配于各种产品的生产，以便最大限度地满足人们的需要。换句话说，就是通过资源在产业间的流动，使其被投入到增长性最强、收益率最高的产业和部门，从而利用有限的资源获得最大的收益。资源的优化配置的研究也称为"经济效率"(Economic Efficiency)研究。优化经济资源的配置就是提高资源配置的效率，在微观经济学中效率的概念一般用"帕累托最优"(Pareto Optimum)表示，它是指这样一种资源配置状态：生产资源的任何重新配置都不可能使一个人的处境变好而又不使另一个人的处境变坏。帕累托最优是检验经济总体运行效率与社会福利状况的一种准则。

(二)信息福利

信息资源优化配置的目的,是提高信息福利水平,因此我们有必要首先理解信息福利的概念。在经济学中,个人的经济福利取决于他们各自消费多少商品和劳务,由此出发,我们可以从两个不同的层面来思考信息福利这一问题。

1. 直接信息福利的共享性

在直接的意义上,个人的信息福利取决于他们各自消费多少信息商品和信息服务。对于物质资源而言,由于社会总的资源是有限的,人们的消费总量也是有限的,资源配置就是要将总量有限的商品和劳务在不同的个体之间进行分配,达到福利水平的各种可能组合,并试图使得某些人的效用水平在其他人的效用不变的情况下有所提高;而对于信息资源,很大一部分信息资源由于其具有使用的非消耗性和非排他性,任何个人增加对信息产品和信息服务的消费或"占有"并不会减少其他人的信息福利,因而,整个社会最大限度的信息资源共享就意味着信息资源的最优配置。换言之,信息资源共享程度的提高就意味着信息资源配置效率的改进。

2. 间接信息福利的体系性

在间接的或者说在整体的意义上,信息产品和信息服务在很多时候并不是最终消费品,而是一种"体系性活动",它通过增加物质产品的产出使得既有的福利边界向上移动。由此而引起的福利水平提高,在广义上同样可以视为信息福利。

(三)信息资源优化配置的效率实现

研究信息资源配置的效率包括信息企业经济效率、信息行业经济效率与社会总的经济效率。所以,衡量信息资源配置效率需要从宏观(社会总体)、中观(信息产业)和微观(信息生产者和消费者)三个不同的层次来加以考察。微观信息资源有效配置是中观信息产业资源有效配置的基础,中观和微观又共同构成宏观信息资源有效配置的前提。

1. 微观信息资源优化配置

研究信息资源配置的有效性,不可能脱离信息企业的运行效率来孤立地考察,信息企业生产的有效性是信息资源配置有效的基本条件。信息生产的有效性是指信息企业在生产可能性边界上生产,即信息生产的产出/投入最大化。

微观信息资源配置的有效性要求信息企业不仅用有效的方式生产,而且要求能最好地满足消费者的需要,即生产出来的信息产品能够反映消费者的偏好。我国信息市场长期处于一种"有效供给不足"与信息生产能力闲置的矛盾状态,这反映出信息生产偏离了消费者的需求偏好,产出结构比例不合理。因此,有效地解决有效信息生产不足和信息生产能力闲置的矛盾,是目前我国信息资源配置的重要问题。信息资源的有效配置还要求生产的信息商品(假定这种信息商品存在需求)能够以适当的方式实现价值,这就意味着信息市场必须高度发达。而事实上,目前我国的信息市场基本处于一种无序和无效的状态,信息市场的无效性无疑导致信息交换的无效性,最终导致信息资源配置的无效性。因此,从信息市场资源配置效率的角度看,只有发展和完善信息市场,才能发展信息产业,推动整个国民经济持续增长。

2. 中观信息资源优化配置

中观信息资源优化配置即信息产业间的资源配置,它的任务是在信息投入总量既定的条件下追求信息产业产出总量最大化。这里的信息产出总量不仅是一个单纯的最终产品数量的最大化,而且要求各种比例关系的最优化。

中观信息资源配置的主要任务有两个方面。

(1) 各种投入要素在信息产业间进行合理地调配,以确保有限的资源能够带来最大收益。

(2) 信息共享问题,早期的信息资源共享主要是文献信息资源共享,文献资源共享是指将一定范围内的文献情报机构共同纳入一个有组织的网络之中,各文献情报机构之间按照互惠互利、互补余缺的原则,进行协调和共享文献信息资源的活动。目前,在网络化环境下,信息共享的模式发生了根本性变化。网络型信息资源共享,是指全国所有的图书情报机构之间都可直接相互联结,共享信息资源。网络型信息资源共享赋予了信息资源配置以新的含义,使信息资源共享取得了突破性的进展。网络环境中信息资源配置的目标,即在由多个信息系统相互连接而形成的信息网络中,从网络整体需要出发,进行信息资源配置,通过网络中各信息系统的协调合作,逐步形成一个互通有无、互相补充、方便用户的信息资源体系结构,从而在有限的客观条件下,利用群体优势,以尽可能小的投入发挥尽可能大的网络中各类信息资源的整体效益。

3. 宏观信息资源优化配置

在宏观层次上,信息资源配置必须服从社会经济效率的总体目标,其任务是合理安排信息活动投入与产出的总量,使其在数量和结构上能够满足社会经济效率最大化的要求。首先,由于信息产业是知识、技术密集型产业,其具有较高的技术和知识含量,较之传统的劳动密集型产业和资本密集型产业,信息产业不仅具有高附加值的特点,而且成长性好,具有长期发展的潜力,是未来全球经济发展的主要增长点。因此,要加大信息产业的整体投入力度。其次,作为一种"体系性产业",信息产业追求的是"体系性利益"。从本质上看,信息产业不仅通过产品和服务的生产销售带来收益,更重要的贡献在于它服务于其他产业,并在所有产业的产值和收益中占有一定的"份额"。以上两点要求我们加大信息产业的投入力度,并且运用适当的制度保障这种投入的持续性和稳定性。同时,要以一个科学的标准评价信息产业对其他产业的经济贡献,并通过某种方式反映到资源配置机制之中,以保证信息的投入产出控制在适度规模。

四、网络信息资源优化配置

(一)网络信息资源优化配置的重要性与意义

高速信息网把方便的信息服务带进了图书馆,带给了广大读者,但是它并没有带来一个真正高效有序的信息空间。相反,由于网络信息资源是多媒体、多语言的信息混合体,类型繁多,分布面广,且都是数字化及其他信息媒介为基础的电子信息资源。因此,它在数量、分布和传播范围及在信息内涵、传递速度等方面都超出了传统的信息资源管理方式和技术手段所能容纳的范围。可见,网络为信息资源配置造成了空间复杂的环境,也使网络信息资源优化配置成为信息资源管理中迫切需要解决的问题之一。

网络信息资源配置是指以人们的网络信息资源需求为依据,以网络信息资源配置的效率和效果为指针,调整当前的网络信息资源分布和分配预期的过程。网络信息资源配置有宏观配置和微观配置之分。宏观配置是指国家通过行政权力、行政手段、行政机制和政策法规对其拥有的网络信息资源加以运用和结合,从而实现国家和信息积累目标并满足整个社会不断增长的信息商品与服务数量和质量的需要。微观配置是指各网络信息机构对网络信息资源进行各种形式的组合,从而为社会生产出更多更好的信息商品,并获得盈利,具体是指网络信息资源在时间、空间和数量三个方面的有效配置。

时间上的配置是指网络信息资源在过去、现在、将来三种时态上的配置,由于网络信息资源对时间的灵敏度极强,因此,其时间配置对其效益的发挥影响极大;空间上的配置是指网络信息资源在不同部门(产业部门、行为部门及行政部门等)和不同地区之间的分布,它实际上就是网络信息资源在不同使用方向上的分配;网络信息资源在数量上的配置包括存量配置和增量配置两个方面,也就是对已有的网络信息资源和不断开发出的网络信息资源进行配置。

网络信息资源的优化配置就是从时间、空间和数量上对网络信息资源实现有效配置,最佳地安排对网络信息资源需求者的供给,使所有使用者的收益总额为最大。

(二)网络信息资源优化配置的原则

有效配置网络信息资源,调整结构,统筹布局,减少网络信息资源的浪费,乃是当务之急。实现网络信息资源优化配置应遵循下述原则。

1. 满足需求原则

满足需求原则即进行网络信息资源配置时,必须符合社会需求状况,以满足用户或读者作为出发点和归宿。网络信息资源优化配置的目的就是有效利用网络信息资源,因此,从社会需要出发,适应和满足社会经济和建设的需要,是网络信息资源配置应遵循的最基本原则,产销对路、平衡供求是提高效益的关键。在信息产业化的时代,与普通商品一样,信息商品投入市场,其可用性是满足用户需求的前提。因此,图书馆应通过各种渠道，改革信息服务职能，从原来意义上文献收藏者和提供者转变为信息产品的生产者和提供者。

2. 共享性原则

资源共享是网络化信息服务的主要特征，也是信息时代图书馆求得生存和发展的决定性取向。图书馆资源共享的客体主要是网络信息资源，从我国目前图书情报机构的现状来看，网络信息资源利用的程度是相当低的。由此可见，实现广泛的资源共享是提高信息资源利用率最有效的途径。在市场经济条件下，信息资源借助于市场秩序进行合理流动，向最能产生价值或财富增值的方向流动，并使信息生产者和传递者获得相应的补偿，这是资源共享的有效形式。这一则可引导社会重视信息资源的开发和利用，推动信息资源的全社会共享；二则可以给信息资源的建设注入一定的资金，给资源共享带来一定的活力和动力。

3. 质量保证原则

质量保证原则即强调信息本身的时效性、真实性、可靠性及实用性等因素。网络信息资源优化配置的质量与信息本身的质量密切相关，在目前的信息市场上，我国信息商品需求呈增长趋势，这种增长趋势主要表现为市场需求质量层次的上升和高质量需求量的增加。所以在现阶段乃至今后的网络信息资源优化配置中就应充分考虑到信息商品质量问题，并将信息商品质量问题置于首位，高质量的信息资源自然备受用户的青睐。所以在新形势下，图书馆必须重视网络信息资源配置质量，高质量的信息资源会赢得更多的利用率，也就会产生更大的经济效益。

4. 发展性原则

网络信息资源优化配置是一个动态的、渐进的过程，社会发展、科技进步乃至信息网络空间的生成也是一个渐进的过程。与现代技术相结合，从现在开始，图书馆网络信息资源布局就必须考虑到有利于社会信息化、网络化进程，有利于信息资源的标准化、规范化，能够实现资源共享。

5. 互补合作原则

互补合作原则即分立的各个图书馆要能够合理地进行分工与合作，在网络信息资源优化配置中能立足整体，放眼全局，以大局为重，相互配合，互补余缺，避免不必要的重复和浪费。

(三)网络信息资源优化配置的模式与内容

网络信息资源优化配置是一个大投入、大产出和高风险的活动，应采取竞争性合作模式。其具体内容包括以下四方面。

1. 确立市场驱动机制

国家原则上不限制也不资助网络信息资源的生产,市场投入问题由市场解决,国家的网络信息资源项目可通过合作、签约的方式,委托给信息企业完成。这样将能够最大限度地激活作为主体的网络信息资源生产者的潜力,通过竞争最大限度地实现网络信息资源的有效配置和优化,从而达到最大限度地满足广大用户信息需求的目的。就图书馆而言,开展网络信息资源不能沿袭传统的思维,必须根据市场需求和投入产出确定开发内容和形式,在市场竞争中寻求发展,增强生存能力。

2. 实现投资多元化策略

明确"谁投资,谁受益"的原则,鼓励商业性出版商、书商、广播电视部门、报社和杂志社、科研院所、高等院校、信息企业等参与数据库产业的建设和网络信息资源的开发,鼓励公共部门与信息企业合作开发公共信息资源,鼓励政府部门的信息中心进行企业化改造并参与网络信息资源领域的竞争,同时,国家在网络信息资源领域的投资可以通过类似于招标和竞标的方式遴选合适的执行者。就图书馆而言,可以通过争取国家投资、集资、与企业合作、引入风险投资等途径启动文献信息资源数字化工程,尽快介入网络信息资源市场,建立进入壁垒,确立竞争优势。

3. 鼓励强强联合,参与国际竞争

我国网络信息资源开发和经营尚处于起步阶段,大型信息产业很少,这不利于我国在国际信息市场的竞争,因此,鼓励现有的信息企业合作,建立规模优势,造就品牌企业,共同迎接入世后即将出现的激烈的国际竞争。就图书馆而言,要与网络信息资源生产者合作,作为信息服务企业联盟的成员参与国内和国际竞争,这是一种扬长避短、优势互补的发展模式。

4. 建立合作论坛,促进资源共享

由于网络信息资源优化配置根植于市场竞争,而过度的竞争容易趋向于无序化,为了促进网络信息资源生产者之间的竞争性合作,可以由相关行业协会或政府主管部门牵头成立网络信息资源开发论坛,建立沟通和磋商机制,定期或不定期地交流信息,协商解决网络信息资源建设过程中的各种问题,以达成信息资源共享的目的。就图书馆而言,一方面要建立图书馆之间的信息资源共享论坛,另一方面还要与信息资源生产者建立合作论坛,共商全面的信息资源共享解决方案。

案 例

1995 年，美国商业部电信与信息局(NTIA)发布《被互联网遗忘的角落：一项有关美国城乡信息穷人的调查报告》，其中对数字鸿沟现象作了具体描述，自此，"数字鸿沟"一词引起公众的广泛关注，频繁出现在各种大众媒体。但其定义，至今并无一致的看法。如经合组织(OECD)在 Understanding the Digital Divide 中认为，数字鸿沟指不同社会经济水平的个人、家庭、企业和地区在接触信息通信技术和利用因特网进行各种活动的机会的差距。这种差距既存在于不同国家之间，也存在于一国内部不同人群之间。此外，美国商务部"数字鸿沟网"、美国国家远程通信和信息管理局、英国广播公司在线新闻等机构及其他个人都对此概念提出各自的解释。也有学者认为，数字鸿沟应当被称为"知识鸿沟""信息鸿沟"或"教育鸿沟"，这在一定程度上揭示出数字鸿沟的实质所在。

材料一：

联合国贸易与发展会议《2017 年信息经济报告》指出，在全球范围内，经济活动的数字化被推上了一个快速道，数字经济以超出我们预测的速度呈指数比例地在扩张。仅在 2012—2015 年，数字经济的规模从 1.6 万亿美元增长到 2.5 万亿美元，而且数字经济产生的一些颇具规模的现象也应引起全球讨论。增长最快的发展中国家在互联网的包容性方面也占据了最大的份额。在 2012—2015 年第一次上网的 7.5 亿人当中，有近 90%来自中国和印度。其中，印度有 1.77 亿，中国占 1.2 亿。2010—2015 年，信息和通信技术产品与服务的出口量迅猛增长了 40%，占全球国内生产总值的比例达到了 6.5%；3D 打印机的出货量预计从 2016 年的 45 万台增长到 2020 年的 670 万台，相当于在 3 年的时间内增长了 15 倍；到 2019 年，全球互联网的流量预计将是 2005 年的 66 倍。在信息和通信技术、电子商务和其他数字应用的带动下，越来越多的发展中国家小企业和企业家进入全球市场，开辟了新的创收方式。

但是报告也指出，世界还有一半以上的人口依然没有上网条件，而且网络的接入和使用的增长速度正在放缓。在最不发达国家，2016 年只有六分之一的人使用互联网，这些国家将难以实现到 2030 年普及互联网接入的可持续发展目标。此外，城乡差距显著，城市地区 3G 网络覆盖为 89%，但农村地区只有 29%的覆盖率；互联网的性别差距在发展中国家最为明显。非洲和拉丁美洲仅占全球 4%的 3D 打印机；在非洲，只有不到 40%的国家制定了数据隐私法；而在大洋洲，只有库克群岛有这样的立法，数据难以得到保护。

材料二：

数字鸿沟带来的差距在不断扩大，国家之间和国家内部不同人群之间的差距，明显地伴随着贫富差距的日益扩大。

2018 年 7 月，中国互联网络信息中心发布的第四十二次《中国互联网络发展状况统计报告》中农村互联网使用状况再次引起社会关注。数据显示，截至 2018 年 6 月，我国农村网民规模达 2.11 亿，较 2017 年年末增加 204 万人，增幅为 1.0%；城镇网民规模为 5.91 亿，占比达 73.7%，较 2017 年年末增加 2764 万人，增幅为 4.9%。截至 2018 年 6 月，我国城镇地区互联网普及率为 72.7%，农村地区互联网普及率为 36.5%，互联网在城镇地区的渗透率明显高于农村地区。随着农村互联网普及率的提升，互联网在农村网民生产、生活、娱乐中的重要性正在逐步显现。但是，农村网民对互联网依赖的程度仍然明显低于城镇网民。农村网民迅猛增长，但仍不及城市新增网民数量的 1/10。而更大的差异在于，当城市人已经习惯了用手机购物、买机票、预约出租车时，绝大多数农村网民使用手机依然停留在打游戏、看新闻的阶段。

材料三：

在上海动物园门口，5 名大妈现场买完 40 元一张的门票后却发现身后的人买的是 "1 元" 团购券且不用排队就能换票，对比之下觉得不满，因此现场要求退票改买团购券，差点与保安发生冲突，最终被保安架走。

资料来源：

1. 刘琪.联合国发布《2017 年信息经济报告》，数字鸿沟越来越大[J].上海城市管理，2017，26(06).
2. 杨文明.三问城乡数字鸿沟[N]. 人民日报，2015-02-26(014).
3. 霍计武. "大妈群撕保安" 凸显 "数字鸿沟" 危机[N]. 中国老年报,2015-04-07(001).

本 章 小 结

狭义地讲，信息资源是指文献资源或数据资源，抑或各种媒介和形式的信息的集合，而广义的理解则认为信息资源是信息活动中各种要素的总称，这既包含了信息本身，也包含了与信息相关的人员、设备、技术和资金等各种资源。信息资源具有生产性、稀缺性、公共产品特性、外部效应及可选择性。信息资源作为生产要素具有促进生产力发展的功能，协调各生产要素，保证经济活动正常进行的功能及在管理活动中提高管理水平和管理效率的功能。

信息资源的有效配置是现代社会发展经济的一个不可忽视的问题。从宏观上说，信息资源的配置就是合理安排信息活动投入与产出的总量，使其在数量和结构上能够满足社会经济效率最大化的要求。从微观上说，信息资源的配置就是对一定的信息资源在空间、时间、数量三个维度上的布局与组织管理。信息资源配置包括时间配置，即信息资源在时间坐标轴上的配置；空间配置，即信息资源在不同的地区、不同的行业部门之间的分布；数量配置，即包括信息资源的存量配置和增量配置。信息资源配置有市场配置、政府配置、产权配置和以效率为导向进行配置四种机制。

信息资源优化配置的目的，是提高信息福利水平。在直接意义上，个人的信息福利取决于他们各自消费多少信息商品和信息服务。衡量信息资源配置效率需要从宏观(社会总体)、中观(信息产业)和微观(信息生产者和消费者)三个不同的层次来加以考察。微观信息资源有效配置是中观信息产业资源有效配置的基础,中观和微观又共同构成宏观有效配置的前提。网络信息资源的优化配置就是从时间、空间和数量上对网络信息资源实现有效配置,最佳地安排对网络信息资源需求者的供给,使所有使用者的收益总额为最大。

思 考 题

1. 简述信息资源的特征。
2. 简述信息资源的经济特性。
3. 信息对经济决策的作用表现在哪几个方面?
4. 简述信息资源的时间配置。
5. 信息资源的各种配置机制有何优缺点?
6. 简述信息资源的宏观配置、中观配置和微观配置的联系。

第七章 信息化与信息产业

【本章导读】

信息化对经济发展的作用是信息经济学研究的一个重要方面。本章主要围绕信息化、信息产业概念展开讨论，在此基础上，分析信息化的特点，信息化建设对国民经济发展的意义，最后论述信息产业的运行机制及特征。

【重点提示】

- 信息化的概念。
- 信息化的内涵。
- 信息化的层次。
- 信息产业的分类和结构。
- 信息产业的运行机制和效率。

【学习目标】

通过本章的学习，理解信息化的基本概念、内涵和特征，信息化与工业化的关系及新型工业化的内涵。在认识和理解信息化水平测度的意义和内涵的基础上，掌握中国信息化指数测度的方法和本质；重点理解信息产业的概念和特点，信息产业的分类和结构及信息产业的运行机制。

【关键概念】

信息化　信息产业　信息化指数　信息产业运行机制

第一节　信息化概述

一、信息化的基本概念

信息化的概念起源于20世纪60年代的日本。1963年，日本学者梅棹忠夫针对本国自然资源匮乏的特点，在探讨建立新兴产业的《论信息产业》一文中首次提及"信息化"的概念，向人们描绘了信息革命和信息化社会的前景，而后被译成英文传播到西方。西方社会普遍开始使用"信息社会"和"信息化"的概念是在20世纪70年代后期。

关于信息化的定义，中国学术界和政府部门做过较长时间的研讨。有的人认为，信息化就是计算机、通信和网络技术的现代化；有的人认为，信息化就是从物质生产占主导地位的社会向信息产业占主导地位的社会转变的发展过程；有的人认为，信息化就是从工业社会向信息社会演进的过程；等等。

1997年召开的首届全国信息化工作会议，把信息化和国家信息化定义为："信息化是指培育、发展以智能化工具为代表的新的生产力并使之造福于社会的历史过程。国家信息化就是在国家的统一规划和组织下，在农业、工业、科学技术、国防及社会生活各个方面应用现代信息技术，深入开发广泛利用信息资源，加速实现国家现代化进程。"实现信息化就要构筑和完善六个要素(开发利用信息资源、建设国家信息网络、推进信息技术应用、发展信息技术和产业、培育信息化人才、制定和完善信息化政策)的国家信息化体系。

信息化是指培育、发展以智能化工具为代表的新的生产力并使之造福于社会的历史过程。智能工具一般必须具备信息获取、信息传递、信息处理、信息再生和信息利用的功能。

完整的信息化内涵包括以下四点。

(1) 信息网络体系：它是大量信息资源、各种专用信息系统及其公用通信网络和信息平台的总称。

(2) 信息产业基础：信息科学技术的研究、开发，信息装备的制造，软件开发与利用，各类信息系统的集成及信息服务。

(3) 社会支持环境：现代工农业生产，以及管理体制、政策法律、规章制度、文化教育、道德观念等生产关系和上层建筑。

(4) 效用积累过程：劳动者素质、国家的现代化水平和人们的生活质量不断得到提高，精神文明和物质文明不断获得进步。

二、信息化的特征

信息化的特征有以下五个方面。

(1) 明显的信息外溢性。信息网络具有"外部性"，而"信息的外溢效应"是其外部性的主要表现。信息的外溢效应主要表现在三个方面：首先是信息本身的外溢效应，它可以对外部产生影响；其次是新信息创造的新市场的外溢效应，新市场能产生连锁反应；最后是新信息创造的新利益的外溢效应。信息外溢的具体形式主要有知识产权贸易、技术许可、专利技术公开、公开出版物与各种专业会议、专业的研究开发。信息外溢效应可以分为四种方式来实现：信息在产业内的外溢效应；信息在产业外的外溢效应；信息在一个国家内的外溢效应；信息在不同国家之间的外溢效应。信息的扩散、转移，必然伴随着知识的价值的溢出。信息扩散、转移的本质是知识价值的外溢。在世界经济发展史上，后发国之所以有"后发优势"，关键就在于后发国家可以通过吸收先进国家"外溢"的信息知识价值，利用先进国家"信息的外溢效应"来加快自身的发展过程。信息技术对传统产业的改造也是发挥其信息外溢效应，属于产业间的外溢效应。

(2) 极强的技术创新性。20 世纪以来信息技术领域实现了几次重大突破，包括半导体、集成电路、计算机、光纤通信、互联网等，它的意义已经远远超出技术领域，它推动了产业结构的加速重组与调整和世界经济的持续增长。技术的强劲创新产生了产业的不断突破，这个过程本身就是一个极强的创新过程。当代世界科技发展的主体是信息技术，产业结构高级化的主要动力之一是信息化，通过信息化的发展来实现结构的升级，即当技术变革引起产业结构转换时，通过引入信息技术促进产业结构的变革，为经济增长提供动力。同时，信息技术还是产业升级的重要推动力。在产业结构优化、经济增长方式转变的同时，信息技术可为国民经济带来巨大的经济效益。

(3) 广泛的技术渗透性。信息技术产业在国民经济的各个领域具有广泛的适用性和渗透性。信息技术的发展，不仅带动了一批新的交叉科技和新兴产业，还创造了新的经济和社会需求。在移动通信市场，仅短信息市场一年已达到 60 亿元人民币。而且信息技术的广泛应用还能提高传统技术的升级换代，推动传统产业的改造，提高劳动生产率，加快产品的升级，增强企业的竞争能力，促进产业结构向知识密集型产业和高质量服务业转变，给传统产业赋予新的内容。据测算，通过设计电子化、生产自动化、管理网络化等办法，信息技术在改造中国传统产业方面已经产生了很好的效益，投入产出比可达 1∶4 以上，有些领域甚至超过 1∶20。一个国家对通信建设的投资每增加 1%，人均国民经济收入可提高 3%。信息技术的应用还极大改变了劳动力结构，如体力劳动者与脑力劳动者的比例在机械化初期阶段为 9∶1；在半机械化半自动化阶段为 6∶4；在自动化条件下，两者之比为 1∶9。

(4) 较高的经济效益性。信息技术的应用可以显著提高资源利用率、劳动生产率与管理效率，从而极大地降低社会总成本，取得巨大的经济效益。特别是以信息技术为主导技术的企业信息网络的发展，增强了管理者与被管理者及不同管理对象之间的交叉性、有序性，提高了生产效率、经济效益，促进了生产组织与经营模式的变革，推动了经济的持续增长。在美国，中型以上的企业都采取了 ERP 管理系统，根据产品外部需求和订单，广泛运用计算机推算产品零部件和材料需求量，按照交货日期计算产品生产进度、原材料供应时间等，以最大限度地减少生产资金占用，减少库存，降低生产成本。另外，美国企业普遍运用计算机进行技术开发和产品设计，运用网络进行市场信息和用户调研，以及普遍上网进行商务活动，开展网络营销，突出了网上产品宣传、网上传递信息和电子邮件、网上销售与结算、网上服务与信息反馈、网上创牌等商务经营。

(5) 强劲的产业带动性。大量研究计算显示，信息产业是一个产业链很长、产业感应度与带动度都很高的产业。据分析，电子信息产业部门的感应度在我国 37 个国民经济部门中居第 9 位，这说明信息技术产业在整个国民经济发展中具有重要的基础作用；电子信息产业部门的带动度在 37 个国民经济部门中居第 4 位，这说明信息技术产业对整个国民经济发展的带动和推动作用巨大。因此信息技术的不断创新与扩散、发展与融合，带动了一系列关联产业的产生与变化。信息技术产业内部，衍生出微电子、半导体、激光、超导等产业的发展；在信息技术产业外部，带动了一批如新材料、新能源、机器制造、仪器仪表、生物、航空航天等产业的发展。信息技术及其产业的这些特点，从本质上决定了其发展与传统产业的相容性，可使传统产业进行深度改造。同时，传统产业必须在吸收信息化发展的先进的交易、生产、分配方式的基础上才能继续生存、发展；信息产业也只有在聚敛了大量的资本、知识等资源后，依托于传统经济的基础，才能寻求进一步的发展，以互联网的力量为手段，整合传统产业和行业资源，从而带动产业调整，提升整个行业。只有当互联网与传统经济资源相结合后，才能产生信息化的巨大推动力量。因此，以信息技术为支撑的经济信息化，极大地推动了信息产业的调整和发展。

三、信息化的层次及内容

"信息化"在不同的组织层次，有着不同的内容和建设规律。一般来说，信息化的层次有以下几种。

(1) 产品信息化。产品信息化是信息化的基础，有两层意思：一是产品所含各类信息比重日益增大、物质比重日益降低，产品日益由物质产品的特征向信息产品的特征迈进；二是越来越多的产品中嵌入了智能化元器件，使产品具有越来越强的信息处理功能。

(2) 企业信息化。企业信息化是国民经济信息化的基础，是指企业在产品的设计、开发、生产、管理、经营等多个环节中广泛利用信息技术，并大力培养信息人才，完善信息服务，加速建设企业信息系统。

(3) 产业信息化。产业信息化是指农业、工业、服务业等传统产业广泛利用信息技术，大力开发和利用信息资源，建立各种类型的数据库和网络，实现产业内各种资源、要素的优化与重组，从而实现产业的升级。

(4) 国民经济信息化。国民经济信息化是指在经济大系统内实现统一的信息大流动，使金融、贸易、投资、计划、通关、营销等组成一个信息大系统，使生产、流通、分配、消费等经济的四个环节通过信息进一步联成一个整体。国民经济信息化是各国急需实现的目标。

(5) 社会生活信息化。社会生活信息化是指包括经济、科技、教育、军事、政务、日常生活等在内的整个社会体系采用先进的信息技术，建立各种信息网络，大力开发有关人们日常生活的信息内容，丰富人们的精神生活，拓展人们的活动时空。等社会生活极大程度信息化以后，我们也就进入了信息社会。

四、信息化与工业化

工业化通常被定义为工业(特别是其中的制造业)或第二产业产值(或收入)在国民生产总值(或国民收入)中比重不断上升的过程，以及工业就业人数在总就业人数中比重不断上升的过程。工业发展是工业化的显著特征之一，但工业化并不能狭隘地仅仅被理解为工业发展。因为工业化是现代化的核心内容，是传统农业社会向现代工业社会转变的过程。在这一过程中，工业发展绝不是孤立进行的，而总是与农业现代化和服务业发展相辅相成的，总是以贸易的发展、市场范围的扩大和产权交易制度的完善等为依托的。在工业化进程中，主要表现为工业生产量的快速增长，新兴部门大量出现，高新技术广泛应用，劳动生产率大幅提高，城镇化水平和国民消费层次全面提升。

工业化的第一阶段往往是轻纺工业为先导产业和支柱产业，到第二阶段进入重化工业化，重工业和石化化学工业成为先导产业和支柱产业。反映重化工业化过程的指标是霍夫曼系数。工业化和外向型经济也有密切关系。发展中国家的工业化往往经历进口替代和出口替代两个阶段，但忽视出口替代，单纯追求进口替代大多会失败，而先实行出口替代，完成资本积累后再进行进口替代则大多会成功，其中"亚洲四小龙"是典型代表。

从产业组织形式看，随着工业化进程的深入，产业链、产业集群等新生事物也创造了出来，不断提高工业产业的组织程度和运行效率。

现在我国还提出了新型工业化的概念。所谓新型工业化，就是坚持以信息化带动工业化，以工业化促进信息化，就是科技含量高、经济效益好、资源消耗低、环境污染少、人力资源优势得到充分发挥的工业化道路。与传统的工业化相比，新型工业化有三个突出的特点：第一，它是以信息化带动的、能够实现跨越式发展的工业化。以科技进步和创新为动力，注重科技进步和劳动者素质的提高，在激烈的市场竞争中以质优价廉的商品争取更大的市场份额。第二，它是能够增强可持续发展能力的工业化。要强调生态建设和环境保护，强调处理好经济发展与人口、资源、环境之间的关系，降低资源消耗，减少环境污染，提供强大的技术支撑，从而大大增强我国可持续发展的能力和经济后劲。第三，它是能够充分发挥人力资源优势的工业化。

工业化不仅对经济产生巨大影响，而且对社会生活也产生巨大影响。工业化带来人类生活节奏的加快，文明程度的提高，政治组织的民主，工人阶级的纪律，工会的强大政治影响力；同时，工业化不断提高的社会生产率为大批就业人口转向第三产业奠定了基础，使得工业社会逐步向后工业社会和信息社会迈进。

在1997年由国务院信息化工作领导小组主持召开的全国信息化工作会议上，党中央提出要处理好"工业化与信息化的关系"。会议指出，由于技术的发展和进步，我国的工业化不能再走西方国家的老路，必须发挥"后发优势"，把工业化建设与信息化建设结合起来，推动产业结构的升级，以信息化促进工业化，以工业化支持信息化，实现工业化与信息化并进，使我国的经济实现跨越式发展。

随着信息技术特别是网络技术的高速发展和广泛应用，信息化从信息技术应用导致产业结构和经济模式变化乃至社会的变革；信息化改变着人们的生产、生活、思维方式和价值观念；信息化成为各国提高综合国力和国际竞争力，提高国家国际地位的战略措施和手段，发达国家以其技术先行的优势，向政治、经济、军事和文化领域拓展，向全世界提出了挑战，各国人民再一次面临着生存与发展的战略选择。

最终，党中央在中国共产党第十五届五中全会上，提出以信息化带动工业化的面向 21 世纪的伟大战略，并指出信息化是覆盖四个现代化全局的战略举措，要发挥后发优势，实现社会生产力的跨越式发展。

首先，信息化带动工业化，准确地定位了信息化与工业化的关系，是人们对信息化认识的新飞跃。信息化代表着由信息技术广泛应用和渗透形成的崭新的、充满活力的新兴生产力，可以提升包括农业、工业、科技和国防及社会各个领域的现代化水平，实现信息时代的工业化。

其次，信息化主导着新时期工业化的方向，使工业朝着高附加值化发展；工业化是信息化的基础，为信息化的发展提供物资、能源、资金、人才及市场，只有用信息化武装起来的自主和完整的工业体系，才能为信息化提供坚实的物质基础。

我国是在农业基础还不稳固、工业化进程尚未完成、现代化开始不久的情况下拉开信息化序幕的。在这种情况下，及时而有力地抓住信息化所带来的机遇，在促进工业化任务完成的同时积极推进信息化，发挥后发优势，以实现社会生产力的跨越式发展，这是时代的需要。

纯粹把工业化同信息化对立起来，或者埋头工业化而置信息化于不顾，或者脱离工业化现状盲目追求信息化，都是不可取的。世纪之交的工业化，如果没有信息化的配合，就不可能顺利推进。

最后，正确处理信息产业同非信息产业的关系，是信息化与工业化关系中的一个核心问题。数字革命创造的信息产业是一种战略性产业，它既可进行制造业活动，又可提供服务性业务，或者同时从事两种活动，成为制造业与服务业的混合物而被称为"液态混合体"。

人们往往把信息化归结为信息基础设施的建设，殊不知信息产业不发达，信息基础设施建设就缺乏坚实的基础。发展信息产业，决不能就信息产业而论信息产业，只在电脑业、电信业、电子信息服务业三者形成的大信息产业内部进行循环，而必须扩大外部循环，发挥整个信息产业作为催化剂、黏合胶、倍增器的作用，支持和服务于农业及其他非信息的制造业和服务业，从中求得自身的发展和壮大。这样，信息化与工业化就可以有机地结合起来了。

总之，我们面对的已不是传统工业化的世界，我们在实现工业的同时就必须着手实现信息化，实施工业化与信息化两步并作一步走的战略，通过信息化方式来加速工业化发展步伐。

第二节　信息化水平测度

一、信息化水平测度概述

20 世纪 80 年代以来，信息技术对人类文明的影响超过了其他任何高新技术，信息化正成为经济增长的重要驱动力量,其发展水平已成为衡量一个国家或地区现代化水平的综合国力的重要标志。在推进信息化的进程中,为了加速赶超战略,实现生产力跨越式发展,就必须弄清各国、各地区信息化的现状与问题、发展前景、对经济发展的影响及其在国际上的地位等,由此就需要从宏观角度进行定量测算、分析、评估,避免以抽象论证和主观推断为依据,从而影响经济发展。据不完全统计,到目前为止,有关信息化水平的测算或测度模型或方法,至少有二三十种之多。信息化水平的测算始于20世纪60年代,可以说,其中一些理论模型或方法,目前已比较成熟,不少测算早已被世界各国采用。从国内外近年来的测算看,比较有代表性的主要是一些知名学者和国际组织所设计的方法。

(一)我国开展信息化水平测度工作的意义

在世界信息化水平迅速提高、发达国家以信息产业为核心的新经济体系不断完善与壮大的背景下,中国信息化建设也在加快发展,正在成为经济增长的新动力。但目前,中国信息化发展的状况与问题如何?中国信息化发展的前景怎样?各地区信息化水平与结构对整个国民经济发展的影响如何?对这些问题,需要有科学与完整的量化的数据来反映与评价。因此我们迫切需要测算我国信息化水平与发展状况,以对中国及各省(区、市)信息化水平、发展进程、存在的问题进行量化的反映与评价,以促进全国及各地区信息化健康、快速地发展,从而促进中国经济乃至中国现代化的发展。

(二)信息化测评的范围

国务院信息化工作领导小组在1997年全国信息化工作会议上,提出了国家信息化的定义:国家信息化就是在国家统一规划和组织下,在农业、工业、科学技术、国防及社会生活各个方面应用现代信息技术,深入开发、广泛利用信息资源,加速国家实现现代化的进程。这个定义体现了要实现农业、工业、科学技术、国防四个现代化离不开信息化,信息化服务于四个现代化的辩证关系,强调了必须有统一的规划和组织,突出了各个领域要广泛应用现代信息技术,深入开发利用信息资源,表明了信息化是一个不断发展的过程。

根据上述定义,全国信息化工作会议还确定了国家信息化体系框架,包括信息资源开发利用、国家信息网络建设、信息技术应用、信息产业发展、信息化人才队伍建设、信息化政策法规和标准六个方面。这也构成了国家信息化测评的主要内容。

信息资源开发利用:这是国民经济和社会发展的战略资源,它的开发和利用是国家信息化的核心任务,是国家信息化建设取得实效的关键。信息资源开发利用的程度是衡量国家信息化水平的一个重要标志。

国家信息网络建设:这是信息资源开发利用和信息技术应用的基础。国家信息网络是信息传输、交换和资源共享的必要手段。只有建设先进的国家信息网络,才能充分发挥信息化的整体效益。

信息技术应用:这是信息资源开发利用和信息网络建设的技术保障。信息技术应用工作量大、涉及面广，关系国家信息化建设的速度与质量，集中体现了国家信息化建设的效益。

信息产业发展：这是国家信息化的支柱。要通过信息产业的发展促进国家信息技术研究的发展和提高，促进国家信息化的实现。

信息化人才队伍建设：这是国家信息化成功之本，对其他各个要素的发展速度和质量有着决定性的影响。

信息化政策法规和标准：这是国家信息化快速、有序、健康发展的保障。要从管理、法制和技术等方面规范和协调各要素之间的关系。

(三)信息化水平测算与评价的原则

对国家信息化水平进行测算与评价，要符合中国国情，符合国家信息化工作领导小组提出的信息化建设 24 字方针，还要与国家信息化体系六个要素相一致，同时也要兼顾能与国际信息化水平测算指标体系相衔接。其基本原则为以下四点。

1. 符合国家信息化建设的方针政策

建立国家信息化指标体系，按照国务院信息化工作领导小组已经确定的国家信息化体系及信息化六个要素来制定。同时按照国家信息化建设的方针政策，以信息化六个要素与信息化水平总指数作为一个有机整体，来构造反映中国信息化水平与发展程度的完整的信息化指标体系。

2. 符合国情并适合国际间的比较

世界各国信息化飞速发展，信息化程度成为国家竞争力高低的重要标志。一些国家和国际组织开展了国家间信息化程度和信息化水平的比较研究工作。因此，中国信息化水平测算与评价的指标体系的确定，既要符合中国国情，能反映中国信息化发展的实际，也要考虑能与国家间信息化水平的比较相接轨的因素。

3. 要具有综合性和可操作性

在测算中国信息化水平及进行地区间比较的任务很急的情况下，建立信息化水平测算与评价的指标体系时，在考虑具有科学性的基础上，还要遵循两个主要原则：一个是指标体系要具有综合性，以尽量少的指标完成综合评价的任务；另一个是要具有可操作性，使设计的指标不仅能客观地反映问题，而且能取得较为准确的数据，完成测算的任务，以真正做到为政府宏观决策提供量化的依据。

4. 要具有导向性

任何一种指标体系的设置，在实施中都将起到引导和导向作用。为了推动信息化的发展，信息化水平测算与评价指标体系将从促进信息技术应用、信息人才培养、信息产业发展、信息资源开发利用、提高信息化在国民经济发展中主导作用的效果等方面加以引导，使中国信息化水平的测算与评价指标体系建立在科学、可靠和可行的基础之上，建立在促进中国信息化水平的快速提高,尽快缩小与国际间信息化发展差距的基础之上。

二、日本信息化指数测度方法

1965 年,日本经济学家小松崎清介首次提出了信息化指数法。信息化指数法又称信息化指数模型,这一方法问世以后,引起了世人的极大关注,也备受各国的青睐。信息化指数法主要是从邮电、广播、电视新闻等行业中选取信息量、信息装备率、通信主体水平、信息系数四个要素来体现社会的信息化程度,四个要素具体又细分为 11 个变量,将这些指标与某一基准年相比得到的就是信息化指数。这种方法既可以从时间序列角度研究发展趋势,也可从截面上考察不同国家信息化发展的程度差别。

如图 7-1 所示,信息化指数模型包含一整套科学的指标体系。由于四大要素中的 11 项分指标无法进行直接比较,所以,要将其转换成一系列指数,然后,根据这些指数就能得到反映信息化程度的总指标。信息化指数法的广告牌通常采用算术平均法:首先视四大类的 11 项分指标的权重相同,在此前提下,确定某国家或某地区某一年的各项指标法数为基年的基数,即权重定为 100,然后将被测地区某年度的各项同类指标值除以基年的各项指标值,再分别按大类累加除以项数,得出各大类的平均指数,将各大数平均指数相加除以常数 4(即其为四大类),其除数就是最终所求的信息化水平的"信息化指数"。

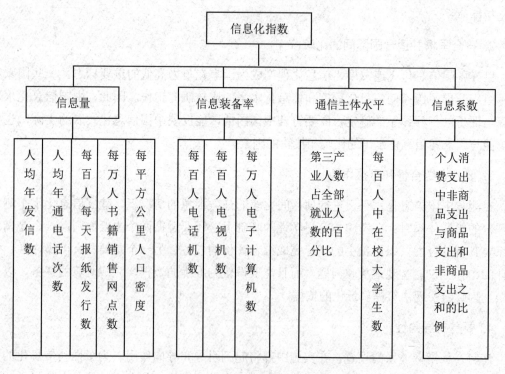

图 7-1 信息化指数模型结构

日本信息化指数测算方法在各国得到了广泛的应用。我国很多研究也采用该方法对全国和部分省市进行了信息化指数的测算和比较,有的还在此基础上对指标进行了改良和优化,使信息化指数考核的内容"与时俱进",符合时代的特性。虽然该方法简便易行,得到了较多的应用,但其缺点也是显而易见的,指标的代表性、覆盖面、测评结果的应用价值及可比性等都有不足之处。为此,更多的研究提供了更多的信息化测评方法和模型。

三、中国国家信息化指标测算法

(一)指标体系的建立

我国信息化测度的研究已经有二十几年的历史,2001年7月29日,信息产业部正式公布了全球第一个由国家制定的 NIQ——《国家信息化指标构成方案》。我国国家信息化指标体系的设计,是国家统计信息中心受原国家信息化办公室委托,按照信息化指数法的思路,综合了波拉特法和信息化法的优点,按国家确定的信息化六要素(即信息资源、国家信息网络、信息技术、信息产业、信息化人才、信息化政策法规),将每个要素分为2~5项具体指标,共计20项指标,经过8年时间制定方案并出台的。

这套指标的出台,对于科学评价国家及地区信息化水平,正确指导各地信息化发展都具有重要意义。通过对信息化指标的统计分析,可定量地衡量国际及各地区的信息化发展程度,从而提高政府推进信息化建设决策的科学性和准确性。中国国家信息化指标体系构成方案及说明如表7-1所示。

表7-1 中国国家信息化指标体系

序号	指标名称	指标解释	指标单位	资料来源
1	每千人广播电视播出时间	目前,传统声、视信息资源仍占较大比重,用此指标测度传统声、视频信息资源	小时/千人(总人口)	根据广电总局资料统计
2	人均带宽拥有量	带宽是在光缆长度基础上通信基础设施实际通信能力的体现,用此指标测度实际通信能力	千比特/人(总人口)	根据信息产业部资料统计
3	人均电话通话次数	话音业务是信息服务的一部分,通过这个指标测度电话主线使用率,反映信息应用程度	通话总次数/人(总人口)	根据信息产业部、统计局资料统计
4	长途光缆长度	用来测度带宽,是通信基础设施规模最通常使用的指标	芯长公里	根据信息产业部、统计局资料统计

续表

序号	指标名称	指标解释	指标单位	资料来源
5	微波占有信道数	目前微波通信已经呈明显下降趋势,用这个指标反映传统带宽资源	波道公里	根据信息产业部、统计局资料统计
6	卫星站点数	由于我国幅员广阔,卫星通信占有一定地位	卫星站点	根据广电总局、信息产业部、统计局资料统计
7	每百人拥有电话主线数	目前,固定通信网络规模决定了话音业务规模,用这个指标反映主线普及率(含移动电话数)	主线总数/百人(总人口)	根据信息产业部资料统计
8	每千人有线电视台数	有线电视网络可以用作综合信息传输,用这个指标测度有线电视的普及率	有线电视台数/千人(总人口)	根据广电总局、统计局资料统计
9	每百万人互联网用户数	用来测度互联网的使用人数,反映出互联网的发展状况	互联网用户人数/百万人(总人口)	根据CNNIC、统计局资料统计
10	每千人拥有计算机数	反映计算机普及程度,计算机指全社会拥有的全部计算机,包括单位和个人拥有的大型机、中型机、小型机、PC	计算机拥有数/千人(总人口)	根据统计局住户抽样数据资料统计
11	每百户拥有电视机数	包括彩色电视机和黑白电视机,反映传统信息设施	电视机数/百户(总家庭数)	根据统计局住户抽样资料统计
12	网络资源数据库总容量	各地区网络数据库总量及总记录数、各类内容(学科)网络数据库及总记录数构成,反映信息资源状况	吉(G)	在线填报
13	电子商务交易额	指通过计算机网络所进行的所有交易活动(包括企业对企业,企业对个人,企业对政府等交易)的总成交额,反应信息技术应用水平	亿元	抽样调查

续表

序号	指标名称	指标解释	指标单位	资料来源
14	企业信息技术类固定投资占同期固定资产投资的比重	企业信息技术类投资指企业软件、硬件、网络建设、维护与升级及其他相关投资，反映信息技术应用水平	百分比	抽样调查
15	信息产业增加值占GDP比重	信息产业增加值主要指电子、邮电、广电、信息服务业等产业的增加值，反映信息产业的地位和作用	百分比	根据统计局资料统计
16	信息产业对GDP增长的直接贡献率	该指标的计算为：信息产业增加值中当年新增部分与GDP中当年新增部分之比，反映信息产业对国家整体经济的贡献	百分比	根据统计局资料统计
17	信息产业研究与开发经费支出占全国研究与开发经费支出总额的比重	该指标主要反映国家对信息产业的发展政策。从国家对信息产业研发经费的支持程度反映国家发展信息产业的政策力度	百分比	根据科技部、统计局资料统计
18	信息产业基础设施建设投资占全部基础设施建设投资比重	全国基础设施投资指能源、交通、邮电、水利等国家基础设施的全部投资，从国家对信息产业基础设施建设投资的支持程度反映国家发展信息产业的政策力度	百分比	根据信息产业部、广电总局、统计局资料统计
19	每千人中大学毕业生比重	反映信息主体水平	拥有大专毕业文凭数/千人(总人口)	根据统计局资料统计
20	信息指数	指个人消费中除去衣食住外杂费的比率，反映信息消费能力	百分比	根据统计局资料统计

注：共计20个指标。其中1~8为信息资源指标；9~12为信息网络指标；13~14为信息技术指标；15~18为信息产业指标；19~20为信息化人才指标；信息政策法规指标在指标体系中未单独列出。

(二)中国各地区信息化水平指数的测算方法

根据上述中国信息化水平测算与评价的指标体系，采用综合评分分析法对全国及各地区的信息化水平指标进行测算。

1. 信息化水平指数的测算方法

综合评分分析法的基本评价模型,通常大多采用简单线性加权方法,得

$$II = \sum_{i=1}^{n} P_i W_i \tag{7-1}$$

式中,P_i——第 i 个评价指标无量纲化处理后的值;

W_i——P_i 的权重;

II(Informatization Index)——信息化水平总指数值。

综合评分分析法的具体测算过程为以下三步。

第一,对选择的指标进行相关分析,筛掉相关性极高的指标,以避免相同因素在计算中占有过大的份额,以保证评价结果的合理性。

第二,对指标进行标准化处理以进行规范,使量纲不同的各类指标值转化为可以直接进行计算的数值。

第三,权重的确定采用德尔菲法,即专家评价与打分法。这个方法一般用问卷方式,请研究该问题的有关专家进行打分,将专家打的分数综合平均后作为权重。在信息化水平测算中,国家信息化体系六个要素的权重分别为:信息资源开发利用 15%,信息网络建设 16%,信息技术应用 18%,信息产业发展 15%,信息化人才 20%,信息化发展政策和效果 16%。在这里,权重分为四个等级:第一级为"信息化人才",体现人才是信息化时代知识经济发展的核心;第二级为"信息技术应用",体现科学技术是第一生产力,是知识经济发展的推动力;第三级为"信息网络建设"与"信息化发展政策",体现信息化发展的物质基础和国家支持力度;第四级为"信息产业发展",体现信息化发展的产业形态和结果。

国家信息化水平测算的计算方法是:从具体的指标开始,逐项分层加权计算,最后汇总得出结果。

其具体计算公式可表示为

$$II = \sum_{i=1}^{n} (\sum_{j=1}^{m} P_{ij} W_{ij}) W_i \tag{7-2}$$

式中,II——全国及各地区信息化水平总指数的得分;

n——信息化水平构成的要素个数;

m——信息化水平第 i 个构成要素的指标个数;

P_{ij}——第 i 个构成要素的第 j 项指标标准化后的值;

W_{ij}——第 i 个构成要素的第 j 个指标在其中的权重。

2. 信息化水平指数增长速度的计算

综合评分法适用于测算某一年度全国及各省市信息化水平指数(总指数与分类的六要素指数),可以测算出他们的基本水平与位次。但是,要考察信息化水平发展状况,由于各年

度指标数据的区间范围不可能完全一致，就会造成计算结果不可比，因此我们采用物量指标增长速度加权平均计算方法，来计算信息化水平指数的增长速度，即以选定的一年(基准年)为基期，计算信息化水平指数报告期与基期的增长速度，加权平均后逐层计算，得出比较年份信息化指数的增长速度，并以基准年为基础，计算出其他有关年份信息化水平总指数。

在测算中，基准年份的选择和调整，可根据国家宏观决策的需要及进行国际比较等需要来确定，并通过换算使按两个基准年份计算的指数可以进行比较。

(三)中国信息化水平测试结果

2002年3月19日，国家信息化测评中心(NIEC)根据《国家信息化指标构成方案》，发布了我国信息化水平报告和信息化指标测算数据。测评结果如下[①]。

1. 2000年中国国家信息化水平总指数(NIQ)为38.46

据测算结果分析，2000年中国国家信息化水平总指数(NIQ)为38.46，较之1999年的30.14和1998年的25.89，有较大提高。全国信息化水平总指数最高的是北京市。在31个省(市、区)中，高于全国信息化水平总指数平均值的有19个省(市、区)，低于平均值的有12个省市、(区)。

2. 1998—2000年中国信息化水平总指数平均每年提高21.9%

1998—2000年中国信息化水平总指数提高了48.6%，平均每年提高21.9%，大大快于国民经济7%~8%的增长速度。从各个年份看，2000年和1999年中国信息化水平总指数的增长速度分别为28%和16%，信息化水平总指数的增长呈加快发展之势，这表明信息化的发展对我国国民经济的推动作用正在加强。

3. 2000年中国信息化水平总指数的分要素比较

从2000年全国信息化水平的分要素的比较来看，有以下几个特点。

一是信息技术应用得到较快的发展。

在各要素中信息技术应用指数最高，为65.89。这表明中国信息技术应用得到较快的发展，信息技术和网络技术正向各个领域广泛渗透，对经济结构调整和传统产业的改造开始发挥重要作用，成为拉动中国信息化水平提高的主要因素。

二是信息产业正在成为国民经济的重要支柱产业。

在各要素中信息产品和服务发展指数为53.78。这表明我国信息产业持续高速发展，正在改变我国工业国的面貌，并逐步成为国民经济的重要支柱产业。实践证明，"以信息化带动工业化"的战略是完全正确的。

三是信息资源开发利用取得一定的发展。

---

① 引自《国家信息化水平研究报告》，国家信息化测评中心网 http://www.niec.org.cn，03/19/2002.

在各要素中信息资源开发利用指数为45.29。这表明随着互联网络的飞速发展，我国的互联网络信息资源也得到了很大的发展。但是，相对于应用和需求而言，信息资源开发仍然严重不足，同时还存在大量低水平的重复建设，要在发展中进一步解决。

四是信息网络建设飞速增长，但存在重复建设。

2000年信息网络建设指数为37.12，信息网络建设增长速度在各要素中最高，指数与增长速度形成反差。近年来，信息基础设施建设取得了很大进展。信息通信业已成为中国发展最快的行业之一。移动网、固定网的规模分别居世界第一位和第二位。程控交换、移动通信、光通信和网络等设备的研究开发和生产制造能力有了明显的提高，对于部分产品，中国已成为世界主要生产国。但同时，网络存在大量低水平的重复建设，且难以实现互联共享，影响了效率的发挥。需要按照互联互通、资源共享的原则，杜绝各种网络和系统的重复建设。

五是信息化发展环境需加快完善。

信息化发展环境指数为21.86，在各要素中水平较低，说明需要进一步加快完善信息化发展环境。政府先行带动信息化发展，是提高信息化发展政策指数的有效途径。政府的信息化建设要从中央政府抓起，进一步加快和完善重大信息化工程建设。要做好规划，统一标准，加强法制和安全保障体系建设。

六是信息化人才不足是制约信息化发展的关键因素。

信息化人力资源指数为13.43，是各要素中水平最低的，信息化人才不足成为制约中国信息化持续发展的关键因素。因此，要加强人才培养和信息技术知识普及。信息人才的培养要从学校抓起。

4. 2000年全国信息化分类指数的增长速度比较

从2000年中国信息化水平总指数的各个构成要素的增长速度看，对信息化水平总指数增长拉动最大的是信息网络建设和信息技术应用的快速增长。增长较慢的是信息化发展环境指数和信息化人力资源指数。这反映出信息技术、信息网络的发展与人才培养、制度建设之间的不相适应，表明国家信息化政策支持力度需要进一步加强。

以下是采用综合评分分析法，对全国及各地区1998—2000年信息化水平发展状况的有关测评结果，如表7-2所示。

表7-2　1998—2000年全国及各地区信息化各要素指数

地区	资源开发利用	信息网络建设	信息技术应用	信息产品与服务	信息化人力资源	信息化发展环境
全国合计	45.29	37.12	65.89	53.78	13.43	21.86
北京	93.53	318.82	179.97	112.68	112.15	79.61
天津	54.24	83.51	127.75	111.27	45.87	23.92
河北	31.72	45.58	85.24	44.50	6.44	7.63

续表

地区	资源开发利用	信息网络建设	信息技术应用	信息产品与服务	信息化人力资源	信息化发展环境
山西	61.15	101.83	60.99	44.92	19.48	11.95
内蒙古	73.18	7.65	57.69	44.32	10.91	21.57
辽宁	74.12	52.67	84.60	46.44	28.36	21.33
吉林	66.11	41.86	81.49	44.49	25.48	24.85
黑龙江	59.13	18.64	105.91	43.79	18.89	23.39
上海	99.91	191.86	155.30	45.19	68.91	16.65
江苏	48.31	37.03	101.57	34.90	21.97	41.91
浙江	72.43	59.03	86.53	33.49	9.86	34.68
安徽	26.02	50.12	65.22	39.25	6.95	24.42
福建	68.78	54.33	106.24	68.35	6.87	90.77
江西	22.95	41.92	51.33	68.42	5.48	37.81
山东	29.86	50.10	65.55	25.26	13.36	20.16
河南	30.16	42.02	66.23	41.67	6.45	19.74
湖北	32.53	108.19	69.60	30.43	11.90	21.97
湖南	5.91	204.38	56.32	55.35	5.42	43.64
广东	73.81	81.89	84.13	44.12	13.71	27.53
广西	17.02	50.79	52.12	38.89	3.25	36.01
海南	76.97	66.48	51.97	50.30	7.83	7.49
重庆	11.69	217.20	87.81	48.55	11.76	25.87
四川	21.48	50.87	55.79	34.91	9.10	29.08
贵州	2.16	157.84	40.38	5.62	4.45	21.01
云南	15.02	59.53	32.90	29.07	3.76	16.54
西藏	70.43	0.20	1.67	41.18	3.13	6.13
陕西	37.73	69.46	76.24	76.35	19.69	46.61
甘肃	26.14	16.85	44.38	21.58	11.21	26.75
青海	45.66	2.25	61.10	49.16	10.44	13.42
宁夏	60.27	39.29	65.88	48.53	14.52	23.83
新疆	40.48	3.93	94.43	87.72	17.32	9.60

据测算结果分析，2000年中国国家信息化水平总指数(NIQ)为39.56，在各要素中，信息技术应用指数最高为65.89，成为拉动中国信息化水平提高的主要因素；信息产品和服务发展指数为53.78，逐步成为国民经济的重要支柱产业；信息资源开发利用指数为45.29，我国的互联网络资源得到了很大发展，但还存在大量低水平的重复建设问题；信息网络建设指数为37.12，但增长速度在各要素中最高，说明信息产业已成为中国发展最快

的行业之一；信息化发展环境指数为 21.86，需进一步加快完善；信息化人力资源指数为 13.43，是六要素中水平最低的，信息化人才不足成为制约中国信息化持续发展的关键因素。2000 年和 1999 年中国信息化总指数的增长速度分别为 28%和 16%，信息化水平总指数的增长呈加快发展之势，信息化的发展对国民经济的推动作用正在加强。

近年来，随着"互联网+"的快速发展，信息产业与传统产业的融合发展越来越快，信息产业已成为国民经济的支柱产业，在国民经济中的地位和作用不断提高和加强，已经成为国民经济的重要支柱产业。2016 年中国信息产业发展指数（IT Industry Development Index，ITII）达到 67.5 分，如表 7-3 所示。

表 7-3 2012—2016 年中国 ITII 指数

年份	2012	2013	2014	2015	2016
中国 ITII 指数	56.1	58.2	61.5	65.5	67.5

资料来源：李颖. 中国 IT 产业发展报告 2016—2017[M]. 北京：电子工业出版社，2017.

信息技术的快速发展和应用带来了传统产业的飞速发展，已经改变了中国工业化的面貌，"以信息化带动工业化"战略效果显著。信息技术和网络技术已经在各个领域中广泛渗透，对经济结构调整和传统产业的改造升级发挥了重要的作用，成为拉动中国信息产业发展和传统产业转型升级的主要因素。

从信息化水平在国家间的比较结果看，中国信息产业发展持续保持增长，与发达国家之间的差距逐渐缩小，2015 年中国 ITII 指数与美国的差距为 22.3 分，2016 年缩小为 17.1 分，排名第六。2016 年各国 ITII 指数如表 7-4 所示。

表 7-4 2016 年不同国家 ITII 指数排名及得分

排 名	国 家	综合指数
1	美国	85.2
2	日本	76.1
3	韩国	75.7
4	英国	73.2
5	德国	71.1
6	中国	67.5
7	俄罗斯	51.5
8	印度	44.3

数据表明，经过近几年的高速发展，我国的信息化程度有了巨大的提高。然而，经进一步分析后，我们也发现大量的问题，主要表现为：一是与发达国家差距仍然存在。二是国内信息化发展不平衡现象突出。我国各地区信息化水平发展很不平衡，城乡差距较大，在

我国信息化不断发展的同时，"数字鸿沟"也在不断扩大。由于经济、技术等方面的差异，我国信息化发展严重不平衡，面临着如何缩小信息消费贫富差距的挑战。三是信息化人才严重匮乏，信息化发展环境急需完善。因此，要加强人才培养和信息技术知识普及。

第三节　信息产业概述

一、信息产业的含义和特征

(一)信息产业的含义

信息产业特指将信息转变为商品的行业，它不但包括软件、数据库、各种无线通信服务和在线信息服务，还包括传统的报纸、书刊、电影和音像产品的出版，而计算机和通信设备等的生产将不再包括在内，被划为制造业下的一个分支。以计算机和通信设备行业为主体的IT产业，我们通常称为信息产业，又称为第四产业。重新定义的信息产业是指那些将信息转变成商品的行业，它包括以下三种类型。

(1) 生产和分发信息及文化产品的行业。

(2) 提供传递或分发这些产品及数据或通信方法的行业。

(3) 处理数据的行业。

信息产业又分四个行业：出版业、电影和录音业、广播电视和通信行业、信息服务和数据处理服务行业。

以下是信息产业的提出及国际上关于界定信息产业范围的几种观点。

今天信息产业的概念，是在知识产业研究的基础上产生和发展起来的。最早提出与信息产业相类似概念的是美国经济学家普斯顿大学弗里兹·马克卢普(F. Machlup)教授。他在1962年出版的《美国的知识和分配》一书中，首次提出了完整的知识产业(Knowledge Industry)的概念，分析了知识生产和分配的经济特征及经济规律，阐明了知识产品对社会经济发展的重要作用。尽管马克卢普没有明确使用"信息产业"一词，并且在所界定的范围上与现行的信息产业有所出入，但不可否认它基本上反映了"信息产业"的主要特征。

随后，1977年，美国斯坦福大学的经济学博士马克·波拉特(M. U. Porat)，在马克卢普对信息产业研究的基础上，出版了题为《信息经济：定义与测算》(*The Information Economy*)的9卷本内部报告，把知识产业引申为信息产业，并首创了四分法，为信息产业结构方面的研究提供了一套可操作的方法。他把社会经济划分为农业、工业、服务业、信息业四大类，并将信息产业划分为所谓的一级信息部门和二级信息部门。

信息产业作为一个新兴的产业部门，其内涵和外延都会随着该产业的不断扩大和成熟而扩大与变动。自弗里兹·马克卢普首次提出知识产业的概念以来，各国学者都先后对信息产业的概念和范围等问题进行了广泛的理论探讨。但是由于人们出于不同的研究目的和角度，关于信息产业的概念问题目前仍然是众说纷纭。目前国际上关于界定信息产业范围的观点有以下几种。

美国商务部按照该国 1987 年的《标准产业分类》，在其发布的《数字经济 2000 年》中给出的信息技术产业的定义是：信息产业应该由硬件业、软件业和服务业、通信设备制造业及通信服务业四部分内容组成。美国信息产业协会(AIIA)给信息产业的定义是：信息产业是依靠新的信息技术和信息处理的创新手段，制造和提供信息产品、信息服务的生产活动的组合。北美自由贸易区(美国、加拿大、墨西哥三国)在它们于 1997 年联合制定的《北美产业分类体系》(简称 NAICS)中，首次将信息产业作为一个独立的产业部门规定下来。该体系规定，信息产业作为一个独立而完整的部门应该包括以下单位：生产与发布信息和文化产品的单位；提供方法和手段，传输与发布这些产品的单位；信息服务和数据处理的单位。其具体包括出版业、电影和音像业、广播电视和电信业、信息和数据处理服务业四种行业。

欧洲信息提供者协会(EURIPA)给信息产业的定义是：信息产业是提供信息产品和信息服务的电子信息工业。

日本的科学技术与经济协会认为：信息产业是提高人类信息处理能力，促进社会循环而形成的由信息技术产业和信息商品化产业构成的产业群，包括信息技术产业及信息产品化。信息产业的内容比较集中，主要包括软件产业、数据库业、通信产业和相应的信息服务业。

我国信息产业发展的时间不长，对于信息产业的定义和划分，由于分析的角度、标准不同和统计的口径不同，也形成了许多不同的观点。

我国数量经济学家和信息经济学家乌家培教授认为：信息产业是为产业服务的产业，是从事信息产品和服务的生产、信息系统的建设、信息技术装备的制造等活动的企事业单位和有关内部机构的总称。同时，他认为信息产业有广义和狭义之分，狭义的信息产业是指直接或者间接与电子计算机有关的生产部门；广义的信息产业是指一切与收集、存储、检索、组织加工、传递信息有关的生产部门。

我国学者曲维枝认为：信息产业是社会经济生活中专门从事信息技术开发、设备、产品的研制生产及提供信息服务的产业部门的总称，是一个包括信息采集、生产、检测、转换、存储、传递、处理、分配、应用等门类众多的产业群。其主要包括信息工业(包括计算机设备制造业、通信与网络设备及其他信息设备制造业)、信息服务业、信息开发业(包括软件产业、数据库开发产业、电子出版业、其他内容服务业)。

尽管有各种不同的观点，但是概括起来大致有广义、狭义和中间学派三种不同的观点。广义的观点是在马克卢普和波拉特等人理论的影响下，认为信息产业是指一切与信息生产、流通、利用有关的产业，包括信息服务和信息技术及科研、教育、出版、新闻等部门。狭义的观点是受日本信息产业结构划分的影响，认为信息产业是指从事信息技术研究、开发与应用、信息设备与器件的制造，以及为经济发展和公共社会需求提供信息服务的综合性生产活动和基础机构，并把信息产业结构分为两大部分：一是信息技术和设备制造业；二是信息服务业。中间学派认为信息产业就是信息服务业，它是由以数据和信息作为生产处理、传递和服务为内容的活动构成，包括数据处理业、信息提供业、软件业、系统集成业、咨询业和其他。

(二)信息产业的特征

(1) 信息产业是高渗透型产业。一方面，它部分地融合于社会和产业的各个部门，其中主要为第二产业和第三产业；另一方面，它的行业行态、职业行态、产出形态等，都具有两种类型，即独立型和融合型。

(2) 信息产业是知识、智力密集型产业。信息产业的核心技术，既是信息产业本身的装备技术，又是为社会各领域服务的应用技术，对社会经济发展产生着重大的影响。信息产业中的新闻报道业、信息咨询业、教育业、图书情报业等，是典型的知识集约型产业。

(3) 信息产业是更新快、受科技进步影响大的变动型产业。以计算机芯片的技术发展速度为例，从产品研制到形成批量生产，4K 存储器用了 5 年，16K 用了 3 年，64K 用了 2 年，256K 和 1M 各用了 3 年，现在可达 32M。信息产业的更新速度是其他产业所不能比拟的。

(4) 信息产业是要求有大量资金和高智能投入的高投入型产业。无论是信息产业中的"硬件"设备制造，还是信息服务的生产和流通，均需要投入大量资金。而且，信息产业的技术开发，以及信息产业的咨询服务，都需要有较高级的专业技术人员，并要求他们共同联合与协作，否则，信息产业很难发展。

(5) 信息产业是产出效益高的高增值型产业。中国电子性产业自从 2009 年以来其产值一直保持着 30%的增长趋势，2013—2017 年，中国电子信息产业产值增长速度就达到了 24%，而同时间段的 GDP 增长速度不超过 10%，两者的增长速度差距较大。2013 年中国电子信息产业销售收入达到了 12.4 万亿元，同比增长了 12.7%，其中软件与信息技术服务的收入达到了 3.1 万亿元，同比增长了 25%。信息产业的产出效益高，不仅在于其本身的高产值、高增值和高效益，而且可通过不断为国民经济各部门、行业提供及时准确的信息服务，保证这些部门和行业经济决策的正确性和可行性，获得更多的经济效益，从而加速国民经济的发展。

(6) 信息产业是增长快、需求广的新型产业。现在，信息产业以平均年增长 20%以上的速度向前发展。社会对它们的需求之广泛，也非其他产业可比拟。

(7) 信息产业是综合性强、比其他产业部门更要求配套以发挥整体效应的复合型产业。信息产业涉及的行业很多，每个行业的发展，都与其他行业有着千丝万缕的联系。

(8) 信息产业是省资源、省能源、无公害的战略型产业。它的发展需要一定的环境和条件，它与商品经济的发展、管理水平的提高、复合人才的培养密切相关。同时，它的存在与发展具有超前性，并能为其他产业服务。

(9) 信息产业是就业面大、对劳动者的文化层次要求高的新职业供给型产业。信息产业的发展带动了文化、教育、服务产业的发展，可以开辟许多新的职业门路，从而为提供就业机会开辟了一条重要途径。

(10) 信息产业是国民经济的先导型产业。一方面，信息产业在其发展过程中，通过与传统产业相互渗透融合，可以改进传统技术，并促进传统产业的改造与升级；另一方面，作为信息产业的核心技术——信息技术是现代高技术群的核心和领头技术。此外，信息产业还是促进其他高技术产业形成和发展的基础。

二、信息产业的分类

从信息活动的历史演变看，信息产业可分为：传播信息活动，如新闻、出版、广播、电视、图书馆、档案馆、电话、电报等活动；现代信息活动，如计算机服务、软件、无线通信和网络等活动。从信息活动的科学技术含量看，信息产业可分为：支撑信息产业发展的电子信息产品的制造活动；以高技术为主的计算机服务、软件、网络、通信、广播电视等活动；以传统技术为主的其他信息传播和管理活动。

根据不同的目的和分类原则，信息产业的范围也不同。北美三国 NAICS(北美产业分类体系)中的信息业，侧重于信息的传播和服务，不包括电子通信产品的生产、销售和租赁。美国商务部和 OECD 制定的信息产业，侧重于与电子技术相关的活动，它不仅包括利用电子技术的信息传播和服务活动，还包括与电子产品相关的生产、销售、租赁活动，但不包括新闻、出版、图书馆、档案馆等活动。

我国对信息产业分类没有统一的模式，一般可认为包括七个方面：一是微电子产品的生产与销售；二是电子计算机、终端设备及其配套的各种软件、硬件的开发、研究和销售；三是各种信息材料产业；四是信息服务业，包括信息数据、检索、查询、商务咨询；五是通信业，包括电脑、卫星通信、电报、电话、邮政等；六是与各种制造业有关的信息技术；七是大众传播媒介的娱乐节目及图书情报等。

三、信息产业的产业结构

(一)产业结构概述

由于信息活动的规模不断扩大、信息资源的重要性不断提高，在整个国民经济中，信息产业的地位与作用也就越来越重要。

国民经济是由各种不同但又相互关联的经济活动及相应的经济组织组成的复杂系统。为了研究国民经济各组成部分的地位、相互联系和数量关系，根据经济活动及其组织在国民经济系统中的功能或者根据劳动对象、劳动产品的特点，我们将这些经济活动和组织划分成不同的部分，每一具有相同属性的部分称为产业。一个地区、一个国家的产业结构，是指其具有的产业类型及各类产业在国民经济中的比例关系。

产业分类的原则不同，产业结构的特点也不一样，有的产业分类的类别少，每类产业的范围大，有的产业分类的类别多，分类较细，相应的每个产业范围较小。产业的分类也可以分层次，在大类下面可以包括若干范围较小的类别。大范围的产业有时又称部类、部门或产业部门，小范围的产业有时又称行业。

常见的产业分类方式有以下几种。

1) 两大部类的构成

按产品在社会再生产中的使用目的，把社会生产部门分为两个部类：生产资料的生产部门统称第Ⅰ部类，消费资料的生产部门统称第Ⅱ部类。

2) 农、轻、重的构成

把生产物质产品的基本部分划分为农业、轻工业、重工业三大部门。

3) 三次产业的构成

第一产业(又称第一次产业)包括农业、林业、畜牧业、渔业等直接利用自然资源进行生产活动的部门。有些国家将采掘业也归属第一产业。第二产业(又称第二次产业)包括加工工业、建筑业等将第一产业获得的产品作为原料进行再次加工的部门，有些国家将采掘业归属第二产业。第三产业包括商业、运输业、邮电业、公用事业、科学研究、文化、娱乐、教育等部门。

4) 根据生产要素的密集程度划分，将各产业分成劳动密集型、资金(资本)密集型、技术密集型

劳动密集型产业是指单位劳动占用资金(资本)较少的产业；资金(资本)密集型产业是指单位劳动占用资金(资本)数量较多的产业；技术密集型产业是指使用现代科学技术内容较多，或机械化、自动化程度较高的产业，技术密集型产业往往又是资金密集型产业。

5) 四个部门的产业构成

以上产业的划分是以物质资源的开发与利用为主导的，没有突出日益重要的信息活动在国民经济产业结构中的地位与作用，20世纪70年代美国学者马克·尤里·波拉特(Mac Uri Porat)提出了四大产业部门的划分方式，即国民经济中的产业结构由农业、工业、服务业和信息产业等四大产业部门构成。

由于人们的信息活动遍及国民经济各个领域，为考察信息活动对国民经济的贡献，波拉特把社会经济中的信息活动分成第一信息部门和第二信息部门。第一信息部门包括为市场提供信息产品和信息服务的所有组织与活动。在政府部门中以提供信息服务为主的部门也属于第一信息部门。第二信息部门包括大部分政府机构和其他企、事业单位内的管理部门。这些管理部门从事的信息活动，并不直接向市场提供信息产品和信息服务，而是构成行使政府管理职能或各企、事业单位的市场活动必须付出的信息成本。因此，第一信息部门构成了独立于其他产业部门的信息产业，而第二信息部门反映了非信息产业中的信息活动。

应用何种方式划分产业，完全根据对产业结构分析的目的而定。各类产业在国民经济中的地位和相互关系可以用有关数量指标来描述。常用的指标有：该类产业在国民生产总值(GNP)中所占份额(绝对值或比例)，该产业总产值、商品产值、就业人数或在全部就业人数中所占比例。信息劳动者的国民收入总额或人均国民收入或国民收入中信息劳动者收入所占份额等。如波拉特经过分析计算，得出1967年美国经济中，第一信息部门和第二信息

部门在美国国民生产总值(GNP)中所占的份额分别为25.1%和21.1%。

现在社会上与学术界对信息产业有种种不同的认识。有的文献认为信息产业就是通过电子手段进行信息生产、加工、积累、流通和销售等一系列活动，以及生产这些活动所必需的装置的一种新型产业，它包括三个部分：①硬件制造业，即生产电子计算机和通信设备产业；②电气通信产业，即用电子手段进行信息交流的产业；③信息处理产业，包括软件生产、信息处理服务和信息提供服务等。这种认识是把基于计算机和现代通信技术的信息生产与服务的产业部门认定为信息产业。这是一种狭义的信息产业，可以称为电子信息产业。我们讨论的信息产业包括更为广泛的信息生产和信息服务，可以认为是广义的信息产业。今后如不作特别说明，所提及的信息产业均指广义的信息产业。

(二)信息产业的组成

波拉特在分析美国的信息经济时，把信息产业分成三大部分：第一部分是"供给信息的市场"，包括为市场生产和提供各类商品化信息的行业，如研究与开发、教育、咨询服务、审计、广播、电视、报纸、杂志、书籍的印刷与发行等行业；第二部分为"市场的信息"，即收集、加工、交流、利用市场的各类信息进行服务的行业，如宣传广告业、非市场协调机构如工会、专家组织、商会、政治团体、金融业、保险业等；第三部分是信息基础设施，包括信息处理与传递服务业、信息产品制造业、信息产品的批发与零售业以及对信息活动的支持设施，如有关办公处所的建筑物和其他设施的建设等。

第四节　信息产业的运行机制与效率

一、信息产业的运行机制及特点

(一)信息产业的运行机制

运行机制是指组织自身运行调节的方式与规律，它直接决定着组织的运行效率。所以在研究信息产业运行效率之前，我们先来分析决定信息产业运行效率的机制问题。信息产业的运行机制可以用汽车行驶图来形象地描述(见图7-2)。

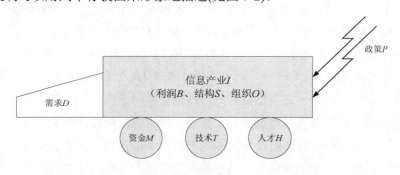

图7-2　信息产业的运行机制示意图

其中，利润 B(信息产业的盈利状况)、产业内部结构 S(信息产业的利润率及增长率的稳定情况，创新活动的有序情况)以及产业内部组织 O(信息产业内部利润率的均衡)是衡量信息产业发展状况和综合水平的三个要素；而信息需求 D、资金 M、信息技术 T、人才 H、信息产业政策 P 是影响信息产业发展状况和综合水平的五大因素。信息需求是整个汽车前进的拉动力，是信息产业发展的引擎，也是信息产业产生的源头。满足不断增长的信息需求是信息产业的发展目标，同时不断出现的新的信息需求又拉着信息产业不断地向前迈进，有时候还会使信息产业涌现出一些新的发展方向；而信息产业的政策则是汽车前进的推动力，科学、合理、有效的信息政策将推动信息产业健康快速地发展；而资金、信息技术、信息人才就像是汽车的轮子一样，载着整个车身滚动前进。我们知道信息人才和信息技术是信息产业产生和发展的关键因素和根本动力，没有高素质的信息人才，就没有飞速发展的信息技术；没有信息技术的飞速发展及人类对信息技术的合理驾驭，就没有信息技术在社会经济生活中的广泛应用和推广，就没有社会经济结构的变化；没有信息经济的快速增长，也就没有信息产业的产生及发展。信息技术的进步是信息产业获得较高运行效率的关键因素，信息人才是推动信息技术进步和信息产业快速发展的主力军，人才的素质直接影响着信息产业的发展速度和水平。然而，所有这一切，技术的进步、人才的培养、信息产业运行效率的提高、信息经济的发展，离了资金是不可能的，所以资金是信息产业运行和发展的重要保证。

如果用公式来表示的话，以上各个因素之间的关系可以表示为

$$I(B,S,O) = f(D,P,M,T,H) \tag{7-3}$$

同样从公式中我们也可以看出，D, P, M, T, H 的值决定了 B, S, O 的值，也就是说，信息产业的盈利，信息产业利润的稳定增长取决于信息需求、信息政策、信息技术的发展、信息人才以及资金等因素。这些因素共同作用形成了信息产业独特的运行机制，从而决定了信息产业的运行效率和成长速度。其中，信息需求与信息技术也许是信息产业成长最为关键的因素。我们知道从某种角度讲信息产业的形成依赖于信息技术的发明和进步，如果说信息需求是信息产业出现的触发器，那么信息技术就是信息产业形成的使能器，正如蒸汽机的发明对于工业时代的意义一样，信息技术的发明和进步对于信息社会、信息产业的发展意义非凡。

从信息产业的成长机制来看，信息技术与信息需求因素也是信息产业成长的主要动力。信息产业成长的核心问题是动力问题。关于信息产业的成长动力机制有很多动力模型去描述，我们这里只引用二元论和多元论模型来说明信息需求及信息技术对于信息产业快速成长和高效运行所起到的关键作用。二元论模型是指在社会信息需求与信息技术发展与应用的双重动力推动下信息产业成长的动力模型(见图 7-3)。由于技术与经济的相互渗透，以及技术创新过程越来越复杂，涉及的因素越来越多，完全靠技术推动或完全靠市场需求推动引起的技术创新活动已越来越少，而将两种活动结合所引起的技术创新活动不断增加，由此产生了双重推动模式。正如我们前面所说，信息需求与信息技术之间相互激发(满

足新的信息需求的愿望促进了人们对新技术的发明和应用,技术的进步又反过来激发了人类新的信息需求),它们形成一个强有力的双重合力推动着信息产业的发展和成长,信息产业的发展就是发明和利用信息技术满足不断出现的社会信息需求,同时激发新的社会信息需求的过程。

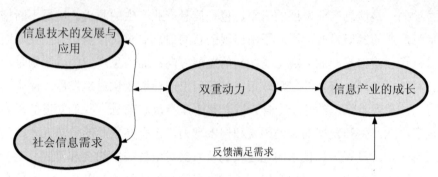

图 7-3　信息产业成长的双重动力机制

当然,并不是说除此之外,别的外部因素就不重要。在全球经济一体化的外部环境中,各个国家和地区具体的信息产业成长绝不会是单一的或固定的动力因素组合,它们的成长动力因素表现出丰富多彩的组合。有学者认为,决定信息产业成长的重要因素有四组:一是有效需求结构;二是持续不断的技术创新;三是国际竞争;四是信息全球化。即有效需求是信息产业成长的原动力,持续不断的创新是信息产业成长的核心动力,国际竞争是信息产业成长的外动力,而信息全球化则是决定信息产业成长的驱动力。

(二)信息产业运行机制的特点

信息经济和信息产业作为与物质经济和传统产业不同的新兴的经济结构和产业部门,其运行机制有自身的特点,主要表现为以下几个方面。

(1) 信息产业化与产业信息化的相互促进。产业信息化是指国民经济的产业部门大量使用先进的信息技术手段,加强对信息资源的开发和利用;信息产业化则是指与信息的生产、流通、分配、消费直接相关的组织机构遵循市场经济规律,立足于产业化要求生存与发展,并在宏观上形成了信息产业这一国民经济的相对独立的产业部门。信息产业化和产业信息化相互促进、互为因果,是信息产业运行中的一个重要特征。从历史上看,产业信息化为信息产业化提供了条件,以电子计算机和通信技术为核心的信息技术在工业、农业、金融、商业、交通等部门的广泛利用,极大地促进了生产力的提高,同时,这使当代信息需求和利用突破了专业和部门的界限,向多样化、社会化方向发展,使得信息加工处理与传输形成了一个独立的产业部门。而信息产业的形成与壮大又对各产业部门利用信息资源与信息技术起到了推动作用,整个社会经济都向着信息化的方向发展。信息产业化与产业信息化的相互促进将贯穿信息产业发展过程的始终。

(2) 需求带动表现为技术推动。在市场经济中，信息产业发展中的需求带动作用表现为技术的推动作用。这主要是因为信息需求是一种弹性较大的需求，在很多场合，信息的价值毋庸置疑，但并不是必需，再加上信息的可存取性及成本等因素的限制，不可避免地导致这样一种结果：决策者意识到信息需求，但仍把其决策建立在不充分信息的基础之上。这样，信息需求的两个层次，即潜在需求与现实需求的转换复杂化。而信息技术是促进这种转换最重要的因素。事实上，信息产业的形成正是由于信息技术的推动作用，而各类先进信息系统，如可视图文系统、电子邮政系统、电话咨询系统等的出现，不仅改变了人们获取利用信息的方式，更重要的是将人们的潜在信息需求转变成了现实需求，此外，信息产业技术更新快、受科技进步影响大，正是这一特点的外在表现之一。

(3) 第一信息部门和第二信息部门相互补充。按波拉特的定义，第一信息部门和第二信息部门分别指直接面向市场和为本组织机构提供信息产品和信息服务的信息机构。第一信息部门从其产生来看，是对第二信息部门替代的结果。但从发展趋势来看，这种替代作用将成为补充作用，即第一信息部门不能完全取代第二信息部门，最后的格局是相互并存、相互补充。其根本原因是信息需求的广泛性和多样性，各组织机构的专门需求无法从社会公共信息服务系统中得到满足，只能立足于自身的信息部门。日本的情况正是如此。作为经济情报大国的日本，它不仅有发达的社会公共情报系统，而且有先进的组织情报系统。最为人们所津津乐道的日本六大综合商社的情报系统，投资之大、功能之强比社会公共情报系统有过之而无不及，如三井物产的"综合联机网络系统"，每年用在电话、传真、邮资、电脑运算等的费用相当于公司工资总额的 1/3；丸红商社在这方面的开支占其自有资本的 15%，企业国际化是世界经济的一个发展趋势，跨国企业将成为支撑第二信息部门的一支重要力量。

(4) 市场机制的不完善。相对于传统产业来说，信息产业发展的市场机制不够完善。这不仅仅因为信息产业是一种新兴产业，发展时间不长，更重要的是由信息产业自身的特点决定的。首先，如前所述，由于信息需求的多层次性，使得信息的生产主要不能由需求带动，而是由技术推动，这样，就容易使信息产业在供求机制上供需错位。其次，信息产品和信息服务的价格不像一般物质产品一样容易衡量，它有很大的弹性，科学的或公认的价格价值模型没有出现，再加上供求的错位，使得信息产业价格机制的约束力不大。最后，信息产业的市场机制主要取决于其竞争机制，价格价值与供给需求矛盾的解决最终都有赖于竞争机制的作用。

(5) 信息内容的综合与信息过程的分工不断深化。在信息服务领域，科技情报服务是最早的信息服务之一，后来出现了经济信息、商务信息服务。这些信息服务由各自独立走向综合已成为一个必然趋势。著名的 DIALOG 情报检索系统提供的情报信息已突破了科技文献情报的范围，深入到新闻、法律、商务、政治等多个领域。据统计，目前在日本的数据库服务市场，商务型数据库占 41%，科技型数据库占 29%，一般信息服务数据库占

24%，社会、人文科学数据库占 3.8%。与此同时，信息生产与信息服务的分工越来越细，形成了众多的分支产业，如数据录入已从数据库生产中分离出来，数据计算分化为远程计算服务、脱机批处理方式等。信息产业内容的分工将在劳动生产率不断提高的规律支配下不断深化，而信息系统提供的信息内容将在追求规模经济效益的动力下进一步综合化。

二、信息产业的运行效率

(一)信息产业运行效率的评价

效率是指某一系统通过消耗一定的投入而实现某种目标或产出的能力与水平，其实质是对投入与产出的比较与评价。在经济活动中常用经济效益来比较投入与产出，所以信息产业的运行效率可以借助信息产业经济效益来评价，如公式7-4。

$$E = VI - VO \tag{7-4}$$

式中，E——经济效益；

VI——产出；

VO——投入。

信息产业的经济效益高，即单位投入得到的产出高，证明信息产业运行效率高，社会信息资源的管理水平及信息资源的投资效益高。

此外根据前面信息产业运行机制的分析，评价和衡量信息产业的发展状况和综合水平的三个要素：利润 B(信息产业的盈利状况)、产业内部结构 S(信息产业的利润率及增长率的稳定情况，创新活动的有序情况)、产业内部组织 O(信息产业内部利润率的均衡)都与利润率有关，所以在具体评价信息产业运行效率时，一般通过信息产业的利润率来衡量。利润率越高，说明信息产业投资回报率越高，越有能力满足日益增长的信息需求，社会信息资源的开发利用效率越高，即信息产业的运行效率高。目前，信息技术与设备制造业利润增长很快。

2018 年前三季度，电子信息制造业继续保持较快增长态势，生产增速在工业各行业中处于领先水平，投资保持两位数增长。

1. 总体情况

前三季度，规模以上电子信息制造业增加值同比增长 13.2%，快于全部规模以上工业增速 6.8 个百分点。其中，一、二、三季度分别增长 12.5%、12.3%和 14.4%。

前三季度，规模以上电子信息制造业实现主营业务收入同比增长 9.3%，利润总额同比增长 2.3%，主营业务收入利润率为 4.39%，主营业务成本同比增长 9.8%。9 月末，全行业应收账款同比增长 23.9%，产成品存货同比增长 13.4%。

2. 主要分行业情况

(1) 通信设备制造业。

前三季度，通信设备制造业增加值同比增长 14.3%，出口交货值同比增长 14.3%。主要产品中，手机产量同比下降 1.5%，其中智能手机产量同比增长 1.6%。

(2) 电子元件及电子专用材料制造业。

前三季度，电子元件及电子专用材料制造业增加值同比增长 14.9%，出口交货值同比增长 17.5%。主要产品中，电子元件产量同比增长 20.9%。

(3) 电子器件制造业。

前三季度，电子器件制造业增加值同比增长 15.5%，实现出口交货值同比增长 5.9%。主要产品中，集成电路产量同比增长 11.7%。

(4) 计算机制造业。

前三季度，计算机制造业增加值同比增长 9.1%，实现出口交货值同比增长 7.3%。主要产品中，微型计算机设备产量同比下降 1.1%，其中笔记本电脑产量同比增长 1.4%，平板电脑产量同比下降 7.7%。

值得注意的是，信息产业的运行效率是综合反映信息产业发展能力和水平的一个指标，它的高低受诸多因素的影响。正如运行机制示意图中所示，影响信息产业发展的因素不止一两个。因此评价信息产业的运行效率也不可能通过单个或某个指标来实现，单一因素或指标的测评并不能全面地反映信息产业的运行效率问题。那么除了以上我们谈到的投入产出分析和经济效益中的利润率等因素外，还有哪些指标是评价信息产业运行效率时可以使用的呢？

首先，这里有两个量化指标是我们可以使用，也是经常被使用的，即信息产业对整个社会就业的贡献率及信息产业对整个经济增长的贡献率。信息产业对社会就业的贡献率主要是关注信息产业对劳动力的吸纳能力，以及信息产业能够提供的就业机会等，当然反映信息产业发展规模的信息业就业人数也可以从另一个角度揭示信息产业运行的状况。而对于信息产业对整个国民经济增长的贡献率，我们一般是通过信息产业增加值及信息产业的总值占国民生产总值的比例来反映的。

其次，信息产业内企业的规模、信息产业内组织(产业内企业之间的竞争状况)也是衡量信息产业运行效率的指标。根据信息产业部最新数据显示，电子信息产业内企业规模不断扩大，百强企业运行态势良好，经济运行质量有所提高。

最后，可以反映信息产业运行效率的指标还有信息产业创新的速度及其扩散的效果，以及信息产业对社会资源存量的开发利用状况等，后者主要表现为对投资尤其是固定资产投资的吸引力。

(二)提高信息产业运行效率的措施

根据对信息产业运行和成长机制的分析,信息需求、信息技术是提高信息产业运行效率的关键因素之一。所以我们先从信息需求和信息技术入手探讨提高信息产业运行效率的措施。

1. 刺激信息需求

无论是从信息产业的运行机制还是成长机制来看,信息需求都是信息产业发展的原动力,要想提高信息产业的运行效率,就要扩大信息市场,刺激更加多样化的、更高层次的信息需求。需求驱动理论认为,无论是技术进步还是产业发展,或者说市场利润的提高,都是以满足需求为驱动力的,满足社会信息需求是产业发展的出发点,也是最终要实现的目标。那么社会信息需求越多样,技术创新就越频繁越多样,产业发展就越全面;社会信息需求层次越高,对技术的进步和应用的要求就越高,产业运行的目标就越高,就越有可能实现更高层次的发展,获得更高的运行效率。

2. 促进信息技术的创新,保证和推进信息产业的飞速发展

技术自主一直以来都是经济独立和国家安全的一个重大因素,由于信息产业是高科技产业和知识密集型产业,又是目前各国经济发展的制高点,所以信息技术的自主独立就显得尤为重要。目前我国非常重视信息技术的发展政策的扶持和科技创新机制的建立,实行计算机技术、软件技术、微电子技术、网络通信技术等信息技术产业优先发展战略,使其带动整个社会经济高速发展。国家已在 2020 年中长期规划中根据信息产业技术发展趋势、战略需求和发展思路,提出将 18 项技术作为重点发展领域:集成电路技术、软件技术、新型元器件技术、电子材料技术、网络和通信技术、计算机技术、存储技术、数字音视频技术、网络和信息安全技术、光电子技术、显示技术、测量仪器技术、电子专用设备制造技术、信息技术应用、导航、遥测、遥控、遥感技术。

除此之外,信息人才、信息政策及信息产业的资金来源等问题也是信息产业发展的重要因素,尤其是人才问题。

3. 增强全民信息素质,加大信息产业对劳动力的吸纳力度,扩大信息人才队伍,加强信息人才的培养

信息产业的发展使得就业结构发生了很大的变化,一方面信息产业的发展需要很多人力资本的投入,应该说是为社会就业创造了很多机会,另一方面,由于信息产业的高技术要求,又出现了需要的高素质人才难求,而大量的社会闲散劳动力无法胜任信息产业相关工作的局面。因此人才的结构性短缺成为信息产业发展的一个瓶颈。所以加强教育和培训,提高全民信息素质,扩大信息人才队伍,尤其是培养高素质信息人才是当务之急。

4. 制定合理有效的政策

在我国有两类政策影响信息产业的发展：第一类政策是中国发展、改革、开放的政策，即影响信息产业及企业发展机制和环境的政策；第二类政策是直接推动信息业发展的政策。这类产业政策所取得的效果非常显著，推动了信息产业的快速发展。由于信息产业的发展环境和发展条件的变化，信息产业的政策还存在一些不协调问题，比如缺乏竞争政策、企业政策不够配套等。目前我国已颁布了很多有利于推动信息产业快速发展，提高信息产业运行效率的法律法规，制定了优惠政策，在接下来的十年将是信息产业飞速发展的十年。

5. 大力吸引投资，并建立有效的风险投资机制，解决信息产业发展的资金投资问题

我们知道，任何一个行业、产业的发展，任何一项新技术的推广，离开资金都是不可能的。所以要想提高信息产业的运行效率，首先要保证有足够的资金投入。但是有的时候，投资问题并不单单是没有钱，而是没有有效的投资机制来吸纳资金。信息产业的发展存在很多不确定性因素，这也是每个市场所共有的特性，但由于信息技术发展的特殊性，使得信息产业，尤其是其中一些特定行业的发展面临很大的风险。因此需要有效的风险投资机制来确保投资责任和收益的对称性，这样的机制有利于吸引源源不断的资金投入，否则，很难实现投资的连续性，也就很难突破技术创新，实现信息产业的高效运作。例如，在全日本厂商形成的一体化株式会社的行业间横向资金补贴和日本政府财政补贴的体制下，日本跨行业的株式会社在与美国半导体行业进行动态随机存储存取器的竞争中，日本赢了。原因在于，动态随机存储存取器，从本质上来说是一种赶超型而不是一种创新型技术，信息是比较充分的，有一个明确的赶超路径，此时资金实力比技术改良更重要。而在日本与 IBM 争夺大型机领先地位的竞争中，日本与 IBM 一起输了，输给了资金并不多的微软和英特尔的 Wintel 标准。因为在美国分散化的风险投资机制下，技术风险有很多创新企业分别承担，从而不会全军覆没，总有一家厂商脱颖而出。当然，再好的风险投资机制也是为了更多地融资，所以采用多种渠道实现融资也是依赖技术创新前进的信息产业的必经之路，我们可以建立从国内外资本市场直接融资的机制来加大信息产业的资金投入力度。

案 例

《国家信息化发展战略纲要》六大导向

《国家信息化发展战略纲要》(以下简称《纲要》)，提出以人民为中心的发展思想，要求将信息化贯穿我国现代化进程始终，以信息化驱动现代化，加快建设网络强国。当前，在信息革命快速发展的形势下，《纲要》的发布实施正当其时，为我国信息化发展指明了方向，将对我国经济社会发展起到战略性驱动引领作用。国脉互联现根据 12 年来对

国家信息化发展的把脉及咨询服务积累的丰富经验，对《纲要》进行解读，希望能为各级政府及信息化建设参与者提供有价值的参考意见。

一、《纲要》体现六大导向

1. 战略性导向

《纲要》首先分析了国家信息化发展的基本形势，明确了信息化的战略价值，其是信息革命形势下实现"两个一百年"奋斗目标和中华民族伟大复兴中国梦的必然选择。《纲要》是国家战略体系的重要组成部分，明确指出信息化是提升我国综合国力、国际影响力和战略主动地位的重要策略。《纲要》指出建设网络强国，迫在眉睫、刻不容缓，凸显了时不我待的紧迫感，需要各级政府及各行各业高度重视信息化发展，全面发挥信息化在经济社会发展中的关键作用，否则将错失发展的良机。

2. 全局性导向

《纲要》指出需要将信息化贯穿我国现代化进程始终，且信息化应用涵盖了政治、经济、文化、社会、生态、军事等各个领域，充分体现了《纲要》全局性思维，这不仅是信息化自身特点决定的，也是"没有信息化就没有现代化"重要论断的必然要求。《纲要》的实施将进一步强化各级政府加快发展信息化的责任，全面激发各行各业应用和发展信息化的热情。同时《纲要》明确中央网络安全和信息化领导小组对国家信息化发展的集中统一领导，解决了以前分散管理实施的问题。

3. 体系化导向

《纲要》从国家信息化发展能力，信息化应用水平、信息化发展环境三个层面进行了全面规划，充分体现了信息化体系化发展思维模式，突出重点、协同推进，避免出现空挡与短板，努力打造信息化发展生态圈。同时，在具体业务层面也突出了体系化发展的导向，包括构建先进技术体系、信息资源开发体系、合作交流体系、公共服务体系、网络文化体系等，无不体现出整体解决的思路，这将给我国未来信息化发展奠定良好的发展框架，切实提升信息化发展水平。

4. 融合性导向

《纲要》作为一项基础性、战略性发展规划，是信息化领域规划、政策制定的重要依据，是各领域信息技术创新应用的行动指南。所以，《纲要》融合了各领域新的发展思路与建设任务，包括"宽带中国""互联网+"、智慧城市、信息惠民、信息消费等试点示范项目。《纲要》融合性的发展思路，统领了我国以信息化为核心的信息社会建设内容，使各领域的试点项目可以整体推进，发挥协同效应，这也为各级政府在推进信息化与各试点建设时，明确融合发展的思路，避免分散建设的弊端。

5. 创新性导向

《纲要》作为指导我国未来10年信息化建设的纲领性文件，充分结合信息社会创新融合的思维模式，明确指出要遵循创新规律，如加大科技攻关，加速产业向价值链高端迁移；创新部门业务系统建设运营模式，逐步实现业务应用与数据管理分离；加快信息技术与制造技术、产品、装备融合创新，推广智能工厂和智能制造模式；发展分享经济，建立网络化协同创新体系等。创新成为信息化快速发展的关键，《纲要》在体制机制、市场运营、技术研发等方面都加大了创新力度，将为我国信息化发展打下坚实的基础。

6. 国际化导向

《纲要》以全球化的视角，加强信息化的国际化交流与合作，重点提出建立海外人才特聘专家制度，探索建立技术移民制度，提高我国在全球配置人才资源能力；组织搭建合作渠道，建设全球信息化最佳实践推广平台；实施中美、中欧、中英、中德数字经济合作项目；合作建设中国－中亚信息平台、中国－东盟信息港、中阿网上丝绸之路；积极参与和推进互联网名称与数字地址分配机构(ICANN)国际化改革；加强国际网络空间执法合作，推动制定网络空间国际反恐公约等。《纲要》的一系列国际化合作措施，将进一步提升我国网络安全与信息化国际话语权。

二、《纲要》展现六大亮点

1. 信息经济

《纲要》明确提出了设立国家信息经济示范区，大力发展信息经济，这是我国信息化发展的重要亮点。事实上，互联网推动产业变革，使经济形态发生了改变，关于新经济形态的讨论也一直没有停止，互联网经济、网络经济、智慧经济等概念不断被提出。《纲要》提出了要促进工业经济向信息经济转型，基本确定了信息经济的发展方向，通过信息化对工业、农业与服务业等改造升级，支撑我国经济向形态更高级、分工更优化、结构更合理的阶段演进。

2. 信息资产

《纲要》指出信息资源日益成为重要的生产要素和社会财富，信息作为资产进行了规范化管理及开发利用，这也成为《纲要》的一大亮点。《纲要》提出推动重点信息资源国家统筹规划和分类管理，统筹规划建设国家互联网大数据平台；建立公共信息资源开放目录，构建统一规范、互联互通、安全可控的国家数据开放体系；探索建立信息资产权益保护制度，实施分级分类管理，形成重点信息资源全过程管理体系等，将有力推动数据资源化、资源资产化的快速发展。

3. 信息共享

目前，信息共享成了信息化发展急需突破的关键点，虽然国家对信息共享也进行了部署，各地也在积极推进信息共享，但效果并不明显，主要原因就是国家层面缺乏顶层规划与协调。《纲要》对信息共享进行了统筹布局，指出要完善基础信息资源动态更新和共享应用机制，完善部门信息共享机制，建立国家治理大数据中心等。同时，在重点应用领域，以公民身份号码、法人和其他组织统一社会信用代码为基础，建立全国统一信用信息网络平台，构建诚信营商环境；加快社会保障"一卡通"推广和升级，实行跨地区应用接入，实现社会保险关系跨地区转移接续和异地就医联网结算等，这都为信息共享以及业务协同提供了支撑，将切实推动信息化的跨越式发展。

4. 党务政务全覆盖

信息化本身具有很强的主动融合性和渗透性，并在各个领域得到了广泛应用，但党务政务信息化的发展并不均衡。《纲要》对党务政务信息化进行了统筹布局，不仅对政务信息化进行了创新规划，且重点提出推进党委信息化工作，提升党委决策指挥的信息化保障能力，推进信息资源共享，提升各级党的部门工作信息化水平。同时，提出要建立健全网络信息平台，密切人大代表同人民群众的联系；加快政协信息化建设，推进协商民主广泛多层制度化发展；实施"科技强检"，推进检察工作现代化；建设"智慧法院"，提高案件受理、审判、执行、监督等各环节信息化水平等，这将推动党务政务信息化全覆盖，实现党务政务管理服务能力的全面提升。

5. 网络文化

目前，网络文化已经在全方位影响着公众的思想和工作生活，对经济社会的稳定和发展也起着重要作用。为此，《纲要》对网络文化的发展进行了全面规划，成为又一亮点。《纲要》通过重点实施网络内容建设工程，提升网络文化供给能力；加快完善网络文化传播机制，提高网络文化传播能力；做大做强中央主要新闻网站和地方重点新闻网站，规范引导商业网站健康有序发展，加强网络文化阵地建设；综合利用法律、行政、经济和行业自律等手段，规范网络信息传播秩序，这将使我国网络文化走上科学、规范、健康的道路。

6. 网络安全

网络安全一直是社会关注的焦点，它不仅关系到每个人的个人隐私，而且关系到国家安全。《纲要》在法律层面提出了将完善信息化法律框架，涵盖网络基础设施、网络服务提供者、网络用户、网络信息等对象的法律、行政法规框架；强化网络基础设施保护，加快制定网络安全法、电信法、电子商务法，研究制定密码法；加强部门信息共享与执法合作，加强执法能力建设。同时，提出要依法管理我国主权范围内的网络活动，维护网络主权和国家安全；加快构建关键信息基础设施安全保障体系，建立实施网络安全审查制度，健全信息安全等级保护制度等，这将为我国提供强大的信息安全保障，使信息化得到快速、健康的发展。

本 章 小 结

信息化水平已成为一个衡量国家(地区)的现代化水平和综合实力的重要指标。因此，世界各国都把加快信息化建设作为其优先发展的战略。20世纪90年代美国率先提出了"信息高速公路"建设计划和"数字地球"概念，从而引发了其经济的新一轮快速增长。本章从信息化、信息产业等基本概念入手，介绍了信息化水平的测度及信息产业发展指数，以及信息产业的运行机制等，最后对信息产业运行效率的评价方法及提高信息产业运行效率的措施进行了阐述。

思 考 题

1. 信息化的特征有哪些?
2. 论述信息化与工业化的关系。
3. 试述信息化水平测度的意义。
4. 论述信息产业在国民经济中的地位与作用。
5. 论述信息产业的分类及运行机制。

第八章 企业信息化及其评价

【本章导读】

企业信息化在社会经济信息化中占据着关键的地位。企业在应用现代信息技术的过程中,会遇到很多困难和问题,其中关于信息化的本质、信息化战略与方法、信息化组织、信息化评价等的认识成为信息化成败的关键因素。

本章从信息经济学角度对"企业信息化"进行了新的界定。该定义有助于帮助读者认识到企业信息化的本质是信息要素作用的不断增强和效益不断发挥的过程,从而有利于把握信息化的战略和方法。

企业信息化战略规划是信息化过程中的关键要素,却在企业实践中经常缺失。信息化组织的构成、CIO 机制、信息化标准规范等问题,也是本章讨论的主要内容。

【重点提示】

- 企业信息化是信息价值在生产经营效益中的比重不断扩大的过程或状态。
- 企业信息化对企业战略、企业核心竞争力、企业管理和流程重组有着直接影响。
- 在制定企业信息化战略规划的时候,必须从企业经营战略出发,根据企业发展现状和信息化基础条件,把信息化建设与企业经营战略有机地结合起来。
- 企业亟须建立一套制度来保证信息技术在企业的全面应用,如 CIO 机制。
- 企业信息化标准规范是企业信息化建设、信息技术应用的重要基础,是保障企业信息化建设成功的重要准则。

【学习目标】

通过本章的学习,了解企业信息化对企业战略、组织、管理、流程等方面的影响,掌握企业信息化战略规划的基本方法,理解 IT 治理的基本概念和 CIO 体系的基本内容,了解企业信息化标准规范的分类、准则等内容。

【关键概念】

企业信息化 企业信息化战略规划 IT 治理 CIO 体制 企业信息化标准规范

第一节 企业信息化概述

"信息化"在全球范围内获得极大关注和成为社会发展主流,源于信息技术发展波浪的两次高潮。第一次是 20 世纪 70 年代末到 80 年代的个人计算机(PC)的发明和迅速普及,第二次是真正把全球信息化浪潮推向波峰的 20 世纪 90 年代迅速发展和普及的互联网技术。如第七章所述,对于信息化从不同的角度我们有不同的理解:信息化是指信息技术在国民经济和社会生活中逐步应用的过程;信息化是继农业化、工业化之后人类生存和发展的一个历史阶段,其结果是导致人类进入信息社会;信息化是政府促进经济发展和社会进步的重要战略;国家信息化包含领域信息化、区域信息化、企业信息化和家庭与个人信息化等多个层面;信息化是各级社会组织为顺应社会发展潮流,所从事的应用信息技术提高信息资源开发和利用效率的活动。

总的来说,对"信息化"的理解主要包括以下四点。

(1) 信息化是伴随着现代信息技术的发展和应用而诞生的。

(2) 信息化从形式上看,是现代信息技术在各个领域的应用;从结果上看,是信息的数字化、结构化、泛化;从效果上看,是成本的降低、效率的提高。

(3) 信息化不仅是人力的替代、周期的缩短,更重要的是带来了使用模式的创新,如商业模式、商业形态等。

(4) 信息化是技术变革、管理变革、战略变革、经济变革的综合体。

实际上,"信息化"在不同的组织层次,有着不同的内容和建设规律,因此有人也把"信息化"划分为国家信息化、企业信息化、家庭信息化、社会信息化等多个方面。本章主要关注的是企业信息化。

一、企业信息化的内涵

(一)关于企业信息化内涵的几种典型阐述

关于企业信息化内涵的定义,国内学者主要有如下几种阐述。

(1) 清华大学经济管理学院侯炳辉教授认为企业信息化是一个广义的、概括的称谓,它是指广泛利用电子信息技术,使生产、管理实现自动化。在现代化生产中,生产的控制、测量、加工及产品的设计等都无不采用信息技术,它始终伴随生产过程的生产信息不断地被收集、传输、加工、存储和使用,使整个生产过程达到自动化。

(2) 原国务院信息化办公室副主任杨学山指出,企业信息化是指企业在生产和经营、管理和决策、研究和开发、市场和销售等各个方面应用信息技术,建设应用系统和网络,通过对信息和知识资源的有效开发利用,调整和重构企业组织结构和业务模式,服务企业发展目标,提高企业竞争力的过程。

(3) 企业信息化是指企业以现代化信息技术手段,以开发和利用信息资源为对象,以改造企业的生产、管理和营销等业务流程为主要内容,以提升企业经济效益和竞争力为目标的动态发展过程。

(4) 企业信息化是一个过程,就是企业利用现代信息技术,通过信息资源的深入开发和广泛利用,不断提高生产、经营、管理、决策的效率和水平,进而提高企业经济效益和企业竞争力的过程。企业信息化是一个系统工程：企业的信息化建设是人机合一的有层次的系统工程，包括企业领导和员工理念的信息化；企业决策、组织管理信息化；企业经营手段信息化；设计、加工应用信息化等。

以上几种观点侧重点不同、角度不同，但基本都体现了企业信息化是利用现代化信息技术提高生产、经营、决策水平的过程，但是仍然无法全面地体现企业信息化的定义，特别是忽略了从效益的角度去定义。

(二)本书的观点

本书基本同意把"企业信息化"的内涵界定为"特指一个具体的企业实体应用信息技术提高信息资源开发和利用效率的过程与活动"。但是，上述各种定义均是从企业管理理论或信息管理理论出发阐述对企业信息化的认识。本书试着从信息经济学的角度定义"企业信息化"为"信息逐步成长为经济重要投入要素或依赖资源，信息要素的价值不断得到发挥和利用，信息价值在企业生产经营效益中的比重不断扩大的过程或状态"。

上述所有关于企业信息化行为的描述，其根本目的就是信息资源的开发利用。从历史的角度看，初期的企业信息基础设施建设，主要完成的是信息资源的数字化，以及数字化的传输通道；后来追求的各个信息系统建设，是数字化信息资源的采集、处理和利用的局部过程；企业范围或跨企业的信息系统集成，是企业各个功能领域信息资源的融合和更广泛的利用。从结构的角度看，基层信息系统完成初始信息的采集，并在上层信息指令下完成业务操作；中间层信息系统完成业务信息的当次处理和直接利用；上层信息系统则是对众多信息的再加工和再利用，决策中的信息价值不断增大。

由于信息要素的介入，并逐步占据重要的地位(有时甚至是主要地位)，生产函数和商业模式需要改写，信息要素的作用机制、成本效益需要重新认识，其对企业行为的影响也在不断加深。围绕信息要素的企业变革，就是企业信息化。

近年来，"大数据"概念的提出，以及基于大数据、移动互联网等诞生的大量互联网企业，其生产函数、商业模式与传统企业差别很大。比如，电子商务企业通过大数据应用，可以探索个人化、个性化、精确化和智能化地进行广告推送和推广服务，创立比现有广告和产品推广形式性价比更高的全新商业模式。同时，电子商务企业也可以通过对大数据的把握，寻找更多更好地增加用户黏性、开发新产品和新服务、降低运营成本的方法和途径。由此可见，信息要素在现代企业中发挥着更为重要和关键的作用。

二、企业信息化的主要问题

研究国外长期的信息化建设的实践轨迹我们可以发现，国外发达国家 20 世纪 60 年代信息技术仍处在数据处理阶段，其主要目的在于提高工作效率、降低成本、实现自动化。70 年代，管理信息系统和决策支持系统得到不断的发展。80 年代中期以来，信息技术在企业组织中的战略性应用，带来战略信息系统与信息技术基础设施建设的激增，企业从信息化中逐步获取竞争优势。

然而在我国，信息化建设真正的起步期在20世纪80年代，足足比国外晚了20年，其发展的进程大致可分为产品设计信息化、生产流程和生产工艺信息化、企业管理信息化三个阶段。中国企业信息化已经取得了较为明显的成就，但也存在一些问题，这些问题主要有以下四点。

(1) 中国企业的领导者对信息化的重视有余，认识不足。中国大型企业领导者的年龄结构基本在45~55岁，这些中国核心中坚力量在大学期间即20世纪80年代左右，由于我们信息化建设刚起步，其知识结构上缺乏对信息技术的认识和理解。21世纪初期，国家提出"以信息化带动工业化"的战略布局后，中国企业的高层领导人对信息化的重视程度明显提高，对于企业信息化的投资也逐步增加，以资金的投资来作为对企业信息化最有利力支持。不可否认，投资对于企业信息化的提高是至关重要的，但是企业领导人对信息化的认识才是根本，企业领导人应该在战略落实、机制保障、执行力等方面进行改进，确保信息化与企业管理的深度融合。

(2) 企业的信息化战略与业务战略衔接融合不够紧密，高层领导对信息化战略规划的思考需要提高。组织结构中缺乏适当的角色去思考和推动信息战略和企业战略的集成，大部分企业还是停留在满足业务处理和统计需要的数据处理型信息系统，对信息系统战略规划意识不足，停留在缺什么补什么的阶段，没有形成长效的规划、投资、实施的机制。

(3) 企业缺乏系统有效的信息化投资回报分析体系和投资管理机制，信息化投入对核心业务的促进程度及运营收益的量化分析关注不足。

(4) 管理的成熟度和信息系统的成熟度不能匹配，导致先进信息系统的引入常常失败。信息系统的应用不是孤立存在的，信息系统的内涵往往是管理思想和组织变革的体现，国内的许多企业只看到了国外系统的先进性，希望依靠信息系统提高自身的管理水平，并未意识到自身管理的成熟度与信息系统的要求差距太大，往往在实施初期遇到组织变革、管理理念、人员意识方面的巨大冲突后缺乏足够的耐心而最终导致失败。

虽然我国的信息化建设尚处于初级阶段，但是进入21世纪以来，国家对信息化建设提升到国家战略层面，由中共中央办公厅、国务院办公厅印发了《2006—2020年国家信息化发展战略》。无论从国家层面还是企业层面，信息化已经作为一项战略任务在逐步地落实。企业信息化是国家信息化的重要支柱，既有历史使命，也是企业生存和发展的根本需要。信息水平不足的企业，在当前激烈竞争的全球经济环境中是难以立足的，内部既无足够的生产水平和生产效率，外部也缺少能够与客户、供应商合作伙伴紧密联系的信息系统技术平台，必然会被市场淘汰。

第二节　企业信息化基本理论

一、企业信息化与企业战略

(一)企业经营发展战略

"战略"一词本是军事术语，用于企业管理也只是近代的事。运筹帷幄，决胜千里，刻画了战略对最终战事结局举足轻重的作用。在竞争与日俱增的今天，全球化的浪潮和日进千里的技术创新，使企业稍有闪失，便有可能招致灭顶之灾。如何在激烈的市场竞争中，制定和执行正确的企业经营战略，已经成为决定企业能否立于不败之地的关键。

把握未来，是企业经营战略的本质，然而，由于未来的不确定性，它带给企业的不仅仅有机遇，而且还往往伴随着风险与威胁，这就要求进行战略管理。按照一般定义，经营战略是企业为求得生存发展而进行的总体谋划。经营战略有全局性、长远性、竞争性和纲领性的特性，所以它的决策对象是复杂的，面对的问题往往是突发性、难以预测的，而决策的正确与否又关系到企业的全局和前途，所以，在制定战略的过程中企业必须运用科学的方法和步骤。

1. 经营战略的构成

构成企业经营战略的要素一般包括四个方面。

(1) 产品与经营领域。它是说明企业的使命属于什么特定的行业和寻求新机会的领域。在具体制定过程中，该要素常常需要用"分行业"来描述。分行业是指大行业内具有相同特征的产品、市场、使命和技术的小行业，例如，娃哈哈的领域是食品行业中的饮料和保健品分行业。

(2) 企业的成长方向。它是说明企业从现有产品与市场组合向未来产品与市场组合转移的方向。如市场渗透战略是通过增加目前产品与市场组合的市场份额所表示的成长方向；市场开发战略是为企业现有产品寻找新的市场空间；产品开发战略是创造新的产品，以替代目前的产品。新兴企业应着力于市场的开发，处于产品衰退期的企业应选择产品开发战略。

(3) 竞争优势。它说明了企业所寻求的，表明企业某一产品与市场组合的特殊属性，凭借这种属性可以给企业带来强大的竞争能力。例如，索尼公司的优势在于新产品的开发；海尔的优势在于良好的产品质量和企业形象。

(4) 协同作用。它说明企业为达到战略目标，而要求企业内部各部门采取的协调动作。它包括销售协调(如企业所有产品用共同的销售渠道)、运行协调(如在企业内分摊间接费用)、管理协调(如在一个经营部门内使用另一个单位的管理经验)。协同作用的目的是要发掘企业内总体获利能力的潜力。

2. 经营战略的制定

经营战略的制定一般分为四个步骤。

(1) 战略思想的形成过程。战略思想是关系企业发展方向的指导思想，是企业根据内外环境和可获得资源的情况，为求得长期生存和持续的均衡发展而进行的总体性谋划。它的具体化就是战略决策应遵守的一系列准则。战略思想是战略思维的结果，战略思维是经营战略的逻辑起点。

(2) 调查过程。这一过程是为了深入了解和分析企业内外环境，为战略的制定提供依据和前提条件。它包括内部环境的调查和外部环境的调查两大部分。内部环境的调查主要是解决知己的问题，了解各种条件及组合的优劣。其具体内容有两大方面：一方面是一般能力的分析，包括原有战略的正确性和能够实现的程度、高层经理人员的领导素质、员工队伍的素质、企业的知识转化能力、技术吸收能力等，另一方面是与对手相比，现有产品的竞争力，包括质量、价格、品种、品牌知名度和美誉度。外部环境调查的目的是，把握市场需求态势、资源供应态势和竞争态势，明确企业的市场机遇和挑战主要解决"知彼"的问题。它其中包括间接环境(如政治动向、经济动向、法律动向、社会动向)、直接环境(指对本企业产生直接影响的环境因素)。对直接环境的调查要对市场和行业进行分析，判明企业在市场中的优势和劣势，并确定自己的机遇和挑战。对间接环境的调查则是要分析宏观动向，判明对本企业的关键影响力量和对自身的作用程度及相关的机遇和挑战。最后，还要综合以上几个方面对未来的经营环境进行预测。对这两类环境的分析判断对战略的制定有着关键性的作用。例如，对间接环境来说，企业如果不了解经济全球化给自己带来的机遇和挑战，就要面临巨大的经营风险；对直接环境来说，如果不掌握安全、环保生产的新技术、新工艺，一些企业(严重污染环境的企业)就会失去发展机遇，甚至面临生存危机。

(3) 战略决策过程。战略决策是在以上两个步骤顺利进行的基础上开展的，它投入的是有关战略思想和环境分析结果的各种信息，最终结果是经营战略方案。战略决策应解决的问题有：企业的经营范围和经营领域；企业的战略态势(进攻、防守还是退却)；处理各种战略关系的准则；如何建立和发挥战略优势；如何取得和分配企业资源；组织方面应采取的具体措施等。

(4) 战略具体化和完善过程。在经营战略方案确定后，其必须通过具体化变为企业的实际行动，才能达到战略目标。而在实施过程中，由于内外环境的变化和制定过程中的判断失误，战略方案也就失去了指导作用，在这种情况下，必须进行修改和完善。

(二)信息化与企业战略的关系

信息化对企业经营战略的实现有着重要意义。从当前经济结构看，信息要素在企业经营过程中发挥着越来越关键的作用，因而无论企业确定了哪种战略，其实施途径都离不开信息化的支持。比较典型的如沃尔玛，其"成本领先"战略就是依赖了强大的信息系统的支持，从商品采购、运输、仓储到销售，都有集成信息系统的全程管理与跟踪，其利用信息系统实现"供应商管理库存"的方式，既节省了成本，减少了订货周期，又由于专业分工提高了精益管理水平。因此，企业在制定经营战略及实施的过程中，都必须考虑信息化的作用，并制定信息化的战略规划。

在企业信息化与企业经营战略结合的问题上，不同的企业有不同的选择。由于信息化对企业外部环境及内部管理模式都将产生重大影响，当这些因素真正与企业经营环境发生作用时，原有的战略可能已经无法适应新的形势，结果必然引起企业经营战略的演变。企业经营战略的基本特征是全局性、未来性、系统性、竞争性和相对稳定性。战略一经形成，在一段时期内其具有一定的稳定性，有时又会表现为战略的滞后性。但是，信息技术的发展日新月异，发展方向也具有一定的不确定性，保持企业战略的未来性与相对稳定性的和谐统一有时会有一定的困难。企业的经营战略应该通过两个方面来适应环境的变化：一方面是全新战略的制定，另一方面是现行战略的调整和转移。对于新建的企业，在制定经营战略时显然无法忽视信息化的趋势，在开始阶段就应该将信息化对企业所在行业及企业经营方式的影响考虑进来。相对原有企业来说，新建企业的信息化战略会简单一些，而对于受信息化冲击不得不调整原有战略的企业来说，需要考虑的因素要复杂得多，最重要的是战略调整的时机。

总之，企业信息化虽然是企业生存与发展的必然选择，其具体的实施必须结合实际情况作出正确选择，何时导入信息化，以何种策略，选择何种技术，从局部还是全面实施等多种关键性决策，将决定信息化战略实施的成败。

二、企业信息化与企业核心竞争力

(一)企业核心竞争力

1957年，社会学家塞斯内克首先提出"独特竞争能力"概念。1959年，伊迪斯·彭罗斯(Edith Penrose)发表了《企业成长论》，认为企业管理就是一个连续产生新的非标准化操作规范和新的非程序性决策并不断地把它们转化为标准化操作和程序性决策的过程，而这一过程依赖于企业内部的能力资源。1989年，帕哈拉德、哈默在 *Harvard Business Review* 第一期上发表的《与竞争者合作——然后胜利》指出，就短期而言，公司产品的质量和性能决定了公司的竞争力；而就长期而言，起决定作用的是造就和增强公司的核心竞争能力——孕育新一代产品的独特技巧。从此掀起了核心竞争力的研究热潮。

核心竞争能力即企业获取、配置资源，形成并能保持竞争优势的、区别于其他竞争对手的独特能力。

1. 核心竞争能力理论的主要观点

1) 企业核心竞争能力是企业各种能力的整合

表面上看企业是由有形的物质资源(如生产场地、设备、存货、货币资金和企业雇佣的各类人员等)和无形的规则资源(如法律、法规、企业伦理、文化等用于规范企业各投入要素结合的方式)所决定的。实际上，这些不过是表面的和载体性质的构成要素，只有隐藏在这些要素背后的能力，才是企业的本质。企业能力可以包括市场界面能力(如销售、广告、客户服务等)、基础设施能力(如管理信息系统或内部培训)、技术能力等。

2) 企业核心竞争能力是企业的最主要的资源和长期优势的基础

企业核心竞争能力可以从本质上界定企业活动，决定企业的经营范围，特别是企业多角化经营的广度和深度。核心竞争能力的差异决定了企业的效率差异，效率差异决定了企业的收益差异。帕哈拉德提出"树形说"，多样化公司好比一棵大树，树干和主枝是核心产品，分枝是业务单元，树叶、花果是最终产品。核心竞争能力就是提供养分、维系生命、稳固树身的根。核心竞争能力是核心产品的根本支持。

2. 核心竞争能力的特征

(1) 渐进性。核心竞争能力要经过长时间的知识、人才和技术的积累逐渐形成。经验表明，核心竞争能力的形成需要 10 年左右甚至更长的时间。

(2) 衍生性。企业在某一方面的核心竞争能力一旦形成，它可在相关的领域衍生出众多技术和产品，降低产品物质成本和时间成本，促进效益增长。

(3) 不可仿制性。核心竞争能力是企业区别于其他竞争对手的独特的能力，不能被仿制。

(4) 不可交易性。核心竞争能力与特定的企业相伴，不能像其他生产要素一样通过市场进行交易。

(5) 难于替代性。与其他企业资源相比，核心竞争能力受到替代品的威胁较小。

(6) 异质性。一个企业拥有的核心竞争能力应该是企业所独一无二的，是企业成功的关键因素，核心竞争能力的异质性决定了企业之间的异质性和效率差异。

(7) 动态性。由于科技发展迅速，产品更新换代快，企业间竞争激烈，企业的核心竞争能力也会随着时间的推移而减弱，甚至消失。

(8) 叠加性。核心竞争能力可以相互叠加。

3. 核心竞争能力理论启示

第一，为了应对全球化和激烈竞争的挑战，组织必须树立独特的难以为其他竞争对手所模仿的核心竞争能力。越来越多的企业把服务视为核心竞争能力的重要类型之一，卓越的服务能够牢固地建立起企业和顾客之间的联系，这是竞争者难以模仿的。因此，许多流程再造工作都把再造企业的服务流程作为一个重点。

第二，组织的发展过程，就是通过各种业务活动的实践，以及业务流程的优化，不断地整合企业的各种能力，以建立企业核心竞争能力的过程。换而言之，核心竞争能力要通过流程的优化和再造得以实现。

(二)企业信息化对核心能力的支持

企业信息化是我国信息化建设中的重要组成部分,它不仅是企业生产和经营手段的革新,也能给企业重构和发展带来新的机遇。在经济全球化和经济信息化的今天,任何一个企业想要求得生存和发展,就必须重视信息化建设,努力提高本身的信息化水平。

其一,企业是我国经济的基本单元,企业信息化是我国国民经济和社会信息化的核心。企业信息化应用水平是国家信息化建设的关键,也直接影响着国民经济的均衡发展和社会生产力的提高。我国加入 WTO 后,面临着全球竞争,加快企业信息化建设是我国企业参与国际竞争的重要条件。

其二,企业信息化建设是实现管理创新的重要途径,是解决当前企业管理中突出问题的有效措施,是提高企业整体素质的需要,是增强企业国际竞争力的需要。企业信息化建设已成为带动中国企业创新和升级的突破口,在提高企业管理水平、促进管理现代化、转换经营机制、建立现代企业制度、有效降低成本、加快技术进步、增强市场竞争力、提高经济效益等方面,都有着现实意义和深远影响。

其三,运用现代信息技术改造传统企业,成为当前世界经济发展的潮流,信息技术提高了信息的准确性和及时性,减少了企业领导作出错误判断的可能性,大大降低了企业的风险和成本,从而大幅度提高了劳动生产率和经济效益。

总之,企业信息化是充分有效地获取传送信息的最佳途径,是现代企业在信息化社会开发新产品、拓展新市场最有力的手段,也是企业体制创新的动力和催化剂。企业信息化是企业运作方式的重大变革,必将极大地增强企业核心竞争力,提高企业的经济效益,更好地应对经济全球化的挑战。

三、企业信息化与企业管理

(一)企业管理的概念

所谓企业管理,就是由企业经理人员或经理机构对企业的经济活动过程进行计划、组织、指挥、协调、控制,以提高经济效益,实现盈利这一目的的活动的总称。

企业的生产经营活动包括两大部分:一部分是属于企业内部的活动,即以生产为中心的基本生产过程、辅助生产过程及产前的技术准备过程和产后的服务过程,对这些过程的管理统称为生产管理;另一部分是属于企业外部的,联系到社会经济的流通、分配、消费等过程,包括物资供应、产品销售、市场预测与市场调查、对用户服务等,对这些过程的管理统称为经营管理,它是生产管理的延伸。

随着现代商品经济的发展,企业管理的职能逐渐由以生产为中心的生产型管理发展为以生产经营为中心的生产经营型管理。因此,企业管理的任务是,不仅要合理地组织企业内部的全部生产活动,而且还必须把企业作为整个社会经济系统的一个要素,按照客观经济规律，科学地组织企业的全部经营活动。

(二)企业信息化对企业管理的影响

1. 信息技术将通过以下方面影响企业的外部环境

(1) 网络环境的形成。从外部环境看，信息技术的发展使得整个世界越来越小，这也意味着企业的竞争环境将由区域化向全球化发展，经济全球化是大趋势，企业所处的宏观环境实际上已经不仅仅是通过信息技术连接起来的狭义网络，而是技术环境与经济环境结合在一起的大网络概念，企业应在这种大网络概念下来考虑企业的经营战略和企业管理模式。

(2) 行业竞争结构的改变。根据竞争战略专家迈克尔·波特(Michael E. Porter)的观点，一个行业的竞争状况是由五种作用力决定的，作用力越强，行业的竞争也更加激烈。这五种作用力是：现有竞争者的竞争、潜在进入者的威胁、替代品的威胁、买方讨价还价能力、卖方讨价还价能力。互联网的广泛应用可以从多个方面改变行业竞争结构，也使得竞争更加激烈。在互联网上，顾客获取产品信息更为方便，可以对多种产品的价格、服务等进行分析，并且购买产品可以不再受时间和地理位置的限制，买方讨价还价能力自然会有很大提升，为了吸引和留住顾客，竞争者之间的竞争方式也将从传统的关注利润向关注顾客转移。因此，互联网时代是"客户定制规则"的时代。

(3) 顾客需求行为的变化。互联网不仅为顾客了解产品提供了极大的方便，其本身也是一个理想的产品销售渠道。国外的相关研究表明，在顾客服务方面，购物者对网上零售的满意度已经超过了传统购物方式。B2C 电子商务的发展，势必引起顾客消费模式和需求行为的变化，这种变化要求企业营销战略进行调整以适应新的市场环境。

(4) 企业交易模式的改变与价值链的再造。信息技术逐渐渗透到企业价值链的各个环节，最明显的是供应链和销售方式的重大变革，企业间电子商务发展的势头迅猛。B2B 交易的优越性不仅在于降低了交易成本，而且改变了传统的交易流程，缩短了交易时间，企业内部价值链扩展到连接企业的供应商和客户网络，企业通过电子商务强化的供应链，大大缩短了从接受订单、原材料采购到发货的周期，通过供应商、分销商和企业库存，实时共享，实现实时主动的生产计划等。

2. 信息技术对企业内部管理的影响

企业信息化，即信息技术的应用不仅改变了企业的外部环境，内部的管理模式也将因此而发生重大变革，主要表现在组织结构、营销方式、内部协调、业务处理流程等方面。

(1) 组织结构的变革。在传统的管理模式中，随着企业规模的不断扩大，管理层次越来越厚，组织结构越来越臃肿，结果造成管理流程复杂，管理效率低下，并且增大了管理成本，减弱了企业的竞争优势。信息技术在企业中的应用使得传统的等级管理向全员参与、模块组织、水平组织等新型组织模式转变，管理幅度可以冲破传统管理模式的限制，在垂直的层级组织中大量的中间层已经没有必要，企业内部上下级之间的距离大大缩短，组织结构向扁平化方向发展。

(2) 营销方式的扩展。互联网已经成为现代企业重要的营销工具，网络营销是企业整体营销战略中一个有机的组成部分，它是以互联网为基本手段营造网上经营环境，而不仅仅是通过互联网来销售产品，网络营销的基本功能还包括提升品牌形象、增进顾客关系、改善顾客服务、网上市场调研等方面。

(3) 内部协调方式的变革。基于网络的管理方式使得企业内部沟通和协调不再受地理位置的限制，"虚拟企业""SOHO"等这些时髦概念揭示了传统管理职能的变迁。协调是管理工作的核心内容，传统的协调以面对面交流为主要手段，企业内部网和各种新型通信手段将改变这种交流模式，也使得内部协调更加高效，成本也更为低廉。这种协调方式也为区域性企业向全国甚至全球范围扩张提供了便利条件。

(4) 业务处理流程的改变。由于现代信息系统的特征(ERP、OA 等)，传统的业务流程借助信息系统可以进行大幅度的改进，无论从效率还是本身的质量和科学性上都可获得质的改变。

四、企业信息化与业务流程重组

(一)业务流程重组

1993 年，Michael Hammer 和 James Champy 在 *Reengineering The Corporation* 一书中正式对业务流程重组(BPR)作了如下定义：企业流程重组是对企业的业务流程作根本性的思考和彻底重建，其目的是在成本、质量、服务和速度等方面取得显著的改善，使得企业能最大限度地适应以顾客(customer)、竞争(competition)、变化(change)为特征的现代企业经营环境。

在 BPR 的定义中，"根本性""彻底性""巨大改善"和"流程"是四个核心特征。

"根本性"思考表明业务流程重组所关注的是企业核心问题，如"我们为什么要做现在的工作？""我们为什么要用现在的方式做这份工作？""为什么必须是由我们而不是别人来做这份工作？"等。通过对这些根本性问题的仔细思考，企业可能发现自己赖以存在或运转的商业假设是过时的甚至是错误的。

"彻底性"意味着对事物追根溯源，对既定的现存事物不是进行肤浅的改变或调整修补，而是抛弃所有的陈规陋习及忽视一切规定的结构与过程，创造发明全新的完成工作的方法。它是对企业进行重新构造，而不是对企业进行改良、增强或调整。

"巨大改善"意味着业务流程重组追求的不是一般意义上的业绩提升或略有改善、稍有好转等，而是要使企业业绩有显著的增长、极大的飞跃。业绩的显著增长是 BPR 的标志与特点。

"流程"意味着业务流程重组追求的不是局部的部门效益的提升，而是横贯企业各个部门的整体的流程再造和全面优化。企业不是以职能部门的设置来划分任务，而是以流程的观点来分配工作。流程所涉及的员工，必须打破部门的限制，为完成流程的最终任务而共同努力。这也正是 BPR 的协同工作、整体优化思想的集中体现。

(二)业务流程重组的七项原则

Hammer 提出，实施业务流程重组必须符合七个原则。

原则一：围绕最终结果而非具体任务来实施再造工作

组织结构应该以产出为中心，而不是以任务为中心。过去的工作设计思想是围绕任务来设计员工的工作，如根据产品的采购任务而设立采购岗位，根据产品的外观设计而设立设计人员岗位。而 BPR 却主张围绕某一个特定产品，由一个人或一个小组来完成原料采购、设计、制造、包装、推广等全过程中的所有步骤。

原则二：让后续过程的有关人员参与前端过程

BPR 理论把企业的内部或外部的业务流程看成一条有机结合、环环相扣的链条，下一道工序的生产者对前一道工序的产出质量最有发言权。如果让后续过程的有关人员参与前端过程，对产品的生产质量、交货时间、技术规格等方面提出建议或者要求，将有助于两道工序之间的信息交流、工作衔接，最终有利于产品质量的提高。

原则三：将信息处理融入产生该信息的实际工作中去

换句话说，是由产生信息的人员自己来收集信息。过去大部分企业认为低层组织的员工没有能力处理自己产生的信息，因此都建立了专门的信息收集和传输部门。这些部门只负责搜集别的部门产生的信息。按照价值链的观念，这种部门对企业最终产出的增值贡献很小，应该予以撤销。

而今伴随着 IT 技术的运用和员工素质的提高，信息处理工作完全可以由一线员工自己完成。福特公司就是个很好的例子。在旧流程中，验收部门虽然产生了关于货物到达的信息，但却无权处理它，而需将验收报告交至应付款部门。在新流程下，由于福特公司采用了新的计算机系统，实现了信息的收集、储存和分享，使得验收部门自己就能够独立完成产生信息和处理信息的任务，极大地提高了流程效率，使得精简 75%员工的目标成为可能。

原则四：将地域上分散的资源集中化

集权和分权的矛盾是长期困扰企业的问题，集权的优势在于规模效益，而缺点是缺乏灵活性；分权，即将人、设备、资金等资源分散开来，能够满足更大范围的服务，但却随之带来冗员、官僚主义和丧失规模效益的后果。有了数据库、远程通信网络以及标准处理系统，企业完全可以在保持灵活服务的同时，获得规模效益。

原则五：将并行工序连接起来而不是集成其结果

存在着两种形式的并行，一种是各独立单位从事相同的工作；另一种是各独立单位从事不同的工作，而这些工作最终必须组合到一起。新产品的开发就属于后一种的典型。并行工作的好处在于将研究开发工作分割成一个个任务,同时进行,可以缩短开发周期。但是传统的并行流程缺乏各部门间的协作,因此,在组装和测试阶段往往会暴露出各种问题,从而延误了新产品的上市。现在配合各项信息技术,如网络通信、共享数据库和远程会议,企业可以协调并行的各独立团体的活动,而不是在最后才进行简单的组合,这样可以缩短产品开发周期,减少不必要的浪费。

原则六:决策点下移并将控制融入过程中

在大多数企业中,执行者、监控者和决策者是严格分开的。传统的管理思想认为一线工人既没有时间也没有意愿去监控流程,同时他们也没有足够的知识和经验去作出决策。而今,信息技术能够捕捉和处理信息,专家系统又拓展了人们的知识,于是一线工作者可以自行决策,在流程中建立控制,这就为压缩管理层次和实现金字塔式组织向扁平组织转变提供了技术支持。

原则七:在源头获取信息

具体地讲,就是旧流程中信息要在不同地方由不同人员进行多次输入,结果往往产生同一个数据有不同值的数据失真的情况。现在当企业规划和建立新的业务流程时,可以利用大型数据库和网络平台建立一次性处理和共享机制,实现信息的一次输入,多次读取,最终实现信息从以往的纵向传播转向纵横向的结合传播。

(三)信息化与业务流程重组的关系

1. 企业信息化的实施需要 BPR 的先导

企业信息化的实施是一个复杂的改造工程,它不单单是将企业原有管理模式通过现代信息技术进行固化,而是要实现对企业整个供应链各个环节的整体管理。因此,企业信息化不仅需要软件技术专家开发系统,更需要精通企业管理实务的专家提供管理咨询。由于信息系统应用与企业业务流程关联紧密,因此首先要对企业进行业务流程再造。如果企业只是通过信息系统替代原先的手工作业,而没有对企业整体业务流程进行优化,将很难使信息化应用取得预期目标,甚至导致应用失败。

2. 信息技术应用与 BPR 的优势互补

BPR 侧重企业业务流程的整体最优化,其属于流程管理工具;信息化侧重在合理的业务流程基础上实现对企业资源的有效利用与管理,其属于资源管理工具。两者互为条件,在管理职能方面又互为补充。美国麻省理工学院自 1984—1991 年的一项称之为"90 年代的管理"的研究报告显示:应用信息技术转变企业工作方式时,需要重新设计企业与企业之间的业务处理过程,即对企业的整个工作流程进行重新设计。

企业信息化是信息要素介入生产结构的过程,甚至是对整个生产经营过程进行颠覆性革新的过程,因此必须重新考虑和设计业务流程才能充分发挥信息技术的优势,保证信息化的实现;BPR 在进行业务流程的重新设计时,也要考虑信息技术在变革中的作用,充分利用信息技术的优势，实现业务流程重组的巨大改善。因此，两者是互相补充、互为条件的关系。

第三节　企业信息化战略规划

一、企业信息化战略

(一)企业信息化战略

根据经营战略的定义，企业信息化战略就是指企业关于信息化进程的总体性谋划。而企业信息化战略规划是指企业在充分深入研究企业的发展愿景、业务策略和管理的基础上，形成信息系统的愿景、信息系统的架构、信息系统各部分的逻辑关系，以支撑企业战略目标的实现。当前企业在信息化建设方面的工作方兴未艾，越来越多的企业认识到企业信息化战略与企业经营战略是一个有机的整体，然而如何有效、经济、逐步、规范合理地推进企业的信息化建设，以支撑企业日益增长的业务需求，同时推进企业经营战略目标的实现，是摆在企业决策层面前最大的信息化问题。而解决这样的问题关键是对企业信息化建设进行总体规划。通过信息化战略规划可以使企业在信息化建设中获得如下好处。

(1) 在保证公司可持续发展的前提下，信息化战略规划使企业的信息化投资更好地创造价值，保证经营目标的实现，避免信息化建设的盲目性。

(2) 信息化战略规划使公司的信息化建设符合公司的整体经营战略规划，变被动满足为主动适应业务发展的要求。

(3) 信息化战略规划为信息化建设项目的投资提供决策依据，使公司在信息化建设步骤上达成共识，避免各层面的冲突。

(4) 信息化战略规划保证公司信息化建设具有承上启下的作用，技术体系架构具有良好的集成性、可扩展性、完整性、开放性、安全性、高效性。

(二)企业信息化战略规划

在制定企业信息化战略规划的时候，企业必须从经营战略出发，根据企业发展现状和信息化基础条件，把信息化建设与企业经营战略有机地结合起来，形成目标清晰、定位准确、措施得力的战略部署。其具体要求有以下三点。

1. 分析判断企业经营战略目标对信息化的要求

基于企业经营战略的角度，首先应当明确企业的任务、使命及长远的发展目标；其次，要定义企业与外部经营环境的关系，明确对付外部竞争势力的方法；最后，明确实现以上目标的指导性原则、政策，以统一各方面的意见，使其成为企业内集体行动的指南。目前，随着信息技术的迅猛发展和普及，世界经济一体化趋势的发展，市场变化速度加快,企业竞争愈加激烈,企业经营战略的实现已经离不开信息技术的支撑,企业信息化成为企业生存发展、实现经营战略目标的必然选择。正因为信息技术对企业经营战略的影响关系重大,因此企业应当有正确的信息化战略。企业信息化战略可以以企业经营战略为基础来制定,也可以和企业经营战略的某些重要部分整合起来,或者完全与企业经营战略合为一体。

在分析企业经营战略目标对信息化的要求时,一般采取自上而下逐步分解的方法。

第一步,在企业战略分析的基础上明确企业经营战略目标。这种战略目标具有全局性、长期性;如果有可能,可进一步将总体战略目标分解为阶段目标。阶段目标有历史性,有较为明确的时间性。

第二步,针对战略目标的要求,在企业经营、生产、销售、研发等各方面分解为功能目标,确定实现功能目标需要具备的条件,列出一定期限内的建设内容和采取的措施,形成一整套目标功能体系。

第三步,从上述体系中分析信息化的支撑作用,从而确定信息化建设的总体框架,形成企业战略目标指导下的信息化建设内容,确定信息化战略需求。

2. 对信息化环境进行分析

在信息化战略目标的指引下,应对企业信息化进行环境分析。企业信息化环境分析主要包括两个方面:一方面是对企业内部的信息化条件分析,主要是收集全面的信息化基础资料,搞清楚企业现有的软硬件、应用系统等现状,调查业务应用对信息系统的要求,综合分析各业务模块应用信息化技术的实际情况,在辅之以业务流程标准化或业务流程重组分析的前提下,确定企业信息化的关键领域或部门,形成信息化建设的初步方案;另一方面,对企业外部信息化的条件分析,一要了解信息技术的发展现状,评析各种广泛应用于企业的信息技术和信息系统的功能和作用,把握企业信息化总体发展趋势,二要研究国际知名企业、国内先进企业的信息化建设案例,学习企业信息化各种经验和教训,挖掘企业信息化建设的一般规律,为本企业信息化实践奠定基础。

3. 制定企业信息化战略规划

在战略层,信息化战略规划应是企业经营战略指导下的信息化战略,甚至信息化战略本身与企业经营战略是融为一体的;在业务层,信息化建设体现在以一系列业务信息系统建设为主的信息化观念转变、系统建设、业务调整、人员培训等各个方面。在确定信息化战略目标和进行了企业内外信息化环境的分析以后,企业应制定信息化战略规划,在战略信息管理理论、技术创新和制度创新理论的指导下,运用投资分析技术、技术经济评价方法和其他相关方法,对企业信息化建设作综合评价和设计,把上述调查分析阶段取得的成果固化为企业信息化战略规划报告,提交企业最高决策层讨论,形成今后企业信息化建设的指导性文件。

二、企业信息化战略规划的方法

企业按照经营战略的要求，需主动思索企业信息化的建设模式和步骤，主动挖掘业务对信息化的需求，规划设计企业核心信息战略，并根据企业的发展战略、业务、现状等提出企业信息化架构规划，依照运营管理的要求实现企业信息及业务管理的中央神经系统，激活神经末梢，保证为企业的成长提供核心竞争力。企业信息化战略规划对一个企业经营战略的推动和支撑非常重要，企业应根据自身的实际情况制定一个 3~5 年的信息化战略规划，而且在企业信息化过程中一定要由上而下地贯彻。每一项具体的计划，都应确立步骤和可测量的目标，这样才不至于在信息化过程中失去方向，造成不必要的人力与资金的浪费。

企业信息化战略规划的步骤主要包括以下三步。

(一)基础信息调研

基础信息调研主要包括以下几方面：①调研信息化的发展趋势，主要对国民经济和社会信息化的现状和趋势、信息技术的发展对经济的影响和冲击方面做调研。②调研行业信息化状况和趋势，主要是行业的总体信息化状况，新的信息技术给行业带来的变化和冲击，行业的信息化趋势，主要竞争者或领先企业应用的新技术、取得的成功经验或失败的教训等。③调研企业的信息化需求，主要包括供应商的信息化对企业提出的信息化需求，企业内部各个环节或部门对信息化的需求，为给顾客提供更优质产品或服务而对企业提出的信息化需求，竞争者的信息化对企业提出的信息化需求等。④调研企业信息化建设条件，主要包括本企业内部信息化建设的有利条件和制约因素。

(二)能力和现状分析

在取得大量基础信息之后，可对企业信息化作经营管理能力分析和企业信息化现状分析。企业经营管理能力的分析包括：外部环境的宏观审视；经营发展战略分析；产品、客户、渠道的市场定位；客户反馈；市场综合竞争能力分析等。信息化现状分析包括：信息化应用现状；信息化应用面临的挑战；信息化应用面临的问题；企业发展对信息化的要求等。

(三)信息化战略目标设计和战略制定

通过分析企业的外部宏观环境、发展战略及竞争能力，确定信息化战略的远景目标、价值、规模、步骤，并由此制定企业的信息化规划，使信息化能够有效支持并推动业务，乃至成为业务的一部分。

最终形成的企业信息化战略总体规划的主要内容有以下几点。

- 企业发展战略、使命和目标。

- 企业商业环境、业务模式及流程。
- 企业竞争策略和信息化的战略意义。
- 企业业务流程分析及流程改进方法。
- 企业信息技术与业务应用的实现方式分析。
- 企业信息化的总体架构模型规划。
- 企业信息化业务应用架构模型规划。
- 企业信息资源全域模型和各子域模型。
- 企业信息化项目实施组织保障计划、项目推进计划。

制定企业信息化战略总体规划的目的是：结合公司的经营战略，规划信息化战略目标和实施计划，理顺公司信息流，充分利用现代信息技术，提高信息利用效率，改善公司管理，提升公司的核心竞争力。在此过程中，信息化战略目标、信息化架构、信息化实施和保障等内容的确定最为关键。企业信息化战略规划的基本分析推进方法可以参考图8-1所示的步骤。

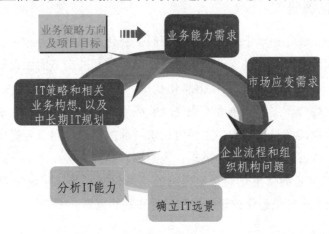

图8-1 企业信息化战略规划基本分析方法

1. 信息化战略目标的确定

信息化战略目标的确定包括以下几点。

- 公司经营战略和业务模式分析。
- 竞争力分析。
- 业务流程分析，找到流程中制约企业发展的因素并分析。
- 信息环境分析，现有信息系统分析，外部信息技术及解决方案发展状况扫描，差异性对比。
- 综合分析提出企业信息化能力与目标，并以"信息应用的策略机会"导出信息系统引入策略、信息关联资源策略等，确定信息化项目优先顺序。

企业信息化战略目标分析方法如图8-2所示。

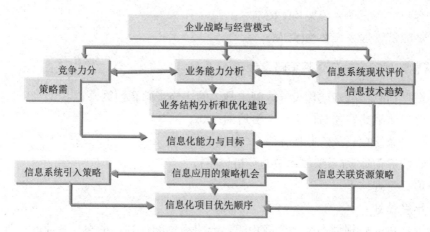

图 8-2 企业信息化战略目标分析

2. 信息化架构设计

- 制定企业完整、集成的信息平台体系架构，使其支撑公司的整体战略、组织结构、组织文化与业务流程。
- 设计详细的可实施的技术体系结构，包括基础设施、使用标准和安全策略、数据资源分布策略、系统集成策略等。

3. 信息资源规划方案

建立企业的信息系统的数据模型和信息资源规划方案。

- 企业信息资源规划方案：全域系统。其内容包括：系统目标、全域数据流图、全域功能模型、全域数据模型、全域信息分类编码一览表、全域数据元素集、全域数据元素——基本表分布等。
- 企业信息资源规划方案：各职能域/子系统。其内容包括：各职能域数据流图、各职能域业务模型、各职能域用户视图一览表、各职能域用户视图组成表、各职能域输入/存储/输出数据流量化分析、各子系统功能模型、各子系统数据模型、各子系统体系结构模型等。

4. 具体的解决方案设计

- 数字语音视讯网架构。
- 办公自动化系统架构(OA)。
- 企业资源规划系统架构(ERP)。
- 呼叫中心系统架构(Call Center)。
- 分销资源管理系统架构(DRP)。
- 知识管理系统架构(KM)。
- 电子商务系统架构(EC)。
- 决策支持系统架构(DSS)。

- 客户关系管理系统架构(CRM)。
- 供应链管理系统架构(SCM)。

5. 信息化战略实施与保障策略设计

- 根据信息化战略架构设计，制定具体的实施步骤和预算。
- 信息化战略宣传与信息化全员培训。
- 信息系统项目风险监控体系。
- 价值评估体系(系统成本效益分析体系)。
- 项目管理体系。
- 年度计划。

企业信息化战略规划不是一个静止的、一成不变的计划，特别是企业的内外部环境变化很快，同时信息技术的发展也是日新月异的，因此我们要以动态的眼光来看待企业的信息化战略，在目标制定、规划执行、总结评估等方面及时做出适当调整，确保目标符合发展趋势，规划执行有效，总结评估到位，以积累经验，为下一阶段的规划工作打下坚实的基础。

三、企业信息化战略规划的主要内容

企业信息化战略规划报告的内容，一般包括以下几部分内容。

第一部分，环境分析。它是信息化战略规划的依据。在这部分，首先要明确企业的发展目标、发展战略和发展需求，要明确为了实现企业级的总目标，企业各个关键部门要做的各种工作。其次要研究整个行业的发展趋势和信息技术产品的发展趋势。不仅要分析行业的发展现状、发展特点、发展动力、发展方向及信息技术在行业发展中所起的作用，还要掌握信息技术本身的发展现状、发展特点和发展方向。要了解竞争对手对信息技术的应用情况，包括具体技术、实现功能、应用范围、实施手段以及成果和教训等。最后要认识企业目前的信息化程度和基础条件。信息化程度分析包括现有技术水平、功用、价值、组织、结构、需求、不足和风险等。基础条件分析的内容包括基础设施如网络系统、存储系统和作业处理系统；信息技术架构如数据架构、通信架构和运算架构；应用系统如各种应用程序；作业管理如方法、开发、实施和管理；企业员工如技能、经验、知识和创新。

第二部分，确定战略内容。它根据第一部分形势分析的结果，制定和调整企业信息化的指导纲领，争取企业以最适合的规模、最适合的成本，去做最适合的信息化工作。首先是根据本企业的战略需求，明确企业信息化的愿景和使命，定义企业信息化的发展方向和企业信息化在实现企业战略过程中应起的作用。其次是起草企业信息化指导纲领。它代表着信息化管理部门在管理和实施工作中要遵循的企业条例，是有效完成信息化使命的保证。最后是制定信息化目标。它是企业在未来几年为了实现远景和使命而要完成的各项任务。

第三部分，设计信息化总体架构。信息化总体架构是基于前两部分而设计的信息化工作结构和模块。它以层次化的结构涉及企业信息化的各个领域，每一层次由许多功能模块组成，每一功能模块又可分为更细的层次。

信息化总体架构如图8-3所示。

企业信息化方针和战略	
企业信息化总体架构	
组织架构	信息技术应用架构
	信息资源架构
开发架构	技术架构
操作架构	

图 8-3　信息化总体架构

在总体架构下，构造应用层架构，如图 8-4 所示。

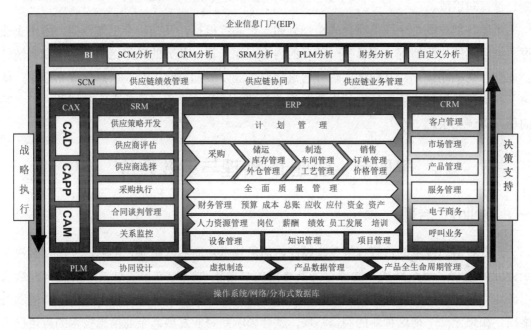

图 8-4　信息技术应用层架构图

构造信息资源架构，如图 8-5 所示。

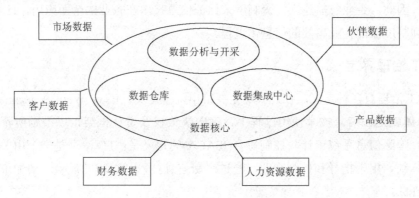

图 8-5　信息资源架构图

第四部分，拟定信息技术标准。这一部分涉及对具体技术产品、技术方法和技术流程的采用，是对信息化总体架构的技术支持。通过选择具有工业标准、应用最为广泛、发展最有前景的信息技术为标准，可以使企业信息化具有良好的可靠性、兼容性、扩展性、灵活性、协调性和一致性，从而提供安全、先进、有竞争力的服务，并且降低开发成本和时间。

第五部分，项目分派和管理。这一部分在第二、第三和第四部分的基础上，首先对每一层次上的各个功能模块及相应的各项企业信息化任务进行优先级评定、统筹计划和项目提炼，明确每一项目的责任、要求、原则、标准、预算、范围、程度、时间及协调和配合。然后，选择每一项目的实施部门或小组。最后，确定对每一项目进行监控与管理的原则、过程和手段。

上述各部分既是企业信息化战略规划的一个高度概括，又是一个工作框架。各个企业可根据自己的实际情况去丰富每一部分的内容，深入每一部分的工作，制定具体和系统的企业信息化战略规划，从而切实保证信息化对企业发展的贡献。企业信息化战略规划，体现了在信息化过程中所有活动的支持关系，强调了企业信息化工作的各个领域及它们之间的相互协调关系。

第四节 企业 IT 治理与绩效评价

一、企业 IT 治理

企业对信息技术的依赖程度越来越高，信息技术全面嵌入组织，影响、冲击乃至决定企业业务流程、组织结构、管理行为及传统的公司治理结构等，信息技术的结构性嵌入"破坏"了原有的企业秩序，在信息技术和系统构建的背后，实际上已经产生了新的利益格局，如果无法平衡这种新的利益格局，就会影响到企业发展。企业信息技术的应用已不单纯是企业对技术方法和设备的改进，而要求从治理的高度对信息技术的应用加以研究。企业信息化要获得长期成功，只有从重视技术构建上升到重视制度建设，才能真正实现企业信息化。因此，企业急需建立一套制度来保证信息技术在企业的全面应用，IT 治理就是安排一系列制度保证企业高效的信息化进程。

(一)IT 治理界定

关于 IT 治理有多种定义。在此我们主要给出两个定义。Peter Weill 和 Jeanne W. Ross 认为 IT 治理就是在信息技术使用过程中，确定决策权及责任框架，以鼓励所希望行为产生的过程。国际信息系统审计与控制协会(ISACA)的定义是：IT 治理是一个由关系和过程所构成的体制，用于指导和控制企业，通过平衡信息技术与过程的风险、增加价值来确保实现企业目标。

IT治理和其他治理主体一样，是管理执行人员和利益相关者的责任(以董事会为代表)，IT治理必须与企业战略目标一致，应该合理利用企业信息资源，平衡IT系统投资，控制IT相关风险，通过有效集成与协调，确保IT及时按照目标交付，保证业务增长。

IT治理是公司治理的一部分，是应用公司治理基本理论和原则去加以分析其中的主要问题，因此从公司治理的本质可以较好地把握IT治理概念的本质。"公司治理"是确保企业经营成果(组织租金)在各个利益相关者之间有效分配的活动。其本质是通过控制权优化配置来实现组织租金优化配置。具体对IT治理而言，就是通过对IT资源控制权的优化配置实现各利益相关者的利益均衡，从而达到企业所期望的行为，这里的控制权主要表现为与IT相关的决策权，同时责任与权利是需要对等的，所以IT治理的主要活动就是对IT资源相关决策权以及相应责任的配置活动，简单地说，IT治理就是IT投入和使用过程中的责、权的配置。

因此，IT治理应当解决的问题包括：①IT资源投入和使用过程中应当做哪些决策？即决策的主要内容。②应该由谁来做出这些决策？即决策的主体。③相应的责任框架如何构建？即与决策权相应的责任。

(二)IT治理的内容

如前所述，IT治理是在信息技术使用的过程中，确定决策权及责任框架，以鼓励所希望行为产生的过程。因此，IT治理机制主要表现为IT决策机制，IT治理内容就是IT决策的主要内容，包括IT原则、IT架构、IT基础设施、商业应用需求和IT投资与优先权这五项重要的IT决策内容。每项IT决策的内涵如下。

(1) IT原则：IT的战略作用以及企业如何运用IT的一系列概括描述和最高陈述。

(2) IT架构：提供信息系统和信息技术的组织逻辑，包括业务流程、应用系统、基础设施及其管理的原则、模型和标准，以达到数据和技术的标准化，流程的一体化。

(3) IT基础设施：提供通用IT服务(技术或人力)以实现企业IT能力，例如，标准化管理软件、顾客信息数据库等。

(4) 商业应用需求：确定购买或内部发展IT应用的商业需求。

(5) IT投资与优先权：选择资助哪一个立项以及投入多少资金，包括项目的审批和技术的论证。

这五项重要的IT决策相互影响、相互制约，IT原则驱动着整体IT架构的形成，而整体IT架构又决定了IT基础设施的架构。IT基础设施所确定的能力又决定着基于业务需求(通常由业务流程的管理者确定)的IT应用。最后，IT投资(IT投资与优先级流程的简称)必须为IT原则、整体IT架构、IT基础设施和应用需求所驱动。

这五项IT决策具体解决的关键问题如表8-1所示，也就是IT治理的具体内容，企业就是在这些问题的基础上建立相关的IT制度，以充分发挥IT在企业中的应用。

表 8-1 IT 决策解决的关键问题

IT 原则	企业原则是如何转化为 IT 原则指导 IT 决策的？ IT 在业务中的角色是什么？ IT 期望行为是什么？ 如何投资 IT？
IT 架构	企业的核心业务流程是什么？它们之间有什么样的关系？ 哪些信息在驱动着这些核心流程？数据必须如何整合？ 哪些技术性能应当在企业范围内得到标准化，以提升 IT 效率，方便流程标准化及集成化？ 哪些行为应当在企业范围内标准化以支持数据整合？
IT 基础设施	哪些技术方法能够指引企业制订 IT 计划？ 哪些基础设施对实现企业的战略目标来说是最关键的？ 哪些基础设施服务应在企业范围内实施，这些服务的服务水平要求是什么？ 基础设施服务应当如何定价？ 如何保持基础设施技术不断更新？ 哪些基础设施服务应当外包？
商业应用需求	新业务应用的市场和业务流程机会是什么？ 如何设计实验以评估业务应用成功与否？ 如何在架构标准上满足业务需求？什么时候将一个业务需求从例外转换为标准是正确的？ 谁拥有每个项目的成果并且发起组织变革以确保其价值？
IT 投资和优先秩序	哪些流程改造对企业来说在战略上是最为重要的？ 当前的 IT 投资组合是如何分配的？这些投资组合同企业的战略目标一致吗？ 企业层面的投资相对于业务单位的投资哪个更重要？ 实际投资情况会影响它们的相对重要性？

(三)IT 治理和 IT 管理

　　IT 管理是公司的信息及信息系统的运营，确定 IT 目标以及实现此目标所采取的行动；而 IT 治理是指最高管理层(董事会)利用它来监督管理层在 IT 战略上的过程、结构和联系，以确保这种运营处于正确的轨道之上。这是一个硬币的两面，谁也不能脱离谁而存在。可见，IT 管理就是在既定的 IT 治理模式下，管理层为实现公司的目标而采取的行动。

　　IT 治理规定了整个企业 IT 运作的基本框架，IT 管理则是在这个既定的框架下驾驭企业奔向目标。缺乏良好 IT 治理模式的公司，即使有"很好"的 IT 管理体系(而这实际上是不可能的)，就像一座地基不牢固的大厦；同样，没有公司 IT 管理体系的畅通，单纯的治理模式也只能是一个美好的蓝图，而缺乏实际的内容。就我国信息化建设的现状而言，无论是 IT 治理,还是 IT 管理都是我们迫切需要解决的。

(四)IT 治理的标准

目前国际上通行的 IT 治理标准主要有四个:ITIL、COBIT、BS7799(ISO/IEC17799)和 PRINCE2。

1. ITIL

ITIL(Information Technology Infrastructure Library),即信息技术基础构架库,一套被广泛承认的用于有效 IT 服务管理的实践准则。自 1980 年以来,英国政府商务办公室(GOC,原称政府计算机与通信中心)为解决"IT 服务质量不佳"的问题,逐步提出和完善了一整套对 IT 服务的质量进行评估的方法体系,叫作 ITIL。2001 年,英国标准协会在国际 IT 服务管理论坛(itSMF)上正式发布了以 ITIL 为核心的英国国家标准 BS15000,这成为 IT 服务管理领域具有历史意义的重大事件。

2. COBIT

COBIT(Control Objectives for Information and related Technology),即信息系统和技术控制目标。成立于 1969 年的美国信息系统审计与控制协会 ISACA,于 1996 推出了用于"IT 审计"的知识体系 COBIT。"IT 审计"已经成为众多国家的政府部门、企业对 IT 的计划与组织、采购与实施、服务提供与服务支持、监督与控制等进行全面考核与认可的业界标准。相应地,"注册信息系统审计师"(CISA)日益成为世界各国发展信息化过程中,争相发展的新兴职业和领域。作为 IT 治理的核心模型,COBIT 包含 34 个信息技术过程控制,并归集为四个控制域:IT 规划和组织(Planning and Organization)、系统获得和实施(Acquisition and Implementation)、交付与支持(Delivery and Support)以及信息系统运行性能监控(Monitoring)。COBIT 目前已成为国际上公认的 IT 管理与控制标准。

3. BS7799

BS7799(ISO/IEC17799),即国际信息安全管理标准体系,2000 年 12 月,国际标准化组织 ISO 正式发布了有关信息安全的国际标准 ISO17799,这个标准包括信息系统安全管理和安全认证两大部分,是参照英国国家标准 BS7799 而来的。它是一个详细的安全标准,包括安全内容的所有准则,由十个独立的部分组成,每一节都覆盖了不同的主题和区域。

4. PRINCE2

PRINCE2(Projects In Controlled Environments)是一种对项目管理的某些特定方面提供支持的方法。PRINCE2 描述了一个项目如何被切分成一些可供管理的阶段,以便高效地控制资源的使用和在整个项目周期执行常规的监督流程。PRINCE2 的视野并不仅仅限于对具体项目的管理,还涵盖了在组织范围对项目的管理。

二、企业信息化标准与规范

(一)企业信息化标准规范

企业信息化标准规范根据企业信息化建设过程中的一般规律、基础要求、共性化需要而设计和制定。它是企业信息化建设、信息技术应用的重要基础,是保障企业信息化建设成功的重要准则。标准化和规范化体系包括以下几方面。

技术体系——标准化技术、支撑技术、标准体系。

工作体系——标准化组织体系构成的工作体系。

管理体系——由政府、管理机构、中介机构、企业构成。

组织体系——在一把手领导下,统一管理企业的标准化工作。

工作规范——标准化职责、工作程序、工作要求。

资源投入——企业开展标准化所需的设备、材料、资金、人力、信息。

企业信息化标准规范可按国际标准规范、国家标准规范、行业标准规范、地方标准规范、企业标准规范等进行分类;也可按技术标准规范、工作标准规范、管理标准规范、组织标准规范等进行分类;还可按不同技术、产品或服务类别划分,如工程设计类企业信息化技术(CAD/CAE/CAPP/CAM/PDM)、经营管理类企业信息化技术(MRP/ERP/SCM/CRM)、过程控制类企业信息化技术、办公自动化类企业信息化技术、网络硬件数据库等平台类技术等。同时,企业信息化标准规范也可分为产品技术标准规范、建设采购标准规范、工程实施标准规范、咨询服务标准规范、认定评价标准规范等;还可按指令性标准、指导性标准、技术或工作规范等进行划分;并可分为面向政府的标准规范、面向供应商的标准规范、面向用户的标准规范等。

(二) 企业信息化标准规范设计

1. 设计原则

统一性原则:在设计企业的信息化标准规范体系、制定企业信息化具体标准规范时,要注重与企业现有经营管理制度、其他技术标准规范、信息化规章制度等的统一。

系统性原则:企业的信息化标准规范的设计,需要自顶向下、分步健全,尽可能考虑到各个方面、层面,在统一框架下逐步建成完整的标准规范体系。

适用性原则:企业的信息化标准规范体系的设计、建设及采用,应当实用、可操作,既注意它的先进性,更要注意适时、适度。

成熟性原则:企业的信息化标准规范设计和体系建设,应遵守国家指令性标准,尽量采用现有国际、国家、行业成熟、较广泛使用的技术标准和规范;自行设计的标准规范应具有应用基础。

集成性原则：在设计企业信息化标准规范体系、制定企业信息化具体标准规范时，必须注意与国际、国家、本行业、本地区、需进行信息交互的相关单位的标准规范的集成。

2. 制定方法

参照前述分类方法，选取其中一种或几种，先行建立企业的信息化标准体系框架，以此为基础，通过采用国家制定的有关指令性标准和规范，采用国际标准、国家其他有关标准规范，采用行业、地方发布的有关标准规范，并结合信息化的具体实施过程，适时自行制定企业实用的标准或规范，最后形成完整的企业信息化标准规范体系。

1) 企业信息化标准体系框架的建立

采用总体规划、分步实施的原则，将自顶向下与自底向上相结合，有计划、有步骤地建立企业信息化标准规范体系。首先建立企业信息化标准规范体系的框架，建立标准规范体系可以如建立规章制度一样，同时从面向资源和工作内容、面向信息化过程两个角度建立，形成矩阵式体系结构。标准规范体系框架可根据企业实际参照前述分类方法中的一种或几种建立。例如，可按下列层次建立体系框架。

基础标准：是面向资源的基本标准，如分类及编码标准、数据格式标准等。

技术标准：是企业信息化中标准规范最集中的方面。面向资源的技术标准有：技术平台和工具标准、各应用分系统技术标准、技术接口标准等。面向过程的技术标准有：流程分析方法准则、产品选型标准、工程实施规范，以及各类技术流程规范等。

工作标准：主要是面向过程的标准，如企业信息化各项工作的立项、审批及其流程规范，企业的信息化建设评价标准等。

管理规范：既有面向资源的，又有面向过程的，如文档管理及其管理规范、产品采购规范、资金投入的有关条件规范等。

组织规范：与人相关的各类标准规范，包括职位设置和岗位职责等。

2) 基础标准建立的要点

基础标准主要建立在对企业现状分析的基础之上，它需要通过缜密、细致的调查、研究，在专家指导下用科学的方法和手段建立。企业信息分类及编码标准、企业信息模型建立规范等，在基础标准中较为重要。

3) 技术标准建立的要点

技术标准的建立应着重遵循成熟性、适用性原则，即采用已发布的现有较成熟的标准化组织或商业标准组织建立的，并已经过较长时间的使用检验而证明有效的标准和规范。面向资源的技术标准需坚持这一点；面向过程的技术标准也尽可能地采用既有标准和规范。

技术标准是企业信息化标准规范体系中的主要部分，遵循成熟性、适用性原则，方能够使企业的信息化建设具有信息互换性、系统开放性、可扩展性、可维护性，同时可使得建设、运行、维护的成本得以充分降低，与外界集成、互联更容易。

4) 工作标准建立的要点

工作标准的建立重在遵循统一性原则，应与企业经营管理制度、其他技术标准规范、信息化规章制度的建立、健全等相结合。

5) 管理规范建立的要点

管理规范中最为重要的是企业信息化文档及其管理规范，它是面向资源的标准和规范，但与信息化全过程息息相关。文档规范也是企业信息化实施过程中重要的基础规范。

三、企业信息化绩效评价

(一) 企业信息化绩效评价内涵与意义

所谓企业信息化绩效评价，就是指对企业信息化的效果和效益进行评估和认识，以衡量信息化绩效的过程。评价的主体包括系统用户、信息系统项目团队、高层管理人员和企业所有者、外部实体，评价范围涉及信息化基础设备与技术投入现状分析、技术投入产出经济效益分析、上下游企业外延因素影响分析、管理决策影响分析、战略制定影响分析等。

正确地理解企业信息化绩效评价的内涵，能够使决策者理性地对待信息化评价的结果，信息化的成果不能完全通过财务分析得出精确的数字，不应过分注重短期经济效益，也需关注其带来的对管理决策、战略、品牌影响度，而这些影响可能是需要信息化达到一定成熟度的时候才能逐步显现。

企业信息化绩效评价的意义在于以下几方面。

(1) 解析信息化建设的"泥潭"现象，树立正确的信息化价值观。企业信息化绩效评价就是要通过多维度信息价值的认识和评价，理解 IT 实施的真正目的和正确路径，要突破传统单纯的技术评价思路，从业务需求和商业价值两方面全面掌握 IT 价值。

(2) 评价和规划项目作用互为反馈，为企业信息化建设导航。信息化评价作为反馈系统，可以帮助企业对信息化建设全过程进行全面的评价，从企业战略和业务目标方面进行对比分析，以便在持续改进的过程中逐渐消除"IT 投资黑洞"现象，信息化评价的结果从长远看又对今后项目的规划积累了经验和教训，使信息化建设进入良性发展轨道。

(3) 规范信息化控制，提高 IT 治理水平。信息化绩效评价体系实际上是一面"镜子"，使信息化建设者能够形成长效的自我审视的机制。对 IT 管理的关注点从早期的关注硬件转移到关注软件和技术管理，如今转移到 IT 收益管理与服务管理等方面。信息化绩效评价很重要的一个纬度就是对 IT 自身的管理能力的评价，从而为 IT 治理水平的提高创造了良好环境。

总之，建立信息化评价制度，可以帮助企业管理者全面了解和掌握 IT 的经营绩效，从而有助于信息化发展与企业的总体目标协调统一，有利于正确引导和规范企业的经营行为，促使企业改善经营管理，有效地将企业短期利益和长期利益相结合。

(二) 企业信息化绩效评价的特点与难点

企业信息化绩效评价是一项复杂的工作，其复杂性来源于信息化的建设不是独立存在，其载体是业务活动、流程以及战略等方面的内容。这些内容本身隐含了难以量化的成本和收益。信息化绩效评价主要有以下几个特点和难点。

1. 效益度量的特殊性

信息系统涉及技术的、管理的、经济的、社会的以及法律的各个方面，信息系统项目带来的效益，有些是可以通过财务分析的方法较准确地用货币价值来度量的，但是仍有许多无法准确地衡量其效益和价值，衡量的标准也没有公认的尺度。信息系统的投入产出与普通工程不同，在开发中凝结更多的是脑力劳动和知识经济价值，这给开发成本的计算带来了困难。信息系统项目的效益有些是直接的，更多的是间接的，在应用中由于效益实现的间接性，即通过企业管理水平的提高来实现自身的价值，并且系统获得的效益在一定程度上依赖于用户应用水平，这也给系统的收益计算带来了困难。

2. 效益产生的滞后性

信息化的另一个特点是效益滞后性，信息化的建设往往需要数年的时间，从基础设施建设，到业务处理系统乃至决策支持系统等，这些系统真正发挥作用和价值要在投入使用一段时间后才能体现出来。由于 IT 成本的回报具有短期与长期之分，企业在评价 IT 的价值时由于效益有一定的滞后效应，导致评价往往对长期回报估计不足，一些企业的决策者由于短期内看不到实际的效益，对信息化建设逐渐失去信心和耐心。

3. 效益的加速递增性

信息化建设是阶段性的，从基础设备网络的搭建到业务处理系统开发，再到分析决策系统。虽然信息化的效益在每个阶段都能够体现，但是对于企业的影响会随着信息化建设的不断成熟而加速，企业信息化的成果将呈现边际效益递增的状态。待信息化建设成熟期，信息技术对企业的综合治理将起到放大的正反馈作用，企业才能充分享受到信息化的丰硕成果。

4. 效益的扩散性

企业信息化的效益并不是企业独得的，顾客与供应商等可能从信息化成果中分享收益，信息化可以加强和外部客户和供应商的信息流交换，直接或间接地提高外部的效率，从而影响企业的形象和竞争力。这部分的外部利益是否应该计入信息化的效益以及如何计算，都增加了评价复杂性。

5. 效益的制约性

因为 IT 系统具有的价值潜力，必须在企业资源整合、组织机构发生重大变革之后，才能逐步显现出来；其次，IT 技术处于不断变化的过程中，而且变化的节奏使企业无形中承受了巨大的机会风险；局部信息化带来的好处，完全可能在外部环境不具备的情况下大打折扣。只有在信息化的内外环境和企业的环境趋于一致的时候，信息化的效益才能体现出来。

6. 评价主体的多样性

企业信息系统是一个复杂的社会技术系统。信息系统在组织内的实施，不仅会涉及到组织中的部门和员工，还会对企业外部的顾客、供应商甚至整个社会产生影响，产生所谓的扩散效益。因此，对企业信息系统评价的主体有多个，如系统用户、信息系统项目团队、高层管理人员和企业所有者、外部实体等，而不同主体的视角、利益格局有所不同，导致绩效评价的复杂性。

7. 评价层次的多样性

信息系统实施给企业带来的效益是多方面的，会扩散到企业中的各个层次，如操作层、运营层、战略层等，而且每一个层次都有不同的系统使用水平和系统使用要求。因此，在进行信息系统评价时，必须结合每一个层次的系统使用特点，选取适合的评价指标。

(三)企业信息化绩效评价的基本原则

企业信息化绩效评价是一项复杂的系统工程，要正确、客观地揭示信息化的"投入—产出"关系及其约束条件，需要遵循以下原则才能保证评价的科学性和可靠性。

1. 整体性原则

任何信息系统都是由若干子系统构成的，系统的各组成部分需要协同运行才能发挥最佳作用，产生最佳效果。因此，评价信息系统效益时不能片面强调某一子系统的效益而忽视其他子系统的效益，而必须对整个信息系统的效益进行全面考虑。

2. 阶段目标原则

信息系统的建设是一项投资大、周期长的系统工作。鉴于企业或组织机构的财力等原因，信息系统的建设一般是分阶段逐步实施的。因此，其效益也是逐步体现出来的，而且往往系统越发展和完善，其效益也就越显著。因此，对信息系统效益的评价，应区别系统建设所处的阶段，采用不同的目标进行评价。

3. 静态评价与动态评价相结合原则

对信息系统的效益进行评价，不仅要对影响系统效益的各种因素进行静态的考察和分析，还要动态地考察这些因素对系统效益的影响。例如，管理人员的素质和外部环境因素对信息系统效益的影响很大，目前效益不太好的系统，随着管理人员素质的提高以及外部环境的改善，将来的效益可能会好起来。

4. 定性评价与定量评价相结合原则

影响信息系统效益的因素很多，有些因素可以直接计量，如某些费用、效益指标，对这些可以直接计量的因素应进行定量分析；有些因素无法直接计量，如管理者水平等，因此无法进行定量分析，只能进行定性分析。

四、企业信息化绩效评价方法

(一)基于平衡计分卡的企业信息化绩效评价

平衡计分卡是一种绩效管理的工具，它将企业战略目标逐层分解转化为各种具体的相互平衡的绩效考核指标体系，并对这些指标的实现进行周期性的考核，从而为企业战略目标的实现建立起可靠的执行基础。

平衡计分卡是从多角度全方位的评价企业的绩效，主要包括以下四个角度：财务角度、客户角度、内部流程角度以及学习与成长角度。其中财务角度是评价绩效的传统的一个角度，而客户角度、内部流程角度以及学习与成长角度等是对财务角度的扩展和补充，以全面地、平衡地评价企业绩效。平衡计分卡从四个不同的角度，提供了一种考察价值创造的战略方法。

1. 财务指标的设计

财务指标在传统的组织绩效评估中是主要的指标，主要从股东角度看企业增长、利润率以及风险战略。而在企业信息化绩效评价中财务指标主要反映的是企业信息化的投入情况、产出情况(即信息化财务收益情况)以及信息化财务风险控制的情况(即企业对信息化投资风险的考虑和应对情况)。在评价中，所构建的财务指标如图 8-6 所示。

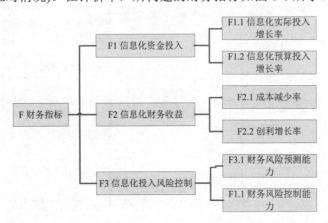

图 8-6　财务指标

2. 客户指标的设计

客户是企业利润的源泉，企业的信息化建设会带来企业产品、服务等方面质量的提升。因此，在评价中，将该指标作为指标中很重要的一部分。所构建的客户指标如图 8-7 所示。

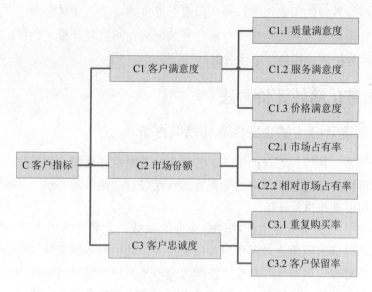

图 8-7　客户指标

3. 内部流程指标的设计

企业信息化建设，可以优化企业内部流程，减少业务处理时间，并提高企业的办事效率和效果。因此在评价中，将内部流程指标作为信息化绩效评价的一个重要指标。所构建的内部流程指标如图 8-8 所示。

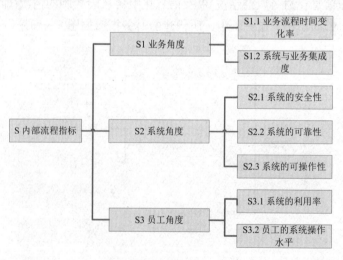

图 8-8　内部流程指标

4. 学习与成长指标的设计

平衡计分卡所实现的平衡之一是企业的长期发展和短期目标的平衡。财务指标、客户指标以及内部流程指标都是对企业信息化当前短期绩效的评价,而学习与成长指标主要衡量的是企业的信息化为企业的长期目标的实现所做的贡献。因此平衡计分卡在关注短期目标完成的同时,也关注企业长期的发展,实现了长期目标和短期发展的平衡。因此,在评价中,主要从信息化对企业发展、员工发展以及企业架构改善的影响这三个角度来综合衡量。所构建的学习与成长指标如图 8-9 所示。

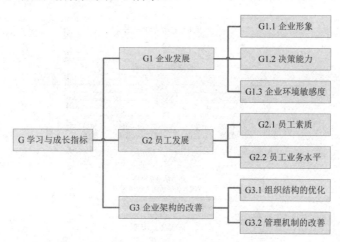

图 8-9　学习与成长指标

在建立了企业信息化绩效评价指标体系后,为了保证评价工作的客观性和可比性,还需要对各个指标的数据采集和量化方法进行研究。本书对此不做详细讨论。

(二)基于价值链的企业信息化绩效评价方法

价值链理论是由哈佛商学院的迈克尔·波特提出的。他认为企业是由资源和能力组成的,具体而又相互分离的价值活动是企业竞争优势产生的源泉,这些具体的价值活动包括基本活动和辅助活动,基本活动分为内部后勤、生产运作、市场营销、售后服务和外部后勤,辅助活动分为基础设施、人力资源、技术开发和采购,这些活动相互联系,构成了企业的价值链,共同促进企业价值的产生。企业实施信息化的目标是希望发挥互联网、信息技术的优势,使得管理和流程运行更加系统化、科学化和规范化,以使企业的内外部资源得到合理的优化配置,实现信息的资源共享,以支持设计、生产、管理集成一体化的企业运作。因此,将价值链理论应用到企业信息化绩效评价当中,不仅可以评价企业实施信息化以后内部业务的协同能力、各种内部资源的共享能力和使用效率,还可以评价企业与外部的协作效率,使企业认识到自己的竞争优势,发现存在的薄弱环节,找到提升信息化环境下新型能力的正确途径。

1. 信息化绩效产生机理分析

首先,企业投资于信息基础设施,经过企业业务部门和信息部门的协作开发和运营,形成不同的信息系统,转化为企业的信息化资产,这是信息化的第一次增值;其次,这些企业信息化资产作用于企业价值链上的基本活动和辅助活动,对这些活动进行合理优化并加强相互之间的联系,实现信息化的第二次增值;最后,信息化要素转化为生产力要素,通过价值链的分解、重构、整合和集成,优化企业业务流程,提高企业生产率,增强竞争力,实现信息化的第三次增值。结合一般企业具有普遍意义的价值链上的九种活动,潘燕华等(2015)提出了企业信息化绩效产生的过程(见图8-10)。

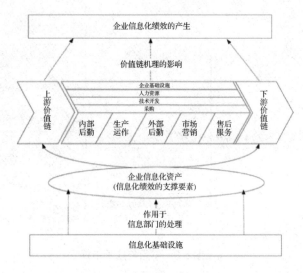

图 8-10　信息化绩效产生机理分析

信息化会影响企业价值链中的九种活动,同时这些价值活动也在创造和使用信息,信息化对企业价值链的影响有以下几点。

1) 提高价值活动的效率

企业信息化首先是各个重要信息系统的建设,这些信息系统推动了价值链上各个重要的价值活动充分利用生产资源,实现资源节约,从而降低成本,提供更高的价值。

2) 增强价值链整体适应性

信息系统串联起价值活动,通过进一步的流程重组和系统集成,使企业的信息渠道更加顺畅,能够对客户需求、市场信息、宏观环境等外部因素及时做出应对,增强了感知敏感性和处理智能化,提高了企业价值链的应变能力。

3) 延伸企业的价值链

企业信息化能够大大提升企业之间的协作能力,显著提升供应链上生产资源的配置能力,使企业内部价值链各活动之间以及企业与上、下游企业的联系得到加强,企业之间、企业与客户之间也能够实现信息共享,建立协同合作的伙伴关系,使企业内部价值链向其上、下游企业延伸,形成产业价值链。

4) 优化价值链,实现商业模式创新

当信息资源在企业全价值链各个环节得到充分的利用,不但提高了各环节效率,还能够在一定程度地推动企业的商业模式创新,实现价值链优化。比如,很多互联网企业基于大数据的运营，其价值链与传统制造企业甚至是服务企业都有很大的不同，阿里巴巴、百度、小米科技等都创造了崭新的商业模式。

企业信息化对各具体价值活动优化如表 8-2 所示。

表 8-2 信息化对价值链的影响分析

价值链分类	价值链活动	信息化对价值链的影响
基本价值链	内部后勤	提高原材料搬运活动效率，使车辆调度更加合理；原材料库存精细化管理，节约库存成本和资金占用；加强与上游企业合作伙伴的协作效率
	生产运作	优化生产方式和过程，降低成本；实现生产加工过程的自动化、柔性化、智能化；提高生产能力、产品质量
	外部后勤	生产自动化可以提高准时交货率；库存管理信息系统可以增强产成品库存控制，加快资金周转；加强与下游合作伙伴的协作关系
	市场营销	加强电子商务平台建设，扩宽企业销售渠道，增加网络营销收入；快速获取市场信息，增强对市场的适应性
	售后服务	构建客户服务管理系统来收集客户信息，及时获取客户反馈，解决维修、投诉等问题，提供快速高效服务，提高客户满意度，增强客户认同感
辅助价值链	基础设施	门户建设有利于与外界的信息交流与沟通；业务、办公等系统以及信息安全措施的应用保证企业战略、经营计划的实施；财务信息共享提高中结算效率
	人力资源	信息化有利于实现人力资源的集中管理，运用人力资源管理系统，可以全局掌握人力信息；增强员工的信息化素质，提高其参与度，可以提高工作效率
	技术开发	通过计算机技术和信息共享，提高研发速度和新产品成功率
	采购	信息技术的运用使采购更加快速；供应商的选择范围更广；采购成本更低

2. 评价指标体系的建立

基于上述信息化对企业价值链的影响分析，以价值链九种典型活动为基础，考虑企业价值链与企业外部之间的联系以及各具体指标之间的关系，可以构建基于价值链理论的企业信息化绩效评价指标体系，如表 8-3 所示。

总的来说，依据价值链理论进行企业信息化绩效评价能够较完整地梳理和分析企业信息化绩效产生的价值机理，能够较为系统地评价绩效水平。基于价值活动的细分，本评价方法能够清晰地显示出信息化增值的主要环节，也能够明确地界定出信息化的弱势领域，因此能够在评价水平的基础上进一步确定信息化改进策略。

表 8-3 基于价值链理论的企业信息化绩效评价指标体系

目标层	准则层	指标层	说明
基础活动	内部后勤	原材料输入效率	评价信息技术使原材料搬运、接收效率提高中的程度
		库存周转率	评价库存管理信息系统对存货的周转速度和资金使用效率提高的程度
		与上游伙伴协作效率	评价与上游供应商信息协同程度
	生产作业	产品合格率	评价生产信息系统使产品完成的质量提高的程度
		产品生命周期	评价信息系统使产品完成周期缩短的情况
		产品成本降低率	评价信息化带来的产品成本降低的程度
		生产过程自动化率	评价生产经营过程中信息化应用的程度
		流程柔性程度	评价信息化优化生产流程的应变能力
	外部后勤	与下游伙伴协作效率	评价与下游销售商信息协同程度
		准时交货率	评价信息系统对交货期的影响程度
		库存周转率	评价库存管理信息系统对销售存货周转速度和资金使用效率提高情况
	市场营销	电子商务覆盖率	评价企业在销售活动中使用电子商务手段的程度
		对市场的反应速度	评价通过信息化渠道快速获取市场信息的能力
		网上业务成交率	评价网络营销收入占总收入比重
	售后服务	客户满意度	评价信息化后客户期望值与客户体验的匹配提高程度
		客户服务信息化水平	评价企业是否建立基于网络的客户服务系统等情况
		投诉处理时间变化率	评价实施信息化后对顾客投诉的响应速度提高情况
辅助活动	基础设施	信息化投资比重	信息化投资在收入中的比重,评价信息化基础建设财力投入水平
		信息安全投资比重	评价企业信息化安全水平
		基础数据的完善程度	评价基础信息数据的拥有情况
		财务结算速度	评价财务结算的效率
		门户网站建设水平	评价信息资源整合情况及对外界交流的信息化建设
	人力资源	管理层的重视程度	评价管理层对企业实施信息化的态度
		内部信息共享能力	评价企业内部数据的共享程度
		信息化培训覆盖率	评价员工信息化培训比例
		员工信息化态度	评价员工对信息化建设的支持与参与程度
		员工信息化素质	评价员工普遍掌握信息化能力的程度
	技术开发	新产品开发周期	评价信息技术对新产品研发时间的影响
		研发项目成功率	评价信息技术对研发项目成功率的影响
	采购	采购成本减少率	评价信息化对企业采购能力、项目外包能力的影响
		物资供应及时程度	评价实施信息化后,物资供应的速度提高的程度
		采办业务在线率	评价利用网络进行询价、采购的比重

案 例

案例一 沃尔玛的信息化战略

1. 沃尔玛供应链管理

美国沃尔玛零售连锁集团 2001 年成为全球最大的公司，并且将它零售业的竞争对手拉下了马，使其进入破产边缘。沃尔玛的成功，有许多决定性因素，信息化是其中之一。"天天平价，始终如一"的市场定位，决定了它必须以降成本为支点、以信息化为锐器，在全方位、多层次缩减开支的基础上，实现"追求卓越"的远大目标。

为了实现"成本领先战略"，沃尔玛在商品购、存、销流转过程的所有环节上进行了严密的成本和费用控制。进货成本控制方面，沃尔玛采用中央采购制统一从生产企业直接进货，买断进货并固定时间结算，有效地控制了进货成本；物流成本控制方面，沃尔玛建立了快捷的信息反馈系统和高效的物流管理系统，不仅大大降低了存货量，而且大大加快了资金周转速度，使得物流费用率比同行低 60%以上，游刃有余地实现了物流、商流、信息流的优势互补；营销成本控制方面，沃尔玛 90%的商品均从生产厂商直接进货，并拥有了 35%以上的自有品牌，促使分销成本降至总销售额的 3%以下，从而形成了无与伦比的竞争优势；广告成本控制方面，总是大做平价商品"实物广告"，广告费用在同行中最低，仅相当于同行的三分之一；而销售额却最大，比同行高出一倍。

2. 沃尔玛信息化支持

各环节的成本控制，都有相应的信息系统的支持。1970 年沃尔玛投资 3000 万美元建立全国的零售体系，当时的营业额仅有 2.3 亿美元，只有 10 个超级市场和 3 个大型仓库，信息化投资占了其营业额的 15%左右。1980 年开始，沃尔玛投资 1.2 亿美元更新和改造全国的零售和配送体系，涉及全国 60 个超级市场，12 个大型仓库，1200 多辆大型货车，营业额上升为 123 亿美元。2001 年，沃尔玛成为全球最大的跨国集团，营业额达到 2200 亿美元，并获得了今天的成就。

沃尔玛既有计算机存货跟踪系统，又有 SKU 单品级库存控制系统；既在环球零售连锁业最早使用了条形码，又最早使用了无线扫描器；既与供应商实现了产销合作，又适时将 2400 万美元的卫星通信系统用于零售业；既在环球零售连锁业最早使用了品质管理软件，又最早使用了交互式管理和监控信息系统。这其中，电子数据交换(EDI)系统的应用最典型。这一系统通过将连锁店前端的 POS 系统与总部后端的仓储资料适时联机，快捷准确地掌握每一种商品的销售情况和库存量，从而大大降低了人工填写销售日报表的人员耗费，一年就可节省数百万美元的人工费用；这一系统通过 EDI 专用网线，将需要补充货源的连锁店信息在第一时间传输给供应商，以便供应商及时收单、出货、安排生产，保证物流畅通无阻；这一系统的低耗高效，既增加了员工为顾客服务的机会，又放大了供应商的既得利益，真可谓一举两得。沃尔玛公司与供应商通过EDI建立起来的产销联盟所产生的另一个重大的积极作用是，打破了当时在美国流通领域占统治地位的多环节流通体制，实现了商业模式的创新。

3. 沃尔玛经营战略与信息化战略的融合

沃尔玛信息化建设的基点是其成本领先战略。我们知道，企业信息化战略必须是基于企业经营战略的，是为实现企业战略目标服务的。沃尔玛的营运哲学是"不求最好，但求便宜"的天天便宜，要便宜必须要改造现有的体系，从供应链、价值流的每个环节做起，每个环节的精益化铸造总体的便宜战略。不改造现有的体系，根本无法达到天天便宜的目的。天天低价意味着要追求零库存、高质量、零缺陷率，时间也要保证。要达到这样的目标，就必须构筑最快的物流、最快的订货、最快的销售。因此，沃尔玛不断率先采用领先的信息技术和后勤系统，不断地大幅降低其运营成本。沃尔玛在全球大约有2400个超市，为了与供应商合作共同实现库存最低，所有的配货中心不但实现了快速配货、也实现了最小经济存量，利用完善的信息系统实现了全球配送高效高质的目标。

EDI系统的实施是沃尔玛依靠信息化实现战略目标的典型代表。EDI系统为沃尔玛和供应商的密切合作提供了必要的手段，为双方的营运提供了极大的便利，也为沃尔玛的商业模式创新提供了条件。首先，连锁店前端的POS系统与总部后端的仓储资料适时联机，实现了销售自动化，大大降低了销售成本，节省了大量人工，所谓"节流"；其次，基于这些自动采集的销售数据分析，提高了销售决策水平，所谓"开源"；再次，供应商直接获取的销售数据，又保证了物流畅通，实现了"供应商管理库存"；最后，沃尔玛与供应商实现了EDI两端的专业分工，沃尔玛专注于经营分析和卖场管理，供应商专注于供应、库存、物流，专业、专注提高了两个领域的管理效益，实现了"倍增效应"。EDI系统的采用，奠定了产销联盟的基础，加强了企业之间的合作，大大降低了双方的合作成本，企业边界模糊了，企业的社会资本增强了，新的商业模式也随之诞生。

因此，沃尔玛成本领先的战略实现，主要是依靠了信息化的手段，保证了供应链各个环节以最低的成本、最小的费用和最快的速度，满足了消费者快速多变的需求。

案例二　TCL集团"互联网+"战略转型探索

对家电行业来说，移动互联网时代，纯粹的硬件公司在未来将没有发展前景可言，依靠争夺订单、开动生产及OEM模式等已经明显式微。未来的行业巨头一定属于软硬结合、产品与服务并重的企业。为了赶上这个互联网大数据时代，敏锐的中国家电制造企业已然开始重新制定公司发展核心战略，拥抱互联网。比如海尔的互联网工厂计划、美的对电商渠道的开拓，以及格力对智能手机市场的布局等，各家有自己的高招。

1. TCL发布的"双+"战略

同样是家电巨头，TCL在竞争中明显感到市场环境正在发生剧烈变化，首先，在市场方面，需求饱和与产能增长，使得企业间的价格战愈演愈烈；最后，在产业方面，硬件基础功能成熟，使得产品性能同质化成为消费电子产业发展的瓶颈；最后，面对互联网企业的跨界竞争，新商业模式的进入使传统家电企业的盈利能力遭遇挑战。

基于此，2014年4月9日，TCL集团正式发布"智能+互联网"与"产品+服务"的"双+"战略，试图以互联网思维全面构建TCL集团的转型和商业新模式，实现互联网时代的战略转型突破。

"双+"转型战略是指实施"智能+互联网"与"产品+服务"双轮驱动，其中前者是以互联网思维规划极致体验的智能产品和服务，在集团技术和经营方面进行重大转型；后者是重构互联网时代商业模式，实现企业商业模式的重大转型。最终建立起满足战略转型的开放、协同、融合的业务流程和组织体系。

集团董事长、CEO李东生认为，TCL必须在工业制造能力的基础上打造核心竞争能力，通过"双+"转型战略和国际化形成的双轮驱动，建立差异化优势，从而促使TCL逐步建立起多种基于互联网的业务能力，搭建"智能+互联网"生态圈。

此次转型，TCL集团将把"以用户为中心"的精神融入进企业的"血液"中，甚至触及到了企业文化核心层面，TCL提出了全新的企业愿景、企业使命、价值观和经营策略。新愿景是"为用户提供极致体验的产品与服务，让生活更精彩"；新企业使命是"为用户创造价值、为员工创造机会、为股东创造效益、为社会承担责任"；企业新价值观是"用户至上、开放创新、合作分享、诚信尽职"；并在集团经营策略层面，提升技术能力、工业能力和全球化能力，强化以用户为中心的营运与服务能力。

"双+"战略转型将在产品技术与经营，以及商业模式方面进行彻底革新，TCL集团由此向外界展现了进行互联网转型的决心。TCL集团将在互联网思维的带动下，配合多年积累的产品与服务群，遵循为用户提供个性化的极致体验的企业愿景，实现互联网转型，力争5年内再造一个全新的TCL。

2. 组织变革与重构

为了落实"双+"战略的推进，TCL又以大刀阔斧地进行了产业结构调整，将产业结构从原有的"5+5"调整为"7+3+1"。集团主要产业和业务分别归属为产品业务领域、服务业务领域及创投及投资业务领域，未来将有11大业务板块，希望借此加速推进"智能+互联网"转型战略的建立"产品+服务"新商业模式，以期更有效地建设和展示不同业务板块的价值，发挥产业协同效应。

1) 产品业务领域

将根据现有的产业格局和新业务发展分为7个业务板块。其中TCL多媒体电子、TCL通信科技、华星光电、家电产业集团和通力电子5家企业维持原有的结构，同时新组建商用系统业务群和部品及材料业务群。部品及材料业务群整合了为消费电子终端产品提供关键部件的金能电池、显示科技等，以及TCL环保资源业务，新组建的商用系统业务群以B2B业务为核心，包括商用显示、科天智慧云公司、军工电子、医疗电子、照明和华瑞光电等企业，显示出TCL或将继续加大在此业务领域的投入。

此前，TCL与思科就曾就合资设立公有商用云服务平台，计划在云计算、下一代视频通信和交互技术等领域进行深入合作，为TCL互联网应用服务平台、O2O平台、金融服务平台及大数据运营等项目的实施提供后台支持。TCL后来又与万达集团战略合作，利用双方各自的资源优势，积极推进在商用显示、O2O、大数据及云服务等领域的合作。

2) 服务业务领域

为推动"双+"战略转型，TCL组建三大服务业务模块，即新组建互联网应用及服务业群、销售及物流服务业务群，以及已成立的金融事业本部。该板块将围绕用户提供产品体验、支付、物流及增值服务的一站式方案，构筑新的竞争力。

3) 创投及投资业务领域

投资业务则以获取最佳财务投资收益为主要目标，是部分克服制造业基因、推动建立产品与服务生态圈的必要手段。创投业务未来将主要聚集前瞻性及相关技术创新性的产业布局，并配合支持集团战略转型和开拓新的业务领域。

为推进"双+"战略转型加速落地，TCL集团和TCL通信以经营团队参股的方式组建新业务公司，包括组建O2O公司、成立TCL文化传媒公司向文化领域跨界等，都是按照互联网创业公司的方式进行管理，让团队自己持有股份、自己去创业，意在打破原有的金字塔式的管理架构，以激发经营团队的积极性，应对快速变化且竞争激烈的外部市场。

3. 以产品为核心打造完整生态链

"双+"战略转型的目标是要构建完整的"元器件+终端+内容+平台"生态系统。TCL集团拥有多媒体、通信、华星光电和家电等业务板块，电视、手机和白电等终端产品布局完善，在"双+"战略转型思路下，将加快布局智能终端的内容／应用／平台、智能家庭及云服务等业务，构建了"元器件(液晶面板、芯片等)+智能终端(电视、手机、白电等)+内容应用(视频、教育、游戏等)+平台(欢网、全球播、游戏平台等)"的完整生态链。

在这么复杂的生态链中，该如何给自己定位呢？李东生表示，互联网转型对于家电企业来说是必经之路，但实业是基础，TCL必须在工业制造能力的基础上打造核心竞争能力。集团未来的定位将是"全球化的智能产品制造及互联网应用服务企业集团"。

2015年4月8日，在"双+"战略转型一周年之际，TCL集团在深圳一口气发布了曲面量子点电视H8800、模块电视E6800、IDOL3智能手机、TCL智能手表，以及多款洗衣机、空气净化器产品。TCL发布这些重磅产品的背后，其实只是"产品+服务"战略全景图中"产品"的一环。

4. 建设内容生态圈

对于谋求互联网转型的家电企业来说，单打独斗、闭门造车早已无法适应大环境。在互联网模式下，需要更多的是平台思维和用户思维，需要与产业链上下游企业合作。因此，家电企业除了内部的研发、制造和销售的利益之外，还要引入外部的企业共享平台，实现利益上的最大协同，共同建设完善的内容和服务生态圈才能转型成功。

TCL显然深谙这一点。自2014年转型以来，TCL在TV+产品上已经陆续布局了游戏、视频、教育和生活等内容生态圈。2015 年，BAT 中的腾讯正式成为 TCL 内容生态圈最重要的伙伴，合作涵盖腾讯视频、游戏和微信三大主营业务板块，同时腾讯还大举注资欢网。此外，拥有国家级互联网电视新媒体运营能力的未来电视也与 TCL 达成合作，形成了基于互联网电视的播控平台。另外，拥有韩国 KBS、SBS、MBC 三大电视台优先选择权的韩国 Apollo 集团旗下的 K 频道公司也成为 TCL 打造 TV+内容生态圈的合作伙伴。

2014 年 4 月，TCL 在发布会上宣告"铁粉"平台成立。"铁粉"是面向 O2O 体系的用户，线上社区"铁到部"(TCL 手机产品与用户的在线交流互动社区)。线下铁粉定期活动。社区基于"想出色、爱生活、敢出彩"的调性，先后开设了"铁粉学院""酷玩汇""铁粉社区"和"积分中心"等板块，不仅构建了 TCL 集团成立 33 年所积累粉丝互动交流的平台，还汇集了 TCL 铁粉专享福利等活动信息。用户也可以供助该平台，参与 TCL 的产品设计、研发、测试及评价全流程。TCL 还将建立用户数据库，挖掘用户价值，为用户提供超过预期的体验。

5. 强有力的信息系统支持

业务的转型离不开信息技术的支撑。"双+"转型战略是以用户为中心，以智能技术、宽带互联网、大数据及云计算为基础的创新。

TCL 计划在 3 年内，实现线上线下全面整合运营，打通两个方向的协同：一是线上接单，线下交付；二是线下体验，线上交易。并整合物流配送与 TCL 社会化服务体系，共同支持一体化体验；整合化客户运营，大数据支撑下的 C2B 转型。构建客户行为轨迹、客户消费轨迹体系，运营"程序化营销"，以线上线下立体化的"会员社区"搭建 C2B 柔性供应链平台。同时，还提出了一些具体的技术要求，比如：支持 SaaS 应用模式，支持跨平台部署运行，支持移动端应用；提供开放的平台，可融合第三方应用与服务、与企业内部系统对接、与第三方电商平台对接；能够支持大规模的数据存储管理和综合分析应用，同时具备快速响应处理能力。

(资料来源：刘继承，互联网+时代的 IT 战略、架构与治理，2016)

案例三　尚品宅配定制化 O2O 变革之路

家居行业对中国来说是一个很古老、很传统的行业。2008 年宏观房地产调控的政策实施后，整个行业都面临着诸多挑战。但近年来，一家名为尚品宅配的公司却靠定制化异军突起。

可以说，从诞生之初，尚品宅配便突破传统家居企业的思维局限。尚品宅配从解决体验式和情景式这两个痛点切入，围绕客户设计了十几个环节——从推广到在线导购、客服，再到直销设计师上门量尺，进店看方案，然后到工厂生产、上门安装等，全部用计算机和互联网的思维去解决。这不但降低了售前服务成本，还提升了十几个环节的协同效率和质量，而尚品宅配也在中国家居业走出了一条 C2B+O2O 相结合的数据驱动运营之路。

1. 独特的线上线下体验

传统门店运营的程序是:逛店体验产品→交定金→上门量尺→确定方案签合同→生产安装。尚品宅配进入家居业做的很重要的一件事,就是对整个业务模式做了一点微创新——把上门量尺设计完全变成免费。这一微创新把家居行业的售前服务规则重新制定,更重要的是解决了O2O中的"2"。

"O2O线上不难做,线下也不难做,最重要的是'2'。尚品宅配的'2'就是上门免费。"最开始谈免费量尺设计的时候,许多设计师想不通:"设计是有价值的,为什么免费"?但从消费者层面来说,虽然他确实没有付出金钱,但是却付出了时间成本,他与设计师沟通,要配合你2~3个小时。这其中反复沟通磨合,设计师提供的如同医生一样专业性很强的服务,其实已经把尚品宅配品牌的信息传递出去,还促进了交易。数据显示,享受尚品宅配量尺服务的客户大约95%都会到尚品宅配的体验店,到了店大概60%的人会定制尚品宅配的家居。

一直以来,线上需要的是创意,强调的是创新;线下做的是流量变现,强调的是执行力;把两者融合,构建整个公司的文化体系,才是真正的O2O。免费量尺设计,不仅解决了从线上到线下的问题,更解决了线上与线下团队文化融合的难题。

最开始,尚品宅配和其他家居企业一样,在专业卖场开店。后来尚品宅配发现,现有的两种比较典型的生活方式:一部分人喜欢宅在家,购物休闲娱乐全在网上,尚品宅配用线上渠道来连接;还有一部分人到了周末,呼朋引伴到城市综合体消费。看到这一现象,尚品宅配开始改变跟着卖场走的思路,改为跟着人群走。现在,尚品宅配主要有两种形式的体验商店:城市综合体和写字楼体验中心。

2. 云计算的新发现

传统的电商都是基于流量变现,但PC屏幕就那么大,竞争已经很激烈,移动的屏幕更小,流量入口的竞争会更加激烈,单纯靠购买流量的模式已经不可持续。尚品宅配通过CRM、云计算和大数据技术,提升整个流量的变现能力,支撑支持C2B和O2O的模式。

尚品宅配大数据的采集来源很多,第一是平时各个渠道客户信息的积累,第二是通过网站点过的轨迹。只要客户输入信息,哪怕在软件上一个小小的动作,尚品宅配都会及时采集到。而通过人群单击网站浏览轨迹,尚品宅配就知道大多数人喜欢哪些类型的产品,在定向研发时,就会偏向于这些方面。

在大数据的指导下,尚品宅配总会优先在登录尚品宅配官网最多的城市开店,即使是在同一个城市的尚品宅配店,其实其陈列的产品都是不一样的,其依据就是这个城市的房价和房子的结构。

目前,尚品宅配拥有全国重点城市约2000家楼盘的10万个房型,以及相关的居住空间解决方案。基于虚拟设计,设计信息库中不同款式、结构及材质的系列产品过万种,每款家居的尺寸和材料还可以按需变化进行组合。现在,每年大约有60万条的成交客户数据被统计到服务器端,总计已有近千万条。

3. 数据驱动运营

在客户从线上到线下再到成交的过程中，设计师扮演着十分重要的角色。最开始，尚品宅配通过呼叫中心，凭借客服人员的经验，把业主和本地的设计师对接起来。比如青岛的业主报名了，呼叫中心就把该业主和青岛本地的设计师团队对接起来。

当设计师把客户家居整体设计出来之后，基于虚拟现实技术，客户可以在新居网上像买衣服似的给自己的家居"试穿"成套的家居，款式、风格、大小、质地和颜色等都可以试到满意为止。假如客户仍在犹豫，还可以到线下的体验店通过圆方 DIY 家居体验机，查看设计的不同效果的整体家装虚拟效果。

每天，尚品宅配都会接到来自全国各地的十余万个生产款式、尺寸不一样的家居订单。这些订单通过互联网发到订单管理中心(中央处理中心)，系统全自动把每一个订单拆分成一块一块的零部件，然后运用一项应用比较强的制造技术——柔性制造技术把都是 1.2 米×2.4 米原材料的板进行混合排产(把不同的板混到一起排产)。

在工厂里面，对于这块板的利用率很大程度上决定了生产成本，如果是刚性生产成品，最后剩了一块余料就不能用了。而对于尚品宅配来说，因为款式不一样、尺寸不一样，如果剩了一块余料，就可以有选择地运用到不同的订单上——做不了一个衣柜面板，可以做一个橱柜面板，做不了橱柜面板，可以做两块抽屉面板。这种拼装混合起来进行排产，对整个行业材料的平均利用率大概为 85%，而尚品宅配可以达到 93%。

订单被拆分成零部件后，计算机会排产并自动加工生成总任务单——联建图，之后再生成各个车间对于不同板件和零件的加工指令，比如封边车间要如何操作，另外一个车间要如何操作，这些指令也是计算机系统自动生成的。这些指令放在系统里面，蕴含在每一个块板间。尚品宅配还有一个条形码控制系统，通过这个系统给每个块板办一个身份证。这些条形码内容包括是哪个客户的订单、材料信息及加工工艺等。条形码将被贴在用于生产的板件上，工厂里每一台机器都加装了一台计算机，计算机解读条形码后，会对机器发出操作指令。

这种依靠先进信息技术与柔性生产体系的做法，让尚品宅配的差错率从传统厂商的 30%下降到 1%，生产效率提高到传统厂商的 10～20 倍。

(案例来源：《家居 O2O：尚品宅配的互联网思维》，商业价值，2014 年 12 月)

本 章 小 结

关于信息化和企业信息化的内涵有不同的理解，我们着重强调从信息经济学的角度，理解信息要素的经济贡献不断增强的过程。企业信息化与企业战略、企业组织机构、企业管理、业务流程等方面有着密切的联系，产生不同的影响。企业信息化战略规划是保证企业信息化成功的关键要素，IT 治理和 CIO 机制是企业信息化顺利实施的重要保障。

思 考 题

1. 什么是企业信息化?
2. 企业信息化战略规划的基本内容有哪些?
3. 简述 CIO 体制的职能。
4. 企业信息化标准规范的分类体系是什么?
5. 基于平衡计分卡的企业信息化绩效评价指标分为哪几类?分别是什么?

第九章 信息系统的经济分析

【本章导读】

信息系统广泛应用于各种组织当中，为企业的管理目标服务。一项大规模的信息系统项目甚至是企业的战略性投资，直接关系到企业的生存和发展。在进行投资之前，企业必须要对可选的项目方案进行成本测算，并对系统经济效益进行评估，权衡成本与收益，以期作出正确的投资决策。

【重点提示】

- 信息系统的成本划分，信息系统成本估算的过程、难点、原则。
- 信息系统成本估算模式，COCOMO 模式。
- 信息系统定价的特点、定价原理、定价模式。
- 信息经济的经济效益构成、效益分析、效益评价。

【学习目标】

通过本章的学习，掌握信息系统的成本构成；了解信息系统成本估算的过程和原则；理解并掌握信息系统成本估算的模式，特别是 COCOMO 模式的方法；了解信息系统定价的原理和模式；了解信息系统效益的构成；熟悉并掌握信息系统的效益评价方法，特别是费用效益分析法；了解企业信息化绩效评价的指标和原理。

【关键概念】

信息系统的成本分析　信息系统的效益　信息系统的定价　COCOMO 模型

第一节　信息系统的成本估算

一、信息系统的成本构成

以信息的搜集、存储、加工、流通和服务为主要任务和目的的信息系统，从其开发阶段起就与社会、经济、政治紧密相连，它不同于一般的物质生产部门，它为企业和组织提供技术开发和决策经营信息，是企业和组织在经济竞争中的信息保障。

信息系统的成本主要根据系统在开发、运行、维护、管理、输出等方面的资金耗费及人力、能源的消耗和使用来确定。为了更好地对其进行分析，可以依据不同标准来划分成本项的构成。

(一) 按系统的成本用途及功能属性划分

从功能属性角度，将信息系统的成本划分为：基础成本(开发阶段所需投资和初步运行所需各种设施的建设费用，如开发成本、基础设施购买费、信息材料成本费)、附加成本(指运行、维护过程中不断增加的新的消耗，如材料耗损费、折旧费、业务费)、额外成本(由于信息的特殊性质而引起的成本耗费，如信息技术及信息交流引起的通信费)和储备成本(在信息活动中作为储备而存在的备用耗费，如各种公积金等)。具体而言，包含以下要素。

(1) 开发成本。它是指在信息系统的分析、设计过程中的耗费，包括市场调研费、人力耗费等。

(2) 基础设施购买费。它是指在信息系统建立之初对各种硬件设备的购买费用，可以说是一次性投入的物质耗费，作为固定资产而存在。

(3) 信息材料成本费。它是指对信息活动中所需利用的信息资料的购买费用。

(4) 各种耗损费。它是指在信息系统的运行过程中涉及的软、硬件耗损费用，包括：①信息材料耗损费，包括因材料的时效性和材料使用程度而引起的损耗。②物质材料耗损费，包括能源耗费和原材料(如纸张、磁带等)的损耗。③固定资产耗损、折旧费，包括各项固定资产(如通信设备、办公设备等)的折旧。

(5) 通信费用。它是指为进行系统内外交流引起的费用，如联网所交纳的上网费、软件购买费等。

(6) 调研费用和咨询费用。它包括上级部门委托或自身需要或接受外来委托所进行的调研、咨询过程中产生的耗费，也称业务费。

(7) 劳务费。它包括职工工资、离退休人员工资及出差的差旅费等。

(8) 各种管理费。它是指对人员的管理，如职工医药费等福利措施及对系统内部资源的维护与管理费用。

(9) 税金。它是指向税务部门所缴纳的税额。

(10) 设备更新与购买费。它是指在系统运行时除基础设施之外的设备的购买与更新费。

(11) 其他费用。它是指除以上费用之外的一切开销，如可能的流动资金贷款利息等。

(二) 按系统的生命周期阶段划分

信息系统建设项目的生命周期一般包括需求分析、系统设计与编码、系统实施、运行维护等几个阶段，在每一阶段都包含了系统开发和管理成本。

(1) 需求分析阶段：需要对用户需求进行调研，判断系统性质及规模，涉及的成本主要包括需求分析人员的差旅费，系统原型构造的开发费，用于软件需求分析的工具及技术资料费，文档编制费，外聘专家费及日常管理费用等。

(2) 系统设计与编码阶段：涉及的成本主要包括系统开发人员的工资，设计所用的软件工具及技术资料费，编码所用的工具及技术资料费，文档编制费，测试环境及工具费，以及开发管理费用等。

(3) 系统实施阶段：信息系统的实施主要包括三个部分：一是硬件设备的招标采购与安装调试，二是系统软件的安装调试，三是人员培训。实施过程中所涉及的费用主要包括机房建设费用、通信网络设施费用、计算机硬件设备采购费用、系统软件配置费用、数据收集费用、人员培训费用及项目管理相关的一些费用。

(4) 运行维护阶段：当系统测试完毕进入日常运行阶段，可能涉及的费用有维护人员工资、水电暖费用、机房维修费用、软件升级费、技术咨询费、数据收集费、耗材采购费等。

当然，不同类型的信息系统建设项目成本的构成会有所不同，比如软件外包项目就只需考虑购买软件的费用，而不需要考虑开发成本。

二、信息系统的成本估算指标

成本估算是信息系统进行项目规划、开发和做出实施方案的基础，是企业或社会组织进行项目投标或报价的基础，也是其进行信息系统项目管理和审计工作的有效手段和重要依据。

在实际情况中，软件公司一般根据个人经验来估算程序的大小与难易程度，根据现有人力与资源情况，估计完成软件所需要的人月数。再由高级经理根据经验评估，将办公室租金、人员工资、设备费用、开发可能延迟的天数等因素相加。

有些软件公司在软件项目的投标中，为了竞标不惜降低价格，无法反映软件的实际开发成本。如果估算过低，会导致开发后期资源不足，进而影响软件品质。如果估算过高，投入太多的资源，使资源不能得到合理的分配，而且可能导致投标失败。

(一) 成本估算的过程

信息系统成本估算是指根据待开发系统的成本特征及当前能够获得的有关数据，运用定量分析和定性分析方法，对信息系统生命周期各阶段的成本水平和变动趋势作出科学的估计。其主要是指信息系统生命周期中所需投入的工作量，用人月数(man-month，MM)表示，其他如开发工期、需要人数或具体费用等可在此基础上求得。信息系统成本测算的一般过程如下。

(1) 对系统的生命周期阶段、规模大小、系统功能、环境变化作出分析，选择测试人员，初步制定测算方案。一般来讲，选择与项目无关的、有丰富经验的"测算顾问"来承担测算任务，可以提高测算的准确度。

(2) 对过去已经完成的类似项目成本的测算与实际变化的情况进行分析，以之作为参照，吸取经验教训，根据系统项目的特性选择合适的测算方法。

(3) 对基础设施，硬件设备、用户培训、数据收集及系统转换的成本进行测算，由于成本项目明确并相对稳定，这部分测算比较容易，同时也会影响软件成本的分析。

(4) 根据软件的规模或程序量，利用特定的测算模型测算出软件成本。

(二) 信息系统成本估算的难点

作为一个大规模的复杂系统，技术更新、人员变动、管理质量都会影响到信息系统的成本测算，使一些估算模型的精度难以满足要求。信息系统成本估算的难点主要有以下几点。

(1) 新的软件开发技术的挑战。面向对象编程体系、大量的程序自动生成器、CASE(计算机辅助软件工程)工具等新技术的应用，使现在的编程工作与在以往字符模式下的编程方式相比有了质的飞跃。人机界面设计等工作可依靠自动生成器完成，而不必像以前那样由程序员逐行编写，使建立在源程序规模基础上的成本测算方式受到挑战。

(2) 人员流动的挑战。信息系统开发是一项高智力劳动，需要创造性和密切的合作，如果开发队伍不够稳定，就会使项目无法继续下去。

(3) 用户需求变化引起的挑战。随着用户对信息系统的认识逐渐清晰，用户会对系统功能提出新的要求，从而开发发生变化，使原有的成本测算不够准确。

(4) 系统的复杂程度所引起的挑战。从信息系统本身来说，逻辑模型的抽象程度、业务处理流程的复杂程度、软件的可度量程度都会对成本测算产生影响。

(5) 管理水平的挑战。对于大型项目来说，对各部分开发进度的协调，人力的调配与激励，物力与财力的支持等管理水平的高低在很大程度上影响着信息系统的成本变化。

(三) 信息系统成本估算的原则

针对上述种种信息系统成本估算的困难，在选择估算模型、进行成本估算的过程中需要满足以下原则。

(1) 准确：估算结果尽可能准确，并能正确反映情况的变化，这是信息系统成本估算的首要要求，因此需要根据项目特点选择合适的估算方法。

(2) 客观：在估算过程中，尽量避免利益相关者的主观影响，使估算结果最大限度地接近真实情况。

(3) 透明：估算方法、估算过程对于测试人员或其他人员应当透明，能够规范操作，具有可重复性。

(4) 方便：在满足上述条件的情况下，使所选择的估算方法和模型简便可行，易于操作。

(四) 软件成本的衡量指标

比较常见的系统成本衡量指标的单位有：投入人月(MM)或是开发时间(development schedule)来估算(Boehm，1981)。但是从使用开发时间来估算，也只能显示系统的开发时间，而开发时间与成本并非单纯的线性关系，并不能完全表示软件开发成本。因此投入人月(MM)是其主要衡量指标。COCOMO 模式和 function point 模式都采用投入人月作为成本估算指标。在大部分模式估算出开发人月后，视其与开发时间是非线性相关的，再估算出适当的人力分配。

三、信息系统的成本估算模式

信息系统成本估算的模式种类较多,各有其优缺点,分别介绍如下。

(一) 历史经验模式

历史经验模式主要是由经验丰富的软件开发专家,将过去开发系统的经验与待开发软件进行比较,对软件开发成本作出评估。其中最有名的是 TRW wolverton model,利用软件成本矩阵求出系统所需的成本,TRW 软件成本矩阵如表 9-1 所示。

表 9-1 TRW 软件成本矩阵

形态\困难度	旧且易	旧且中	旧且难	新且易	新且中	新且难
控制	21	27	30	33	40	49
输入/输出	17	24	27	28	35	43
前后处理	16	23	26	28	34	42
演算	15	20	22	25	30	35
数据管理	24	31	35	37	46	57
时效	75	75	75	75	75	75

在该模式下,软件的形态被分为六种:控制、输入/输出、前后处理、演算、数据管理、时效。软件的困难程度被分为:旧且易、旧且中、旧且难、新且易、新且中、新且难。而矩阵中的数值代表每行程序所需花费的成本。该数据是根据以往软件开发的经验总结出来的,整个软件系统的成本等于所有子系统或子模块的成本之和,而子系统或子模块的成本根据不同的形态和困难程度来确定。

(二) 统计基础模式

统计基础模式可分为线性模式与非线性模式,常用的分析工具为回归分析的方法。

线性模式将影响因素对软件成本的影响程度视为线性,利用回归分析找出每个成本影响因子和影响强度。如 20 世纪 60 年代由 System Development Corporation 发展出一套 SDC 模式,该模式列举出 104 个成本影响因素,根据 169 个开发完成的系统资料进行回归分析,产生出一个 14 个成本影响因素的线性回归。但往往研究结果的准确度不高,很有可能是成本估算模式并不完全是线性关系。

非线性模式主要有 Doty 模式(Herd, 1977)及 Walston-Felix 模式(Walston, 1977),这两种模式都是将成本估算表示为投入人月数,而投入人月与软件的源代码行数成非线性关系。

(三) 合成模式

所谓合成模式，就是将历史资料、专家经验与理论基础模型结合起来的估算模式。典型的有 COCOMO 模式(Boehm，1981)及功能点模式(Albrecht，1983)。下一小节将对 COCOMO 模式做专门介绍。

(四) 其他模式

除此之外，还有专家判定法、价格制胜法、Parkinson 法、类神经网络估算模式等。

专家判定法就是依靠专家自己的经验、直觉及对所估算的信息系统项目的理解，给出成本的测算值。如类比法和 Delphi 法都属于专家判定法。

价格制胜法又称为"可以接受的投标价格法"，是指为了在与同行竞争中取胜——赢得开发项目订单，无条件地在费用和进度上迎合用户要求而制定成本估算的方法。

Parkinson 法：根据著名的帕金森法，既然规定此项目应在 X 年内完成，并且又有 Y 位全时制开发人员完全投入，那么，此项目就需要 $X\times Y\times 12$(MM)的工作量。

类神经网络是一种计算系统，包括硬件和软件。它使用大量简单的相连人工神经元来模仿生物神经网络的能力。一般而言，如果问题之间存在许多不确定性，且输入与输出之间存在复杂的非线性关系，则可利用类神经网络来解决。也正因为类神经网络系统适合应用于预测及分类的问题，因此对于软件开发成本的预测也同样适用。

四、COCOMO 模式

COCOMO 模式是由 Boehm 依据 TRW 公司开发的系统资料所提出的结构型成本估算模型，是一种精确、易于使用的成本估算方法。1981 年 Boehm 公布了他的结构性成本模型 COCOMO(constructive cost model)。其基本计算公式为

$$E = rS^c$$
$$T = aE^b$$
(9-1)

式中，E 为总开发工作量；T 为总开发时间；S 为源指令数；r、c、a 和 b 为常数，取决于软件的类型。

COCOMO 模式假设软件规模与开发时间为非线性关系，不同的软件项目类型有不同的估算方式，在该模型中使用的基本量有以下几个。

(1) DSI(源指令条数)定义为代码或卡片形式的源程序行数，若一行有两个语句，则算作一条指令。它包括作业控制语句和格式语句，但不包括注释语句。

(2) KDSI=1000DSI。

(3) MM(度量单位为人月)表示开发工作量。

(4) TDEV(度量单位为月)表示开发进度，它由工作量决定。

(一) 软件开发项目的分类

在 COCOMO 模型中，考虑开发环境，软件开发项目的总体类型可分为三种：组织

型、嵌入型和介于上述两种软件之间的半独立型。

COCOMO 模式依据软件的复杂与困难程度，将软件分为三种类型。

1. 结构型

结构型软件系统由资深的开发人员于一个熟悉的开发环境中开发完成，需求定义明确，规模通常小于 50KDSI。

2. 半独立型

半独立型系统需求比较明确，软件复杂程度适中，开发人员有一定的开发经验但不十分充足，规模通常小于 300KDSI。

3. 嵌入型

嵌入型需求不明确，有比较复杂的操作程序，与硬件设备的特性关系密切。开发人员需要花很多时间与用户沟通，不断地调整需求，独特性强，不易于借助过去的经验，无特定的规模限制。

(二) COCOMO 模型的分类

COCOMO 模型按其详细程度分成三级，即基本 COCOMO 模型、中间 COCOMO 模型、详细 COCOMO 模型。基本 COCOMO 模型是一个静态单变量模型，它用一个以已估算出来的源代码行数(LOC)为自变量的(经验)函数来计算软件开发工作量。中间 COCOMO 模型则在用 LOC 为自变量的函数计算软件开发工作量(此时称为名义工作量)的基础上，再用涉及产品、硬件、人员、项目等方面属性的影响因素来调整工作量的估算。详细 COCOMO 模型包括中间 COCOMO 模型的所有特性，但用上述各种影响因素调整工作量估算时，还要考虑对软件工程过程中每一步骤(分析、设计等)的影响。

Boehm 定义了三种形式的 COCOMO 模型，分别为基本 COCOMO 模型、中间 COCOMO 模型和详细 COCOMO 模型。

表 9-2、表 9-3 分别列出了基本 COCOMO 模型和中间 COCOMO 模型的常数。它们应用自顶向下的策略确定工作量。

表 9-2 软件成本估算的基本 COCOMO 模型常数

软件类型	r	c	a	b
结构型	2.4	1.05	2.5	0.38
半独立型	3.0	1.12	2.5	0.35
嵌入型	3.6	1.20	2.5	0.32

表 9-3 软件成本估算的中间 COCOMO 模型常数

软件类型	r	c	a	b
结构型	3.2	1.05	2.5	0.38
半独立型	3.0	1.12	2.5	0.35
嵌入型	2.8	1.20	2.5	0.32

详细的 COCOMO 模型采用自底向上的策略，首先把系统分为子系统、模块等层次，其次估算底层模块的工作量，逐层向上求和，最后获得整个系统的工作量。

COCOMO 模型被广泛用于实际，信息系统应用软件大部分属于结构型，少数是半独立型的。

第二节　信息系统的定价分析

一、信息系统利润的特点

信息系统作为一种信息商品，其定价符合一般信息商品的定价规律。但信息系统的开发是一种涉及大量知识和技巧的复杂性劳动，与开发人员的素质和经验有关。即使是同一类信息系统，如财务管理系统，在软件质量、用户界面、易维护性等方面都会存在着差异。因此，信息系统特别是软件系统的定价问题，需要考虑软件的成本、利润及不同的定价模式。

信息系统的利润通常称为纯收益，是指企业销售信息系统产品或提供与之有相关劳务的收入扣除成本和税金后的余额，其特点如下。

(1) 它包含了对投资风险的报酬。利润是与风险息息相关的，而风险很大程度上来源于信息的不确定性。利润越高，往往风险就越大。

(2) 它包含了对技术创新的报酬。创新是有一定风险的，每一次成功的创新出现时，会形成暂时的垄断，为之带来创新利润，但很快会被竞争对手和效仿者的竞争所消除，而新的竞争又会促使新的创新出现。

(3) 它包含了系统开发的技术准备费用。软件系统开发作为一项复杂的脑力劳动，系统开发人员需要有一个知识汲取、更新、提高和开发经验积累的过程，该过程所消耗的费用即"技术准备费"。

(4) 它包含了对机会成本的偿还。在经营决策中，机会成本是以诸项未被选择方案中所失去的最高收益为尺度，来评价被选择方案的一种假定性成本。

二、信息系统的定价原理

信息系统的定价一般采用开发成本加成定价的方法，即估计开发和销售信息系统产品的平均变动成本，加上间接费用，再加上平均变动成本的一个特定的百分数作为利润(利润提成率)。其公式为：

$$P = \text{ATC} + I\% \times \text{ATC} \tag{9-2}$$

式中：P——系统价格；

　　　ATC——平均变动成本；

　　　$I\%$——利润提成率。

平均变动成本是指随着信息系统的复杂程度、规模及其产量变动而变动的开发成本，例如系统的硬件设备与原材料费用、开发人员的工资、用户培训费等。间接费用则一般上是根据产品的平均变动成本把总固定费用分摊到各个产品上去。

在实际的定价过程中，因为加价的程度与开发方所面临的产品需求状况有很大关系，信息系统标价的高低较多地取决于市场所能承受的程度，以及市场竞争的状况。因此加成百分数既要考虑成本，又依据需求，与产品的价格弹性相关。

在垄断竞争的市场中，企业面临着一条向右下倾斜的需求曲线，企业的边际收益曲线也向右下倾斜，假设二者均为线性，可以证明，产品的需求价格弹性与价格及边际收益之间的关系如下。

$$|E| = P/(P - \text{MR}) \tag{9-3}$$

式中，E 为需求的价格弹性，指产品需求量对于价格变化的适应度，它在数值上等于产品价格变化 1% 所引起需求量变化的百分数；MR 为边际收益；MC 为边际成本；ATC 为系统开发的平均总成本。

则式(9-3)可以转换为

$$P = |E| \times \text{MR}/(|E| - 1) = [1 + 1/(|E| - 1)] \times \text{MR} \tag{9-4}$$

按照利润最大化的原则，MR=MC，则有

$$P = [1 + 1/(|E| - 1)] \times \text{MC} \tag{9-5}$$

在企业的实际经营中，由于产品的边际成本在一定的产量范围内变化十分小，因此可以近似地认为：MC=ATC。因此有

$$P = [1 + 1/(|E| - 1)] \times \text{ATC} = \text{ATC} + 1/(|E| - 1) \times \text{ATC} \tag{9-6}$$

以上方法可用于信息系统成本加成定价时，加成百分数的测算。即加成百分数的大小与需求价格弹性的绝对值成反比。产品需求的价格弹性越大，会使得按此价格出售达到企业最大利润所要求的加成百分数越低。对于不同的需求条件，成本加成定价与边际定价是一致的；在一定条件下，利用成本加成策略定价可以得到近似最佳的企业定价。

三、信息系统的定价模式

作为典型的信息商品，在现实中，信息系统的定价主要有以下几种方法。

(一) 渗透定价法

渗透定价主要是根据软件产品特殊的成本结构和网络外部性特点，着眼于产品的长期收益，在进入市场初期时采取低价格、零价格或负价格进行产品的销售。软件产品要取得消费规模效应，必须要争取更多的安装基础，达到必要的临界量，采取渗透定价的目的是让消费者获得使用产品的"经验"，形成对产品的偏好，培养消费者对产品的忠诚度。软件产品在刚进入市场时宜采取渗透定价，即低价和零价销售的策略。如网景浏览器在开始进入市场时就以低价甚至免费赠送给原始设备制造商，将其安装在新机器上，从而取得了在网上浏览器市场上先入为主的地位。渗透定价是软件产品开拓市场的一种行之有效的策略。

(二) 差别定价法或价格歧视法

实施差别定价必须具备三个条件：①企业对价格有一定的控制能力；②有可能根据价格弹性的不同把企业的产品市场分为几个不同的市场，企业通过对弹性较小的市场制定相对较高的价格就能增加总利润；③企业的市场必须是能够分割的，人们不可能在不同的市场进行倒卖。软件市场主要属于垄断竞争的市场，并且符合差别定价的条件。软件差别定价的常用方法有以下几种。

1. 版本划分定价法

版本划分定价法又包括版本划分、升级换代、离线与在线相区别等方法。

版本划分是基于如下考虑：在购买商品时，一般消费者会认为选择系列产品的最高端和最低端都是不可取的，因此在购买时往往采取折中的办法，回避极端价格，大部分消费者会选择中间版本。所以，同一种软件可以设计三种版本，按照不同的价格向不同的市场出售，强调不同版本产品的不同特征，突出产品使用价值的差别。例如 Basic Quicken 这种软件产品就分为初级版、专业版和黄金版，初级版售价为 20 美元，专业版售价为 60 美元，而黄金版的价格高达 500 多美元，结果市场反映专业版的销量最好。实际上，初级版只不过是在专业版的基础上关闭了某些功能，而黄金版则是在专业版的基础上又添加了一两个新的功能而已。

升级换代定价法是针对软件产品的特征而定的，软件产品的升级换代速度是很快的，根据用户对新版本的急需程度，在开始发行阶段暂时限量发行新版本，抬高新版本的售价；同时，大幅度降低老版本的价格，且不再发行老版本的软件。这样对新版本需求急切的用户就会出高价购买新版软件。这种定价法主要是针对被软件锁定的用户，而且新老版本的差别很大，新版本的很多功能是老版本所不具备的。微软公司在推出新版本的软件产品时，就采取的这种策略。

根据销售渠道的不同，软件产品的定价可采取在线定价和离线定价两种。通常的情况是在线销售的价格较低，离线的销售价格较高，这是因为在线的软件没有生产和分销成本,其主要目的是以销售软件来带动客户点击网站,以广告收入回收成本,但对用户来说它也有下载的不便性。离线销售虽然价格较高,但对用户来说它在安装使用上非常方便。在线定价法和离线定价法关键在于在线和离线是互补关系还是替代关系。如果它们是替代关系,那么就要对它收费来弥补成本;或进行版本划分使它不会直接与离线版本竞争。如果它们是互补关系,就可以大胆推出。

2. 群体定价

群体定价和版本定价及下文所提到的地区定价都是"三级价格歧视"的表现形式。由于某些群体对价格比较敏感,向他们提供较低的价格,可以实现利润最大化。向中间商和最终消费者、单个消费者和团体消费者提供不同价格,也是群体定价的一个形式。这种定价方式几乎适用于任何软件的定价。对学生打折、对老年人打折、对下岗员工打折、为小企业提供较低价格,都是群体定价的具体形式。

3. 地区定价

地区定价就是同种产品在不同地区制订不同的销售价格。这种差别定价的方式在跨国销售中比较常见。

4. 数量折扣定价法

数量折扣定价法主要是根据客户购买的数量进行累计递减定价。如网上著名的 CD 销售商 MusicMaker,它有 3 万首不同歌曲的数据库可供客户进行选择,客户可以批量定制,最低订单是 5 首歌 9.5 美元,以后每增加一首歌仅收 1 美元,超过 20 首,每增加一首歌仅收 0.5 美元。

(三) 捆绑定价法

捆绑定价法是根据产品的互补关系和核心产品的市场垄断地位,把产品捆绑在一起以低于产品单价总和的价格进行销售。捆绑定价销售最为成功的例子就是微软公司的 Office 办公系统,它利用 Office 办公系统的市场垄断地位,开发出 8 个不同的办公组件,且每个组件之间有一定的互补性,结果使 Office 办公系统取得了 90%的办公市场份额,其成功的原因就在于它实行了捆绑定价的策略。捆绑销售最大的优点是它减少了消费者支付意愿的分散,增加了供应商的销售收入。

第三节 信息系统的经济效益评价

一、信息系统的效益构成

信息系统作为一个开放性的系统,自身活动和环境是相互作用的,受到外界条件的影响和制约。因此，它的存在除了决策者的支持外，在其系统内部还需要以下条件。

(1) 建立信息系统管理核算体系。
(2) 有比例地满足一般用户和特殊用户的需求。
(3) 对于信息产品和服务要建立一定市场。
(4) 有效的管理和合理分配信息资源。
(5) 使用现代信息技术。

由此可见，一个信息系统的开发与维护是否合理，是否能得到更好的完善与经营均是非常重要的，而检验指标之一即是对其经济效益的分析与评价。经济效益是一个多层次的、受多种因素制约的经济范畴。马克思和恩格斯把经济效益一般概括为"生产费用对效用的关系"，用于"解决某种物品是否应该生产的问题，即这种物品的效用是否能抵偿生产费用的问题"。经济效益具体指一定社会经济形态下的经济效益，同生产目的相联系。概括地说，它是指在经济活动中投入(物化劳动的耗费和劳动占用之和)与产出(有效的劳动成果)的比较，是质与量的统一，只有当经济成果大于劳动耗费时，才有经济效益。因此信息系统的经济效益指在信息活动中投入和产出的比较，它包括信息系统自身的经济效益和社会的经济效益。我们可以通过信息系统的成本——效益分析来比较信息系统的投入与产出，从而评价信息系统的经济效益。因此，信息经济效益的评价首先必须确定成本项目、收益来源，然后再加以比较。

信息系统的效益主要从创收和服务活动中获得，按其属性可分为固有收益(指能长期进行的产品服务或科研基金的申请)、直接收益(从各种服务或信息产品销售中直接获得)、间接收益(信息产品或服务的成果被再次利用产生的收益)。具体有以下要素。

(1) 科研基金费，即科学事业费。它是指进行科研后所获得的收入或上级部门直接拨款用于信息系统的自身建设费用。
(2) 系统人员进行技术开发的收入。它包括系统人员开发出的成果带来的收入及参加各种比赛所带来的收入等。
(3) 服务收入。它是指接受用户委托所进行的信息服务收取的服务费，包括作为网络结点收取费用、接受咨询、检索等服务带来的收入。
(4) 生产经营收入。有的信息系统兼作的服务项目，如复印、打字、代译等带来的收入，有的还开展出版印刷、自行创刊等服务收入。
(5) 其他收入。除以上获取的收入外，从别的途径所得到的收入，如税后留利。

信息系统经济效益的最大特点是难以准确计量，其原因在于以下五点。

(1) 信息系统所带来的效率提高存在于企业生产的各个环节，投资的发生和效益的产生并不在同一类部门，这使得信息系统的经济效益具有广泛性和转移性。
(2) 信息系统所带来的效益通常与技术创新、管理创新所带来的效益密切联系，甚至难以区分，这使得信息系统的经济效益具有隐含性。
(3) 信息系统的实施有一个逐渐完善的过程，其效益在不同的阶段也有不同的表现，因此信息系统的经济效益具有延迟性。

(4) 信息系统给各个部门带来效率的提高，有些表现为成本的降低，有些却难以估价，例如决策效率与竞争能力的提高，因此信息系统的经济效益具有无形性。

(5) 信息系统的经济效益与企业管理水平的高低，规章制度是否健全，高层领导是否重视等因素密切相关，因此信息系统的经济效益具有不确定性。

二、信息系统的效益评价方法

在具体对经济效益分析之前，应明确由于我国的实际情况，许多信息系统的建设和维护由国家每年直接拨款，这种经费应在具体分析时核算。现今常用的评价方法有以下几种，但无论哪一种，都旨在比较投入与产出、收入与成本的关系，它们或者是用两者之差额来比较绝对值，或者是用两者之比值来比较相对值。一旦我们能够按一定方法折算出前述的成本或效益，就可以用这些方法之一进行效益评价。

按评价方法所涉及的学科领域，我们可以把目前国内常用的信息系统经济效益评价方法分为专家评价法、经济模型法、运筹学评价法、其他数学评价法及组合评价法五大类。

(一) 专家评价法

专家评价法是以领域专家的主观判断为基础的评价方法，主要包括评分法、类比法和相关系数法等。其中评分法是由多名专家根据预先拟定的评分标准及专家的经验和主观认识各自对评价对象进行打分，然后用一定的方法对分数进行综合，即通常所说的 Delphi 法；类比法是类比本部门或同行业中信息系统在过去与当前的应用情况，初步估计出信息系统效益的大小与范围；相关系数法通过专家评分或者类比来确定信息系统对总经济效益的贡献度，如果更精确些，还可以具体给出对每一类经济效益的贡献程度。专家评价法的操作简单、直观性强，缺点是准确性较差，一般用于信息系统的开发准备阶段，由专家提出一个效益的大体概况，以及在开发中和系统完成后一些无形效益的评价，一般采用多位专家评价等措施来克服主观性强及准确度不高的缺点。

(二) 经济模型法

这是一类定量的评价方法，具有客观性强、实用程度高的特点，适合于信息系统直接经济效益的评价。该类评价方法主要包括生产函数法、投入产出分析法和费用效益分析法等。

(1) 生产函数法。其思路是，信息系统在企业或部门中应用的实质是通过提高企业经营管理水平而获得经济效益，这是技术进步的一个重要方面，通过求解生产函数模型中技术进步因子的值，可以测算技术进步速度及其对经济增长的贡献，测定信息系统的贡献程度，据此再进一步计算并研究信息系统的经济效益。

(2) 投入产出分析法。由于经济效益是投入与产出之间的比较，因此可以用投入产出法来评价信息系统的经济效益。投入产出分析应用投入产出模型,来研究经济系统各个部分之间表现为投入与产出的相互依存关系,在投入产出表中,既有反映各种劳动消耗(投入)的指标,又有反映生产成果(产出)的指标,因此,通过计算不同年份反映各种消耗的参数,如劳动或产品的直接消耗系数等,并进行对比,可以评价各个部门由于使用信息系统而带来的各种消耗的节约;将不同年份的完全消耗系数进行对比,可以看出由信息系统造成的完全劳动消耗的节约。

(3) 费用效益分析法。其思路是,信息系统的成本和效益具有广泛性、间接性和相关性,以及无形性等特点,因此其投入和产出难以用市场价格来准确反映,或者说部分不具有市场价格的特点,费用效益分析法用影子价格代替市场价格,从而较完整地反映了信息系统对社会的贡献,并从国家即经济整体的角度出发,而不是仅从企业自身利益出发,对项目的费用和效益进行划分、量化和对比,从而确定项目对国民经济的净贡献,并在一定程度上弥补了传统的财务分析的缺陷。下一节将对该方法进行详细介绍。

信息系统经济效益的经济模型评价方法还有价值工程模型法、边际模型法等,近年来不断有更先进的技术手段和方法用以对信息系统的效益进行评价,在此不一一介绍。用经济模型评价信息系统的经济效益,具有客观性强、实用程度高的特点。

(三)运筹学评价法

在对某一事物进行评价的实际工作中,往往需要同时用几个标准作为评价的依据,这时可以采用运筹学中的多目标决策、数据包络分析、层次分析法等进行评价。层次分析法将人的主观判断定量化,从而将定性分析和定量分析有机地结合在一起,是适用于复杂系统评价的一种简单而实用的决策方法,具有思路清晰、方法简单、适用范围广、系统性强、便于推广等特点,可对大量因素的相对重要性进行评价,被广泛用于分析那些涉及多重评价准则的大范围的问题。

(四)其他数学评价法

对信息系统的经济效益还可以采用模糊评判、多元统计分析中的主成分分析、因子分析和聚类分析等有效的工具和方法进行评价。上述各种方法具有完备的理论基础,适合于对多因素的变化进行定量动态分析和评论,尤其是对那些含不确定性的、模糊因素的评价能够获得较好的评价结果。其主要缺点是由于因素多而产生的工作量大、处理困难等问题。

模糊综合评价应用模糊关系的合成原理,将一些边界不清、不易定量的因素定量化,将考核、评估内容量化,全面地考核、评估企业信息化的实施效果,能在较大程度上克服评估过程中的主观臆断,从而获得公正、合理的结果。

主成分分析法通过一定的数学变换实现定性指标的定量化,实现定性评价和综合评价,同时避免信息重复,且权数是在指标合成过程中自动生成的,避免了人为确定权数时主观因素的影响。此外,它有很强的可操作性,如 SPSS 等统计软件可以很方便地进行主成分分析。

灰色评判法是从等级的不明确性出发，广泛应用于机制复杂、层次较多、难以从定量角度建立精确模型的系统研究工作中。它将受评企业的分散信息处理成一个描述不同灰类程度的权向量，并在此基础上对其进行单值化处理，以便得到受评企业的综合评价值。

BP神经网络根据所提供的数据，通过学习和训练，找出输入与输出之间的内在联系，从而求取同类问题的解，而不是完全依据对问题的经验知识和规则，因而具有自适应的功能。其优点是能处理模糊数据，有很强的容错能力；为处理各个因素之间相互影响呈现出复杂的非线性关系问题提供了强有力的工具；避免了评价过程中人为确定标准值和权重的主观因素。

(五)组合评价法

这里所说的组合，是指前述专家评价法、经济模型法、运筹学评价法和其他数学评价法中的具体模型或方法的有机组合应用、扬长避短的一种评价方法。组合评价法是一种十分典型的组合评价法，它把层次分析、AHP、多元统计中的主成分分析和模糊评判等方法相组合，综合利用各种方法的不同特性对评价对象作出较全面的评价。另外，它还包括将模糊综合评价法与层次分析法相结合形成的模糊综合层次分析法，将层次分析法与灰色综合评价法相结合建立的信息系统综合评价的灰色层次分析模型等。

三、信息系统的费用效益分析

费用效益分析法起源于20世纪50年代，西方经济学家发现传统的财务分析结果不能用来作为一些公共部门工程项目的决策依据，于是从国家经济整体角度出发，通过对项目的费用和效益进行划分、量化和对比等步骤来计算若干评价指标，以确定项目对国民经济的净贡献。费用效益分析法是从国家的角度来评价项目对全社会的投资经济效果情况，而财务分析只从企业自身利益出发，评价项目的财务收支能力。

与一般项目相比，信息系统的经济效益具有间接性、无形性、延迟性与长期性等特点，并且与系统用户的应用和管理水平密切相关，因此仅仅通过传统的财务分析进行准确的收益计算是十分困难的，而费用效益分析则可以在一定程度上弥补财务分析的不足。

(一)净现值(NPV)

净现值(Net Present Value，NPV)是指在特定的投资方案中，未来现金流入量的现值与未来现金流出量的现值之间的差额。如果净现值为正，说明该投资项目的报酬率大于预定的贴现率。

信息系统项目投资方案中的净现值是把信息系统项目投资方案实施的费用及产生的效益都用一定的贴现率折算为现值进行比较，效益与费用的差额即为净现值，计算公式为

$$NPV = \sum_{i=1}^{n} b_j/(1+i)^j - \sum_{j=0}^{n-1} c_j/(1+i)^j \qquad (9\text{-}7)$$

式中：n——信息系统生命期(年)；

　　　b——第 j 年的效益($j=1,2,\cdots,n$)；

　　　c——第 j 年的费用($j=1,2,\cdots,n-1$)；

　　　i——贴现率。

当 NPV＞0 时，方案可以接受。在没有其他条件限制时，NPV 的值越大越好。使用该方法时最关键的一点是要有一个适当的贴现率。而对于信息系统这样一类收益期较长的项目来说，高贴现率对它的应用和发展是不利的。

(二) 内部收益率(IRR)

内部收益率(Internal Rate Of Return，IRR)是指能够使未来现金流入量现值的总和恰巧等于未来现金流出量现值的总和的贴现率，是能使投资方案的净现值为零的贴现率。内部收益率是根据投资方案自身的报酬率来评价方案优劣的一种方法。内部收益率是用以反映项目获利能力的动态评价指标，它反映了投资方案本身的收益能力及内在的获利水平。

信息系统投资方案的内部收益率是指在信息系统投资方案的生命周期内，当效益现值和费用现值相等，即净现值为零时的贴现率。具体应用时，可令 NPV=0，由此采用试算、插值方法求出 i 值，此即该项目在整个生命周期内的实际内部收益率，通常当它大于社会平均利率或者事先确定的利率时，则该项目是可行的。当存在多个可选方案时，内部收益的大小顺序可反映出相应方案的优劣程度。

(三) 净现值率(NPVR)

净现值率即信息系统净现值(NPV)与总投资现值的比值。由于净现值是一个绝对数，并不能体现出投资规模的大小，而净现值率则可用在投资有限的情况下对多个项目方案作出初步的排序和比较。

费用效益分析法一般用于信息系统的事前评价，以及运用于系统规划阶段的可行性分析中。信息系统的费用效益分析和财务分析一般都采用现金流量折算方法，它在考虑费用和效益的同时，也考虑到时间因素和风险因素。

案　　例

案例一　北京同仁堂医药信息系统效益分析及评价

一、项目背景

北京同仁堂医药大厦计算机管理系统建设的原则，是使北京同仁堂医药大厦成为一个技术先进、管理科学化、信息和数据交互畅通、效益显著、在北京市具有很强竞争能力的现代化商业企业，并且成为国内流通领域商业自动化管理的样板工程。其系统建设的总目标是提高北京同仁堂医药大厦的经济效益与社会效益，并推动计算机及 ECR 终端的应用，为金卡工程的实施提供基础信息及网络、硬件环境。计算机管理信息系统的建设包括调剂部业务管理系统、零售柜组管理系统、进货及库房管理系统。

根据北京同仁堂医药大厦的需求，整个计算机管理信息系统被分为一期工程和二期工程。一期工程的目标是实现调剂部(中药)的信息管理自动化，二期工程的目标是依次实现如老年保健品部等部门的信息管理自动化。同仁堂计算机管理信息系统主要由三部分组成：后台进货业务处理、仓储业务处理、卖场交易处理。

1. 业务管理——进货

其主要用于药品进货单据的开票处理，兼作进货业务查询。

所实现的管理目标：通过计算机分析结果可及时了解市场的需求、商品销售倾向、合理的药品价位等，根据商场的库存药品结构分析，制订、实施采购计划，及时补充库存商品，优化库存结构，采购业务员查询所负责的商品的库存数据和销售数据，制作供应商结算计划表。采购业务员随时掌握所负责商品的销售数据、曲线和现有库存量，合理地制订下一阶段的采购计划，以及与供应商之间的结算计划。

具体功能：可随时掌握整个北京同仁堂医药大厦的商品分类及库存药品的明细数量及金额；对药品资料可进行有效保存和快速检索；对药品库存上下限随时进行预警；对某一种药品的进货情况及任意时间段内商品的入库金额、数量进行统计分析；可自动打印入库单据，开具增值税票，减少手工劳动强度；随时查询与商品相关的供应商情况，比较各供应商的供货价格。

2. 业务管理——库房

其用于处理药品出入库的验收校对、盘点等储运业务。

所实现的管理目标：随时掌握库房每一种药品的动态信息，对各药品的进出库、盘点、报损、退货等情况进行有效管理。准确、快捷地进行实时盘点和查询等工作，可对每一单品进行进价数量金额核算及零售金额核算。

具体功能：能够随时了解后台及上架库存药品分类和明细的数量及金额，达到单品管理；对商品资料可进行有效保存和快速检索；可随时对库存药品进行全面盘点，或按存放地点对药品进行局部盘点；降低库存成本、加快配送周转，提高工作效率和积极性，减少或杜绝物款黑洞；可自动打印出库单、上架货单；可进行货位间的调货处理；可设定库存商品的存放上下限，如有超出设定范围的，系统将自动报警。

3. 前台管理——算方

计算机放在前台，用于管理中药，根据药方和药品价格核定收款金额，以及顾客是否要加工所购药材等业务的日常处理。

所实现的管理目标：根据顾客的药方，进行算方，并为收款处提供准确的收款额的信息。提高算方速度，提高服务质量，改善服务形象，使管理向现代化方向发展；实时传送算方信息，使管理者在任一时刻、任一过程了解整个药房的经营情况成为可能。

具体功能：支持算方，亦可对药材进行单品折扣或者药方整单折扣；支持多价格算方计价。可以选择前台是否能查询商品结存情况及价格情况，可做到按商品编码或内置码等信息进行快键算方；对价格进行查询，支持当时误操作的更新，并有效控制存档后的修改操作；可以选择前台是否能查询药品结存情况及价格情况；可根据药方中的加工信息，处理药方加工业务。

4. 收款管理——收款

其作为整个销售的收款中心，用于处理收款业务。

所实现的管理目标：根据顾客所持的算方单或药品销售小票，从电脑系统中调出相应的单据，进行收款。可以对顾客在算方后要求更改药方或药品进行重新核算，并相应收款。提高收款速度，提高服务质量，改善服务形象，使管理向现代化方向发展。

具体功能：支持打折销售，可对商品进行单品折扣或整单折扣；支持多价格销售，支持同一处结算不同销售点的数据，支持分整数量销售；支持各种币种结算，支持各种信用卡结算；可做到按商品的条码或店内编码等信息进行快捷销售；对价格进行查询，支持当时误操作的更新，并有效控制存档后的修改操作；可以选择前台是否能查询药品结存情况及价格情况。

5. 业务管理——主任查询

其用于主任查询本部门经营数据并兼作统计报表。

所实现的管理目标：可实时提供经营决策者所需的各种经营数据，包括各种商品的明细及汇总情况；最佳商品及最佳库存信息；应收应付款、销售额及毛利、库存情况；部门、人员的业绩情况；供销单位的信息等。经理可通过计算机系统所提供的各种信息，对商场的进、销、存，及人、财、物进行全面、实时、有效管理。随时查询本部门的商品进销存状况；对各业务部门的销售情况、库存情况随时进行统计和分析；比较各个业务部门、各个收银员、划价员的工作业绩；对整个运营过程中的各个环节、各个业务部门、各个人员进行工作上的监督和检查，以便发现问题，解决问题。

具体可实现如下功能：可对商场应收应付、预收预付、毛利、销售额进行统计查询；可对各营业组销售业绩、人员工作业绩进行汇总分析和查询；可随时查询各种商品的进、销、存情况；可对历次进货的价格进行查询，从而比较选择优秀供货商；可实现对前台数据的实时传递和监控；可监控库房数量、上架商品数量；可随时查询各种商品的当前状况；可随时监控前台收银员的收银情况；每天均可了解到当日或昨日前台收银情况；可随时分析各种经营数据，提供决策依据；可自动打印日报、月报等内部报表，对各部门和业务的销售额和利润情况进行有效管理；可对进、上架、存、盘、退、残、损等业务行为的手续和单据进行强化管理，可对营业组进行汇总分析，对企业经营情况进行存贮、查询、汇总、分析，有利于经营人员决策，亦可随时研究历史资料，把握运作规律。

二、信息系统效益产生的根源与表现形式

1. 根源

(1) 大容量的存储保持了信息可持久的复用。

(2) 高效快捷的网络改变了空间与时间的传统属性。

(3) 人们难以完成的复杂工作变成简单动作。

2. 表现形式

(1) 物流信息化。

(2) 资金流信息化。

(3) 信息流信息化。

(4) 产品生命周期信息化。

(5) 资产的生命周期信息化。

三、信息系统对企业产生的影响及效益

1. 信息系统对企业产生的影响

沿物流：采购成本——库存成本——运输成本——生产成本——销售成本——服务成本。

沿资金流：财务成本——资金占用成本——资金时间价值。

沿信息流：信息交互成本——人力成本——管理成本。

沿产品生命周期：调研成本——设计成本——试制成本——销售成本——服务成本。

沿资产生命周期：资产采购成本——调试成本——维护成本——维持成本——技改成本——报废成本。

2. 显性效益

(1) 通过电子商务系统进行新品发布、新品宣传、新品促销了解市场需求，为用户提供个性化服务，减少了销售费用，又增加了销售收入。

(2) 减少产品流通环节，将交易成本降低，企业接受的是市场价格，从而使有效产量加大，销售收入也增加。

(3) 降低配置要素成本，在网上进行原料的采购，供应商管理、人才招聘、技术引进和融资等事宜，既保证原料及时，又降低了采购成本。

(4) 维持较低库存，缩短采购供应提前期，使资金的利用率提高。

(5) 节约了营业成本，通信费用，与外省、外国的通信费用大大降低。

3. 隐性效益

(1) 使企业的无形资产增值，改善了企业形象，企业信息化增加了企业的技术含量。

(2) 提高作业效率，能制定出准确的供应时间表、生产时间表、采购时间表、成本核算表。

(3) 为财务监管提供了更有效的手段，防止潜在财务风险。

(4) 直销式电子商务，有利于将假冒品驱逐出市场。

(5) 使企业管理方式和人员组织重组，提高了整个企业参与市场竞争的实力。

(资料来源：根据百度文库等公开资料整理，Http://wenku.baidu.com)

案例二 微软的全球软件定价体制

多年以来，微软一直坚持统一价格的定价体制。无论是在美国、巴西还是在世界的其他地区，微软的软件产品都以同样的价格销售。但是，随着许多国家正在为政府和全体公民探索把 Linux 软件作为低成本的替代软件，这种统一价格的策略受到了越来越大的压力。

微软近期表示，该公司正在为自己的软件产品寻求一种更为灵活的海外市场定价方法，考虑按不同国家生活水准调整软件定价。

早在 2004 年 2 月 27 日召开的微软分析师电话会议上，微软公司的总经理马丁·泰勒 (Martin Taylor) 就称，微软正在研究一些方法使其在海外市场的软件定价方式更加灵活，并计划在未来几个月宣布一些新的选择方案，设法解决海外国家政府担心的一些问题。微软可能需要根据一个国家的生活费用水准，也就是大汉堡 (Big Mac) 指数，来调整软件的价格。近年来，微软也开始了价格战。2017 年年初，微软曾宣布大幅下调 Azwre 虚拟机价格，最高降幅达 60%。

一个大汉堡在印度、纽约和台北的比价是多少？如何为软件定价描绘一个同样的大汉堡指数？泰勒说，这是一个很困难的问题，需要与这些政府合作，以便使微软的软件和产品的定价方式符合这些国家政府、消费者和全体公民的要求。

泰勒没有说明微软的具体做法，但是他说，"我们已经有了许多不同的计划，我们正在开始研究。我们将在今后两个月里宣布这些计划的研究结果。"

其实，微软早就与多个外国政府达成了妥协协议。此前，他们向泰国政府提供的 Windows 和 Office 软件打折版，可以作为低端 PC 销售计划的一个部分向当地居民降价出售。不过微软就此专门开发了一种低端的、单独的、入门级版本的 Windows 系统，从这个角度来看也并没有脱离其原有的固定价格体系，并没有真正放弃一个价格的政策。

微软指出，如果政府部门采购软件用于办公的话，也可享受灵活的定价和许可制度。据报道，微软在涉及政府本身使用的软件方面采用了越来越灵活的价格和许可证条款。早些年，英国政府发布的一份报告称，在威胁转用 Linux 系统之后，他们从微软获得了数百万美元的优惠。与微软相似，英特尔也在发展中国家推出廉价芯片，而 AMD 为了抢占中国市场也曾于 2003 年重新推出了自己的 Duron 芯片。

据分析师预测，虽然政府用户还不到微软业务的十分之一，但是，政府用户已经成为微软与 Linux 争夺的一个关键战场。最近几年，微软加强了与政府机构的合作，显著改善了与政府机构的关系。

(资料来源：根据公开资料整理)

本 章 小 结

本章介绍了信息系统的经济分析问题，主要包括：如何测算信息系统的成本，信息系统成本的组成，成本估算的原则、过程和难点，以及成本估算的模式，其中重点介绍了结构性成本模型(COCOMO)估算方法；信息系统的定价问题，信息系统的利润有哪些特点，定价的原理以及几种主要的定价模式；信息系统的经济效益分析，分析效益的构成，效益评价有哪些方法，尤其重点介绍了信息系统的费用效益分析法和企业信息化的绩效分析方法。

思 考 题

1. 按照信息系统的生命周期，可以将其成本项目划分为哪几类？
2. COCOMO 模型分为哪三级？其基本原理是什么？
3. 信息系统的定价有哪些方法？定价原理是什么？
4. 信息系统的效益评价方法有哪些？

第十章 电子商务的经济分析

【本章导读】

电子商务是现代信息社会中重要的商业模式和核心的市场形势，也是网络经济的重要组成部分。自电子商务产生以来，它就呈现出与传统商务模式所不同的新的经济特征，但两者之间又密不可分。对电子商务进行经济分析，是信息经济分析不可或缺的内容之一。

【重点提示】

- 电子商务的概念、特征，电子商务的基本模式。
- 电子商务供应链分析，资金流、物流、信息流。
- 电子商务"三流"的关系。
- 电子商务成本分析，盈利模式。
- 基于网络的新型商业模式。

【学习目标】

通过本章的学习，掌握电子商务的概念及基本特征；理解并掌握电子商务的几种基本模式；了解电子商务中的物流、资金流和信息流，以及这"三流"之间的关系；掌握电子商务的成本构成及盈利模式。

【关键概念】

电子商务　物流　资金流　信息流　盈利模式　经济分析

第一节　电子商务及其特征

一、电子商务的概念

电子商务源于英文 Electronic Commerce，简写为 EC。顾名思义，其内容包含两个方面：一是电子方式；二是商务活动。近年来，随着信息技术的飞速发展、因特网的广泛普及，电子商务在人们的工作和生活中占据了越来越重要的位置。据中商产业研究院数据统计显示，2017 年全国电子商务交易额达 29.16 万亿元，同比增长 11.7%。2018 年上半年全国电子商务交易额为 14.91 万亿元，同比增长 12.3%。

一般来讲，电子商务是指利用电子化和网络化手段进行的商务活动。电子商务的界定有狭义和广义之分。狭义电子商务定义为：主要利用 Internet 从事商务或活动。电子商务是在技术、经济高度发达的现代社会里，掌握信息技术和商务规则的人，系统化地运用电子工具，高效率、低成本地从事以商品交换为中心的各种活动的总称。这个概念突出了电子商务的前提、中心、重点、目的和标准，指出它应达到的水平和效果，它是对电子商务更严格和体现时代要求的定义。广义的电子商务定义为：使用各种电子工具从事商务或活动。这些工具包括从初级的电报、电话、广播、电视、传真到计算机、计算机网络，到NII(国家信息基础结构——信息高速公路)、GII(全球信息基础结构)和Internet等现代系统。而商务活动是从泛商品(实物与非实物、商品与非商品化的生产要素等)的需求活动到泛商品的合理、合法的消费除去典型的生产过程后的所有活动。

随着信息技术的发展，电子商务的内涵和外延也在不断地充实和扩展，并不断被赋予新的含义，开拓出更广阔的应用空间。

在中国电子商务协会发布的《中国电子商务发展分析报告》中，电子商务被定义为以电子形式进行的商务活动。它在供应商、消费者、政府机构之间通过电子方式(如电子函件、报文、万维网技术、电子公告牌、智能卡、电子资金转账、电子数据交换和数据自动采集技术等)实现结构化或非结构化的商务信息的共享，以管理和执行商业、行政和消费活动中的交易。

1997年11月，国际商会在巴黎举行的世界电子商务会议上对电子商务所作的定义为：电子商务交易各方以电子交易方式而不是通过当面交换或直接面谈方式进行的任何形式的商业交易。

总的来说，电子商务行为的成立取决于以下两个要素：一是活动要有商业背景；二是活动的各个环节中要含有网络化、电子化因素。电子商务的本质是商务，技术只是其手段。

二、电子商务的特征

电子商务是综合运用信息技术，以提高贸易伙伴间商业运作效率为目标，将一次交易全过程中的数据和资料用电子方式实现，在整个商业运作过程中实现交易无纸化、直接化。电子商务可以使贸易环节中各个参与者更紧密地联系，更快地满足需求，在全球范围内选择贸易伙伴，以最小的投入获得最大的利润。

电子商务和传统的商务活动方式相比，具有以下几个特点。

1. 交易虚拟化

通过Internet进行的商务活动，交易各方从贸易洽谈、签订合同到货到支付等，无须当面进行，均可以通过网络运用电子化手段进行，整个交易完全虚拟化。对卖方来说，可以到网络管理机构申请域名，制作自己的主页，组织产品信息上网。而虚拟现实、网上聊天等新技术的发展使买方能够根据自己的需求选择商品，并将信息反馈给卖方。通过信息的交互传递，签订电子合同，完成交易并进行电子支付。整个交易都在网络这个虚拟的环境中进行。

2. 不受时空限制

商务活动的电子化，为其在空间和时间上的拓展奠定了基础。以网上商店为例，其销售空间随网络体系的延伸而延伸，没有任何地理限制。顾客可以自主决定在一天 24 小时的任何时间进行购物、支付，在更大程度、更大范围内方便和满足了用户的需求。电子商务使得商务经营活动没有了国界之分，也没有昼夜之分。

3. 减少流通环节，降低交易成本

与传统的商务活动相比，电子商务可以避开许多中间环节，节省了大量的成本。因特网可以为商家与客户的直接交流提供便利，减少了供应链的中间环节，节省销售成本；传统的店面租金昂贵，而基于网络的虚拟空间则成本较低；电子商务借助电子手段实现信息传递和沟通，可以节省人力成本；在网上进行产品宣传和营销活动比传统方式也节省了大笔费用；"无纸贸易"可以减少文件处理费用；电子商务还使得"零库存"这一先进经营理念的实现成为可能。

4. 密切与客户的关系

在传统的购物方式下，企业与消费者之间的互动是单向的，企业通过大众传播媒体将产品信息传递给消费者，而消费者对于产品的反应却很难立即送回给企业。而电子商务具有实时互动沟通的功能，可以通过多媒体界面为消费者提供具有亲和力的互动操作界面，便于其查询、浏览，进行问题咨询和意见反馈；商家可以及时收集到广泛的客户信息，快速处理大量的客户数据，响应众多客户的个性化需求。电子商务促进了交易各方的了解，密切了相互关系。

5. 提升企业竞争力

电子商务使得许许多多的中小企业也可以通过网络实现全天候、国际化的商务活动，通过网络进行宣传、营销，可以创造更多的销售机会，从而提高企业的竞争力。无论企业大小、实力强弱，在因特网上都可以建立网页，面对相同的市场、相同的客户，大家处于平等的地位，这使得中小企业有了与大型企业同台竞争的机会。电子商务时代，为企业创新商务模式提供了机会，百度、谷歌、亚马逊、易趣、淘宝等均是利用电子商务创新成功的范例。

6. 服务个性化

电子商务技术使企业有能力进行市场细分，针对特定的市场生产不同的产品，为消费者提供个性化服务。个性化体现在三个方面：个性化的信息、个性化的产品、个性化的服务。个性化的信息主要是指企业可以根据客户的需求与爱好有针对性地提供商品信息，也

指消费者可以根据自己的需要有目的地检索信息；个性化的产品主要是指企业可以根据消费者的个性化需求来定制产品；个性化的服务则包括服务定制与企业提供的针对性服务信息。这种情况的出现，一方面是因为消费者已经产生了个性化的需求，另一方面是因为通过因特网，企业可以系统地搜集客户的个性化需求信息，并能通过智能系统自动处理这些信息。

7. 交易透明化

电子商务使买卖双方从交易的洽谈、签约及货款的支付、交货通知等整个交易过程都在网络上进行。因特网上的交易是透明的，极大地减少了信息不对称的现象。通过因特网，买方可以对众多企业的产品进行比较，这使得买方的行为更加理性，对产品的选择余地也更大。买卖双方从交易的洽谈、签约，到货款的支付、交货通知等整个交易过程都在网络上进行，通顺、快捷的信息传输可以保证各种信息之间互相核对，防止伪造单据和贸易欺骗行为。

三、电子商务的基本模式

按电子商务应用服务的领域及对象不同，电子商务可分为五种运行模式，即企业对企业、企业对消费者、企业对政府机构、政府机构对公众、消费者对消费者的电子商务。

1. 企业对企业的电子商务(B2B 或 B to B)

企业对企业的电子商务，也称为商家对商家或商业机构对商业机构，即 Business To Business，B2B 电子商务模式如图 10-1 所示。

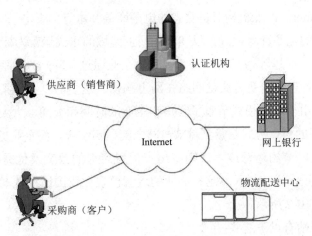

图 10-1　B2B 电子商务模式

企业与企业的电子商务模式是电子商务中的重头戏。它是指企业在开放的网络中寻求贸易伙伴、谈判、订购到结算的整个贸易过程。通过电子商务，处于生产领域的商品生产企业可以根据买方的需求和数量进行生产，以及实现个性化的生产；处于流通领域的商贸企业可以更及时、准确地获取消费者信息，从而准确订货，减少库存，并通过网络促进销售，提高效率、降低成本，获取更大的利益。

在 B2B 电子商务运行模式中，参与主体主要包括认证机构、采购商、供应商、B2B 服务平台、物流配送中心、网上银行等。

供应商的主要业务有：产品目录制作和发布、产品数据维护、在线投标、在线洽谈、网上签约、订单处理、在线业务数据统计等。采购商的主要业务有：在线招标、在线洽谈、网上签约、订单处理、支付货款、货物接收、在线业务数据统计等；后台管理是由交易中介服务平台的管理者(第三方)对在平台上进行的商务流程的管理活动，而不是交易双方企业的相关商务活动。后台管理的主要内容有：注册会员管理、系统运营维护、产品管理、订单管理、信息发布等。

企业可以在网络上发布信息，寻找贸易机会，通过信息交流比较商品的价格和其他条件，详细了解对方的经营情况，选择交易对象。在交易过程中，可以迅速完成签约、支付、交货、纳税等一系列操作，加快货物和资金的流转。

当前著名的 B2B 网站有以下这些：

中国商品交易中心(CCEC)：http://www.ccec.com。

阿里巴巴·中国：http://china.alibaba.com。

慧聪网：http://www.hc360.com。

中企动力网：http://www.ce.net.cn。

2. 企业对消费者电子商务(B2C)

企业对消费者的电子商务，也称商家对个人客户或商业机构对消费者的商务，即 Business To Customer。商业机构对消费者的电子商务基本等同于电子零售商业，B2C 模式是我国最早应用的电子商务模式，以 8848 网上商城的正式运营为标志，目前采用 B2C 模式的主要以当当、卓越等为代表。B2C 模式是企业通过互联网为消费者提供一个新型的购物环境——网上商店，消费者通过网络在网上购物。这里的"物"指实物、信息和各种售前与售后服务。由于这种模式节省了客户和企业的时间和空间，大大提高了交易效率。目前 B2C 电子商务的付款方式是货到付款与网上支付相结合，而企业货物的配送，大多数选择物流外包方式以节约运营成本。随着用户消费习惯的改变及优秀企业示范效应的促进，网上购物用户正在迅速增长，这种商业的运营模式在我国已经基本成熟。B2C 电子商务的运营模式如图 10-2 所示。

著名的 B2C 网站有以下这些：

卓越网：www.joyo.com。

当当网：www.dangdang.com。

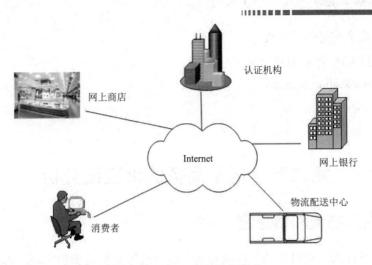

图 10-2　B2C 电子商务模式

3. 企业对政府机构的电子商务(B2G)

企业对政府机构的电子商务,即 Business To Government,简称为 B2G,是指政府通过电子网络系统进行电子采购与招标,精简管理业务流程,快捷迅速地为企业提供各种信息服务,被认为是电子政务的主要表现形式。B2G 主要包括电子招标与采购、电子税务、电子证照办理、信息咨询服务、中小企业电子服务等。

B2G 模式可以覆盖政府组织与企业间的许多事务,如政府采购。政府采购是一种公共经济行为,其宗旨是降低成本、反腐倡廉、调控市场。通过政府采购可以将政府的管理向透明化、高效率转型,同时在管理的取向上,向科学化、服务性靠拢;政府通过提供企业报税、进出口报关、企业办事、招商投资、招标公告、中标公告等服务内容,向企业和个人投资者提供办事、政策、信用、财经、招标、投资、产业等相关服务。

4. 政府机构对公众的电子商务(G2C)

政府机构对公众的电子商务,即 Government To Customer,简称为 G2C。政府通过各级政府网站,向民众提供市民办事、便民公告、政策答疑、民意调查、福利费发放、个人缴税等服务内容,引导公民方便地获得政务、办事、旅游、生活等方面的信息咨询及服务。

5. 消费者对消费者的电子商务(C2C)

消费者对消费者的电子商务,即 Customer To Customer,简称为 C2C。C2C 模式的产生以 1998 年易趣的成立为标志,目前采用 C2C 模式的主要以易趣、淘宝等为代表。C2C 电子商务模式是一种个人对个人的网上交易行为,目前 C2C 电子商务企业采用的运作模式是通过为买卖双方搭建拍卖平台,按比例收取交易费用,或者提供平台方便个人在平台上开设网上商店,以会员制的方式收取服务费。C2C 的问题在于网上交易容易,而网下送货与付款环节不易得到保证。比如,易趣网采用的做法是,与招商银行合作,使用"一网通"在线支付,同时与物流公司合作进行货到付款的配套服务"易网通",缩短了异地交易的时间，提高了交易的可靠性。

当前著名的C2C网站有以下这些：

易趣网：www.ebay.com.cn。

淘宝网：www.taobao.com。

拍拍网：www.paipai.com。

第二节 电子商务的供应链分析

一、资金流、物流和信息流

商品的交易行为，从最初的"以物易物"到一般等价物货币的出现，再到今天极为庞大、高度复杂的社会交易体系的建立，归根结底还是基本交易活动在发生：商品和服务所有权的转移。它可以简单分为五个环节，如图10-3所示。

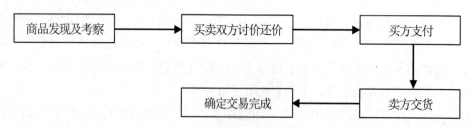

图10-3 商品交易的五个环节

在现代社会，一个完整的商务过程需要完成资金、信息与商品在交易主体间的交换，即包括物流、资金流和信息流。物流是因人们的商品交易行为而形成的物质实体的物理性移动过程，它由一系列具有时间和空间效用的经济活动组成，包括包装、存储、装卸、运输和配送等多项基本活动。资金流是指资金的转移过程，包括支付、转账和结算等，商务活动的经济效益是通过资金的运动来体现的。信息流是电子商务交易中各个主体之间的信息传递与交流的过程。

1. 物流

现代物流的功能包括运输、存储、配送、包装、装卸搬运、流通加工和信息处理七大部分。电子商务的物流具有以下几方面特征：①物流反应快速化；②物流功能集成化；③物流服务系列化；④物流作业规范化；⑤物流目标系统化；⑥物流手段现代化；⑦物流组织网络化；⑧物流经营市场化；⑨物流流程自动化；⑩物流管理法制化。

物流的信息化管理是电子商务实现的必要条件。企业内部及与企业相关联的供应链上下游企业需要实现信息资源的实时共享，获取各自所需的信息，以便采取相应的运作策略，减少工作过程的不确定性。从技术上来讲，物流的信息化表现为物流信息的商品化、物流信息收集的数据库化和代码化、物流信息处理的电子化和计算机化、物流信息传递的标准化和实时化、物流存储信息的数字化等。因此，条码技术(BarCode)、数据库技术(Database)、电子交换技术(EDI)、电子订货系统(EOS)、企业资源计划(ERP)、供应链管理系统(SCM)等得到了广泛和普遍的应用。

2. 资金流

在商务活动中，货币的流动主要通过银行进行，包括存贷、转账、支付等活动，也有部分通过现金直接交易完成。在不同的行业和不同的商务模式下，资金流的流动和管理方式都各不相同。

在传统的商务模式中，资金信息的处理主要集中于财务部门，尽管已有通用的会计制度，但大量繁琐的票据处理不但增加了财务工作的复杂性，也使得财务信息处理的滞后大大影响了管理效率。因此企业对信息技术要求最迫切也最早普遍使用的是财务处理软件，然后才延伸到生产制造、销售等供应链的其他环节。

在电子商务模式下，电子支付手段是电子商务能否成功进行的关键。如果没有相应的实时在线支付手段，电子商务就成了只有网上商店、电子商情、电子合同而无网上成交的"虚拟商务"。目前，电子支付的工具主要有信用卡、数字现金、电子支票等，这些电子支付工具都还没有达到十分完善的程度，每一种的实施都需要配套的技术与制度支撑体系，普及使用还有待时日，这也是制约电子商务发展的一个关键因素。

3. 信息流

信息流可以比作电子商务的血液循环系统，电子商务的信息流包括商流信息、物流信息与资金流信息。电子商务优于传统商务的最大特点就在于其信息传递和处理的功能及效率，特别是信息网络技术的运用大大提高了电子商务的信息流通效率，从而促进了物流与资金流精确及时地完成，降低了商务的成本，却大大提高了工作效率。

在传统的商务活动过程中，很容易发生信息的失真、丢失、延误滞后、错误理解、深层分析和挖掘欠缺等问题。在企业外部，一方面，企业要与供应商打交道，将原材料需求信息告知固定供应商，依据原材料的市场信息确定最佳成本规模的购入计划。信息流是以价格搜寻、谈判、订单等形式出现的。另一方面，企业要与广告商、批发代理商或顾客打交道，需要将产品信息及时传递给批发代理商，再由层层批发代理商将产品信息传递给最终客户。在这个流通的通道中除了产品本身作为信息载体之外，还有商品博览会、广告、促销、形象代言人、CI 设计及公关宣传活动等，最大可能地传播有关产品和企业的信息。承载广告的媒体涉及所有可能的类型，其中互联网在将大量声音、图像、文字结合在一起并立体多维表现方面具有独特的优势。

二、资金流、物流和信息流的关系

资金流解决的是商品价值的实现，是商品所有权转移的前提，物流解决的是商品生产地与销售地的时空位移，信息流解决的是整个商务活动过程中的信息传递，三者之间纵横交错、相互依赖，又相对独立。以信息流为依据，通过资金流实现商品的价值，通过物流实现商品的使用价值。物流若是资金流的前提和条件，资金流就是物流的依托和价值承载，并为适应物流的变化而不断地进行高速信息流对资金流和物流的运动起指导和控制作用，同时为资金流和物流活动提供决策的依据。

在传统的商务过程中，信息传递与处理效率较低，成本居高不下，浪费惊人，无法满足现代社会人们对快速、准确、及时的物流服务的要求。现代信息技术的发展使商务活动的信息传递与处理效率越来越高，也使物流、资金流与信息流逐渐融合起来，电子商务过程从单个企业扩展到整个供应链上，是一个包括管理信息和供应链信息在内的、动态的、流动的、不断反馈的链条。

从商品交易的五个环节来看，伴随商品交易过程的是信息流、资金流和物流的有规律运动。这种运动的实现在最初"以物易物"时是极为简便的，不管是拿猎物换油盐还是以粮食换工具，资金流根本不存在，信息流简单得近乎不用考虑，只需简易的物流即可。到了货币时代，交易方式变为一手交钱、一手交货，完成交易依然简单。但是随着社会的进一步发展，特别是社会分工的高度细化，导致商品交易的实现发生了巨大变化，具体表现为以下几个方面。

(1) 交易双方的身份(如个人与企业交易或企业与政府交易等)不再单纯。
(2) 交易双方所处的环境(如地域)千差万别。
(3) 交易双方需求的复杂性(如期货交易)。
(4) 买方一次性支付能力与卖方预期的差异(如分期付款)。
(5) 大量全新形态的交易物(如信息商品)出现。

因此，大量存在于买卖双方之间的中介机构顺势而生，它们为满足交易双方各种各样的需求而出现：一方面它们使林林总总的交易得以实现；另一方面它们也令交易实现的过程高度复杂化。其中有两个至关重要的特点：一是物流和资金流彻底分离；二是信息价值的凸显，信息流在交易行为中发挥了控制、协调和指导的作用。

物流和资金流的彻底分离缘自商业信用的存在。更多时候，具有买卖双方公认的商业信用的中介机构，如银行等承担了交易风险，促成了这种分离的实现。那么中介机构为什么能够承担风险呢？解决之道就是突出信息的价值了。中介机构依靠各种手段获得了交易双方尽可能全面的信息，比如卖方经营状况、卖方品牌、商品价格、商品质量、买方支付能力和买卖双方的以往交易记录等。这些信息尽可能规避了信息不对称的状况及交易中的各种风险，保障了交易的实现。

第三节 电子商务的商业模式

一、电子商务的成本分析

对于消费者来说，网上购物的成本应该包括上网费、信息费、网上支付、信息安全，商品到客户家庭等所有费用的总和。一般来说，这种费用的总和只有在低于传统方式购物的情况下，顾客才会乐于采用。此外，商品的外观、质量保证和送达时间、售后服务等一系列购物操作必须能够满足顾客的购物心理，而且这种满足感至少不能低于传统方式购物的度量指标。为了使电子商务能够达到"更快捷、更方便、更价廉"的目标，就应该仔细研究电子商务的成本构成，深入理解电子商务运营过程的各个环节，从理论上分析电子商务中可控制成本能够下降的最大限度。

实际上，电子商务的成本还远远达不到人们所期盼的程度，甚至还高于传统商务的成本。根据 Gartner Group 最新公布的调查结果显示，部分银行针对在线零售商所收取的每笔信用卡交易处理费用，要比对实体商店收取的费用最多高出 1 美元。还有一个让人不安的数字，网络零售欺诈的情形是传统购物方式的 12 倍之多。因此，安全是另一个需要解决的问题，而这最终会体现在商务运行成本之中。

电子商务的成本应该是商家和客户所有应用于其中的软硬件配置学习和使用、信息获得、网上支付、信息安全、物流配送、售后服务及商品在生产和流通过程中所需的费用总和。

1. 技术成本

电子商务的技术成本包括软硬件成本、学习成本和维护成本。电子商务是各种技术结合的产物，昂贵的投资、复杂的管理、维护费用的高昂使得一些企业望而却步。面对客户无力应付复杂的技术平台和高昂的软硬件配置的实际问题，ASP 这个新兴行业随之兴起。它以系统、人才匮乏的中小企业作为开展业务的主要对象，同时一些大企业也对 ASP 产生了兴趣。但这种租赁式服务的价格和质量能否为企业所接受、能在多大幅度上降低企业的电子商务技术成本，还有待于实践的验证。

2. 安全成本

在任何情况下，交易的安全总是人们关心的首要问题，如何在网上保证交易的公正性和安全性，保证交易方身份的真实性，保证传递信息的完整性及交易的不可抵赖性，成为推广电子商务的关键所在。而上述交易的一系列安全要素，必须有一系列的技术措施来保证。目前，安全标准的制定、安全产品的研制及安全技术的开发为解决网上交易的安全起到了推动作用。而这些用于交易安全的协议、规章、软件、硬件、技术的安装使用及其学习和操作定会加大电子商务运营的成本。

3. 配送成本

在电子商务中，最难解决的就是物流配送。物流配送从经营电子商务的公司中分离出来，而由专门的物流代理公司去经营将成为发展方向。目前，邮政系统正着手营造一个庞大的物流配送网络，准备担当起这个角色，这方面它们有独特的优势。

物流配送代理的独立操作也将引发一些新的问题，双方的配合至关重要，但一些涉及物权归属、风险责任、费用成本、产品质量、争议解决等方面的法律问题也将浮出水面。

物流配送是电子商务的重要和最后环节,是电子商务的目标和核心,也是衡量电子商务成功与否的一个重要尺度。物流配送需要有商品的存放网点,需要增加运输、配送人员的开支,由此而增加的成本应该经过仔细核算。有人认为,企业要增加的仅仅是配送成本,而节省的则是库存成本和店面成本。要知道,店面成本虽然节省了,但是存放网点的增加和配送所需的其他开支能在多大幅度上降低总成本,这仍需要在实践中摸索,而且,库存仍然是必需的。

4. 客户成本

电子商务的客户成本,指的是顾客用于网上交易所花费的上网、咨询、支付直到最后商品到位所花费的费用总和,这是一种完全依赖网络的服务,只要消费者一开始享受这样的服务,就要承担每小时数元钱的最低成本,还不包括添置相应硬件设备和学习使用的费用。这种费用虽然不列入商家的运营成本,但是作为用户成本,却是影响电子商务发展的重要因素。譬如,在网上购买一个电熨斗可以便宜 5 元,但用户用于网上浏览、查询、挑选、支付所花费的费用要用去 6 元,用户就会放弃网上购物的方式。电子商务虽然孕育着巨大的商机,但利润的真正实现,需要经过详尽的论证。

5. 法律成本

毋庸置疑,电子商务的发展面临着大量的法律问题,它包括:①网上交易纠纷的司法裁定,司法权限,跨国、跨地区网上交易时法律的适用性、非歧视性等;②安全与保密,数字签名,授权认证中心(CA)管理;③网络犯罪的法律适用性,包括欺诈、仿冒、盗窃、网上证据采集及其有效性;④进出口及关税管理、各种税制;⑤知识产权保护,包括出版、软件、信息等;⑥隐私权,包括个人数据的采集、修改、使用、传播等;⑦网上商务有关的标准统一及转换,包括各种编码、数据格式、网络协议等。电子商务规则的建立可以有效地减少交易纠纷,但同时也增加了电子商务各方操作的难度和成本负担。

6. 风险成本

电子商务目前存在着一定程度的经营风险,应该对电子商务方面的特殊风险进行认识和把握,才能有利于观望和规避。

风险成本是一种隐形成本,成本的形成是由不好确定、不易把握的因素构成的,如网站人才的流失,病毒、黑客的袭击,新技术的迅速发展所导致的软硬件的更新换代等。

上述从宏观的角度分析了电子商务的成本构成,而它们各自所占的比例及同传统商务在现阶段的比较数字尚需要专业调研和统计分析,而且商品生产领域的成本在本文中并没有涉及,实际上这部分成本也应该包含在电子商务总成本构成中。

二、电子商务的盈利模式

随着电子商务实践的不断发展，人们对于其盈利模式的认识也在不断深化，分别从不同的角度提出了电子商务盈利模式的分类框架。

1. 基于价值链的分类体系

Paul Timmers 归纳并总结了 11 种盈利模式：电子商店、电子采购、电子商场、电子拍卖、虚拟社区、协作平台、第三方交易市场、价值链集成者、价值链服务提供者、信息中介、信用中介和其他第三方服务。

2. 混合分类体系

RaPPa 和 TaPscott 提出了包含电子商务元素的盈利模式分类。他们关注的重点是企业在价值网络中的定位，认为适当的定位才能获得回报，并依此归纳了九大类共 29 种模式。这九大类模式包括经纪模式、广告模式、信息中介模式、批发商模式、制造商模式、会员模式、社区模式、订阅模式、效用模式。

3. 其他分类体系

MTI 信息系统研究中心主任 Weill 从电子商务基本模型的概念入手，总结了八个基本的电子商务原子模型(AMEB)，分别是内容提供商、直接面向客户、全程服务提供者、中介、共享基础设施、价值网络集成者、虚拟社区、整体企业/政府。他认为不论什么模式，都包含三类主要元素：实体类、基本流和价值及利益根源。

电子商务盈利模式的构成要素如表 10-1 所示。

表 10-1 电子商务盈利模式的构成要素表

盈利模式构成要素	相关内容	要解决的问题
客户价值(利润点)	因特网可以使企业向客户提供哪些有价值的产品或服务？它能为企业解决一系列的新问题吗	向客户提供什么样的价值
范围(利润对象)	因特网可以使企业接触到哪些范围内的客户？能改变企业向用户提供的产品或服务吗	向哪些用户提供价值
收入来源(利润源)	因特网带来了哪些新的收入来源	收入来源有哪些
相关活动(利润杠杆)	由于因特网的应用，企业还必须进行哪些新的活动？因特网将如何帮助企业执行原来的活动	能够提供价值的关键活动有哪些

续表

盈利模式构成要素		相关内容	要解决的问题
利润屏障	能力	企业需要哪些新的能力？因特网对企业已有能力有何影响	如何保持优势
	持久性	因特网的出现使企业的持久性是增强还是减弱了？怎样才能利用因特网带来的有利因素	如何保持持久盈利的方法

一般来说，电子商务企业的收入来源主要来自以下几个方面。

1) 商业收入

产品销售收入：销售或批准物理或信息产品。

佣金、服务或交易费：对所提供的服务收费，可以是固定数额，也可以按所提供产品或者服务的价格的百分比收取。

2) 内容收入

订阅费：对所提供的不断更新的信息收费，这些信息可能是有关某一特定主题的，也可能是某一特定时期的(如某一年)。

注册费：对参与某一网络事由收费，如在线开店、在线学习。

3) 社区收入

广告费：为提供的旗帜广告和专门的促销活动收费。

安置费：为提供合作关系收费。

推荐费：为顾客提供其他站点的链接而收费。

会员费：对加入某一私人团体或者接受某种私人服务而收费。

4) 基础设施收入

软硬件销售费：销售或批准某一技术产品。

安装和集成费：为所提供的安装或集成服务收费，包括固定费用和可变费用。

维护和更新费：微软硬件的维护和更新收费。

租用费：对租用的软件、网站、数据中心、网络收费。

接入费：对接入网络服务收费。

克雷蒙第则认为网络企业的收入来源有以下几类。

1) 连接收入

连接收入是指消费者每月支付的注册费用，以便直接连入网络。

2) 广告收入

广告收入是指广告主将营销推广费投资在网络上，针对网络一对一的营销功能，使广告主有更大的能力将信息瞄准目标消费者。

3) 网站注册收入

目前大部分网站还未向使用者收入费用，但随着网站的发展，当网站建立了忠诚的用户群基础后，会有更多的网站开始向使用者收入获取内容的费用，其中有些站点可能会提供部分免费的内容。

4) 网上交易收入

它指网上购物的收入，包括书籍、唱片、旅游票券、软件、个人电脑甚至汽车等都可以在网络上购买。

网站的收入来源，除了以上的项目之外，以后也可能通过售卖工作平台、使用空间等方式来收费。不过在目前吸收流量的前提下，平台空间的使用大多免费提供。

三、基于网络的新型商业模式

Internet 彻底改变了知识和信息的创建、加工、传播方式，也将彻底改变人类的生产和生活方式，引发一场基于知识和信息的社会和经济革命。

电子商务时代，拥有客户资源成为更重要的竞争目标，为每个客户服务，将取代传统的目标市场理论(一群具有某种属性的客户集合)。Internet、交互式 Web 应用和电子协作等计算机技术将彻底改变企业的商业方式，全球网络供应链将取代传统的科层式供应链，客户经营将取代产品经营。供应商与客户的关系将从产品销售转向客户服务。一种新的商业方式正在出现，基于 Internet 的数字化营销将成为新的市场理论和方法(精准地管理和服务每一个客户)。

Internet 的商业应用，将彻底改变供应链的结构，传统意义的经销商将消失，其功能将被 Internet 和全球快递代理与咨询服务代理所取代。科层式的供应链将转变为基于 Internet 的开放式的全球网络供应链 GNS，如图 10-4 与图 10-5 所示。

- DC 表示数字化客户，未来的客户将通过多媒体信息机、移动计算机等更便捷、自由地在网上购物和获得服务。就像电视取代剧场一样，网络将取代大部分现有的购物方式。

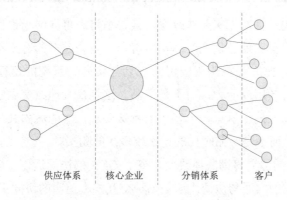

图 10-4　传统供应链的科层式结构

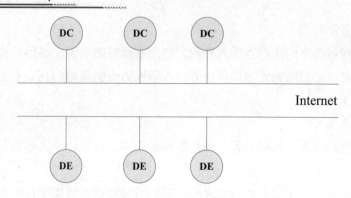

图 10-5 基于 Internet 的全球网络供应链 GNS

- DE 表示数字化企业，它不仅是上网交易，更重要的是它是 GNS 中的一个数字化插件，企业的形态和边界将产生根本性改变，DE 将与 GNS 融为一体，其运作范围将扩展至 GNS。DE 的内部运作亦将数字化，以建立与 GNS 的通畅连接。信息、知识乃至资源不仅存在于企业中，还存在于整个 GNS 之中。

电子商务绝不仅是通过 Internet 进行交易，其本质即是 GNS——一种全新的商业方式。为此，我们将传统供应链与 GNS 作一比较，如表 10-2 所示。

表 10-2 传统供应链与 GNS 的比较

维度	科层式供应链	GNS
结构	科层式	网络
层次	多层	扁平、中间层将消失
竞争核心	效率/成本	客户资源(深度与广度)
客户关系	销售	服务
运作方式	信息共享	协同工作
运输	抵达口岸/分销商	直达客户、全球代理
开放性	小	全面开放

供应商与客户的关系将发生重要的改变，其关系将不再局限于销售产品。以服务的方式满足客户的需求，将更多地替代把产品卖给客户。越来越多的客户不仅以购买产品的方式获得所需要的能力，他们更将购买应用的规划与实施、系统的运行维护等，从本质上讲，他们需要的是某种效用或能力，而不是产品，这将极大地改变供应商与客户的关系。企业必须更为精细、深入地了解每一个客户的特殊要求，才能巩固其与客户的关系，这是一种长期的有偿服务，而不是产品时代的一次或多次的购买。

在 GNS 中，企业的边界将彻底地改变，整个 GNS 的协同运作将取代电子订单、供应商看板等信息交流层次的沟通与协调，这是一种交互式、透明的协同工作。

一些新的、有利于 GNS 运作的代理服务商将替代传统的经销商，并成为新兴的生意，如交易代理(帮助客户在同类产品供应商中进行询价和撮合等)、信息检索服务等。

虽然，我们暂时不能对 GNS 有一个更为系统和全面的描述，但这确实是一种未来的全球性新型商业方式，其影响是如此广泛和彻底，以至不能迅速适应它的企业可能被淘汰出局。

案　　例

电子商务网站企业阿里巴巴的盈利模式

1. 项目背景介绍

阿里巴巴作为中国电子商务界的一个神话，从1998年创业之初就开始了它的传奇发展。它在短短几年时间里累积300万的企业会员，并且每天以6000多新用户的速度增加。不仅仅是搭上了其创始人马云的传奇神话，它的成功更是得利于其准确的市场定位，以及前瞻性的远见。阿里巴巴在电子商务萌芽阶段就商业化地切入，并且踏实地做着自己力所能及的事情。自己诚实守信并且在实际行动中致力于规范网上电子商务贸易。这一切在中国21世纪的前几年，这个中国电子商务迅速发展的阶段，成就了阿里巴巴今天的成绩。一个错误就可以造成一个失败，但一个成功必然是很多个正确的因素带来的，下面我们就来简单分析一下阿里巴巴网站的运营模式、盈利点、成功之处及目前和以后的发展战略。

阿里巴巴网站的目标是建立全球最大最活跃的网上贸易市场，它不同于早期互联网公司以技术为驱动的网络服务模式，它从一开始就有明确的商业模式。阿里巴巴具有明确的市场定位，在发展初期它专做信息流，绕开物流，前瞻性地观望资金流，并在恰当的时候介入支付环节。它的运营模式是遵循循序渐进的过程，依据中国电子商务界的发展状况来准确定位网站。它首先抓基础，然后在事实过程中不断捕捉新的收入机会。从最基础的替企业架设站点，到随之而来的网站推广及对在线贸易资信的辅助服务，交易本身的订单管理，不断延伸。其出色的盈利模式符合盈利的强有力、可持续、可拓展的特点。

阿里巴巴网站的运营模式主要有以下几个特点。

第一，它专做信息流，汇聚大量的市场供求信息。马云曾在2005年阿里巴巴在广交会期间主办的电子商务研讨会上，阐述了以下观点，即中国电子商务将经历三个阶段：信息流、资金流和物流阶段。目前其还停留在信息流阶段。交易平台在技术上虽然不难，但没有人使用，企业对在线交易基本上还没有需求，因此做在线交易意义不大。这是阿里巴巴最大的特点，就是做今天能做到的事，循序渐进地发展电子商务。

功能上，阿里巴巴在充分调研企业需求的基础上，将企业登录汇聚的信息整合分类，形成网站独具特色的栏目，使企业用户获得有效的信息和服务。阿里巴巴主要信息服务栏目包括：①商业机会：它提供27个行业700多个产品分类的商业机会供查阅，通常提供大约50万供求信息。②产品展示：它按产品分类，陈列展示了阿里巴巴会员的各类图文并茂的产品信息库。③公司全库：它的公司网站大全，目前已经汇聚 4 万多家公司网页，用户可以通过搜索寻找贸易伙伴，了解公司详细资讯，会员也可以免费申请自己的公司加入到阿里巴巴"公司全库"中，并链接到公司全库的相关类目中，从而方便地了解公司全貌。④行业资讯：按各类行业分类发布最新动态信息，会员还可以分类订阅最新信息，直接通过电子邮件接受。⑤价格行情：它按行业提供企业最新报价和市场价格动态信息。⑥以商会友：商人俱乐部。在这里会员交流行业见解，谈天说地。其中咖啡时间为会员每天提供新话题，为会员分析如何做网上营销等话题。⑦商业服务：航运、外币转换、信用调查、保险、税务、贸易代理等咨询和服务。这些栏目为用户提供了充满现代商业气息，丰富实用的信息，构成了网上交易市场的主体。

第二，阿里巴巴采用本土化的网站建设方式，针对不同国家采用不同的语言，简易可读，这种便利性和亲和力将各国市场有机地融为一体。阿里巴巴已经建立运作五个相互关联的网站：英文的国际网站(http://www.alibaba.com)面向全球商人提供专业服务；简体中文的中国网站(http://china.aliaba.com)主要为中国大陆市场服务；全球性的繁体中文网站(http://chinese.alibaba.com)则为中国台湾地区、中国香港地区、东南亚及遍及全球的华商服务；韩文的韩国网站(http://kr.alibaba.com)针对韩文用户服务(目前不可用)；日文的日本网站(http://japan.alibaba.com)。而且即将推出针对当地市场的欧洲语言和南美网站。这些网站相互链接，内容相互交融，为会员提供一个整合一体的国际贸易平台，汇集全球 178 个国家(地区)的商业信息和个性化的商人社区。

第三，在起步阶段，网站放低会员准入门槛，以免费会员制吸引企业登录平台注册用户，从而汇聚商流、活跃市场，会员在浏览信息的同时也带来了源源不断的信息流和创造无限商机。早在 2001 年 7 月，阿里巴巴会员数目已达 73 万，分别来自 202 个国家和地区，每天登记成为阿里巴巴的商人会员超过 1500 名。2017 年 9 月，阿里巴巴中国零售平台移动月度活跃用户达 5.49 亿。阿里巴巴会员多数为中小企业，免费会员制是吸引中小企业的最主要因素。在市场竞争将日趋复杂激烈的情况下，中小企业当然不肯错过这个成本低廉的机遇，利用网上市场来抓住企业商机。大大小小的企业活跃于网上市场，反过来为阿里巴巴带来了各类供需，壮大了网上交易平台。阿里巴巴每月页面浏览量超过 4500 万次，信息库存买卖类商业机会信息达 50 万条，每天新增买卖信息超过 3000 条，每月有超过 30 万个询盘，平均每条买卖信息会得到 4 个反馈。

第四，阿里巴巴通过增值服务为会员提供了优越的市场服务，增值服务一方面加强了这个网上交易市场的服务项目功能，另一方面又使网站能有多种方式实现直接盈利。尽管目前阿里巴巴不向会员收费，但据马云介绍，阿里巴巴网站目前是盈利的。阿里巴巴的盈利栏目主要是：中国供应商、委托设计公司网站、网上推广项目和诚信通。中国供应商是通过 ALIBABA 的交易信息平台，给中国的商家提供来自各国国际买家的特别询盘。客户可以委托阿里巴巴做一次性的投资建设公司网站，这个项目主要是 alibaba 帮助企业建立拥有独立域名网站，并且与 alibaba 链接。网上推广项目，是由邮件广告、旗帜广告、文字链接和模块广告组成。由网站每天向商家发送的最新商情特快邮件插播商家的广告。新推出的诚信通项目能帮助用户了解潜在客户的资信状况，找到真正的网上贸易伙伴；进行权威资信机构的认证，确认会员公司的合法性和联络人的业务身份；展现公司的证书和荣誉，业务伙伴的好评成为公司实力的最好证明。

第五，适度但比较成功的市场运作，比如福布斯评选，提升了阿里巴巴的品牌价值和融资能力。阿里巴巴与日本互联网投资公司软库(Softbank)结盟，请世界贸易组织前任总干事、现任高盛国际集团主席兼总裁彼得·萨瑟兰担任阿里巴巴的特别顾问。通过各类成功的宣传运作，阿里巴巴多次被选为全球最佳B2B站点之一。

2. 阿里巴巴的盈利模式分析

从业务角度来看，阿里巴巴的赢利点主要在以下四个方面。

(1) 设企业站点。

(2) 网站推广。

(3) 诚信通。

(4) 贸易通。

从另一个角度，我们还可以将阿里巴巴的利益点作如下归纳。

(1) 诚信安全。几百万的诚信通会员，通过第三方评估认证，定期进行榜单追踪，网上企业诚信指数一目了然；电子支付系统——支付宝，确保买卖双方资金的安全流动；十大网商成功实例、十大浙商成功实例、十大粤商成功实例；几百万诚实守信的网商。

(2) 品牌资质。福布斯连续5年全球最佳B2B网站；中国最大B2B网站；全球电子商务领袖。

(3) 快捷方便。即使相隔千里，也照样实现点对点的沟通和交易。

(4) 成本低廉。免费注册，普通会员交易不收任何费用。诚信通会员只需缴纳2300元年费，就可开展国内贸易，无须其他附加费用。

(5) 渠道广阔。阿里巴巴网络覆盖亚、欧、美，真正做到足不出户，照样把产品卖到国外；商家通过阿里巴巴结识众多志同道合的网商，共同打开财富之门。

(6) 海量信息。通过传统渠道无法获取的供求信息，在阿里巴巴网站上却都能找到。

综合以上分析，阿里巴巴目前能够有这样的成功，可以总结为这样一句话：良好的定位，稳固的结构，优秀的服务。

(1) 准确的定位。最初做信息交流平台绕开困难，充分发展。然后在资金流相对解决的时候推出相应的接口工具支付宝，占领先机并为自己的平台提供强有力的支撑。

(2) 稳固的结构。WTO首任总干事萨瑟兰出任阿里巴巴顾问，美国商务部、日本经济产业省、欧洲中小企业联合会等政府和民间机构均向本地企业推荐阿里巴巴。传统渠道领域为阿里巴巴提供了强有力支撑("倾听客户的声音，满足客户的需求"也许是阿里巴巴生存与发展的根基，根据相关的调查显示：阿里巴巴的网上会员近五成是通过口碑相传得知阿里巴巴并使用阿里巴巴；各行业会员通过阿里巴巴商务平台双方达成合作者占总会员比例近五成)。

(3) 在产品与服务方面，阿里巴巴公司为中国优秀的出口型生产企业提供在全球市场的"中国供应商"专业推广服务。中国供应商是依托世界级的网上贸易社区，顺应国际采购商网上商务运作的趋势，推荐中国优秀的出口商品供应商，获取更多更有价值的国际订单。早在2003年5月底加盟企业达到近3000家。2002年3月开始为全球注册会员提供进入诚信商务社区的通行证——"诚信通"服务。阿里巴巴积极倡导诚信电子商务，与邓白氏、ACP、华夏、新华信等国际国内著名的企业资信调查机构合作推出电子商务信用服务，帮助企业建立网上诚信档案，通过认证、评价、记录、检索、反馈等信用体系，提高网上交易的效率和成功的机会。每月赢收以双位数增长。

另外，除了上述谈到的方面，阿里巴巴在人力资源管理理念、市场拓展战略方面都有过人的聪明远见之处。阿里巴巴所用人才按照四年的速度在更新，保持其团队的年轻与时代创新性。在市场拓展方面，阿里巴巴并购了雅虎中国，其目的就是在于做搜索引擎，阿里巴巴现在潜心培育淘宝网。商机搜索、高级智能化的商品、商家信息搜索在未来都有可能成为阿里巴巴强大的核心产品。

总的来说，阿里巴巴网站是一个成功的网上交易平台，它提供来自全球商业机会信息及商人交流社区，其所有的供求信息由买卖双方自动登录，会员之间以自由开放的形式在这个平台上寻找贸易伙伴、洽谈生意。可以说，在互联网上建立了一个无地理和时间障碍的自由贸易市场，用户从中可获得前所未有的商机。

它发展8年来取得了惊人的成功，这与它成功独到的商业模式是分不开的。由阿里巴巴网站的商业模式我们可以得出结论：真正开放的、内容具有本土化特色、信息全球性并且协同性强的电子商务是具有强大的生命力的。但是像这种E-market要生存和发展必须本着为企业提供公平竞争空间的原则，融合参与企业信息资源，达到规模经济效果。从阿里巴巴网站的商业模式的成功经验之中，我们不仅要学习它可以借鉴的东西，更要能为发展自己的电子商务寻找到适合中国不同阶段具体国情的自己的道路。

3. 案例总结

阿里巴巴成功的第一步是抢先快速圈地。1988年马云以5万元起家时，中国互联网先锋赢海威已经创办了3年。赢海威采用美国AOL的收费入网模式，这对于经济发展水平高的国家本身经济实力强而且网络信息丰富的AOL是适用的。马云并没有采用赢海威的收入模式，而采用了免费大量争取企业的方式，这对于一个个人出资的公司，是非常有远见和魄力的。坚持这样一种模式是需要坚毅的精神的。在遭遇互联网寒冬的2001年，马云给公司定了一个目标，要做最后一个站着的人。他说："今天是很残酷，明天更残酷，后天很美好，但是很多人都看不到后天，因为他们死在明天的晚上。"这种抢先圈地的模式被坚持下来并贯彻至今。时机本身是最不可模仿的。现在如果谁还重复阿里巴巴的这一战略，还可能占有这么多的企业吗？

如果仅仅逗留在圈地上，那么可以断定阿里巴巴无法获得四次私募融资，早就灰飞烟灭了。马云成功的第二步是利用第一步的成功开展企业的信用认证，敲开了创收的大门。信用对于重建市场经济和经济刚起飞的中国市场交易来说是"拦路虎"，电子商务尤为突出。马云抓住了这个关键问题，2002 年力排众议创新了中国的互联网上的企业诚信认证方式。如果说，这种方式在普遍讲诚信的发达国家是多余的，那在中国则是恰逢其时了。阿里巴巴既依靠了国内外的信用评价机构的优势，又结合了企业网上行为的评价，恰当配合了国家和社会对于信用的提倡。由于有了创收的渠道，2002 年马云给公司提出一个目标，即全年赚 1 元钱。到 2003 年的时候，就达到一天赚 100 万元了。现在这个项目，阿里巴巴带来每年几千万元的不断增加的收入。

这里要特别指出，中国信用问题突出，不等于企业就愿意参与阿里巴巴的"诚信通"认证。在诱导企业缴费加入"诚信通"方面，阿里巴巴巧妙利用了它抢先圈地的成果。几百万的企业为它提供了大量的企业需求信息。这对于 60%加工能力过剩的中国企业是非常宝贵的信息。阿里巴巴仅仅对于通过诚信通的企业提供需求信息，还通过电子邮件一年提供 3600 条。这些需求信息对于众多千方百计寻求订单的企业来说，其价值不言而喻，最起码也有把握现实的市场动态的参考价值。用圈地中换取的关键信息作为企业进入创收项目的"诱饵"，这也是难以模仿的无敌招数。

阿里巴巴的第三步就是它掌握 5000 家的外商采购企业的名单，可以实实在在帮助中国企业出口。每家企业每年收费 4 万~6 万元，这又为阿里巴巴带来每年大几千万元的收入，并带来国内外的知名度。这一招其他平台也可以学，但阿里巴巴对于外商的采购有最大规模的供给信息和"诚信通"为基础的优势，其他平台是难以模仿的。

阿里巴巴的第四招，是它 2005 年 8 月收购雅虎中国后准备推出的电子商务搜索。2005 年 3 月，阿里巴巴已经推出自己的关键字竞价搜索。雅虎的搜索在中国仅低于百度 3 个百分点，超过全球龙头 Google 8 个百分点。现在阿里巴巴依靠雅虎每年几十亿美元技术开发投入形成的技术实力必然要有所创新。创建全球首个有影响力和创收力的专业化搜索应当是合理选择。电子商务搜索可以将电子商务涉及的产品信息、企业信息，还有物流、支付有关信息都串通起来。可以逐步自然形成一种电子商务信息的标准。可以首先推进阿里巴巴的电子商务，并统领全国的电子商务。中国 2005 年的出口额是 1 万亿美元，通过阿里巴巴做的只有 100 亿美元，是 1%，还有 99%的企业并没有使用电子商务，这里面的生意潜力可就太大了。这一招将又是以前三招为基础而难以模仿的。

阿里巴巴的关键的招数并不多，但招数的单纯性、连贯性、组合性和有效性非常突出。最典型的例子就是在 2001 年，马云也险些迷失了方向。获得两轮风险投资后，"想做大"的马云邀请了多名在海外有优秀履历的人才。在阿里巴巴内部，坚持各种生意模式的人都有。终于，到 2002 年年底，马云将他们一一清退，同时，他把当时占据公司收入 60%的系统集成业务一刀砍下，以保证公司继续按自己设定的方向前进。

在阿里巴巴难以模仿的盈利模式背后，其思想和理念是可以模仿的，我们可以学习和仿效阿里巴巴对于网络形势的深度洞察，洞察到可以撬动公司发展的杠杆点，以创新作为杠杆，还有就是撬动杠杆的执行力的坚决和坚定。如果再浓缩阿里巴巴的难以模仿的盈利模式的核心就是——难以模仿的创新。创新时不仅仅要考虑有效性，还要考虑难以模仿性。难以模仿给阿里巴巴带来的是自然的垄断和巨大的效益。

本 章 小 结

本章介绍了电子商务的经济问题分析，主要包括电子商务的基本概念及特征、电子商务的基本模式、电子商务的供应链分析、电子商务的经济分析，重点介绍了电子商务的成本构成和盈利模式，最后介绍了基于网络的新型商业模式。

思 考 题

1. 相对于传统商务活动，电子商务有哪些优势？
2. 电子商务的基本模式有哪些？
3. 电子商务的"三流"是什么含义？
4. 电子商务的成本包括哪些方面？
5. 电子商务的盈利模式有哪些？

第十一章 信息经济发展新趋势

【本章导读】

平台经济、分享经济、网红经济是信息经济学领域出现的新经济理论,这三大经济理论都是基于网络发展起来的。其中平台经济理论的形成基础包括双边市场理论和网络外部性理论;而分享经济是在平台经济发展的基础上,随着手机终端的快速普及而得到广泛应用的;网红经济出现得较晚,也是在平台经济的基础上,随着自媒体的发展而发展起来的。本章将围绕平台经济、分享经济、网红经济的定义、内涵、特征、分类、应用与发展等展开论述。

【重点提示】

- 平台的定义,平台的类型。
- 平台经济的理论内涵,平台经济的特点、应用与未来发展趋势。
- 分享经济的定义、分享经济理论内涵、分享经济模式分类、分享经济的特征、分享经济企业发展阶段及分享经济未来发展趋势等。
- 网红经济的定义、模式;网红经济产生的背景、网红经济的未来。

【学习目标】

通过本章的学习,使学生开阔视野,了解信息经济学领域的最新发展和前沿应用。理解平台经济、分享经济、网红经济等新经济理论内涵,了解最新企业实践和未来发展趋势等。

【关键概念】

平台 平台经济 分享经济 共享经济 协同消费 双边市场 网络外部性 网红经济

第一节 平台经济

一、平台经济理论

根据中国互联网络信息中心 CNNIC 第 41 次中国互联网络发展状况统计报告,截至 2017 年 12 月,我国网民规模达 7.72 亿,普及率达到 55.8%,超过全球平均水平(51.7%) 4.1 个百分点,超过亚洲平均水平(46.7%) 9.1 个百分点。我国网民规模继续保持平稳增长,互联网模式不断创新。中国上市互联网企业已达 102 家,其中多数为平台型企业。互联网平台已经成为新经济的引领者,平台经济推动了中国经济的转型发展。

(一)平台

1. 平台的定义

平台是介于市场和企业之间的第三种经济形态，也是一种资源配置方式。平台(Platform)是指基于互联网的市场交易空间，是通过链接不同的商业活动参与方，为双方或者多方提供相互交流，促成交易的中间产品或服务的一种经济活动形式(汪存富，2017)。根据徐晋(2007，2013)的观点："平台是一种交易空间或场所，可以存在于现实世界，也可以存在于虚拟网络空间，该空间引导或促成双方或多方客户之间的交易，并且通过收取恰当的费用而努力吸引交易各方使用该空间或场所，最终追求收益最大化。"叶秀敏(2016)认为："平台即以互联网技术为基础形成的虚拟空间，这个空间能够同时满足多方主体的需求，多方主体分工合作，资源互补，从而实现增值和利益最大化。"她同时指出，平台企业是指建设和运营互联网平台的企业；平台经济是指以互联网等现代信息技术为基础，基于平台向多边主体提供差异化服务，从而整合多主体关系，创造价值，使多主体利益最大化的一种新型经济。根据阿里研究院宋雯(2016)的观点：互联网平台与传统平台迥然不同。虽然平台模式由来已久，但直到互联网的出现，它才具有了全新的规模、内涵与影响力。因此，本书所讨论的平台均特指互联网平台。

早在20世纪90年代，尼葛洛庞帝(Negroponte)就提到"平台"，他直接将数字化生存概念与平台联系，认为数字化就是提供进行信息传播和交流的平台，这个平台借助于数字化结构，是一种"真实的"虚拟空间。随着数字技术与互联网技术进步引发的世界范围内的产业组织变革，"平台"又作为新的组织概念逐渐广泛应用于产业经济领域，这也就是进入21世纪以来平台经济兴起的直接原因。随着平台经济的影响力扩大，平台的概念与"市场"的概念结合起来，认为平台实质上是一种交易空间或场所，可以存在于现实世界，也可以存在于虚拟网络空间。

2. 平台的类型

1) 按照服务内容进行分类

平台可以分为社交平台、电子商务平台、生活服务平台、搜索平台、媒体平台、支付平台和互助平台等。

2) 按照开放程度进行分类

依据开放程度，平台可以分为开放式平台、封闭式平台和垄断型平台。在开放平台中，买卖双方可以自由进入或退出；在封闭式平台中现有成员可以阻止其他新进入者，例如一些由指定身份群体构成的网络群，后进入者需要先进入者的身份验证等；而在垄断型平台中市场结构是由一个垄断者控制的(徐晋，2013)。

3) 按照平台的市场功能进行分类

根据 Evans(2003a)的观点,平台可以分为:市场制造者、观众制造者和需求协调者。市场制造者创造新的市场,使得原本属于不同市场的成员能够进行交易,从而形成新市场;观众制造者则通过平台吸引和匹配广告商和观众,从而为平台带来收益;需求协调者能产生间接网络效应的商品和服务,例如软件平台、支付平台和移动通信等。而荻生(Hagiu, 2004)从平台的功能上将平台分为中介市场、听众制造市场、共享的投入市场。

4) 按照平台的性质进行分类

按照平台的不同性质,可以将平台分为交易型平台、服务型平台和综合型平台。

5) 按照市场结构进行分类

平台可以分为双边平台和多边平台。罗切特和泰勒尔(2006)从定价结构来界定双边平台(双边市场):如果平台能够通过(以相同的幅度)提高一边收费的同时降低另一边收费的方式来影响到交易量,就说这样的市场为双边市场。也就是说,定价结构是平台招募双边参与者的关键。双边平台的主要特点在于网络间接效应,即一边参与者获得的价值随着另一边参与人数的增加而增加。

埃尔斯和施马兰西于 2007 年提出多边平台的界定:多边平台由两组或者两组以上的客户组成;各组客户之间存在相互依赖的关系;客户从平台中获取的价值并不能独自获取;各边客户都依赖于平台提供者的增值交易机会。多边平台理论认为各边客户之间的需求存在多种形式的相互依赖性,即存在交易外部性和成员外部性。多边平台的特点有:存在两类间接网络外部性,交易外部性和成员外部性;通过降低交易成本提高平台价值;对多边客户制定的不同定价标准决定了平台从各边的具体收益是有所差异的。外部性价值的获取需要有效解决协调性问题,而差异性的定价结构就是解决协调问题的重要工具之一,例如对消费者的补贴等。

6) 按照平台的所有权进行分类

平台可以分为独立拥有的平台和垂直一体化平台(Roson,2004)。独立拥有的平台一般为自有经营的平台,为消费者提供全链条服务或整个链条中某一个或几个环节的服务;而垂直一体化平台的功能类似传统意义上的垂直一体化供应链体系,平台通过整合上下游的企业或资源形成一个垂直一体化的服务链条。平台的拥有者有可能是资源整合的第三方主体,也可能是链条中的某一个企业。

(二)平台经济理论

平台经济是以互联网等现代信息技术为基础,基于平台向多边主体提供差异化服务,从而整合多主体关系、创造价值、使多主体利益最大化的一种新型经济。从某种意义上讲,平台经济理论是对传统经济理论的颠覆和革新。平台经济理论形成的基础理论主要包括两个部分:双边市场理论和网络外部性理论。

1. 双边市场理论

平台经济理论研究始于双边市场理论的提出。埃文斯(Evans, 2003)给出了判断双边市场的三个原则，即两组不同类型的用户、两组用户之间存在外部性联系、在用户之间存在一个平台企业，可以将不同类型用户之间产生的外部性内部化，能够有效地促进双边市场的协同。2004年，罗歇和蒂罗尔首次正式对"双边市场"概念做了定义。根据他们的定义，"双边市场"区别于"单边市场"的特征描述是，在建构双边市场的平台上，平台为参与交易的用户双方所制定的价格总水平保持一定的前提下，交易总量随着交易用户双方的价格结构变化而变化时，该交易市场被看作为"双边市场"。反之，市场交易总量仅仅取决于平台的价格总水平，而与双边用户的价格结构变化无关时，则该市场被看作为"单边市场"(one-sided market)。即在双边市场上，当平台向双边用户制定的价格总水平维持一定时，双边用户的价格结构的任何变化，都将影响到双方对平台的需求和参与平台交易的程度，因此，价格结构在平衡双边用户的需求方面显得尤为重要。

阿姆斯特朗(Armstrong, 2004)则提出需要通过平台交易的双方，其中一方的收益取决于另一方的数量，这样的市场称为双边市场。赖特(Wright, 2004)认为，双边市场所涉及的两种类型不同的用户，双方通过共有平台相互作用而获得价值。法国学者让·夏尔·罗歇和让·梯若尔也在其《双边市场：关于研究进展的报告》一文中对双边市场作了如下定义：双边市场(或更一般地说，多边市场)可以粗略地定义为使终端用户之间相互交往的一个或多个平台，并通过适当地向双边(或多边)收费使双边(或多边)都参与其中。换言之，平台在保证整体盈利，或至少不亏损的前提下，试图满足每一边的需求。"让双边都参与"是确定双边市场的一个有用特征，但这还不够严谨。双边市场应该被定义为这样一种市场，其终端用户之间的交易量不仅取决于平台征收的总体费用水平，更取决于其收费结构。

根据以上定义，存在显著不同类型的参与用户；双方用户存在网络外部性；双方用户不能通过自身将这种网络外部性内部化是双边市场形成的条件。在这样的条件下，双边市场应运而生，平台通过建立比双方用户独立交易更有效的平台交易方式增加双边收益，并从中获得利润。那么如何建立更有效的交易方式、定价结构(收费结构)是影响双边市场用户规模的关键之一。不同的双边市场其定价策略和结构不同。平台对一边用户的定价不仅取决于用户需求及其边际成本，也取决于给另一边用户所带来的外部收益，即间接网络外部性。在双边市场的价格结构中，一般情况下，平台收费主要包括：会员费或使用费。会员费，即用户向平台交纳的注册费，是固定费用，会决定终端用户是否使用该平台；使用费或交易中介费，是可变费用，即平台根据用户的交易行为向用户收取的交易中介费，会影响双边在平台上的交易意愿。这样的收费结构即体现了会员外部性和使用外部性。平台的收入就是市场两边的会员费或注册费收入与平台交易量相关的收费之和。在双边市场实现交易中，平台的作用就是尽可能多地吸引两边的用户到平台上进行交易，因此平台最根本的策略就是如何制定以上两种收费方式，扩大两边的用户规模并促使他们达成交易。平台企业的双边价格策略不仅影响到双边用户接入或使用平台的需求和愿望，而且也影响到平台所实现的交易总量。陈宏民(2007)研究指出，平台经济现象的出现，使从传统的厂商——消费者所构建的"价格——需求"研究模式向平台型企业——双边用户所构建的"价格——交易或交换行为"研究模式的转变。

2. 网络外部性理论

网络外部性理论产生于两个方面的研究，一是传统经济学中的外部性理论，二是网络概念的提出。1890年，经济学家阿尔弗雷德·马歇尔首先提出了外部性的概念；1920年，经济学家庇古在此基础上，提出了"内部不经济"和"外部不经济"概念，从此开创了外部性理论研究。外部性亦称外部成本、外部效应(Externality)或溢出效应(Spillover Effect)，本质上是某个经济主体对另一个经济主体产生一种外部影响，而这种外部影响又不能通过市场价格进行买卖。外部性可以分为正外部性(或称外部经济、正外部经济效应)和负外部性(或称外部不经济、负外部经济效应)。

在网络环境中，某一消费者是否购买或使用这些产品或服务，在很大程度上取决于其他消费者是否已经购买或使用了这些产品和服务。新用户表现出来的行为更倾向于选择用户多的网络，网络平台中用户越多，则该网络对新用户的价值就越大，同时新用户的加入也增加了网络原有用户的价值。这种消费行为之间的互相影响就是所谓的"正网络外部性"。事实上，网络外部性不仅仅存在于有形网络，还存在于许多的无形虚拟网络中。从经济学的角度看，网络已不再指由节点和链路所构成的一种结构，而更多的价值体现于这种结构所表现出的正外部性特征。

3. 平台经济理论

平台通过连接双边市场利用社会冗余实现价值创造。与传统经济中市场简单分为买卖双方的单边市场不同，平台经济是以双边市场为载体，双边市场以"平台"为核心，通过实现两种或多种类型顾客之间的博弈获取利润。

平台是一个新兴的课题，对平台经济的研究始于2000年左右，Evans(2003)把平台市场中经常出现的业务模式划分为召集双边客户的利益平衡、规模化和流动性。2004年，多名学者对平台经济进行了界定。例如，Roson R.就提出平台经济作为新经济时代最重要的产业组织形式，是引领现代经济发展的重要载体，是借助于一种交易空间或场所，促成双方或多方客户之间的交易，收取恰当的费用而获得收益的一些商业模式。2007年，徐晋也给出了平台经济(Platform Economics)的定义：是指一种虚拟或真实的交易场所，其本身不生产产品，但可以促成双方或多方供求之间的交易，收取恰当的费用或赚取差价而获得收益。从以上定义可见，平台经济的内涵包含三个关键要素：首先是一种交易场所，其次其作用是促成双方或多方交易，最后会收取恰当的费用。

平台经济具有显著的双边市场性和网络外部性的特征，通过召集一边用户，完成对另一边用户的吸引，因为外部性的存在，双边用户和平台均可以通过平台获利。网络的最一般意义是指，通过一系列链路直接或间接地连接起来的一组节点，网络的结构特征表现在网络节点的互补性，正是网络结构的互补性引发了网络外部性。所谓网络外部性，是指一边终端用户的规模会显著影响另一边终端用户使用该平台的效用或价值。平台经济中存在两类网络外部性，即平台成员的外部性和平台功能的外部性。前者是指当会员增加时，对方市场会员会受益，后者是指当互动或交易增加时，每个客户都会受益。平台成员外部性又称间接网络外部性，是指平台的一类用户的数量影响该平台对于另一类用户的价值。即在网络平台里，网络的外部性在很大程度上影响着市场的吸引力，因为越多的卖方会吸引越多的买方，买方有更多的购买选择，反过来，买方的踊跃增加吸引更多卖方的参与，存在典型的正外部性。一般而言，关注成员外部性的主要原因在于最终用户对交易成本具有敏感性。这些成本可能包括平台收取的会员费和交易费用等。平台功能外部性又称直接网络外部性，一般是指平台的价值与使用该平台的消费者的交易相关，尤其是与用户对该产品的使用数量相关。功能外部性从产品的使用中产生，如共享软件等。

平台经济的发展按其不同类型出现顺序的先后，可以分为三个阶段：以实体商品集散地为主要表现形式的平台经济；以提供服务业的实体平台为表现形式的平台经济；以提供信息的虚拟平台为最新表现形式的平台经济。狭义的平台经济指的就是网络信息平台经济。网络信息平台经济主要指利用互联网构建虚拟空间，提供网络平台服务而产生经济效益的平台经济，主要特点为边际效益递增、成长快，核心是用户体验。此外，双边平台经济的内涵在于双边平台向两个相互区别又相互联系的客户群体提供产品和服务，客户中间的交易通过平台来完成。企业通过招募买卖双方共同参与平台降低了交易成本，实现了交易的增值。

平台经济学是研究平台的经济规律的理论体系，研究内容包括平台的竞争与垄断、平台分类、平台运营与管控、平台的定价机制(定价策略和收入模式"羊毛出在猪身上"[①])以及平台发展和规制政策等。

(三)平台经济的特点

平台经济发展具有零边际成本、开放性、协同性、外部性和聚合性等特点。平台经济是以互联网等现代信息技术为基础，基于平台向多边主体提供差异化服务，整合多主体资源和关系，从而创造价值，使多主体利益最大化的一种新型经济。

1. 零边际成本

在经济学中，边际成本是指在不包括固定成本的情况下，每新生产一个单位的商品所

---

① 注释："羊毛出在猪身上"是指互联网平台方免费提供给用户产品或者服务，而这部分的费用由其他市场主体来买单。

带来的总成本的增加量。杰里米·里夫金在《零边际成本社会》指出:"通讯网络、能源网络和交通网络通过物联网进行整合,将大大提高生产率,让接近零的边际成本成为可能。"平台经济就具有趋近于零边际成本复制生产的特性。以软件在线交付 SaaS 为例,除去软件平台建设投入的固定成本不考虑之外,平台上的软件产品几乎可以零成本复制销售给不同的买家。

2. 开放性

平台经济具有开放性特征。平台在提供基础服务的基础上,开放自身资源,让更多的第三方主体参加到平台的生态系统中来,这些第三方主体可以是服务的提供者也可以是服务的接受者,每个用户都可能是双重角色。每个第三方都提供独特的产品或者服务,每个用户也产生个性化的需求,用户们之间互相对接,互助共赢,实现价值。平台以及平台的各方用户之间构成了自组织、自适应的商业生态系统。平台开放包括多种类型,主要包括开放服务体系、开放接口、开放源代码等。在开放平台的经济背景下,平台企业的竞争力,已经不取决于企业原有的规模和品牌,而在于其平台的开放程度、资源整合能力、快速满足用户需求的能力等。

3. 协同性

互联网的出现,为全世界范围内的跨时空协同合作变得更加容易。网络平台有效地架起了价值链不同环节的专业化协作。互联网平台的双边市场和多边市场特性,尤其是其不受时空限制,且强大的用户群体,使得跨界融合,更大范围的协同作业和资源整合成为可能。突破传统的市场边界,个体及企业都可以较低的成本通过互联网平台寻找到在传统市场中很难获取的资源,能够通过协同方式完成企业运作的全流程,例如用户需求分析、方案制定、技术研发、原材料和设备的采购、生产及质量监控、销售、仓储配送、售后服务等,协同运作有效地提高了企业创造价值的能力。

4. 外部性

平台经济具有"网络外部性",平台上的用户越多,购买力就越强,平台对其他用户的吸引力就越大。平台上的多种用户互相依存、互相影响、互相促进,形成独特的网络外部性。一方所提供的产品或服务的收益水平取决于另一方参与者的数量,双方用户通过平台相互作用而获得价值。平台的繁荣,取决于不同用户的规模,平台的用户规模越大,其品牌效应也就越明显。因此,用户基础是平台发展的关键。

5. 聚合性

平台具有较强的聚合性。聚集了多种主体、海量信息以及各种社会关系和社会资源等。通过聚集多种用户和资源,可以有效地实现资源整合,达到整合效应。

此外,平台经济本身就是一种创新型的商业模式,创新是平台快速发展的内在驱动

力。且随着分享经济的兴起，分享型平台已为平台经济的创新发展带来了新的突破。

二、平台经济的应用与发展

(一)基于平台经济的企业实践

平台型商业模式是指以信息交流和交易中介为核心业务，通过向多方参与者提供产品和服务获得收入和盈利的一种商业模式。按照平台型企业的发展阶段和对技术市场的控制力，平台型企业可以分为平台引领者、竞争者、追求者和依附者。目前我国互联网平台发展态势非常好，互联网产业从门户网站、搜索平台到电商平台和服务平台，直至发展到为企业赋能的企业服务平台，经历了三次浪潮，平台经济实践已经成为互联网产业的核心。下面将以阿里平台为例，介绍平台经济在我国的实践情况。

1. 阿里巴巴的平台型业务

阿里巴巴于 1999 年成立，如今已成为中国乃至全球最大的电子商务综合服务平台。2002 年，阿里巴巴 B2B 公司开始盈利；2003 年，个人电子商务网站淘宝成立，并推出在线支付——支付宝服务。2004 年 12 月 8 日，浙江支付宝网络科技有限公司成立，同年 12 月 30 日支付宝网站正式上线并独立运营。2005 年，阿里巴巴集团与雅虎美国建立战略合作伙伴关系，执掌雅虎中国。2007 年阿里软件和网络广告平台阿里妈妈成立。同年 11 月阿里巴巴网络有限公司在香港联交所挂牌上市。2008 年阿里巴巴集团研发院成立。2009 年成立阿里云计算。2010 年淘宝商城启动独立域名，阿里巴巴推出合伙人制度，并正式推出全球速卖通业务。2011 年阿里巴巴集团将淘宝网分拆为三个独立的公司：淘宝网、淘宝商城和一淘。2012 年淘宝商城宣布更改中文名为天猫，同年 7 月阿里巴巴集团宣布将现有子公司的业务升级为阿里国际业务、阿里小企业业务、淘宝网、天猫、聚划算、一淘和阿里云七个事业群。2013 年阿里云与万网合并，阿里巴巴调整成立 25 各事业部，并正式推出手机客户端社交网络。2014 年 9 月 19 日，阿里巴巴集团在纽约证券交易所正式挂牌上市。同年 10 月蚂蚁金服成立，淘宝旅行更名为"去啊"。2015 年成立阿里音乐。2016 年阿里收购优酷土豆。2017 年天猫"双 11"全球狂欢节总交易额(GMV)达到 1682 亿元人民币，移动端成交占比 90%。2018 年 2 月阿里巴巴发布财报现实，整体营收达 320.28 亿元人民币，同比增幅达 56%。

从以上发展历程可见，阿里巴巴集团下的平台型业务众多，涉及领域广泛，主要包括：电子商务交易平台——淘宝网、天猫、全球速卖通等；在线支付平台——支付宝；金融服务平台——蚂蚁金服。2015 年蚂蚁金服完成重组，成为支付宝的母公司；云计算与数据服务平台——阿里云计算；广告平台——阿里妈妈；团购平台——聚划算；物流服务平台——菜鸟网络等。电子商务发展初期面临的两大瓶颈主要是支付和物流，现在随着支付宝的推出，以第三方支付方式成功地解决了在线支付安全性的难题，并彻底改变了人们的日常支付习惯；菜鸟网络是阿里生态系统中发展相对较晚的一个平台业务，菜鸟致力于以数据驱动为核心，建立社会化协同的全网物流链路。以下将对阿里金融服务平台和物流服务平台进行简要介绍。

2. 阿里互联网金融平台——蚂蚁金服

2004年支付宝独立运营，开始向淘宝网之外的其他用户提供服务，发展成为独立的第三方支付平台。支付宝作为独立第三方支付平台，提供先验货后付款服务为消费者构建了放心购物的在线消费环境，且赔付机制也提升了在线购物的信用机制。便捷安全具有担保功能的在线支付服务是快速推动我国在线消费市场形成并飞速发展的一个重要因素，支付宝上线后加快了淘宝网的电子商务交易量的攀升。此外，与各大银行机构、银联、Visa 和Mastercard 的合作，使得支付宝具备了为不同行业提供线上交易安全支付解决方案的能力。

随着支付宝业务的扩张，阿里巴巴积累了大量的交易数据、银行数据以及信用数据，这为阿里提供金融服务奠定了良好的用户基础和数据资源。2010年阿里巴巴推出阿里小额贷款服务以解决中小企业融资难的困境。在传统的金融服务领域，中小企业因资产有限，通过抵押贷款获得资金的难度很大，且因贷款额度较小，一般银行都不太愿意为其提供金融服务。阿里为其电商平台上的商户和小微企业提供无抵押、金额小、期限短的在线信用小额贷款服务，有效地解决了小微企业发展面临的资金困难问题，同时也极大地激活了阿里平台的供给市场。2013年支付宝为个人用户打造了一项余额增值服务——余额宝。用户可以通过支付宝把零钱存入余额宝进行理财，同时不耽误随时用于网上购物、支付宝转账等支付功能。相对于传统的基金理财服务，余额宝创新之处在于可以随时提取资金，且1元起购，相当于零门槛。凤凰网财经数据显示，截至2017年年末，余额宝规模已达1.5万亿元左右。

2014年阿里巴巴正式成立蚂蚁金服，致力于打造开放的生态系统，为小微企业和个人消费者提供金融服务。2015年蚂蚁金服推出信用评分服务——芝麻信用，自此，蚂蚁金服成为首批私有网商银行。蚂蚁金服旗下有支付宝、余额宝、招财宝、蚂蚁聚宝、网商银行、蚂蚁花呗、芝麻信用、蚂蚁金融云、蚂蚁达客等子业务板块。未来蚂蚁金服将对所有合作伙伴开放云计算、大数据和市场交易三大平台，建设信用体系，拓展互联网时代的金融新生态。

3. 阿里智慧物流平台——菜鸟网络

2013年5月28日，阿里巴巴集团、银泰集团联合复星集团、富春控股、中国邮政集团、中国邮政EMS、顺丰集团、天天、三通一达(申通、圆通、中通、韵达)、宅急送、汇通，以及相关金融机构共同宣布，"中国智能物流骨干网"项目正式启动，合作各方共同组建的"菜鸟网络科技有限公司。菜鸟网络不会从事物流，而是希望充分利用自身优势支持国内物流企业的发展，为物流行业提供更优质、高效和智能的服务。中国智能骨干网体系，将通过自建、共建、合作、改造等多种模式，在全中国范围内形成一套开放的社会化仓储设施网络。

菜鸟网络的愿景是建设一个数据驱动、社会化协同的物流及供应链平台。努力打造遍布全国的开放式、社会化物流基础设施，建立一张能支撑日均 300 亿元(年度约 10 万亿元)网络零售额的"中国智能骨干网"，帮助所有的企业货达天下，同时支持 1000 万家新型企业发展，创造 1000 万就业岗位。建立开放、透明、共享的数据应用平台，为电子商务企业、物流公司、仓储企业、第三方物流服务商、供应链服务商等各类企业和消费者提供优质服务。2017 天猫"双 11"刚刚启动 12 分钟，菜鸟物流就完成了当天第一个订单的签收。菜鸟智慧物流从离客户就近的仓库发货，实现了分钟级配送。菜鸟网络总裁万霖表示，"双 11"是对物流的大考验，也是最好的行业练兵机会，今天的峰值就是明天的常态。菜鸟智慧物流将通过技术和协同，加速实现"全国 24 小时、全球 72 小时必达"。根据菜鸟官网新闻，刚刚过去的 2017 年，物流业再创新历史，快递进入"1 天 1 亿个包裹"时代。

菜鸟网络是以数据驱动和社会化协同为核心的智慧物流平台，宣称用智慧的方式连接世界。全新的菜鸟品牌标识简洁直观，代表着基于流动的物流数据延伸所提供的智能化服务。菜鸟品牌的使命是数据、协同、智能，即以流动的数据、智能的服务、高效的协同，建立价值链共赢的生态系统。在菜鸟官网上设有仓配网络、跨境网络、快递平台、菜鸟物流云、菜鸟乡村、菜鸟 B2B、菜鸟驿站、E.T.物流实验室、菜鸟园区、供应链金融等栏目。仓配网络基于大数据决策平台为电器、生鲜、美妆、快销、家装、服饰等行业提供行业解决方案；跨境网络利用智能物流平台为进出口提供全球无忧物流服务；快递平台除了为商家提供物流服务以外，还为物流服务商提供路由分单和菜鸟天地平台服务，即连接菜鸟与快递合作伙伴的数据交互和共享平台，旨在以数据为驱动力，帮助快递公司提升揽派效率、改善服务质量和定位异常等问题。菜鸟物流云以行业数据连接交互平台、提供数据推送及智能算法等服务，通过行业内数据打通及数据融合创造价值。而 E.T.物流实验室是由菜鸟网络于 2015 年年底组建的，旨在将最前沿的科技引入中国物流行业，实现的智能机械代替人工，帮助物流企业提高生产效率、降低人工出错率、提高生产安全性等。该平台自主研发的末端配送机器人小 G，是全球物流行业最先进的机器人之一，可以通过智能规划、动态识别、自动规避、环境分析等解决最后一公里配送问题。该平台的菜鸟 AR+则借力 AR 技术实现仓内智能挑拣、智能导航等功能，使得未来仓库操作可视化。该平台的第三个应用为菜鸟小鹭，即 E.T.物流实验室自主开发的第一款适用于园区安防巡检的无人机安防系统。此外还提供菜鸟裹裹 APP 等服务。值得一提的是菜鸟乡村项目计划三年内与本地化的物流合作伙伴一道，共同建设成为覆盖中国广大县域及农村地区的平台型综合服务网络；同时为城乡消费者、中小企业、电商平台提供商品到村配送、县域间流通、农副产品销售流通及各类商品安装维修的综合性解决方案。2017 年年初，菜鸟乡村已覆盖 29 个省近 600 个县 3 万余村。菜鸟网络的实践及创新引领了我国智慧物流服务平台发展的前沿，也在某种程度上代表了未来智慧物流的发展方向。

案例为作者根据以下资料来源整理。

①汪存富，开放创新和平台经济：IT及互联网产业商业模式创新之道，北京：电子工业出版社，2017.9。

②360百科、阿里巴巴官网、蚂蚁金服官网、菜鸟网络官网等。

(二)平台经济的发展趋势

开放共赢的商业生态系统是平台经济发展的关键要素之一。随着信息技术的进一步发展，社会需求也会出现新的变化，未来平台经济将更多地体现社交属性、智能化特征、更多地依赖移动智能终端；人人参与，人人分享将促进组织形式的演进，"平台+个人"的组织形式将越来越普遍。

1. 从网络平台到媒体平台

中国未来经济的发展将更多地呈现平台化趋势。平台经济未来的发展也更多地体现互动、社交等媒体属性。尤其是随着自媒体时代的到来，形式多样的自媒体平台将使得平台经济迎来新的发展机遇。例如，据CNNIC数据显示，2017年网络直播用户规模年增长率达到22.6%。

2. 移动化和智能化将是未来平台发展的重要特性

根据CNNIC第41次中国互联网络发展状况统计报告，截至2017年12月，我国手机网民规模达7.53亿，我国网民使用手机上网的比例达到97.5%，且网民在线下消费使用手机网上支付的比例提升至65.5%。移动互联网呈现以下三个特点：服务场景不断丰富、移动终端规模加速提升、移动数据量持续扩大。未来平台经济发展的载体将更多地依赖智能手机终端，这将成为用户接入的主要途径。

随着人工智能、大数据、预测分析和机器学习等智能分析技术及应用的不断发展，智能化产品实现云端化、平台化发展将成为一大趋势。与此同时，现有平台型企业也势必在人工智能领域加大投入，利用人工智能、大数据和机器学习等全面革新现有业务及商业模式，如前述菜鸟网络的E.T.物流实验室等。根据IDC的数据显示，到2019年100%的物联网项目将得到人工智能的支持；根据Constellation Research的预测，人工智能的市场价值将在2020年超过400亿美元。因此，未来智能化平台的发展将是大势所趋。

3. 分享平台是平台经济发展的又一个风口

平台经济崛起的另一大特征是以分享为商业模式。分享平台是指提供分享资源、商品或服务的平台。分享平台吸收大量分散资源，经过有序整合，将它们提供给有需求的用户。党的十八大报告中明确指出，要"建立公共资源出让收益合理共享机制"，而平台经济的分享特征不仅仅局限于公共资源领域，还可以更加广泛地拓展到公共和商业资源领域。未来分享平台的用户将具有多重身份，消费者将转变为产销者，在消费的同时也可以是生产者，例如制作和分享自己的产品等。

4. 平台经济的发展将改变现有组织模式

未来"平台+个人"的组织模式将大量涌现，将从某种程度上改变现有组织模式。"平台+个人"的组织形式，将使得平台上的每个个体拥有更大的自主权，他(她)们可以通过平台实现自我激励、自发组织、自我管理、自我绩效考评等。"平台+个人"的组织模式，不仅仅会出现在企业内部，也会发生在企业和企业之间。随着平台经济的发展，这种组织形式将变得更普遍，进而影响到劳资关系乃至社会关系的变化。

5. 互联网治理和监管将是未来平台经济发展面临的挑战

当然，平台经济在发展过程中，也会遇到类似税收、法律等问题。未来加快互联网治理和平台监管的研究非常重要。平台经济在不同的发展阶段将面临不同的社会难题，需要持续跟进，有针对性地研究并制定合理和恰当的治理机制和监管举措。

第二节　分享经济

2011年，美国《时代》周刊把"分享经济"列为"十大改变世界的创意"之一。"分享经济"一词最早出现在1978年的《美国行为科学家》杂志上，当时学者们就已经对汽车共享进行了研究。2010年，这种经济模式在雷切尔·布茨曼的专著《我的就是你的：协同消费的崛起》中，也被称为"协同消费"。雷切尔·布茨指出，由于人们越来越不满足市场将其作为机械的消费者来对待，人们开始越来越注重产品的使用价值而非私有价值，共享性而非独占性，持久耐用性而非新奇性。"分享经济"将给人们的消费模式带来革命性的影响。2015年李克强总理在夏季达沃斯论坛开幕式中首次将共享经济作为拉动经济增长的新思路提出，掀起了继"双创""互联网+"后的又一新浪潮。据普华永道(Price Waterhouse Coopers，PWC)预测，到2025年，全球分享经济产值可以达到2300亿英镑，产业规模和发展潜力巨大。分享经济已经成为"互联网+"时代影响全球经济发展的一种新型经济模式。这一经济模式的主要特点是通过一个由第三方创建的、以信息技术为基础的市场平台，实现个体之间直接的商品与服务交换。也就是说，分享经济其实就是基于网络平台的商品共享或服务交易，例如点对点租车租房等。目前分享经济在住宿和交通运输领域快速发展的同时，正不断向食品、时尚、消费电子以及更加广泛的服务业扩展，全球近千家公司和组织为人们提供商品、服务、技术和信息分享或租用。

移动互联网的普及为分享经济的发展提供了无限可能。近年来，随着网约车、共享单车等交通共享模式的快速发展，分享经济持续升温，成为现今商业模式创新的主流趋势。在交通出行、房屋租赁、知识服务以及其他生活、生产服务领域得到了快速的推广，出现了很多新型业态。

一、分享经济理论

(一)分享经济与共享经济

有关分享经济(Sharing Economy)和共享经济(Sharing Economy)是不是同一个概念，它们之间有何不同的讨论一直存在，也常常有人问起这两者是否一样。关于这一讨论我们查阅了很多文献，经过文献阅读发现，就分享经济和共享经济两个概念的异同问题存在两种不同的说法：第一，分享经济和共享经济的概念既有联系也有区别；第二，分享经济就是共享经济。

共享经济和分享经济两个名词都来自英文"Sharing Economy"的翻译，在中文语境下常常混用。但也有学者认为，分享经济和共享经济既有联系也有区别。分享经济是指个人、组织或者企业，通过互联网第三方平台分享闲置实物资源或认知盈余，以低于专业性组织者的边际成本提供服务并获得收入的经济现象。其本质是以租代买，资源的支配权与使用权分离。例如，Airbnb 和 Uber，由个人将自己的房间或汽车分享给有需要的人，满足更多人日常生活的需求。而共享经济是公众将闲置资源通过社会化平台与他人分享，进而获得收入的经济现象。其本质是整合线下的闲散物品或服务者，让他们以较低的价格提供产品或服务。目前，共享经济应用较为广泛的领域大致有交通出行、空间使用、医疗健康、物品租赁等。同时以上文献指出中国社科院新闻与传播研究所所长唐绪军研究员认为，共享经济和分享经济的相同之处在于，共享经济和分享经济虽然都是借助共享或分享平台让人们共同使用资源以实现资源的有效利用和分配。二者的区别在于，当强调分享经济时，人们一般把讨论的重点放在某项闲置资源在有偿分享过程中，表现出的所有权与使用权的分离特征，例如私家车车主从事网约车服务，就是典型的分享经济。当强调共享经济时，人们更多倾向于表达消费者借助第三方信息平台，进行以租代买等活动，实现商品和服务的优化配置，例如当前高速发展的共享单车模式。从以上分析来看，分享经济和共享经济都是对闲置资源的有效利用和分配，都体现了使用权和所有权的分离，即以租代买，可见，这两者之间的联系大于区别。

国家信息中心分享经济研究中心主任张新红指出："分享经济也称为共享经济，都是从英语 Sharing Economy 翻译过来的。"他认为，在研究工作中更多地使用分享经济这个概念，主要是为了与五大发展理念里的共享发展理念区分开来，它们都是一回事，只是国内翻译时的不同叫法而已[①]。当然，还有其他学者也持有相同的观点，例如李晓华(2017)在论文中指出分享经济(Sharing Economy)，中文也译作共享经济。朱宝丽(2017)认为分享经

---

① 张新红. 分享经济——移动互联时代的经济新模式[J], 时事资料手册, 2017(3).
② 张新红. 中国分享经济热背后的原因、现状和趋势[J], 电子政务, 2017(8).

济 Sharing Economy，亦称共享经济等。此外，还有学者认为分享经济就是共享经济，同时也可以成为协同消费。例如柳悦丰和张鑫(2015)在其论文中指出"分享经济最早起源于美国，又称共享经济、协同消费等"。而宋逸群和王玉梅(2016)也提出"共享经济又被称为'分享经济''协同消费'"。基于以上文献，可以得出结论分享经济和共享经济其实是同一个概念，其英文全称均为 Sharing Economy。因此，本书后面章节将统一用分享经济来表述这一概念。

那么应该如何定义分享经济呢？无论是学术界还是实业界都给出了不同的描述。

Wosskow(2014)将分享经济定义为：帮助人们分享资产、资源、时间和技能的在线平台。

蔡斯(2015)将分享经济称为"人人"共享，认为分享经济以"产能过剩+共享平台+人人参与"为基础。人人共享模型有三个核心要点：第一，利用过剩产能(分享资产)实现实际的经济效益；第二，科学技术让我们建立共享平台，使分享变得简单易行；第三，个人是具有影响力的合作者。茨曼和罗杰斯(2015)称之为"协同消费"，认为"协同消费的核心是共享，它可以是地方性的面对面的共享形式，还可以通过网络的方式，来联系、汇集、组建社群，从而匹配能满足交换需求的物品或个体，将一个个'点对点'的相互满足需求变为'多对多'的平台"。

马丁·威兹曼对分享经济的描述是分享经济是以互联网为依托，把人与人之间的各种需求紧密相连实现分享，已经成为一种新的经济模式并不断成长。

Matofska 则将分享经济描述为个人、组织或者企业通过社会化平台分享闲置实物资源或认知盈余，以低于专业性组织者的边际成本提供服务并获得收入的经济现象。其本质是以租代买以及资源的所有权和使用权的分离。

马科斯·费尔逊和琼·斯潘思认为分享经济是通过第三方平台实现物品的交换、分享，并通过该过程获取报酬，同时达到提高资源利用效率的效果。

迈克尔·奥尔森和塞缪尔·肯普指出分享经济是由个人寻求降低成本并创造利润而产生，其实质是包括个人、过剩、效益和网络四个要素的市场。

南希·科恩认为分享经济是个体间直接交换商品与服务的平台。

亚历克斯·斯特凡尼在其著作中将分享经济定义为能使社会团体通过互联网利用未充分的资本，进而减少对这类资本所有权的需求。

国家信息中心将分享经济定义为利用互联网等现代信息技术整合、分享海量的分散化闲置资源，满足多样化需求的经济活动总和。

辛超、张鹏(2016)在其著作《分享经济——重构商业模式的九个关键点》中指出所谓分享经济就是资源所有者将闲置资源分享出来，以有偿使用的形式，提供给有需要的人。而依托于移动互联网和大数据技术，在快速的资源匹配中，社会上的闲置资源能够得到重新整合，消费者的使用成本大大降低，原有的商业规则也由此被打破。同时他们提出我们如今所提倡的分享经济就是闲置资源的拥有者，通过社会化平台将资源与他人分享，从而在提高资源利用率的同时，获得一定收入的经济模式，因此分享经济有四个必然的构成要素：公众、闲置、平台和收入。公众是分享经济的参与主体；闲置资源、物品和碎片化时间是分享经济的对象；而闲置资源的供给方和需求方是依托基于互联网、移动终端、移动支付、大数据等技术的平台才得以实现供需对接的；最后在分享经济中，无论是供给方还是平台，都能够获取一定的经济收入。这为闲置资源创造新的价值提供了方便高效且低成本的途径。

朱宝丽(2017)认为分享经济作为一种新的经济形态，包含两个层面：第一个层面是指平台经济，即双边市场的结构下，借助网络外部性能不断降低供给端的边际成本，优化市场结构，但可能会带来相应的社会成本，里夫金、弗里德曼就是在这个意义上讨论分享经济的。2017年3月，国家发改委发布的《分享经济发展指南(征求意见稿)》中所指的也是这个层面上的分享经济。第二个层面是指在平台经济的基础上，进一步实现"闲置资源"的社会共享，强调的是"闲置资源"共享，不会增加社会成本，带有传统的"互助"含义。

李晓华在其文献中提出，分享经济就是利用新一代信息技术平台，将个人或企业等组织闲置或未加充分利用的商品、技能、时间、生产设施等资源，以较低的价格甚至免费的方式提供或转让给需要的个人或企业使用的一种新型的资源配置方式。对于支撑分享经济发展的信息技术平台企业来说，分享经济就是一种新型的商业模式。从这一概念可以看到，分享经济的核心是闲置或未加充分利用资源的再利用或更高效的利用。

徐辉(2016)在其著作《分享经济3.0》中对分享经济的内涵给出了定义：借助于互联网、大数据和云计算等信息技术，实现对闲置分散资源的整合与分享，从而满足日益多元化需求的经济活动总和。

腾讯研究院将分享经济定义为："公众将闲置资源通过社会化平台与他人分享，进而获得收入的经济现象。"该定义包括四个要素：公众目前主要以个人为主；闲置资源包括资金、房屋、汽车等物品和个人知识、技能和经验等，以使用权为主，也会包括所有权的转移，如二手市场；社会化平台，主要是指通过互联网技术实现了大规模分享的第三方网络平台，平台和供需方组成了双边市场；获得收入，是一种市场经济行为，包括网络租借、网络二手交易和网络打零工三种。

滴滴出行的CEO程维和总裁柳青等人将分享经济定义为："将社会海量、分散的闲置资源，平台化、协同化地集聚、复用与供需匹配，从而实现经济与社会价值创造的新形态。"

维基百科对分享经济的定义是：围绕人力资产和实物资产共享而建立起来的可持续经济体系，包括不同人及不同组织之间就创造、生产、分配、贸易、商品及服务消费等方面的共享。这些体系形式各异，但都利用信息技术为个人、公司、非营利机构以及政府提供信息，促使商品及劳务的分配、共享及过剩产能再利用。

智库百科对分享经济的描述为拥有闲置资源的机构或个人有偿让渡资源使用权给他人，让渡者获取经济回报，分享者利用分享自己的闲置资源创造价值。

互动百科对分享经济的描述是：让商品、服务、数据(资源)以及才能等具有共享渠道的经济社会体系。

搜狗百科对分享经济的描述是：不同人或组织之间对生产资料、产品、分销渠道以及处于交易或消费过程中的商品或服务的分享。

综上，本书对分享经济的定义描述如下：所谓"分享经济"，也称"共享经济"，是指能够让商品、服务、数据以及才能等一切可以分享的资源具有共享渠道的经济社会体系，其核心是分散或闲置资源的有效利用以及所有权和使用权的分离。

(二)分享经济理论溯源

分享经济的发展经历了理论萌芽，实践尝试与理论拓展，再到实践井喷与理论发展的三大阶段，追根溯源，分享经济的理论根基最早可以追溯到公共产品理论。

1. 公共产品理论

分享经济理论最早可以追溯到公共产品理论。20世纪50年代，萨缪尔森在《公共支出的纯粹理论》中将纯粹公共产品或劳务描述为每个人消费这种产品或劳务不会导致他人对该种产品或劳务的减少，而且这类公共产品与私人产品或劳务相比具有以下三个特征。

(1) 效用的不可分割性和外部性——公共产品是给所有受益方带来效用的，并非像私人产品一样能够清晰界定谁拥有谁受益。同时其效用具有一定的外部性特征，有时候受益方可以在零成本支付的条件下获得公共产品的效应，且这些免费受益行为并不会影响公共产品拥有者的使用和收益。

(2) 受益的非排他性(可共享性)——任何人对公共产品的消费具有非排他性，即并不能排除他人对公共品的消费，换言之，公共产品的消费是可共享的。

(3) 消费的非竞争性，作为区别某一产品或服务是否为纯公共产品的关键标准，这一特性主要体现在两个方面：一方面在现有的公共产品供给水平上，随着消费者的增加不会增加生产者的供给成本，即纯公共产品提供者边际生产成本趋于零。另一方面任何人对公共产品的消费不会影响他人对该公共产品消费的数量和质量，即消费者边际拥挤成本趋于零。

20世纪60年代，公共选择学派代表人物布坎南(James Buchanan)引入准公共产品的概念，他认为只要是集体或社会团体决定的，基于某种原因能够为集体组织提供繁荣的物品或服务就是公共产品。布坎南的这一论述进一步拓宽了公共产品范围。

依据萨缪尔森公共产品理论，我们发现今天所谈论的分享经济中产品服务普遍具有纯公共产品部分特性。例如，"受益的非排他性"在慕课网等知识共享平台上就有很好的体现。在这类网络平台上，参与者共享公开资源并不妨碍其他参与者共享资源，这类资源的非排他性使之并不限制受益对象。再如，"消费的非竞争性"在拼车出行上也有类似的表现。在滴滴的拼车服务中，只要乘客人数在车辆承载范围内，车辆所有者提供服务的供给成本几乎不会随着消费人数的增加而增加。另外，从乘客角度而言，在既定搭乘规则下，任何人搭乘车辆都不会影响他人对车辆的搭乘。而布坎南对于公共产品范围的进一步界定为我们在分享经济研究中识别研究对象并据此归纳研究对象特征提供了更广阔思路。传统意义上的公共产品价值分享是目的，但随着公共产品范围的扩大"分享"已逐步成为实现目的的手段。

2. 社区结构与协同消费理论

1978 年 Marcus Felson 和 Joe Spaeth 在 *Community Structure and Collaborative Consumption* 一文中以 Hawley 对人类生态学为切入点，论述了消费行为研究应该结合特定情景环境考虑，特定环境下情景因素的改变将不可避免地对消费者行为产生影响。消费是众多相关影响因素协同作用的产物。此外，消费者之间的购买行为并非零和博弈，相反某一消费者的购买可能会激发其他消费者购买。

尽管 Felson 和 Spaeth 的论述与我们今天所谈论的分享经济相去甚远，但是他们的文章为我们思考分享经济所处的情景模式提供了线索。今天人们谈论分享经济市场前景向好，经济规模在未来 5 年有望达到 GDP 的 10%以上等，我们一定不能忽视作为支撑分享经济发展的宏观经济趋势以及社会技术发展水平等重要因素。

2010 年，Rachel Botsman 在 What's mine is yours: The Rise of Collaborative consumption 一文中揭示了一种建立在资源共享和协同消费基础上的一种新兴经济模式。这种新兴模式是以网络社交为基础，随着消费意识以及环境变化而变化的。作者在书中归纳了三种增长模式：①产品服务系统。反映了相当一部分人消费观念的改变，人们购物的目的回归到了使用价值上，而对商品的拥有欲望在逐渐减弱；②群体消费模式。在群体消费模式中，众多消费者组织在了一起，比单一消费者在市场上更具议价能力；③市场再分配。随着网络平台的发展，二手商品交易也在某种程度上改变了人们的消费习惯。

协同消费(Collaborative Consumption)是现代分享经济的理论渊源，即通过共同消费商品或服务实现增加收益或降低成本的经济目的。如果说协同消费是古往今来人与人之间资源获取、交换、分配的普遍形式，那么分享经济的真正兴起是借助互联网技术实现了使用权跨主体、跨时空的交换和使用。在 Botsman 等人(2011)的经典著作中，协同消费意味着"我的就是你的"，人们可以超越所有权约束彼此享受产品和服务，由此分享活动重新界定了人与人、人与物之间的关系。Belk(2014)指出，正是由于产品或服务的使用权与所有权分离，使得经济剩余可以在不同主体之间协同供应和协同消费，把人们带入"后所有权时代"。此外，分享经济还颠覆了传统的价值创造模式，通过分享平台，用户与用户能够互动，创造出资本价值与关系价值，形成社会化共享。近年来，随着互联网技术的发展，分享经济模式得到了飞速发展，已经涵盖产品服务、物品转让、空间交换、知识技能、生活服务、金融互助等各个领域。

协同消费背后有四大核心原理，即群聚效应、闲置产能、社会公共资源、陌生人之间的信任。普华永道(PWC，2015)认为，分享经济使得个人和团体能够从尚未充分利用的资产中赚取收益。例如，轿车的拥有者可以在他不用车时允许其他人租用他的车；公寓的所有者可以在度假时将公寓出租。作为一种新的商业模式，分享经济有五大支柱，即连接闲置资源和需求的数字平台；提供超越所有权的交易；更多样化的协作消费形式，往往比传统交易方式融入了更深层次的社会交互；驱动感情联系的品牌体验；以及建立在信任的基础之上。

3. 分享经济理论

1982年，马丁·威兹曼针对失业问题发表了《报酬递增和失业理论基础》，这篇文章对古典经济学和凯恩斯主义关于失业问题的观点进行了归纳总结。1983年，威兹曼刊发的《选择性薪酬制的宏观经济意义》对传统薪酬制和分享制作了比较，并以此阐述分享制的优势。1984年，威兹曼又出版了标志性著作《共享经济》。1985年，他又补发了《利润分享的朴素宏观经济学性质》一文。至此，威兹曼的分享理论正式形成。回顾分享经济理论，我们看到威兹曼主要围绕着分享制薪酬对企业绩效乃至对宏观经济的影响展开论述。他认为，传统产业工人工资一般受劳务市场因素影响，这样在经济滞胀背景下，企业只有通过裁员等直接手段才能缓解自身成本压力。而在分享制薪酬体系中，工人工资是和企业绩效挂钩的，这样企业不仅可以减少成本负担，而且可以在宏观经济不景气时保留更多就业岗位，缓解经济下行压力。分享制可以将工人和企业紧密联系在一起形成利益共同体，工人从企业利润创造者化身成为利润的分享者，这种分享不仅可以激发工人的工作热情而且可以有效缓解劳资双方矛盾。

随着供应链管理(SCM)、协同学(Synergetics)、可持续发展(Sustainable Development)等理论和实践兴起，分享经济理论又先后被引入交换、生产、消费等多个领域中，演化出了多条分支。例如，侧重交换视角，基于企业间供需联系和供应链协同的"收入分享"。再如，侧重生产角度，基于企业与非企业组织协同共创价值的"价值分享"。又如，侧重消费角度，基于循环经济、人地协同理念的"资源分享"(Resource Sharing)或协同消费(Collaborative Consumption)，由此突破传统所有权关系的限制，将分享经济再进一步扩展到可持续发展和资源环境领域。令威兹曼始料未及的是，如今基于"资源分享"或"协同消费"意义上的分享经济概念正风靡全球，其使用频率已经超过了威兹曼对分享经济的原有定义。

(三)分享经济模式的分类

不同的研究者基于不同标准对分享经济模式进行了分类。

1. 基于不同分享方式的分类

Rachel Botsman认为共享经济可以分为三种模式：①再分配市场，即基于二手转让的产品再流通，涉及产品所有权的移转，比如二手交易市场，二手的、废弃的物品可以从不需要的人手中重新分配到另一些需要的人手中。不管交易形式如何，再分配市场鼓励人们重新利用、出售旧物品，而不是把它们扔掉。②协作生活方式，对类似金钱、技术和时间等资源的分享，比如工作间的共享，更多是一种无形资产，这往往是有着相同兴趣的群体聚集在一起，相互分享或交换各自的时间、空间、技能、资金等一系列虚拟产品，如美国的 StyleBee 公司、河狸家公司等专门提供个性化美容护理服务，知乎、果壳等平台提供个人技能分享等。③产品服务系统，用户只为产品的使用价值费，而不考虑去完全占有产品的归属权。这类分享是基于共享和租赁的产品服务，主要是在所有权不变的前提下，使用权的转移，比如租车网、房屋短租网，典型的如美国 Airbnb 公司在线为私有房主和顾客牵线搭桥，提供网上租赁中介服务。

Schor (2014) 将分享经济分为四类：①物品的再循环，在美国以 eBay 和 Craigslist 两家商品再循环市场为代表。②耐用资产利用率的提高。③服务的交换。④生产性资产的共享，即分享资产或空间不是为了消费而是为了生产。他还根据提供者的类型(个人对个人，peer-to-peer；或企业对个人，business-to-peer) 和平台的盈利导向(营利性；非营利性) 两个维度将分享经济划入了四个象限。

腾讯研究院从经济剩余类型的角度将分享经济分为三种模式：①使用权剩余的分享，如物品租赁、资金借贷，强调使用而不占有。②时间剩余的分享，个人的职业技能与非职业特长可以在其他领域发挥作用，形成新的就业机会。③所有权剩余的分享，如二手物品进入再循环。

王晓宁(2017)认为，分享经济可以分为以下四种发展模式：①基于信息平台的闲置物品再分配模式。这种模式以互联网平台为载体，将个人闲置的物品在线出售，以物品的剩余价值换取相应的收益，以促进社会资金节约和资源再利用。比如国内的 eBay、转转、闲鱼等二手物品交易平台，以及人人车、瓜子网等二手车交易平台，都是较为典型的利用信息平台进行闲置物品再分配的经济模式。②基于信息平台分享技术、时间、劳务、知识等无形资产的模式。这种模式下，人们将自己的知识成果、技能、兴趣爱好等资源公布于信息平台，以供资源需求者选择和购买。这种模式所涉及的领域非常广泛，比如家政、维修、园艺、厨艺、医疗、专业知识等诸多方面。目前国内这一模式的网络平台很多，比如 58 同城、赶集网、百度文库等，用户在这些平台上可以进行劳动力买卖、专业知识的有价分享等。③基于信息平台出租高价值固定资产的模式。随着经济的发展和社会的进步，家庭固定资产的闲置率越来越高，这是资源的巨大浪费，与经济的可持续发展和绿色发展相违背。在此背景下，将固定资产出租的经济模式应运而生，比如租车领域的 Uber 用车平台和滴滴专车、房屋租赁领域的 Airbnb 平台和小猪短租等，这些平台降低了车辆的空载率和房屋的空置率，在一定程度上对于缓解交通拥挤、环境保护都有促进作用。④基于信息平台出租非生活必需品的经济模式。社会生活的多样化导致人们对商品的需求也更加多样化和丰富化，然而多数商品是偶尔使用，我们称之为"非生活必需品"，比如演出服装、舞台背景等。这种模式可以在不增加个人购买负担的前提下，满足个人的使用需求，比如国内目前正处于爆发式发展状态的共享单车，以及社区流动图书馆和各类商品出租业务等。

2. 基于不同分享对象的分类

2016年4月，我国信息化协同创新专委会公布的分享经济发展报告，根据分享对象不同将分享经济划分为六类，如图11-1所示。

(1) 产品分享，可能包括汽车、办公设备、玩具、服装等，例如Uber提供汽车分享服务、创客工场提供办公设备空间和分享等。

(2) 空间分享，可能包括住房、办公室、停车位、土地等，例如小猪短租、丁丁停车等。

(3) 知识技能分享，主要指对知识、能力、经验等分享，例如果壳网、知乎、猪八戒网、易科学等。

(4) 劳务分享，包括家政服务、物流服务、洗车服务、洗衣服务等生活服务，例如58到家、e家帮、e袋洗等。

(5) 资金分享，通过分享平台使得个体闲散资金可以发挥价值，例如众筹等。

(6) 生产能力分享，如能源、工厂、信息基础设施等，通过分享使得过剩生产能力得到有效利用。

另外，从满足用户不同需求的角度，将分享经济划分为：出行(滴滴出行/Uber)、住宿(Airbnb/小猪短租)、吃饭(回家吃饭/妈妈的味道)、穿衣(Rent the Runway/那衣服)、贷款(LendingClub/人人贷)、学习(Coursera/MOOC中国)、就医(春雨医生/名医主刀)、旅行(蚂蜂窝/百度旅游)、生产(Applestore/淘工厂)等。

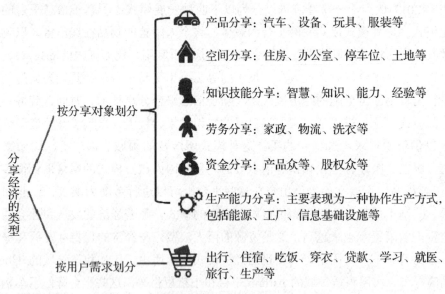

图11-1 分享经济类型

(资料来源：国家信息中心分享经济发展报告课题组. 认识分享经济：内涵特征、驱动力、影响力、认识误区与发展趋势[J]. 电子政务，2016(4).)

吴晓隽、沈嘉斌则将分享经济按消费、生产、学习、金融四个方面进行分类，其分类类别及实例如表 11-1 所示。

表 11-1 分享经济的类别

类别	子类别	特征	实例
分享消费	再分配市场	闲置资产再分配或售卖	赶集网、58同城、NeighborGoods.net
	产品服务系统	付费获得商品，替代所有权概念	神州租车、Zipcar
	协作式生活方式	共享或交换闲置资产，包括有形及无形资产	时间银行、Airbnb、Uber、滴滴
分享生产	协作设计	共同设计产品或服务	猪八戒网
	协作制作	与外单位合作产品或项目	Openstreetmap
	协作销售	个人对个人销售	淘宝网、Ehay
分享学习	开源课程和软件	免费开放的网络课程、讲座和其他教育内容	网易公开课、Coursera
	技能共享	人们提供或分享自身拥有的技能	技能银行
	众包知识	公开解决问题或提供知识	百度百科、知乎、Wikipedia
分享金融	众筹	为项目筹集资金	众筹网
	个人对个人借贷	个人向个人借贷，资金用于投资	人人贷
	补充货币	共同使用一种非传统货币作为交易媒介	Economy of Hours
	联保	人们互绑形成他们自己的保险池	Bought By Many

(资料来源：吴晓隽，沈嘉斌. 分享经济内涵及其引申[J]. 改革,2015(12).)

基于以上各种不同的分类，本书将分享经济归纳为以下三种模式。

(1) 产品服务共享：在所有权不变的前提下，基于使用权转移而实现的产品服务共享，如滴滴打车、Uber 等。

(2) 协作式生活：以协同提升生活品质为目的的时间、知识、技能等无形资源的共享，如 e 袋洗、春雨医生等。

(3) 协同生产：以迅速形成生产能力同时优化资源配置为目的的共同生产模式，如淘工厂、Applestore、沈阳智能工厂等。上述分类基本可以囊括目前常见的分享经济实践。

(四)分享经济的特征

中国社科院信息化研究中心秘书长姜奇平在其《如何推进分享经济》一文中提出把握分享经济的定义与特征，需要观察以下六个维度。①技术基础。开放源代码、云计算等技术为开放分享与商业利用的分工协作创造了生产力条件。②行为特征。分享经济通过平台资源的分享，非排他性复用，降低端到端增值应用服务门槛，实现物尽其用，知识共享。③产权特征。所有权与使用权分离，通过租金制补偿支配权分享方的搭便车损失(对应生产力上 SaaS 软件即服务，产品免费分享，按服务和使用收费)。④商业机制特征。一是以租代买，二是通过重资产(固定资产)分享，支持应用方轻资产运作；⑤利益机制特征。所有者和使用者风险共担，利益分享。⑥消费机制特征。分享经济也成为协作消费，协同消费，即公众通过社会化网络平台连接起来，以分享闲置资源的方式完成消费。

从本书前述有关分享经济的定义以及模式分类的介绍也已经体现出分享经济具有某些方面的特征，例如闲置资源、网络平台、所有权和使用权分离等。闲置资源是分享经济能够分享的对象；网络平台为分享经济提供了资源得以快速分享的技术基础，尤其是移动网络；所有权和使用权分离孕育出了新的消费理念，即使用而不必拥有。除此之外，有足够的大众参与是分享经济得以创造价值的市场条件。

1. 闲置资源的出让和再利用

人类社会已经进入物质极为丰富的时代，资源闲置成为一种普遍的社会现象，造成了大量的浪费。而分享经济的兴起，为闲散资源的再利用提供了有效的途径。通过移动分享平台，人们可以轻松地将陌生的闲置资源拥有者和潜在使用者高效地匹配起来，从而实现闲置资源的再利用，大大地降低了社会成本，实现了供给侧的繁荣，促进了市场价值的创造。分享是对闲置资源的社会化再利用，其基本交易对象是富余、闲置的产品、生产设施、能力和时间等分散资源，这些资源有可能是来自为数众多的个人或企业的零星闲置品，因此具有海量、碎片化的特征，且个人闲置资源通常为非经营性资产，即不是以该资源的出租、出售维持个人的生活或维持企业的生存和发展为目的，由闲置资源出租、出售获得的收入往往不是个人、企业收入的主体。分享经济下，个体与个体之间，个体与企业之间，企业与企业之间均可以通过互联网为基础的分享平台实现时间、空间、物质等碎片化资源的有效分享，提高了对闲置资源的使用效率，使消费者获得了更多的便利和优惠，同时使拥有者获得了一定的收入，并实现了社会上大量的闲置资源的有效整合，提高了社会福利，创造更多的可能性。

2. 以网络平台为技术基础

分享经济的发展很大程度上依赖于信息技术的进步。从分享经济概念的提出时间看，它并不是一个新生事物，但为什么近十几年才得以快速应用和迅猛发展呢？关键在于移动互联网的快速发展和普及。正是得益于信息技术的进步和移动互联网的普及，以信息技术为基础的网络平台为分享经济的快速发展提供了丰富的土壤。在信息技术欠发达时期，人们同样不乏闲置资源，但却无法实现低成本的快速分享，分享经济以网络平台为载体使得资源分享更加可行和高效。互联网和智能手机的普及，使"分享"这一行为无限扩大。闲置资源的拥有者只需在网络平台注册登录，发布闲置产品信息即可，方便快捷。与传统的闲置物品分享相比，基于网络平台，分享经济的参与人数、交易涉及的产品/服务数量要大得多且需求各异，移动网络使得分享经济的快速发展成为可能。网络平台担负着分享经济中信息枢纽和交易市场的作用，无论是出行分享的滴滴、优步、易道，房屋短租的Airbnb，还是设计技能分享的"猪八戒"网，专业知识分享的知乎、维基百科等，都是建立在一个网络(包括传统互联网和移动互联网)平台基础上的。从这一点来看，传统商业模式是链条式，而分享经济则具有明显的平台化特征。此外，云计算、大数据甚至人工智能、物联网等信息技术的发展也必将推动分享经济的繁荣。

3. 使用而不必拥有

消费观念的转变是分享经济的重要特征之一。传统商品市场买卖双方的交易势必带来商品所有权的转移，而在分享经济中消费者不再看重产品的所有权，仅通过付费获取产品的使用权，整个交易过程中没有发生商品所有权的转移。即分享经济更加强调商品的使用权带来的价值，而不是所有权。购买者可以通过"以租代买"的方式，从商品所有者手中获得商品的部分或全部使用权。而且对于一些特殊服务或商品，一部分消费者购买了其使用权并不影响使用者将其再销售给其他购买者，这使得资源得到充分的利用，实现了价值的有效放大。

由于分享经济交易的是闲置资源，交易的重心在使用权而不是所有权，如果获得使用权的成本比获得所有权更高，用户就会直接购买，分享就不会产生。因此，只有较低成本的资源分享，交易才能得以达成。事实上，由于分享经济节约了购买商品的直接成本与资金机会成本、保养维护等其他拥有成本，总成本往往更低。对于闲置产品的购买者来说，他所需要的是产品带来的实际功能，能够以较低的价格获取产品的使用功能而不必支付拥有该产品的全部成本无疑是一种更为经济的选择；而对于闲置产品的拥有者，通过分享使得闲置产品发挥了新的价值，带来了新的收益，无疑是沉没成本的激活，因此通过"使用而不必拥有"的分享理念，形成了双赢的新的消费理念。

4. 大众参与

大众参与是分享经济市场得以形成的用户基础。基于网络平台的分享经济是一种典型的双边市场，供给方和需求方通过网络平台进行资源分享交易，一方的参与者数量与另一方的收益成正相关关系。正如同梅特卡夫定律所描述的一样，网络的价值与网络规模的平方成正比，具体表现是网络价值与网络节点数的平方，与联网用户的数量的平方成正比。分享经济的价值会随着网络平台的用户数量的增加而增加，反之，如果分享平台缺乏大众参与，不能形成既定规模的用户基础，其价值就难以实现。

5. 产品或服务的个性化

分享经济作为一种新的经济形态，与传统的市场经济活动相似之处在于都涉及产品或服务的交换，但是二者存在明显的区别。传统市场经济活动的交易对象多为大规模生产的产品或标准化的服务。即使近年来定制化产品或服务越来越多，但仍然是以大规模生产的模块、可重构或柔性的生产系统为基础，或是建立在标准服务之上、依托标准化产品提供拓展服务。但分享经济使得更大范围的个性定制化服务或差异性产品交易成为可能。个体与个体或个体与企业之间可以通过分享平台建立一对一的个性化服务关系，同时拥有闲散资源的个体或企业可以通过分享平台通过有针对性的需求服务或产品交易，需求方也能够更为便捷且低成本地通过分享平台获取到满足自身个性化需求的产品或服务。

二、分享经济的应用与发展

(一)分享经济的应用领域及典型案例

1. 国内外分享经济企业的发展阶段

腾讯研究院在其发布的《中国分享经济的全景解读报告》中公布了全球分享经济初创企业数量，根据这一数据，该报告指出分享经济在全球范围内，于 2008 年前后开始快速发展，2011—2014 年出现井喷，2016 年保持着稳步增长态势。报告将全球分享经济的发展的阶段划分为三个阶段：2006 年之前为萌芽期，期间 1995 年出现了二手交易网诈 Ebay，2000 年出现了全球首个汽车分时租赁企业 Zipcar，2004 年出现了全球第一家 P2P 网贷公司 Zopa，以及 2005 年出现了手工艺共享网站 Etsy 等分享企业；2007—2014 年为高速成长期，这一阶段创业企业大量出现，例如分享交通 Uber 以及短租服务 Airbnb 都是这一阶段出现的分享企业。从 2007 年开始新增分享企业数量逐年上升，有些年度甚至可以达到 50%的增速。而 2015 年至今国外分享经济进入平稳发展期。但中国分享经济迎来了发展的黄金期，例如 2015 年滴滴出行全平台(出租车、专车、快车、顺风车、代驾、巴士、试驾、企业版)订单总量达到 14.3 亿人次，这一数字相当于美国 2015 年所有出租车订单量的近两倍。

根据国家信息中心分享经济发展报告课题组的研究显示，我国分享企业的发展也经历了三个阶段：萌芽期(2008 年以前)、起步阶段(2009—2012 年)、快速成长阶段(2013 年至今)。且腾讯研究院认为 2014 年至今是中国分享经济企业发展的黄金期。中国庞大的市场使得分享经济发展具备了用户群体优势。我国最早的分享企业是一些基于互动式问答的知识分享网站和众包平台。早在 2003 年 K68 作为一家知识共享的企业就成立了；2006 年猪八戒网成立，提供技能分享服务；威客中国成立致力于通过众包提供技术服务；2009 年网上订餐平台饿了么成立；2010 年人人贷、知乎等企业成立；2011 年蚂蚁短租、途家网成立，分享经济进入房租租赁市场；2012 年中国分享经济典型企业滴滴打车成立，且同年还成立了快的打车、小猪短租、木鸟短租等企业；2013 年分享经济进入更多生活服务领域，例如阿姨帮提供上门家政服务、e 袋洗提供上门洗衣服务，以及首家众包快递企业人人快递也在这一年成立了。之后的几年分享在多个领域全面开花，中国分享经济进入快速成长阶段，如图 11-2 所示。

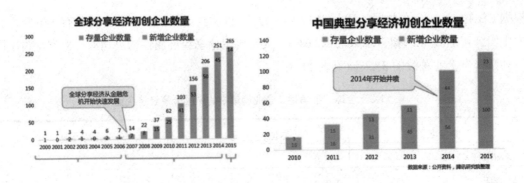

图 11-2 分享经济初创企业数量

(数据来源：腾讯研究院. 中国分享经济的全景解读报告，2016.)

2. 分享经济的应用领域

全球分享经济的快速发展已经开创了很多互联网经济的新业态。根据腾讯研究院发布的报告，国内分享经济已经在十大主流行业得到了应用，其应用领域超过 30 个子领域。主要包括：出行分享、空间分享、房屋住宿、金融分享、医疗分享、美食分享等生活服务、教育分享、知识技能分享、二手交易、物流众包、服务众包、自媒体、新兴市场以及生产能力分享等领域。其中，出行共享是发展比较迅速且应用较为成熟的领域，房屋短租、餐饮分享处在成长阶段，教育、医疗、自媒体等领域处在快速发展的起步阶段。国内部分分享经济应用领域及其代表企业如表 11-2 所示。

表 11-2 中国分享经济应用领域及其代表企业

分享经济应用领域	部分代表企业
交通出行分享	滴滴、易道、神州租车、友友租车
房屋短租	蚂蚁短租、小猪短租、途家网
知识技能分享	K68、猪八戒网、知乎、百度百科、豆瓣网
金融分享	人人贷、天使汇、众筹网、宜信
物流快递	e 快递、人人快递、达达物流
生产能力分享	沈阳机床厂 15 智能平台、阿里陶工厂、易科学
餐饮和美食分享	爱大厨、饿了么、我有饭
其他生活服务分享	58 到家、e 袋洗、e 代驾、河狸家

(资料来源：国家信息中心分享经济发展报告课题组. 中国分享经济发展报告：现状、问题与挑战、发展趋势[J]，电子政务，2016(4).)

3. 分享经济的典型企业案例

在近年来出现的科技创新"独角兽"企业中，分享型企业往往都占到三分之一以上。

根据 CB Insights 公布数据，截至 2017 年 2 月 17 日，全球"独角兽"企业共有 186 家，其中中国公司达到 42 家(占总数的 22.6%)，具有典型分享经济属性的公司有 15 家，占中国"独角兽"企业总数的 35.7% (见表 11-3)。

表 11-3　全球"独角兽"企业榜单中的中国分享经济企业

企业名称	估值/亿美元	所属行业
滴滴出行	338.0	需求
陆金所	185.0	金融科技
新美大	180.0	电商/市场
饿了么	45.0	需求
中商惠民	20.0	需求
微影时代	20.0	电商/市场
挂号网	15.0	医疗
优客工场	10.2	房地产物业
货车帮	10.0	供应链与物流
途家网	10.0	电商/市场
新达达	10.0	电商
融360	10.0	金融科技
魔方公寓	10.0	设备
瓜子	10.0	电商/市场
知乎	10.0	互联网软件服务

(数据来源：分享经济研究中心. 中国分享经济发展现状、问题及趋势[J]. 电子政务，2017(3).)

本书篇幅有限，将选择部分典型企业介绍其分享经济商业实践。

1) 滴滴出行——共享交通

分享经济目前在全球范围影响最广的一个领域就是共享交通模式，包括共享租车、共享驾乘、共享自行车、共享停车位等多种类型，共享交通出行模式致力盘活社会上闲置的车资源、司机资源等，提升交通闲置资源的利用率。

共享交通模式的典型代表之一就是滴滴出行。滴滴出行是全球化的一站式综合移动出行平台，截至 2018 年年初，其为超过 4.5 亿用户提供出租车、专车、快车、顺风车、豪华车、公交、小巴、代驾、租车、企业级、共享单车等全面的出行服务，日订单约 2500 万单，同时滴滴还以人工智能技术支持城市建立智慧交通解决方案。借助互联网大数据创新思维诞生的滴滴，不仅改变了乘客原有的出行方式，而且也悄无声息地改变了人们的生活方式，如图 11-3 所示。

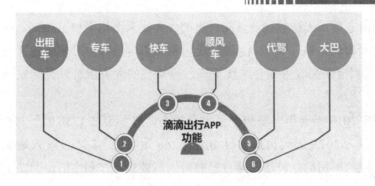

图 11-3 滴滴出行的业务领域

滴滴出行于 2012 年 6 月成立，最早只是出租车打车软件，通过 2014 年轰动全国的补贴大战，开始了移动出行的普及。2015 年 11 月，滴滴推出"快车拼车"服务，通过大数据算法，将路线相近的多组乘客进行即时匹配，节省出行费用，提高司机收入，有效缓解拥堵，也真正进入了分享经济领域。2015 年 7 月，巴士业务在北京、深圳上线运营，助力打造移动公共出行生态圈；同时代驾业务上线，逐步拓展社交代驾、商务代驾、旅游代驾、汽车后市场等细分领域。2016 年 2 月，首开春运跨城顺风车，共有约 200 万人通过滴滴出行顺风车平台合乘返乡返城，2017 年春节期间，跨城顺风车为 848 万乘客提供出行服务。目前滴滴获得了天津、北京等颁发的《网络预约出租汽车经营许可证》。

作为国内分享经济在交通出行领域的代表性企业，滴滴的快速成长缘起于大城市交通服务供需不平衡，以及限行限购、开车烦、打车难、养车贵、用车不及时等现实问题，是对现有社会资源的再分配，体现了共享经济的发展趋势，有利于资源优化有效利用，有利于减少浪费、降低对环境的破坏，有利于营造良好的创新创业环境。

据滴滴出行、无界智库、第一财经商业数据中心在 2016 年 1 月联合发布的《中国智能出行 2015 大数据报告》显示，滴滴专车、快车平均打车成功率为 89%，较路边扬招成功率高出约 30%。

而与其形成鲜明对比的是，车辆空驶率也大幅下降。数据显示，2015 年滴滴出行平台车辆年均空驶率为 11%，较北京出租车年均空驶率低 20%。随着滴滴出行平台规模化效益的显现，使用滴滴打车出行的乘客越多，打车成功率也就越高。

根据滴滴的调查显示，网约车还覆盖城市边缘地区，也就是"城市末梢"，在空间上弥补了公交车和出租车服务不足的区域，以北京五环外为例，62%的网约车出行起点或终点位于公共交通覆盖不足区域。

在收获出行服务的同时，网约车俨然已经成为了经济转型时期的"就业蓄水池"，吸纳了大量去产能行业的下岗工人。

以煤炭行业为例，在去产能过程中，滴滴公司与山西焦煤集团签约，落地就业帮扶事项。焦煤集团现在册人员中的富余人员、转岗分流人员、轮岗放假人员、待岗人员或离单位保留劳动关系人员均可加入滴滴平台，"煤炭工人转型当司机"。

在加入滴滴之后，去产能行业转岗司机的个人收入平均增加了 30%，并在工作中找到了更多的成就感和满足感。有 91.4%的全职司机相信自己努力工作能为家人带来更好的生活，97.4%的人相信未来收入还会继续增长，有 93%的人表示可以灵活安排时间，兼顾家庭和工作。

资料显示，2016 年全年，滴滴平台为全社会创造了超过 1750.9 万个灵活就业和收入机会，每天直接为 207.2 万司机提供日均超过 160 元的收入。不仅收入增加，根据调研显示，九成以上网约车司机能灵活安排自己的时间，兼顾工作和生活，并在工作中找到成就感和满足感。

根据《中国分享经济发展报告 2017》的数据显示，2015 年，我国分享企业提供服务总人数达到了 5000 万人，这个数据在一年之后增长至 6000 万人。其中，光滴滴出行在一年里就给社会创造了 1750 万个灵活就业和收入机会，在这些全职或兼职的司机中，有 238.4 万人(14%)来自去产能行业，俨然成了去产能转型就业的"缓冲"样本。

有业内人士表示，新经济平台的就业形势灵活，就业门槛和成本较低，对去产能职工再就业起到了较大的帮助作用。以滴滴为代表的分享经济将成为去产能再就业的重要出路，而就业方式的转变则带动利益分配机制的新调整。

在充足人气和快速发展的技术支持、日新月异的迭代创新以及持续升温的资本热捧下，未来交通分享市场的用户及覆盖城市的数量必将持续扩张；整合多种出行方式的一站式分享服务将出现，进一步改善人们的出行体验。此外，未来的交通分享将进一步扩展维度并延伸服务链，开展停车、加油、洗车、保养、保险等方面衍生服务，进行更多跨界合作与创新。

2) 小猪短租——共享住宿

分享经济改变了房屋短租市场的商业模式，小猪短租是 2012 年成立的共享住宿企业。其创始人陈驰表示："未来十年分享经济的去中心化趋势，会让消费端发生变化，同时也让供给端发生变化，很多人的生活方式都会因此而改变。"同时他还表示构建中国房屋分享行业的基础设施一直是其工作的核心，通过实践摸索，小猪短租开创了国内住房分享的商业模式，并通过构建保洁、摄影等上下游服务体系，从零开创并推动了一个充满活力的双边市场。2017 年，小猪短租宣布完成 1.2 亿美元新一轮融资，正式步入独角兽行列。截至 2017 年年底，小猪短租拥有 2000 万活跃用户，房源总量超过 20 万套，覆盖国内 322 个城市及海外 100 个城市。国家信息中心信息化研究部主任、分享经济研究中心主任张新红认为，小猪短租的成长很好地见证和诠释了中国分享经济，尤其是房屋短租的发展。下面我们简要介绍一下小猪短租构建的共享住宿模式。

小猪短租提倡居住自由主义的理念，住客提供独特的房间和预订平台；入住、评价和分享平台；以及安全完备的保障。其定位是一个基于分享经济的社交住宿平台。住客在小猪平台上可以预订一个陌生朋友家中的房间，价格便宜，舒适方便，还可以认识新的朋友。房间一般都是由房东自制发布和独立管理，房客可以通过小猪平台与房东在线沟通、完成下单、确认和付款等。入住后可以通过平台进行评价、分享体验，并还可以成为房东。小猪平台为房客提供"无忧入住"房客保障计划，作为担保交易平台，小猪短租为房客提供线下留房保障和图片描述与实际相符保障；以及房客保险。而对于房东，可以通过小猪短租分享自己闲置的房屋或房间，既能赚钱，还能结识新朋友。小猪网在房东指南页面设置了新手上路和高手进阶两个栏目，在新手上路栏目中通过分享小故事突出说明了短租分享的收益：分享可结识五湖四海的朋友；分享可获得额外的收益。为了打消房东顾虑，建立信任，为房东提供了一套安全和信用机制保障，包括双方身份验证、安全线上交易、保障、点评积累信用等。其中点评是房东和房客双方对等的，且只有发布者自己才可以删除，通过点评激励好房东和好房客，如图11-4所示。

图 11-4 小猪短租官网

在小猪短租网上公布好房源有三大要素：好地段的房源、小区环境好、基础质量较好，优先选择有特色的房源等信息。房东可以根据房源发布流程发布自己的房源信息，如图11-5所示。

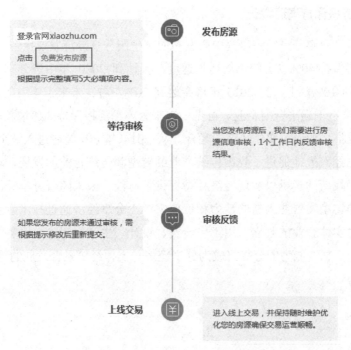

图 11-5 小猪短租房源发布流程

与其他领域分享经济的发展类似,未来影响房屋短租分享的关键是信任机制的建立和合理的监管。我们看到小猪短租已经在这方面做了很多尝试,不管是对房东还是房客,都构建了一整套安全保障机制,并通过信用机制和激励的方式营造好的商业环境。

(二)分享经济的发展趋势

根据《中国分享经济发展经济报告 2017》数据显示,我国分享经济活动的参与总人数达到了 6 亿人,2016 年市场交易额约为 34520 亿元。尤其是在北京、上海这样的大型城市,其发展速度惊人。据北京市交通委统计,截至 2017 年 4 月,摩拜、小蓝等企业在北京投放车辆规模已达 70 万辆,注册用户近 1100 万。从分享经济的发展现状来看,未来分享经济将迎来更快的发展和更为广泛的应用,其市场规模将不断扩大,将为新经济注入源源不断的活力,成为经济转型及商业模式创新发展的一种重要模式。2017 年分享经济在中国翻开了历史上全新的一页。传统意义上的分享经济来源于对经济剩余的循环再利用,体现为公众将闲置资源通过社会化平台与他人分享,进而获得收入的现象。但当前分享经济产生了四个新的变化:供需双方已经从个体参与衍生出企业;出现了非闲置资源的分享,比如共享单车,企业采购自行车供分享使用;过去单个分享经济平台已经开始生态化发展;由个人收入变成企业收入。分享经济产生了新的社会示范意义,可称之为"泛分享经济"。泛分享经济不纠结于个人闲置与否,它以分享经济的模式和理念,在更大的经济视野中激活经济剩余,进而形成新的业态和消费增长点,缓解传统经济升级转型的痛楚①。因此,未来分享经济的发展可能出现以下几种趋势。

1. 分享经济将保持高速增长

根据国家信息中心分享经济研究中心发布的《中国分享经济发展报告 2017》,未来几年分享经济仍将保持 40%以上的年均增长速度。预计到 2020 年中国分享经济交易规模占 GDP 比重会达到 10%以上,到 2025 年将会达到 20%左右。未来十年中国分享经济领域有望出现 5~10 家巨无霸平台型企业。可见,未来分享经济将保持高速增长的态势,且我国分享经济的发展将会加快与实体经济的融合。从 2014 年分享经济进入黄金发展期到 2016 年,分享经济已经有效地促进了我国传统产业的转型和传统行业的发展,在一定程度上为中国传统企业寻找新的契机以实现经济转型提供了可能。未来随着分享经济的高速发展,将为实体经济的转型发展注入新的活力和价值来源,分享经济通过技术融合、产业融合、数据融合等将对实体企业的创立、用工、研发、设计、生产、销售、服务等各个环节产生不可估量的影响,制造能力的分享将成为分享经济与实体经济融合发展的重要领域。

---

① 腾讯研究院,《2016—2017 分享经济发展研究报告》。

2. 分享经济的内涵将不断扩大

一方面，随着信息技术快速发展的持续推进，分享经济将创造更多可能性，其内涵将会持续深化，外延将会被进一步拓展。例如也许不久的将来人们就可以充分挖掘分享经济的潜力，进行商业模式创新的尝试以应对经济社会发展面临的一系列诸如贫困、经济萎靡以及全球变暖等问题和挑战。那么随着应用的深化，内涵也将不断被扩大，"泛分享经济"将带来更多的商业模式创新实践。另一方面，随着分享经济应用的不断普及，人们对分享经济的认知也将逐步深入，理论研究的推进和实践的不断发展都将逐渐丰富分享经济的内涵。例如，目前有观点认为只有共享对象是闲置资源才是真正的共享经济，国家信息中心首席信息师、分享经济研究中心主任张新红在接受《中国经济导报》记者专访时，指出："实际上并非如此，智能化供需匹配、大众参与、使用权分享等才是分享经济的标准。"分享经济实现的是资源的智能化匹配，即通过互联网、大数据、云计算、卫星定位技术、移动支付、现代物流等多种信息技术实现产品或服务的实时供需匹配。这使得资源利用效率大大提高，在降低成本的同时极大地提高了用户体验。大众参与是指供需双方的无限性，即无限多的资源和无限多的需求被整合到一个平台上。传统经济里因为没有互联网，很难做到这一点。实践中已经出现了多种"大众参与"模式：完全共享模式(如优步、滴滴、爱彼迎、小猪短租等)和不完全共享模式(如供方不完全共享模式：共享单车、共享汽车、共享充电宝等；需方不完全共享模式，比如许多企业为自身发展创立的开放研发平台等)。不同模式之间还有可能相互转化。

3. 分享经济将促进更多新型业态的出现

从广度看，分享经济新业态新模式将在各个领域迅速普及应用。预计未来几年，在产品、服务、空间、时间、资金、知识技能、劳务、生产能力以及一些我们尚未预知的领域将出现越来越多的新型分享企业。分享经济不仅为初创企业提供了全新的创业模式和商业模式创新的典范，同时也为传统企业转型发展提供了模式引领和示范。目前分享经济已经在交通出行、住宿、餐饮、医疗等公共服务领域得到了广泛的应用。未来将在更多的领域涌现出基于分享经济的新型业态，这些新型业态的发展势必扩大分享经济的应用领域，又反过来进一步促进分享经济的发展，从而形成一个良性的循环系统。分享经济的发展从内在逻辑上来看，实质上是社会生产过程的创新和发展，虽然任何一个新生事物的发展都需要试错的空间和余地，分享经济的商业实践也不例外，但是在现实社会大众创业、万众创新的制度环境下，创新成就了分享经济，同样分享经济的试错和发展也将进一步促进创新发展。随着分享经济的不断发展，传统意义上的业态和工作概念将会被转变，将会逐渐形成灵活的创新性的发展模式。此外，新型业态的出现也必将重塑就业模式、劳动关系乃至社会关系。

4. 分享经济将成为全球经济发展的新引擎

分享经济是开放型经济，中国分享经济模式将向全球化方向发展。越来越多的分享经济企业开始加速全球化布局，如滴滴出行、猪八戒网、小猪短租、携程、Wi-Fi 万能钥匙、住百家等。随着中国"智能制造 2025"规划的推进，中国分享经济发展将逐渐提升制造领域的创新，再加上大国市场优势、网民红利、转型机遇的三重利好叠加，将大大加快中国分享经济企业从模仿到创新、从跟随到引领、从本土到全球的进程，整体创新能力将得到逐步提升，越来越多的平台企业将利用已经掌握的客户资源、用户数据、技术能力推进全球经济发展，全球分享经济将逐步进入可持续化的发展进程中。

5. 信任机制的建立将是促进分享经济快速发展的重要领域之一

以互联网为基础的分享平台实现了供需双方的智能匹配，具有典型的点对点经济特征，资源拥有者和资源使用者通过网络完成整个交易，如何建立"陌生人"之间的信任成为最大难点，分享经济信任机制的建立将成为未来影响分享经济快速发展的关键之一。这种信任可能包括供需双方之间的信任、需求方对平台的信任、供给方对平台的信任等。尤其是当供需双方都是陌生的个体时，供需双方之间的信任基础薄弱，需要平台提供足够的保障体系，以消除供需双方之间的顾虑，否则将直接影响到分享行为的发生。例如，腾讯企鹅智库调研数据显示，有 39.9%的用户对拼车服务的安全性存有疑虑；而对于短租服务，50%左右的用户除价格因素外，更加关注屋内设施安全性及是否干净卫生；42.9%的用户担心与陌生人一起吃饭气氛尴尬，26.2%的用户对陌生人的家存在不信任感[①]。可见，基于平台的信用保障体系建设成为未来分享经济发展的重中之重。目前从实践层面看，分享经济平台企业可以从三个方面构建信任机制：完善平台自身的信用评价系统、与保险公司合作建立信用保险制度、与征信机构合作建立信用管理制度。除此之外，未来随着分享经济业态的不断发展变化和演进，也许还会出现其他新型的信任保障体系，例如"去中心化"和区块链思想的应用，也许会帮助分享平台企业实现基于大数据进行自动验证的新型信任机制。

6. 完善监管将是分享经济健康发展的重要保障

尽管分享经济的快速发展有效地降低了交易成本，提高了效率，一方面为人们节省了时间和资金；另一方面创造了闲置资源的价值再利用，提高了服务或产品的可获得性，但是发展如此迅速的分享经济也不可避免地带来了很多新问题，例如，网约车存在交通安全隐患，共享单车破坏率高，逆行等违章行驶现象严重，用户和服务提供者的权益缺乏保障等。为了规范网约车市场，2016 年 12 月，北京市颁布了网约车经营服务管理实施细则，其中要求接入网约车平台的个人和车辆符合"京籍京牌"的规定方可上路营运。"新规"出台后，网约车市场迅速降温。滴滴称，网约车新规抬高了市场准入标准，导致车辆供给

---

① 数据来源：朱古力，张孝荣. 分享经济[M]. 北京：中信出版社，2016.

骤减，网约车车费翻倍。乘客反映"打车难"问题再现，且价格过高。根据滴滴平台有关 2017 年 3 月份北京地区不同时段快车打车成功率数据显示，成功率最高的时段为 10 点至 17 点，平均成功率为 83.2%；成功率最低的时段为 21 点至 23 点，平均成功率仅为 54.1%，即最低点时接近一半的用户叫车需求无法得到有效满足，网约车所创造的价值优势正在衰减。而与此同时，资本催生下的共享单车市场则迅速升温，但依然存在市场准入门槛不设限导致的各种市场乱象等弊端。可见，分享经济的蓬勃兴起给监管部门提出了新的难题，强制性或过度监管可能会扼杀分享经济的创新活力，但不监管或放松监管又可能引发一系列新的问题。例如，共享餐饮在爆发式增长后也陷入了艰难境地，在监管趋严的形势下，一大批私厨平台因卫生或许可证等问题而停止运营，共享餐饮的价值链条趋于断裂。那么面对涉及民生安全等服务领域的分享经济创新，如何监管才能既不影响创新活力和价值创造，又能够实现规范管理，维护用户及服务提供者的正当权益呢？显然传统经济模式下的规则无法解决分享经济作为一种新型经济模式带来的新现象和新问题。分享经济创新活动需要突破原有思路，建立新的监管机制，从而促进新的价值创造。也许走向协同治理，采取包容性监管是未来一段时期内分享经济治理的主要趋势。

国家发改委公布的《分享经济发展指南(征求意见稿)》提出：以支持创新创业发展为核心，按照"包容创新，审慎监管，强化保障"的原则，允许和鼓励各类市场主体积极探索分享经济新业态新模式。国家信息中心张新红主任指出未来较长时期，分享经济治理将以包容创新为前提，一方面引导分享平台自身规范化发展，另一方面创新监管思维、监管模式、监管工具，在建立和完善补位性、底线性和保障性的制度和规范等方面进行创新。走向协同监管将是分享经济监管发展的主要趋势。政府部门、平台企业、产业联盟及行业协会、用户群体等都将会成为监管主体的重要组成部分。其中，分享经济平台将通过建立完善的准入制度、交易规则、质量安全保障、风险控制、信用评价机制、用户信息保护等大数据监管体系，成为协同监管的重要组成部分。

第三节 网红经济

网红即网络红人或网络达人，是指在网络平台上拥有较大规模的粉丝群体，因特殊事件或行为走红网络的人。根据艾瑞咨询发布的《2017 年中国网红经济发展洞察报告》，2017 年中国网红粉丝总人数达到 4.7 亿人，而粉丝规模在 10 万人以上的网红人数比 2016 年增长了 57.3%。可见，网红经济在我国的发展具有强大的用户基础，其发展空间巨大。

一、网红经济的定义及其模式

"网红经济"一词最早由阿里巴巴 CEO 张勇提出。狭义的网红经济可以定义为通过让当红的时尚达人做形象代表，并利用其品位和眼光选款和推广，在社交媒体上聚揽人气之后再利用强大的粉丝军团做定向营销，以此来实现实际利益和经济效益。广义的网红经济则指只要可以将网红的人气和关注度转化为生产力和购买力，以此来获得收入，就可以称作网红经济。网红经济的本质是注意力经济。通过直播等形式扩大网红的粉丝群体，引起粉丝关注，从而达到变现的一种商业模式。

目前常见的网红有实力派、颜值派、个性派等三种类型。而网红经济模式则可以分为以下四种：内容创作型、商品销售型、视频直播型、网红孵化器。在以内容创作为主要模式的网络经济中，网红个体一般是比较具有才情的，例如早期的文学创作型网络红人，他们通过创作网络文学作品收获无数粉丝；而在商品销售型的网红经济模式中，以"锥子脸""小鲜肉"为代表的颜值取胜型网红比较盛行，他们通过个人影响力获得粉丝追捧，进而达到提高产品销售的目的。此外，在商品销售型模式中，还有一部分网络红人本身就是明星，拥有大量的粉丝基础，很多明星利用自己的明星效应，开设网络店铺，销售潮品服饰等其他个性化商品。而当网络经济进入直播模式后，各种直播平台人气高涨，例如快手；同时各种个性化的直播红人也随之涌现，有草根也有明星，除了播放一些搞笑视频以外，有的直播吃饭、做饭以及美食等，有的直播教大家唱歌跳舞，有的就是单纯地陪粉丝聊天，一时间直播模式风靡全国。明星们也利用直播平台与粉丝开展各种形式的互动，收获粉丝打赏。但是也有人为了博得眼球，直播狩猎野生动物等不法行为，遭到网友举报。

网红经济模式与传统经济模式相比，其特点主要体现在以下几个方面：①依赖于个体影响力。网红经济的用户基础来自于网红群体，而网红群体规模的大小取决于网红个体在互联网平台上的个人影响力。虽然现在有很多专业团队负责粉丝的开拓和维护，但网红规模的聚集仍然建立在网民们喜爱的基础上。因此，网红本人是否具有正能量或吸引粉丝的个性和特色，网红团队是否善于宣传造势，并维护粉丝团队显得尤为重要。②互动性强。网红与粉丝的互动是网红经济活动的主要形式。在网络平台上，每个人不仅仅是信息的接收者，同时也是信息的发布者，网红需要建立开放式的互动，让粉丝们更有参与感。例如，湖南卫视曾推出了一款互动音乐综艺节目《我想和你唱》就巧妙地改变了粉丝与歌手之间的互动方式，粉丝们可以通过移动互联网 APP 上传和节目邀请歌手一起同框合唱的视频，经过挑选就能来到节目现场，和巨星真正的牵手合唱。③具有新媒体特性。网红经济是新媒体时代的产物。网红可以通过声音、图像、视频、文字等多种形式，采用全媒体将信息传达给粉丝，信息更加全面立体，传播效果更好，且针对粉丝群体的传播也更具有针对性。④带来了新的消费理念和新营销时代。传统意义上的商品销售是基于寻求产品功能和用户需求相匹配的消费理念；而网红们在网络平台所销售的不一定是商品的功能性价值，粉丝们购买的也不一定是商品的使用价值。新生代消费者们也许会为了"好玩"而购买，也许仅仅是喜欢某个粉丝就愿意为其打赏。此外，网红经济也同样具有网络经济的属性，比如不受时间、空间、营销范围的限制，这使得持续营销变得非常便捷。

二、网红经济产生的背景

网红的诞生与互联网及移动互联网的发展是分不开的，当移动互联网逐渐成为传播媒介的主流，网红经济迎来了爆发式的发展。最早的网红其实可以追溯到互联网接入初期，众多文学网站和社区催生了以思想和文笔见长的"互联网达人"，比如安妮宝贝、韩寒、郭敬明等一批相当早的成名作家就曾活跃在中文互联网第一读书社区榕树平台上，之后聚集于天涯社区。新浪微博 2010 年上线之后，借助意见领袖"大 V"们的身份担任品牌代言人，植入广告，获得营销收入。2012 年淘宝网引入新浪微博分享平台，"网红经济"的模式逐渐清晰，拥有大量粉丝的时尚"大 V"们进驻淘宝网开设店铺。张大奕在微博上有 1000 多万粉丝，其淘宝店铺年销售额达亿元左右。2015 年芭比辣妈成立，旨在打造母婴网红，2015 年 7 月拿到百万级投资。2016 年 Papi 酱被誉为网红第一人，曾获得 1200 万元的融资，且一次贴片广告最终以 2200 万元成交价格拍卖。自此，网红经济备受关注。究其原因，网红经济的发展是随着网络媒体的发展、移动支付的发展、个体消费时代的到来以及自媒体的快速发展等不断推进的。

1. 网络媒体去中心化发展

网络媒体的发展经历了从"中心化"到"去中心化"的过程。网络信息的传播模式也经历了从广播模式，即以门户网站为主体的大众门户传播模式，到搜索模式，即以搜索引擎为媒介的"定向获取"模式，如百度，再到点对点的"个人门户"传播模式，这一模式以社会关系为传播渠道，信息发送者和接收者一般具有某种特定的社会关系，例如网红和粉丝群体。通过传播模式从"大众门户"到"个人门户"的演变，传播主体渐渐地由权威机构或信息发布组织演变为千千万万的网民个体，大众门户的中心地位被削弱，每个个体成为自己的传播中心。这一变化为草根网红的崛起提供氧分充足的土壤和文化根基。

2. 支付手段的不断革新

目前，支付宝和微信支付已经成为中国用户支付的主要手段，无论是在网络环境下，还是在线下门店销售。支付手段的不断革新，使得人们脱离了传统意义上的现金消费模式，货币以数字的形式流动在消费过程中，在某种程度上，改变了人们对货币价值的观念，在一定意义上提升了拥有等价货币的用户的购买欲望。可见，网络支付，尤其是移动支付的出现，是粉丝购买力上升的重要因素，其支付便捷性大大地促进了网红经济的繁荣。

3. 个体消费时代的到来

"90"后甚至"00"后是网红经济的主流消费人群，这部分人群追求个性自由，消费观念产生了明显的变化。他们愿意为了"好玩"而付费，不再单纯看中所购买的物品的使用功能。随着个体消费时代的到来，人们越来越追求个体消费的独特性和消费过程的自主性，"有趣""有料""有创意"等标签成为这一时代个体消费所推崇的消费理念，且娱乐泛化的新媒体时代使得这一消费理念被不断放大，这为粉丝们的非理性消费提供了足够的文化支撑。

4. 自媒体的迅速发展

随着网络信息传播模式"去中心化"的发展，以及移动互联网的普及，通过智能终端传播具有独特视角信息和内容的自媒体迅速走红。这一模式扩大了网络信息传播渠道，更重要的是激活了大众参与内容制作的欲望。进入内容为王的大众传媒时代。从文字到视频，从互联网到移动互联网，信息技术的进步为自媒体提供前所未有的内容创造和传播途径，而大众又通过自媒体极大地丰富了网络内容的形式，形成了一个相互促进的快速发展态势。

自媒体是人人都可参与的平台，它使全民表达成为可能。

三、网红经济的未来

网红经济的发展历程经历了1.0、2.0到3.0的阶段。1.0时代内容为王、文学创作为主要形式。2.0时代更加关注网红颜值，以颜值为最大，涌现出很多草根网红，网红们靠或俊俏可爱或与众不同的个性外表或言行甚至是奇装异服等吸引粉丝关注。3.0时代以视频直播为主要形式，出现了很多直播平台、短视频平台等，这一阶段网红经济更加关注商业变现，其盈利途径主要包括粉丝打赏、广告收入、付费服务以及网红店铺等。但网红经济快速发展之后其价值创造能力频频遭到质疑，更为甚者，由于部分自媒体出现内容非原创以及直播内容涉及违法等负面事件，那么网红经济未来将何去何从呢？

1. 提升内容质量为首要任务

网红经济的发展必须是以健康向上的原创内容的发布为核心。自媒体人通过持续的内容创新提升内容质量，强化持续的内容生产能力是网红经济持续走下去的关键，否则可能真的就是"昙花一现"了。目前我国文化创意产业发展已被提升到国家战略层面，未来网红经济的发展可以在"网红+文化创意"方面有所创新，以弘扬中国传统文化为核心的内容创新将走向世界舞台。如果大众媒体人能够通过网络平台向世界各国网民宣传中国传统文化，其粉丝规模将走向国际化。

2. 跨界融合、与实体经济结合也许是价值创新的突破之一

网络经济与实体经济有效结合是"互联网+"时代挤破泡沫的重要手段。而对于网络经济而言，实现跨界融合具有先天的聚合优势。网红经济作为网络经济的一种，可以利用互联网平台实现快速的资源整合，再利用其强大的粉丝群体基础推动实体经济的发展。例如网红们可以利用自身的优势以及在互联网上的影响力，与不同行业进行跨界融合，形成"网红+零售业"的销售模式。早在2011年，姚晨就通过微博发布消息帮助云南楚雄州大姚县"卖"土豆。2011年10月，大姚县昙华乡优质马铃薯出现了丰产滞销的情况，有2000余吨马铃薯成了农民手中的"烫手山芋"。10月20日，大姚县委宣传部将消息发布到了新浪微博、云南网等媒体上。在新浪微博上，县委宣传部以《大姚昙华优质马铃薯丰产滞销求购》为题发布了消息。引起了拥有数千万粉丝的"微博女王"姚晨的关注，并进行了转发，之后得到大量网民多方参与并帮助联系销售渠道，最终该消息被转发超过5300余次。大姚县华马铃薯销售随即恢复正常，价格回涨。这一事件说明，网红经济与实体经济相结合，通过弘扬正能量，帮扶弱势群体，可以为社会创造更多的财富。

3. 专业团队打造，回归商业运作

网红经济发展的初级阶段是单纯依赖于某个网络红人本人在网络世界的影响力，但是网红经济要想长远发展，背后的专业运营团队不可或缺。网红经济要想形成可持续的商业模式关键还在于开创可持续的盈利能力。因此借助专业团队精准定位、研究市场、不断创新内容及其生产方式、构建多元化的盈利渠道、实施品牌战略、打造超级IP，把泛娱乐化的自媒体拉回真正的商业运作层面，是未来网红经济实现可持续发展的关键。

4. 平台加强监管，明确网红经济边界

2018年2月2日，网友举报九江市武宁县一个叫超哥的人，长期抓蛇，捕猎野生动物，并在快手直播上传授捕猎技术，社会影响极其恶劣。在他的直播内容里，有256部短视频，内容均与野外捕蛇，抓野生动物有关。对此，九江市野保局表示，将转送武宁县野保部门，严肃调查和处理此事。从这起新闻事件折射出，目前我国直播平台严重缺乏内容监管，未来网红经济的健康发展必须有配套的监管体系，一方面内容发布平台要明确可以发布的内容边界，拒绝非法内容的传播，对平台所发布内容进行严格审查和监管；另一方面网红经济的发展也急需解决政府、管理部门、社会大众、网民、网红及其企业、平台等多方参与的协同监管和治理，保证其在合法范围内的发展是底线。

案　　例

从网红到网红经济——Papi酱

1. Papi酱的发展历程

Papi酱，上海人，2015年8月，Papi酱试水微博，发布了一系列秒拍视频，包括嘴对嘴小咖秀、台湾腔+东北话，而后又推出了系列视频，如日本马桶盖、男女关系吐槽、烂片点评、上海话+英语等，在网络上迅速蹿红，微博粉丝量达到了1200万+。2015年9月开通微信公众号，累计发布几十条图文消息，几乎每条点击量均能达到10万+，其视频也在优酷和A站、B站上聚集了超高人气，《Papi酱2015》共发布了24个短视频，累计总播放数达2192.0万次，评分9.4分。其中，《Papi酱2015年度十大烂片最专业点评》在优酷视频上的播放量达136万之多。在A站、B站上的每条短视频的点击量也均破万。2016年3月，Papi酱拿到了由罗辑思维、真格基金、光源资本和星图资本投资的1200万元投资。2016年3月21日，罗辑思维公布了其与Papi酱的具体合作，即拍卖Papi酱视频贴片广告，并由罗辑思维全程策划监制服务。2016年4月21日，罗辑思维在北京召开"中国新媒体的第一次广告拍卖会"，门票高达8000元一张，最终Papi酱的第一次贴片广告拍卖成交价格达2200万元。

2. Papi酱的优势与不足

1）优势

Papi酱的走红是一种巧合也是一种必然，在当下短视频UGC内容井喷之时，Papi酱

抓住契机发布原创视频迅速走红，除了客观环境之外，Papi酱在内容打造方面也具备其独有的特质。

(1) 选题设计十分出众。

从粉丝群的构成来看，Papi酱的粉丝多为20多岁的年轻女性。Papi酱充分结合了其影视专业的知识，从生活到娱乐到两性关系都有覆盖涉及，以极其接地气的草根气质叙事，同时结合时事热点，在几分钟的短视频内布置诸多贴近年轻用户的槽点，选题设计出众，更直接满足年轻群体对娱乐视频的需求，因而也就在当下"有趣"内容并不多见的内容环境生态中顺利脱颖而出。

(2) 倡导个性自由，迎合了年轻人的价值取向。

崇尚真实、摒弃虚伪、倡导个体自由，而这也正是年轻一代所共同追求的东西，Papi酱的视频之所以能够获得粉丝追捧，可能原因就在于此吧。

2)不足

"网红"持续走红需要条件，取决于其是否有能力在有了一段时间的吸引眼球的作品以后，提供更好的产品。

(1) 商业模式不可持续。

Papi酱发布的短视频属于"快销类内容"，优势显而易见。其中的短板也非常明显，变现的渠道过窄。雪梨等类型的网红，虽然影响力不足以与Papi酱相比。但是，她们的变现方式简单粗暴，只要满足一定的基础条件，投资净现值均大于0，并能够在短时间内实现变现。其次，网红在淘宝等电商渠道营销的市场环境更为成熟，而Papi酱主要的调性以吐槽为主，它在变现的时候和消费场景怎么匹配，这也是需要考虑的问题。

(2) 粉丝群体不够稳定。

Papi酱的粉丝忠诚度并不很高，在短视频UGC内容井喷，自媒体成千上万，竞争强度大的现状之下，一旦Papi酱的产出内容持续性不足、同质化较高，很容易就会出现用户流失的问题，从而缩短生命周期，降低细分领域的影响力。

(3) 现行危机，内容质量有待提升。

有媒体报道，2016年第一网红Papi酱曾遭到广电总局封杀，有视频平台收到广电总局通知，要求将Papi酱系列作品下线，原因为"以直接、暗示、辱语等方式表述粗口、侮辱性语言内容较多"。自媒体人进行内容创作要以提供高质量内容，弘扬正能量为己任。

3. Papi酱给我们的启示

Papi酱令人咋舌的走红速度不禁让人疑惑，未来自媒体网红经济该如何发展。

1)优质内容的持续生产能力与个人IP化是关键

进入自媒体时代后，许多自媒体达人呈现出"昙花一现"的发展历程。几篇大火的原创内容之后便江郎才尽，销声匿迹。将内容作为吸引受众的重要武器的Papi酱保持稳定的输出是站稳行业地位的基础，持续的原创内容生产既是对既有受众忠诚度的维护，也是吸引潜在受众的利器。短视频作为一种话语方式更加去中心化与碎片化的表现形态，比图文模式更需要清晰生动的人格，从而给受众更为全面的感官享受，此时情感价值超越了功能价值。这就需要自媒体人在持续稳定的输出中更加强化个人品牌，通过内容、形式、渠道等多方面真正实现个人IP化。

2）多样的变现方式是最终归宿

众多投资人并不看好Papi酱的发展，其持续变现能力并不清晰。根据中国电子商务研究中心的报告，曾高调宣布投资Papi酱，进入"网红"领域的罗辑思维，与Papi酱度过了仅几个月的蜜月期后便宣告缘尽。Papi酱被"分手"，"网红经济"发展遇尴尬。可见，变现难、商业模式不可持续是制约网红经济发展的两大瓶颈。能否形成较长的生命周期，成为众多"网红"要过的一大难关，其次如何与其他行业融合形成可持续的商业模式是第二大难关。

案例资料来自：

①王玉，崔璨，高思佳，钱雪伦，从"网红"到"网红经济"的跨越——以Papi酱为例，现代经济信息，2016.4；

②余来文等编著，分享经济：网红、社群与共享，北京：化学工业出版社，2017.8；

③Papi酱被"分手" "网红经济"遇尴尬，中国电子商务研究中心，http://www.100ec.cn/detail--6377656.html

本 章 小 结

平台(Platform)是指基于互联网的市场交易空间，是通过链接不同的商业活动参与方，为双方或者多方提供相互交流，促成交易的中间产品或服务的一种经济活动形式。平台经济是以互联网等现代信息技术为基础，基于平台向多边主体提供差异化服务，从而整合多主体关系，创造价值，使多主体利益最大化的一种新型经济。

平台经济具有显著的双边市场性和网络外部性的特征。平台经济发展具有零边际成本、开放性、协同性、外部性和聚合性等特点。随着信息技术的进一步发展，社会需求也会出现新的变化，未来平台经济将更多地体现社交属性、智能化特征，更多地依赖移动智能终端；人人参与、人人分享将促进组织形式的演进，"平台+个人"的组织形式将越来越普遍。

所谓"分享经济"，也称"共享经济"，是指能够让商品、服务、数据以及才能等一切可以分享的资源具有共享渠道的经济社会体系，其核心是分散或闲置资源的有效利用以及所有权和使用权的分离。分享经济的发展经历了理论萌芽、实践尝试与理论拓展再到实践井喷与理论发展的三大阶段，追根溯源，分享经济的理论根基最早可以追溯到公共产品理论。

分享经济具有以下特征：通过闲置资源的出让和再利用获取价值；以网络平台为技术基础；消费理念强调使用而不必拥有；大众参与；产品或服务的个性化等。

狭义的网红经济可以定义为通过让当红的时尚达人做形象代表，并利用其品位和眼光选款和推广，在社交媒体上聚揽人气之后再利用强大的粉丝军团做定向营销，以此来实现实际利益和经济效益。广义的网红经济则指只要可以将网红的人气和关注度转化为生产力和购买力,以此来获得收入,就可以称作网红经济。

网红经济模式与传统经济模式相比,其特点主要体现在以下几个方面:①依赖于个体影响力。②互动性强。③具有新媒体特性。④带来了新的消费理念和新营销时代。网络媒体去中心化发展、在线支付手段的不断革新、个体消费时代的到来、自媒体的迅速发展是网红经济产生的主要背景。

思 考 题

1. 如何理解平台和平台经济?
2. 平台经济具有哪些特征?
3. 如何理解分享经济和共享经济?
4. 请简述存在哪些分享经济模式。
5. 分享经济具有哪些特征?
6. 请举例说明国内外分享经济企业的发展阶段有何不同。
7. 请简要说明分享经济的未来发展趋势。
8. 什么是网红经济?
9. 网红经济有哪些特点?
10. 网红经济有哪些模式?
11. 未来网红经济将走向何方?

参 考 文 献

[1] [美]肯尼思·丁·阿罗. 信息经济学[M]. 何宝玉, 译. 北京：首都经济贸易大学出版社, 1989.

[2] [美]尼葛洛庞帝. 数字化生存[M]. 胡泳, 译. 海口：海南出版社, 1997.

[3] [美]罗伯特·吉本斯. 博弈论基础[M]. 高峰, 译. 中国社会科学出版社, 1999.

[4] [美]布鲁斯·金格马. 信息经济学[M]. 马费成、袁红, 译. 太原：山西经济出版社, 1999.

[5] [法]拉丰, 马林蒂摩. 激励理论(第一卷)委托——代理模型[M]. 陈志俊, 等, 译. 北京：中国人民大学出版社, 2002.

[6] [法]克里斯汀·蒙特, 丹尼尔·塞拉. 博弈论与经济学[M]. 张琦, 译. 北京：经济管理出版社, 2005.

[7] [美]杰里米·里夫金. 零边际成本社会[M]. 赛迪研究院专家组译. 北京：中信出版社, 2014.

[8] [美]埃文斯. 平台经济学：多边平台产业论文集[C]. 周勤, 赵驰, 侯赟慧, 译. 北京：经济科学出版社, 2016.

[9] [美]贾维斯. 分享经济时代：新经济形态, 分享什么, 如何分享(第2版)[M]. 南溪, 译. 北京：中华工商联合出版社, 2016.

[10] [英]斯特凡尼. 共享经济商业模式：重新定义商业的未来[M]. 郝娟娟, 杨源, 张敏, 译. 北京：中国人民大学出版社, 2016.

[11] [法]让·梯若尔. 创新, 竞争与平台经济——诺贝尔经济学奖得主论文集[M]. 北京：法律出版社, 2017.

[12] 林德全. 信息经济学导论[M]. 长沙：湖南人民出版社, 1988.

[13] 葛伟民. 信息经济学[M]. 上海：上海人民出版社, 1989.

[14] 马费成, 王槐, 查先进. 信息经济学[M]. 武汉：武汉大学出版社, 1991.

[15] 张守一. 信息经济学[M]. 沈阳：辽宁人民出版社, 1992.

[16] 罗曼. 信息即熵, 非负熵[J]. 情报学刊, 1993.(12).

[17] 马费成, 杨列勋. 信息资源——它的定义、内容、划分、特征及开发利用[J]. 情报理论与实践, 1993(2).

[18] 谢康. 市场经济条件下信息搜寻行为与效益分析[J]. 数量经济技术经济研究, 1994(10).

[19] 许昌东、费明胜. 信息、信息价值、经济决策[J]. 西安统计学院学报, 1994(2).

[20] 张玲. 信息商品使用价值浅析[J]. 图书与情报, 1994(1).

[21] 谢康. 微观信息经济学[M]. 广州：中山大学出版社, 1995.

[22] 黄奕林. 不确定性与凯恩斯经济学[J]. 经济评论, 1997(6).

[23] 乌家培. 信息社会的经济如何称谓[J]. 经济学动态, 1998(7).

[24] 谢康. 信息经济学原理[M]. 长沙：中南工业大学出版社, 1998.

[25] 马费成. 信息经济学[M]. 武汉：武汉大学出版社, 1998.

[26] 陈禹. 信息经济学教程[M]. 北京：清华大学出版社，1998.

[27] 杨延廷，许宏翠. 试论信息资源的含义与特征[J]. 情报资料工作，1998(1).

[28] 代根兴，周晓燕. 信息资源概念研究[J]. 情报理论与实践，1999.22 (6).

[29] 陈东. 信息资源的地位、特性和作用[J]. 国际关系学院学报，1999 (1).

[30] 李萍. 论信息资源的合理配置[J]. 情报资料工作，1999(6).

[31] 陈禹，谢康. 知识经济的测度与方法[M]. 北京：中国人民大学出版社，1999.

[32] 王则柯，何洁. 信息经济学浅说[M]. 北京：中国经济出版社，1999.

[33] 韩建新. 信息经济学[M]. 北京：北京图书馆出版社，2000.

[34] 霍国庆. 我国信息资源配置的模式分析(一)[J]. 图书情报工作，2000 (5).

[35] 霍国庆. 我国信息资源配置的模式分析(二) [J]. 图书情报工作，2000 (6).

[36] 何亚琼，李一军，黄梯云. 信息产业成长的动力机制研究[J]. 决策借鉴，2000，13(2).

[37] 姜奇平，黄诚. 中国信息产业发展道路和政策选择[J]. 经济理论与经济管理，2000(4).

[38] 傅先华. 论网络信息资源的优化配置[J]. 武汉工业大学学报，2000，22(6).

[38] 陶长琪，信息经济学[M]. 北京：经济科学出版社，2001.

[40] 王晓刚，王则柯. 信息经济学[M]. 武汉：湖北人民出版社，2002.

[41] 乌家培，谢康，王明明. 信息经济学[M]. 北京：高等教育出版社，2002.

[42] 靖继鹏. 应用信息经济学[M]. 北京：科学出版社，2002.

[43] 谭顺. 关于网络经济几个问题的辨析. 山东理工大学学报(社会科学版)，2003(7).

[44] 饶勇. 信息、信息资本和企业核心能力[J]. 社会科学研究，2003(1).

[45] 马费成，王晓光. 信息资源的优化配置与共享效率[J]. 情报理论与实践，2003，26(4).

[46] 王宪磊. 信息经济论[M]. 北京：社会科学文献出版社，2004.

[47] 靖继鹏. 信息经济学[M]. 北京：清华大学出版社，2004.

[48] 张维迎. 博弈论与信息经济学[M]. 上海：上海人民出版社，2004.

[49] 张伟. 论信息市场的管理[J]. 沈阳师范大学学报(社会科学版)，2004，28(3).

[50] 王学东，唐军荣. 论信息产品向信息商品的转化[J]. 特区经济，2005(12).

[51] 张西岭，王桂香. 论信息经济的实质及其特征[J]. 宁夏党校学报，2005(3).

[52] 邵波. 网络信息资源配置中的"数字鸿沟"问题——以中国东西部的差距为参照[J]. 情报杂志，2005(11).

[53] 马费成，靖继鹏. 信息经济分析[M]. 北京：科学技术出版社，2005.

[54] 陈庄. 信息资源组织与管理[M]. 北京：清华大学出版社，2005.

[55] 董保民. 信息经济学讲义[M]. 北京：中国人民大学出版社，2005.

[56] 赖茂生，王芳. 信息经济学[M]. 北京：北京大学出版社，2006.

[57] 韦沛文. 企业信息化教程[M]. 北京：清华大学出版社，2006.

[58] 桂学文，娄策群. 信息经济学[M]. 北京：科学出版社，2006.

[59] 余治国，江雨燕. 生活中的博弈论[M]. 北京：世界图书出版公司，2006.

[60] 蔡梅. 刍议信息经济[J]. 华中农业大学学报(社会科学版)，2006(6).

[61] 吴淦峰，潘淑春. 信息资源的经济特性分析[J]. 图书情报工作，2006.50(3).

[62] 孙瑞英，马海群. 信息资源优化配置的效率研究[J]. 情报科学，2006.24(7).

[63] 靖继鹏，张向先，李北伟. 信息经济学[M]. 北京：科学出版社，2007.

[64] 王春永. 博弈论的诡计：日常生活中的博弈策略[M]. 北京：中国发展出版社，2007.

[65] 查先进. 信息经济学[M]. 北京：清华大学出版社；北京交通大学出版社，2007.

[66] 董志强. 身边的博弈论[M]. 北京：机械工业出版社，2007.

[67] 曹国正. 博弈圣经[M]. 新加坡：新加坡希望出版社，2007.

[68] 骆正山. 信息经济学[M]. 北京：机械工业出版社，2007.

[69] 侯炳辉等. 企业信息管理师[M]. 北京：中国劳动社会保障出版社，2007.

[70] 陈宏民，胥莉. 双边市场：企业竞争环境的新视角[M]. 上海：上海人民出版社，2007.

[71] 胡小明. 信息资源概念的演变[J]. 信息化建设，2007(9).

[72] 伍超. 企业信息化评价研究进展[J]. 科技情报开发与经济，2007,(27).

[73] 郑冰. 企业信息化评价方法与实例探究. 复旦大学硕士论文，2007.

[74] 段绶. 试论信息商品价格的影响因素及定价策略[J]. 理论月刊，2007(2).

[75] 徐晋. 平台经济学——平台竞争的理论与实践[M]. 上海：上海交通大学出版社，2007.

[76] 查先进，严亚兰. 专业技术人员信息化能力建设教程[M]. 北京：国家行政学院出版社，2008.

[77] 王海东. 信息资源的配置机制[J]. 情报探索，2008 (1).

[78] 陈建斌，方德英，孙洁. 在动态复杂的环境下企业信息化的协同观[J]. 情报杂志，2008(1).

[79] 唐宇凌，张文婧，廖进中. 企业信息化存在的问题与对策[J]. 宏观经济管理，2008(11).

[80] 申彦舒，孙振领. 国内外信息资源配置研究综述[J]. 黑龙江史志，2008(12).

[81] 洪刚. 信息范式对经济学发展的影响[J]. 西安财经学院学报，2009(5).

[82] 谷虹. 信息平台论——二网融合背景下信息平台的构建、运营、竞争与规制研究[M]. 北京：清华大出版社，2012.

[83] 徐晋. 平台竞争战略[M]. 上海：上海交通大学出版社，2013.

[84] 李允尧，刘海运，黄少坚. 平台经济理论研究动态[J]. 经济学动态，2013(7).

[85] 林翔. 互联网时代媒体经济发展研究——基于平台经济理论[D]. 武汉大学博士毕业论文，2013.

[86] 林翔，池薇. 平台经济悖论：互联网环境下传统电视媒体的独播策略[J]. 新闻界，2014(21).

[87] 江东区政协宁波平台经济发展路径研究课题组，平台经济理论探析及宁波发展平台经济的路径[J]. 三江论坛，2014(6).

[88] 代明，姜寒，程磊. 分享经济理论发展动态——纪念威茨曼《分享经济》出版周年[J]. 经济学动态，2014(7).

[89] 李光斗. 分享经济[M]. 北京：机械工业出版社，2015.

[90] 潘燕华等. 基于价值链的企业信息化绩效评价体系研究[J]. 会计之友，2015(17).

[91] 柳悦丰，张鑫. 中国发展分享经济的机遇与建议[J]. 经济论坛，2015(12).

[92] 马强. 共享经济在我国的发展现状、瓶颈及对策[J]. 现代经济探讨, 2016 (10).

[93] 孟祥霞等. 平台经济企业发展模式变革与创新：宁波平台经济典型企业案例研究[M]. 杭州：浙江大学出版社, 2016.

[94] 熊励, 季佳亮, 陈朋. 基于平台经济的数字内容产业协同创新动力机制研究[J]. 科技管理研究, 2016 (2).

[95] 阿里研究院. 平台经济[M]. 北京：机械工业出版社, 2016.

[96] 叶秀敏, 姜奇平. 北京市平台经济发展的现状、问题及政策建议[J]. 城市发展研究, 2016, 23 (5).

[97] 叶秀敏. 平台经济的特点分析[J]. 河北师范大学学报(哲学社会科学版), 2016, 39(2).

[98] 王先明, 陈建英等. 网红经济3.0：自媒体时代的掘金机会[M]. 北京：当代世界出版社, 2016.

[99] 辛超, 张鹏. 分享经济——重构商业模式的九个关键点[M].北京：人民邮电出版社, 2016.

[100] 徐辉, 龚光鹤. 分享经济3.0：正在席卷全球的颠覆性商业变革[M]. 北京：中国铁道出版社, 2016.

[101] 王玉, 崔璨, 高思佳, 钱雪伦. 从"网红"到"网红经济"的跨越——以Papi酱为例[J]. 现代经济信息, 2016(4).

[102] 张传洲. 分享经济的现实演进及其发展逻辑[J]. 技术经济与管理研究, 2016 (6).

[103] 宋逸群, 王玉海. 共享经济的缘起、界定与影响[J]. 科学与研究, 2016(9).

[104] 陈元志. 面向共享经济的创新友好型监管研究[J], 管理世界, 2016(8).

[105] 程维, 柳青, 张晓峰. 滴滴分享经济改变中国[M]. 北京：人民邮电出版社, 2016.

[106] 李晓华. 分享经济的内涵与特征探析[J]. 商业研究, 2017(7).

[107] 张新红. 中国分享经济热背后的原因、现状和趋势[J]. 电子政务, 2017(8).

[108] 张新红. 分享经济——移动互联时代的经济新模式[J]. 财经界, 2017 (7).

[109] 张新红. 中国分享经济热背后的原因、现状和趋势[J]. 电子政务, 2017(8).

[110] 蔡瑞林, 分享经济时代政府监管方式的创新路径[J], 内蒙古社会科学(汉文版), 2017(5).

[111] 中国信息化百人会课题组. 信息经济崛起："物联网+"时代产业转型路径、模式与趋势[M]. 北京：电子工业出版社, 2017.

[112] 朱宝丽. 分享经济发展现状、国际考察与监管选择[J]. 上海师范大学学报(哲学社会科学版), 2017, 46(4).

[113] 分享经济研究中心. 中国分享经济发展现状、问题及趋势[J]. 电子政务, 2017(3).

[114] 汪存富. 开放创新和平台经济：IT及互联网产业商业模式创新之道[M]. 北京：电子工业出版社, 2017.

[115] 唐江山, 赵亮亮, 于木. 网红经济思维模式[M]. 北京：清华大学出版社, 2017.

[116] 余来文等. 分享经济：网红、社群与共享[M]. 北京：化学工业出版社, 2017.

[117] 刘国华, 张鹏. 网红经济：移动互联网时代人与商业的新逻辑[M]. 北京：新世界出版社, 2017.

[118] 胥秀文. 中国分享经济发展现状、问题及趋势分析[J]. 产业经济, 2017(11).

[119] 陈伟, 杨超, 如何认识分享经济？[J]. 中国工业评论, 2017(11).

[120] 郑菊萍. 论共享经济与分享经济[J]. 现代商业, 2017(33).

[121] 翟永冠. 电商相争比价网站得利第三方服务商凸显发展潜力[N]. 中国信息报, 2012-08-31(002).

[122] 庄金鑫. 大数据交易平台三大模式比较和策略探析[N]. 中国计算机报，2016-08-08(002).

[123] 刘琪. 联合国发布《2017年信息经济报告》,数字鸿沟越来越大[J].上海城市管理,2017,26(06).

[124] 杨文明. 三问城乡数字鸿沟[N]. 人民日报,2015-02-26(014).

[125] 霍计武. "大妈群撕保安"凸显"数字鸿沟"危机[N]. 中国老年报，2015-04-07(001).

[126] Felson, Marcus. andSpaeth, Joe. Community Structure and Collaborative Consumption [M]. American: American Behavioral Scientist. 1978, (21).

[127] R. Manning， P.B. Morgan Manning. Search and consumer theory [J]. Review of Economic Studies，1982(49).

[128] R. Manning， P.B. Morgan Manning. Search and consumer theory [J]. Review of Economic Studies，1982(49).

[129] Roehet,J. and Tirole, J. Platform competition in two-sided markets[J]. Journal of European Economic Association,2003(1).

[130] Rochet, J. and Tirole, J. Defining two-sided markets. Working paper, IDEI University of Toulouse,2004.

[131] Armstrong, M. Competition in Two-Sided Markets. The RAND Journal of Economics, 2006(37).

[132] Hagiu, A. Two-sided platforms: pricing and social efficiency[J]. SSRN Electronic Journal, 2005(1).

[133] Armstrong, M. and J, Wright. Two-sided markets, competitive bottlenecks and exclusive contracts[J]. Economic Theory. 2007(2).

[134] Zha Xianjin, Guo Yanli, Game Analysis of Cooperative Behaviors Based on Third-Party Logistics[C]，in Fifth Wuhan International Conference On E-Business，Vols 1-3-integration and innovation through measurement and management. 2006.

[135] Yanli guo, Game Analysis of Cooperative Relationship between Enterprises on Supply Chain[C]，in IFIP International Federation for Information Processing, Research and Practical Issues of Enterprise Information Systems II , L.Xu, Tjoa., Chaudhry S.(Boston:Springer), 2007(2).

[136] Botsman,Rachel., What's mine is yours: The Rise of Collaborative Consumption [M]. American: Tantor Media, 2010.